科学出版社"十四五"普通高等教育本科规划教材
新编高等学校公共管理专业精品教材

# 数字政府导论

张锐昕　主　编

科　学　出　版　社
北　京

# 内 容 简 介

在完整解析国家信息化的总体框架及其与政务信息化的关系的基础上，全面阐释数字政府的概念框架及其组成要素间的逻辑关系，系统讲解数字政府的理论基础和技术基础，紧密跟踪政府数据开放与政府数据治理的前沿和热点，多维解析一站式服务与"互联网+政务服务"的理论与实践，详细解读电子政务的文化建设与信息安全的相关知识，最后介绍国外和国内有关电子政府构建与电子政务建设的两个典型案例，分别是丹麦电子政府实践案例和"武汉交警"政务微信服务案例。

本书采取模块组合结构，各章知识独立完整，内容既丰富全面，紧跟前沿，又浅显易懂，注重实用，适合所有对数字政府感兴趣的专业人士和普通读者阅读。本书主要用作本科生或研究生电子政务课程教材，具有便利教学内容自主选择和讲授次序灵活安排的特色。

---

图书在版编目(CIP)数据

数字政府导论/张锐昕主编. —北京：科学出版社，2023.3
科学出版社"十四五"普通高等教育本科规划教材
新编高等学校公共管理专业精品教材
ISBN 978-7-03-074661-0

Ⅰ.①数⋯ Ⅱ.①张⋯ Ⅲ.①电子政务-高等学校-教材 Ⅳ.①D035-39

中国国家版本馆 CIP 数据核字(2023)第 013412 号

责任编辑：方小丽 / 责任校对：贾娜娜
责任印制：赵 博 / 封面设计：蓝正设计

科学出版社 出版
北京东黄城根北街16号
邮政编码：100717
http://www.sciencep.com

保定市中画美凯印刷有限公司印刷
科学出版社发行 各地新华书店经销

\*

2023年3月第 一 版 开本：787×1092 1/16
2025年10月第四次印刷 印张：19 1/2
字数：462 000
**定价：49.00元**
(如有印装质量问题，我社负责调换)

# 前　言

　　数字政府（电子政府）构建是信息技术带来的新的政府管理实践。它的提出源于1993年9月美国倡导实施的"信息高速公路计划"，时任副总统戈尔发起了一场名为"国家绩效考察"的运动，用以检视政府在管理和服务方面存在的弊端，在这场运动中，构建电子政府作为行政管理的重要改革方向被提了出来。此后，其他国家纷纷跟进，各自提出适合本国国情的信息高速公路计划和构建电子政府规划，使电子政府成为各国政府争相采用的一种新的管理模式，并成为政府结构的一个新的组成部分。

　　我国于1990年注册顶级域名".CN"，1994年接入国际互联网，1999年由国家经济贸易委员会经济信息中心和中国电信牵头，联合40多家部委的信息主管部门共同启动了"政府上网工程"，"99政府上网年"由此得名。政府上网即政府职能上网，当初是政府的被动选择，而今成为不可逆转之历史潮流。从"政府+互联网"、互联网化政府到"互联网+政府"，中国政府历经技术创新、模式创新，转向追求生态创新，在利用互联网的认知度和行动力方面已然发生根本性变化。政府上网之后在推行电子政务方面，尤其是在提供政务服务的主体、载体、渠道、功能、内容、形式等方面日趋包容、可及、可得和有效，在提升人民的获得感和幸福感方面取得了令人瞩目的巨大成就，电子政务建设日益深入人心，数字政府构建逐步提升至国家战略高度。

　　2019年10月，党的十九届四中全会要求"推进数字政府建设"。2020年10月，党的十九届五中全会强调要"加强数字社会、数字政府建设，提升公共服务、社会治理等数字化智能化水平"。2021年3月，《中华人民共和国国民经济和社会发展第十四个五年规划和2035年远景目标纲要》开始实施，要求"提高数字政府建设水平"。2022年6月，国务院印发《关于加强数字政府建设的指导意见》，提出"以数字政府建设全面引领驱动数字化发展"。在数字政府构建和电子政务建设过程中，中共中央、国务院及中共中央办公厅、国务院办公厅、国家发展和改革委员会、工业和信息化部、财政部、国家互联网信息办公室和国家广播电视总局等部委（办、局）相继出台百多项相关政策文件，涉及通信产业发展、信息基础设施建设和应用、电子政务工程建设规划和项目管理、政务网络建设、政府网站建设管理和内容保障、信息资源开发利用及共享、应用系统及政务服务平台建设、行政审批制度改革、信息安全保障、大数据、"互联网+政务服务"应用及政务新媒体发展等领域，在推动电子政务实践发展和引导数字政府构建的同时，也在广范围、深层次地影响着行政改革的逻辑，使之成为适应环境变迁和需求变化的多元价值观念互竞、"政府-市场-社会"体制博弈以及"组织-政策-工具"模式选择的三重调适与重组过程，表现为由行政治理向公共治理扩展的价值重构，由技术性政策调整向基础性制度创新过渡的工具选择，以及由分散化制度设计向整体性制度建构转变的策略调适的同步进展，其基本取向则是构建多元化制度协调机制，探索多样化制度创新模式以及寻求持久性合作能力架构的协同推进。

　　事实上，数字政府和电子政务本不是两个完全对应的概念。首先，数字政府的主体是各级政府部门，而电子政务的主体是各级政务部门，就主体范围而言，后者包括前者。其次，相对而言，数字政府是一个实体概念，每一个数字政府都与现实世界中合法存在的一个政府一一对应，分别为对照物和被对照物，虽然两者有不完全对应性，但毋庸置疑的是，没有被对照物的数字政府是非法的，是不被允许在场的；而电子政务是一个程序概念，每一项电子政务对应的是具体的政务活动，它可以是政府的政务活动，也可以是党委的政务活动、人民代表大会的政务活动、政治协商会议的政务活动，等等。对类似概念理解偏差造成相应的认知局限，已在一定程度上影响或制约了电子政务实践的进展，导致各级政务部门在推行电子政务的过程中难以规避观念、行动上的偏差及由此带来的一系列难题，给电子政务建设的可持续发展带来障碍，更影响到全社会对电子政务的接纳度。为促进上述问题的解决，政府必须提高认识，转变观念，深刻认识到：利用电子化、网络化机遇推进公共行政改革，首要任务是数字政府构建，而不容回避的就是电子政务（建设）与政府职能（转变）的逻辑关联及其实现问题。

　　电子政务（建设）与政府职能（转变）的逻辑关联是它们之间的辩证关系及其在发展中的相互影响，其中，电子政务（建设）与政府职能（转变）的内在关联、主从关系和依存关系，揭示了它们之间的内在关系和遵从原则；环境变化和行政改革是电子政务（建设）与政府职能（转变）良性互动的触发源，是其动力根源和基本依据；流程优化和绩效评估则是电子政务（建设）与政府职能（转变）并进的推进器，能为具体实践活动提供具有可操作性的推动工具。它们共同建构起电子政务（建设）与政府职能（转变）之间逻辑关系的体系框架，为它们相互之间的融合互动和协同并进提供了理论依据和方法指导。政府应妥善地处理好电子政务（建设）与政府职能（转变）之间的作用关系，并充分利用它们之间的互动效力，以电子政务建设为切入点，借助信息技术同政务活动紧密结合的有利契机和作用条件，促进政府职能转变；再通过政府职能转变，为电子政务的良性发展和实效取得提供适宜环境和保障条件。这将使政府明确、科学、合理、渐进地规划和安排电子政务的内容，会促进政府职能转变；使政府理解到积极、主动、自觉地转变政府职能，是为电子政务提供适宜环境和基础条件，从而通过采取强有力的政治推动和行政措施，打破传统行政体制和管理模式的束缚，来寻求政务流程的优化、相关业务的整合、组织结构的调整，进而实现机构和人员的精简，逐渐达成政府管理的适应性变革的目的，达成柔性化、渐进性变革进而有序构建数字政府的效果。

　　基于理论和实践需求，本教材总体结构分为四大模块：一是国家信息化的总体框架，以此开篇旨在介绍信息化的基本模型的同时，阐释政务信息化在国家信息化中的重要地位和"龙头"作用；二是数字政府的概念框架、理论基础和技术基础，它们共同组成数字政府的基础理论体系；三是围绕数字政府构建和电子政务建设中的关键性、热点性、焦点性、难点性、前沿性议题进行探讨，具体包括政府数据开放、政府数据治理、数字政府一站式服务、"互联网+政务服务"、电子政务文化建设、电子政务信息安全等领域的概念、知识和实践范畴；四是对国外和国内典型案例进行分析。四个模块之间存在关联性和次序性，各个模块内部的各章则相对独立完整，教师们可按课时要求、专业兴趣和实验安排从中自主选择教学内容并调整讲授次序。前三个模块各章都设计了本章知识结构图、本章小结、关键名词、思考题、延伸阅读、参考文献等内容；第三个模块各章还加设了本章实训内容；第四个模块设计了案例小结、思考题、参考文献等内容，意在为课堂教学和实验教学提供教学支架。

具体而言，本教材共包括十二章。

第一章国家信息化的总体框架介绍了信息革命、信息化、信息基础设施建设和全球信息化的最新发展，讲述了国家信息化战略的发展路径、国家信息化政策的分类框架以及国家政务信息化政策的分析框架。

第二章数字政府的概念框架阐释了数字政府以及除国家信息化、政务信息化之外与数字政府强相关的概念——办公自动化、政府上网、电子政务，介绍了电子政府的演进历程、派生概念和发展方向，从而把与数字政府紧密关联的内容完整纳入其概念框架中作为其构成要素或建设重点，再对这些要素或重点的含义、位置、界限等加以描述和规定，进而对要素或重点之间的关系进行考量，以图逐步建构起能够正确反映数字政府的状态、属性、规律的概念框架，为数字政府研究和实践提供逻辑起点。

第三章数字政府的理论基础简述了新公共管理、新公共服务、协同政府和管理信息系统等对数字政府构建的理论支撑作用，以及对电子政务建设的影响与推动作用，以期为数字政府构建和电子政务建设提供理论支撑。

第四章数字政府的技术基础概括了数字政府建设和运维可资利用的计算机技术、计算机网络技术、政务信息管理技术、电子政务应用技术、电子政务服务技术、电子政务集成技术、电子政务智能管理技术、电子政务安全技术和前沿数字技术，它们归属数字政府的支撑技术。

第五章政府数据开放以浙江省政府数据开放平台为引例，在详述政府数据开放的起源、历史以及全球政府数据开放和中国政府数据开放的现状的基础上，分析了政府数据开放的价值、潜在风险、参与方和利益相关者，描述了数据开放作为一个生态体系的生动图景，辨析了政府数据开放、政府信息公开、公共数据开放等概念，阐明了数据产品不等同于数据开放之处。

第六章政府数据治理以上海市政府数据治理体系为引例，在详述政府数据治理的生成背景与发展进程的基础上，阐释了政府数据治理的相关概念、框架模型以及政府数据治理体系。

第七章数字政府一站式服务以广东省"一站式"网上政务服务建设为引例，在阐释数字政府一站式服务相关概念的前提下，描述了数字政府一站式服务的演进历程，诠释了数字政府一站式服务的逻辑框架和运行模式，分析了我国数字政府一站式服务建设取得的成效、存在的问题及完善策略。

第八章"互联网+政务服务"以"互联网+政务服务"十堰模式为引例，追溯了"+互联网"到"互联网+"发展中的知行演进状况，在对"互联网+政府"进行多维考察的基础上，介绍了我国"互联网+政务服务"的实践发展及战略安排。

第九章电子政务文化建设以凉山州电子政务还需跨越"习惯鸿沟"为引例，在阐释电子政务文化的含义特征、生成背景与建设意义的基础上，分析了电子政务文化的结构、内容、价值与建设环境，以及电子政务文化建设的现状、困境及治理。

第十章电子政务信息安全以多个日本政府部门因供应商被黑致敏感数据泄露为引例，在阐释安全和信息安全的含义和特征的基础上，分析了电子政务信息安全的基本需求和面临的威胁，描述了电子政务信息安全的目标、策略以及整体解决方案的准备和内容。

第十一章丹麦电子政府实践案例介绍了丹麦电子政府的发展历程、实践经验和发展的未来取向。

第十二章"武汉交警"政务微信服务案例介绍了政务新媒体概念和政务新媒体发展概况，"武汉交警"政务微信的发展历程、发展成效和主要功能，"武汉交警"政务微信服务的对象、内容和方式，以及政务微信服务演进模型及"武汉交警"政务微信服务演进情况。

本教材由西南交通大学"扬华学者"、博士生导师，四川省人工智能与社会意识重点实验室研究员张锐昕教授主编。参与编写教材的作者来自国内12所高校、1所党校和1家实务部门，分别是清华大学、北京大学、复旦大学、南京大学、华中科技大学、吉林大学、四川大学、华南理工大学、西南交通大学、东北大学、华东理工大学、浙江工商大学、中共吉林省委党校和中国信息安全测评中心吉林分中心。

张锐昕教授曾主编过《电子政务教程》(中国城市出版社出版)，《电子政府概论》及《电子政府概论(第二版)》(中国人民大学出版社出版)，《电子政府与电子政务》及《电子政府与电子政务(第二版)》(中国人民大学出版社出版，普通高等教育"十一五"国家级规划教材，国家级精品课程配套教材)，《办公自动化概论》《办公自动化概论(第二版)》《公务员电子政务培训教程》《公务员电子政务必修教程》(清华大学出版社出版)等教材，这些教材系统讲解了电子政府或电子政务的知识范畴和实践策略，覆盖知识面广，体系相对完整，但也存在涉猎实践问题不深、追踪前沿议题有限等短板。本教材为尽量补齐这两块短板，选择了如今的编写团队。选择的原因，一方面是作者们具有丰富的科研和实践经验，大多数人主持过各级各类数字政府和电子政务研究项目，包括国家社会科学基金重大项目、重点项目、一般项目、青年项目以及国家自然科学基金项目、省部级项目等，其中几位教授是国内数字政府和电子政务领域的领军人物和优秀人才，发表了很多高水平的研究成果，在为国家提供咨询建议和具体实践领域都做出过重要贡献，咨询成果多次获得各级政府和部门领导批示；另一方面是他们具有丰富的教学经验，分别是各校电子政务课程的主讲教师，长期活跃在数字政府与电子政务教学第一线，在学界有着广泛的学术影响力和声望。可以说，这些作者既是数字政府构建和电子政务建设的亲历者、见证者，也是这场伟大实践的研究者和记录者。他们追踪学术前沿，聚焦实践中的焦点、热点、难点问题，使知识总结与经验凝练汇聚于教材内容、贯通于章节之中，使得教材富有前沿性、创造性、交叉性、综合性和实践性特色。

本教材初稿于2017年完成后，张锐昕教授带领的省级电子政务教学团队在吉林大学行政学院以此为讲义试讲了三年。其间还申请并完成了吉林省教育厅项目"吉林省在线开放课程'网络时代政府形态'"，获得了吉林大学教务处的经费支持，使得与教材配套的十章教学录像摄录完成。教学录像现已在中国大学 MOOC 上以《网络环境下的政府形态》为课程名运行了三年。可以说，这本教材在出版之前已经基本完成了教材试用、教学试验和实训校验工作，并历经了对书稿内容的反复补充、应时修改和动态完善过程，主编的统稿和审稿工作也持续了五年多时间。

在教材付梓之际，特别鸣谢吉林大学教务处和行政学院的各位领导，特别感恩蒋拓、张鹏老师和电子政务教学团队的赫亮、赫泉玲、于秀峰、李国梁老师分别在课程录像和教学过程中的付出，本教材能逐步修改完善得益于他们的教学实验和意见建议，在此向他们表示诚挚的谢意！此外，特别鸣谢《电子政府概论》和《电子政府与电子政务》的所有作者，是他们的前期努力和知识积累为本教材的编写奠定了前提基础。虽然他们中的几位教授和上海交通大学的樊博教授由于工作繁忙等原因最终未能成为本书作者，但依然给予我们许多热忱的支持和无私的帮助，我们深受感动，在此一并向他们致以衷心的感谢！最后，非常感谢科学出版社的领导和编辑同志们将我们的教材列为科学出版社"十四五"普通高等教育本科规划教材，感谢科学出版社的评审专家们给予教材全 A 的评分！我们深受鼓舞，一直在竭尽所能地努力工作，想要交上一份能让出版社、专家学者和各校师生满意的答卷。

过去五年甚至之前的更多时间，我们有幸彼此合作，老师们的才华以及在合作中表现出的良好的专业素养、极强的写作能力、高度的协作精神和出色的教学能力使我们钦佩和受益。正是所有作者齐心协力地严谨写作和倾情支持，使得本书以理论系统、议题前沿、知识丰富、文理交叉、理论与实践结合、历史与现实结合、科研与教学结合而见长，并在国家信息化的总体框架、数字政府的概念框架和基础理论建设、政府数据开放、政府数据治理、数字政府一站式服务、"互联网+政务服务"、电子政务文化建设、电子政务信息安全以及电子政务实践案例等研究方面取得了许多创新性进展。

由于时间仓促，加之编者水平有限，教材中的不足与疏漏之处一定存在，恳请读者们不吝赐教，以便我们在再版时做进一步的修正。

编　者

2025 年 10 月

# 目　录

## 第一章　国家信息化的总体框架 ... 1
- 第一节　信息革命与信息化 ... 1
- 第二节　中国信息化发展历程 ... 6
- 第三节　国家信息化政策的总体框架 ... 9
- 参考文献 ... 16

## 第二章　数字政府的概念框架 ... 18
- 第一节　数字政府的相关概念 ... 18
- 第二节　数字政府的概念解析 ... 31
- 第三节　数字政府的派生概念 ... 36
- 参考文献 ... 46

## 第三章　数字政府的理论基础 ... 49
- 第一节　新公共管理 ... 49
- 第二节　新公共服务 ... 53
- 第三节　协同政府 ... 57
- 第四节　管理信息系统 ... 62
- 参考文献 ... 66

## 第四章　数字政府的技术基础 ... 68
- 第一节　计算机技术 ... 68
- 第二节　计算机网络技术 ... 72
- 第三节　政务信息管理技术 ... 78
- 第四节　电子政务应用技术 ... 82
- 第五节　电子政务服务技术 ... 87
- 第六节　电子政务集成技术 ... 91
- 第七节　电子政务智能管理技术 ... 94
- 第八节　电子政务安全技术 ... 99
- 第九节　前沿数字技术 ... 110
- 参考文献 ... 122

## 第五章　政府数据开放 ... 123
- 第一节　政府数据开放的历史与现状 ... 124
- 第二节　政府数据开放的价值和潜在风险 ... 129
- 第三节　政府数据开放概念辨析 ... 135

参考文献 142

## 第六章 政府数据治理 146
- 第一节 政府数据治理的生成背景与发展进程 147
- 第二节 数据治理的相关概念和框架模型 149
- 第三节 政府数据治理体系 158
- 参考文献 167

## 第七章 数字政府一站式服务 169
- 第一节 数字政府一站式服务相关概念阐释 170
- 第二节 数字政府一站式服务的演进历程 173
- 第三节 数字政府一站式服务的逻辑框架 177
- 第四节 数字政府一站式服务的运行模式 179
- 第五节 我国数字政府一站式服务建设 183
- 参考文献 190

## 第八章 "互联网+政务服务" 192
- 第一节 "互联网+"相关认知 193
- 第二节 "互联网+政务服务"的实践发展 197
- 第三节 "互联网+政务服务"的战略安排 206
- 参考文献 213

## 第九章 电子政务文化建设 215
- 第一节 电子政务文化的含义特征与意义 216
- 第二节 电子政务文化的结构与内容 220
- 第三节 电子政务文化建设的现状、困境及治理 228
- 参考文献 235

## 第十章 电子政务信息安全 236
- 第一节 正确理解安全和信息安全 237
- 第二节 电子政务信息安全的需求 243
- 第三节 电子政务信息安全的目标和策略 247
- 第四节 电子政务信息安全整体解决方案 253
- 参考文献 259

## 第十一章 丹麦电子政府实践案例 261
- 第一节 丹麦电子政府的发展历程 262
- 第二节 丹麦电子政府的实践经验 267
- 第三节 丹麦电子政府发展的未来取向 274
- 参考文献 275

## 第十二章 "武汉交警"政务微信服务案例 279
- 第一节 中国政务新媒体发展 279

第二节 "武汉交警"政务微信发展 ………………………………………… 281
第三节 "武汉交警"政务微信服务分析 …………………………………… 284
第四节 "武汉交警"政务微信服务演进 …………………………………… 292
参考文献 ……………………………………………………………………… 298
后记 …………………………………………………………………………… 299

# 第一章 国家信息化的总体框架

■ **本章知识结构图**

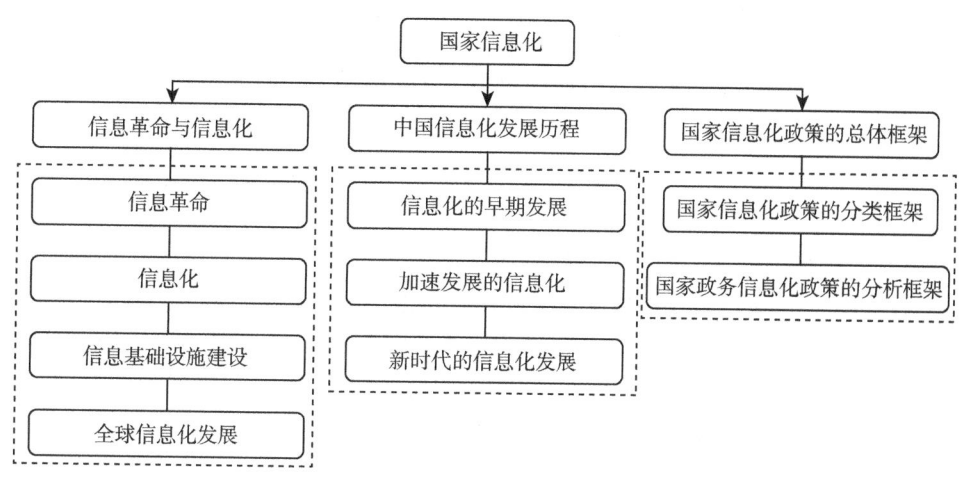

## 第一节 信息革命与信息化

### 一、信息革命

#### (一)信息革命开始

1980年,阿尔温·托夫勒出版了《第三次浪潮》。书中提出人类社会历经农业革命和工业革命,当前正在经历信息革命。此书一出,迅即引起全球关注,并且持续热销20年,被翻译成30余种语言,全球发行上千万册。从此,"信息革命"一词家喻户晓,成为一个新时代的标志。

信息革命究竟始于何时?人们存在不同的见解。一种意见认为1946年诞生了第一台现代意义的可操作的电子计算机——埃尼阿克(ENIAC①),它是信息革命的开始;另一种意见则认为应当从1971年英特尔公司生产了第一个微处理器(Intel 4004)算起[1]。未来学家约翰·奈斯比特(John Naisbitt)在《大趋势:改进我们生活的十个新方向》中提出,技术只是实现社会创新的能力,革命的进程应当始自社会整体的变迁,因此信息社会应当从1956~1957年算起,因为1956年在美国历史上第一次出现从事专业技术和管理工作的白领工人人数超过了蓝领工人人数;1957年,苏联发射了第一颗人造卫星,开启了全球卫星通信时代[2]。

---

① ENIAC: electronic numerical integrator and calculator,电子数值积分计算机。

## （二）信息革命带来信息化

信息革命带来的新思想、新技术、新设备，对人类社会的发展产生了巨大影响，不仅涉及信息和信息技术领域，还涉及人类社会的其他各个领域，在全球范围内引发了信息化。世界银行曾提及信息化对人类经济社会发展的促进作用，包括：第一，鼓励创新，信息技术使得信息与知识的共享越来越方便，这又促进了经济与社会交流活动的新形式的诞生；第二，促进经济资源的有效利用，与传统发展（如制造业、工业化）相比，信息化不需要太多自然资源的支持，因而信息技术有利于经济的可持续发展以及后工业时代服务经济的发展；第三，提高生产率并由此提高国际竞争力，在经济全球化大潮中，技术革新是核心的竞争要素，而一个国家的信息化战略能够帮助技术创新营造有利的环境[3]。

## 二、信息化

### （一）信息化的起源

信息化一词最早出现在日本。1963 年，日本京都大学科学系教授梅棹忠夫（Umesao Tadao）在《朝日广播》（*Hoso Asahi*）上发表了《论信息产业》一文。他认为，所有动物都主要是由三种器官组成，即内层器官（消化系统和肺脏）、中层器官（肌肉、骨骼和生殖器官）和外层器官（大脑、神经系统和感觉系统）。人类作为一种高级动物，外层器官所占的比重比低级动物高很多。产业结构同样包括内层产业（提供食品的农业）、中层产业（运输业、建筑业以及其他生产与服务产业）和外层产业（信息、大众传播、电信、教育、文化等信息产业）。他认为产业结构的变迁与动物的进化类似，信息产业就相当于人的大脑、神经系统等外层器官，在当代将迅速发展。虽然梅棹忠夫没有使用"信息化""信息社会"的概念，但是当时已经有人认为，日本社会正在进入梅棹忠夫提出的"信息产业社会"[4]。1967 年，日本政府的一个研究小组依照"工业化"概念正式提出了"信息化"概念，并给出了一个定义："信息化是向信息产业高度发达且在产业结构中占优势地位的社会——信息社会前进的动态过程，它反映了由可触摸的物质产品起主导作用向难以捉摸的信息产品起主导作用的根本性转变。"[5]

### （二）信息化的定义

1978 年，受法国总统委托，西蒙·诺拉（Simon Nora）和阿兰·明克（Alain Minc）发表《信息化社会：给法国总统的报告》①，讨论计算机和通信技术的结合对社会发展的重大影响。这份报告创造了术语 informatisation，也即法文中的"信息化"，对应的英文则为 informatization。国内有学者将信息化定义为"通信化、计算机化和行为合理性的总称"，认为行为合理性是指人类活动按公认的合理准则与规范进行；通信化是指社会活动中信息交流广泛地基于通信技术基础上进行，计算机化是指社会组织和组织间信息的产生、存储、处理（或控制）、传递、消亡等在广泛地采用先进的计算机技术设备管理下进行，社会计算机化的程度是衡量社会是否进入信息化的一个重要标志[6]。还有学者认为，信息化并不仅是一个简单的信息技术应用问题，而是一个社会发展和演变的过程；信息化不仅具有生

---

① L'informatisation de la société: rapport à M.le Président de la République，也称作《Nora 和 Minc 报告》。

产力，还意味着生产关系（管理流程和组织机构）的变革；信息化的内涵是将人类信息和知识的生产、传播和利用的方式，变为一种数字化、智能化、网络化的生产、传播和利用的方式[1]。因此信息化可以从狭义和广义两个方面来理解。狭义的信息化就是推广计算机技术的应用，推动计算机的联网，促进信息资源的建设和更新。广义的信息化则是人类社会从工业社会发展转化为信息社会的一个历史进程[7]。

图 1-1 给出了一个关于信息化的基本模型。在这个模型中，信息化被看作一个从物理世界映射到数字世界，再逆映射到物理世界的过程[1]。映射的实现需要依靠信息技术产业（ITI①）和信息内容产业（ICI②）。信息技术产业使用各种数字化技术，比如微电子、计算机、通信、软件等；信息内容产业则产生各种各样的数字内容，比如出版、咨询、中介等。而在逆映射中则需要使用信息服务产业（ISI③），它通过各种形式提供信息资源，为物理世界中的人们服务。整个信息化的过程依赖的正是各类信息产业的支持。

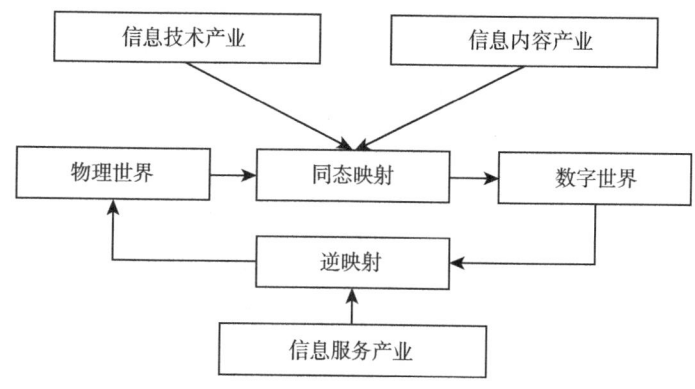

图 1-1 信息化的基本模型[1]

### 三、信息基础设施建设

#### （一）信息基础设施的定义

根据奥利·汉塞斯（Ole Hanseth）的定义，信息基础设施（information infrastructure）是"一个共享的、不断发展的、开放的、标准化的和异构的安装基础（installed base）"[8]。皮龙蒂（Pironti）则更通俗地将其描述为"所有支持信息的创造、使用、传输、存储和销毁的人、过程、程序、工具、设施和技术"[9]。在狭义上，可以将信息基础设施看作信息科学研究中的一类具体技术集合，而在广义上，信息基础设施可以被视为一种在 20 世纪 90 年代初被提出的政治倡议[10]。

这一概念起源于美国提出的"信息高速公路计划"，早期即指以信息交流为目的建立起来的通信网络[11]。而后信息基础设施的概念逐渐丰富，发展成为实现信息获取、传输、处理、分发、安全等而建立的各种设施，主要包括各类系统的软硬件设施及先进技术等，它们是信息共享能力生成的基础和依托。我国于 2016 年印发的《国家信息化发展战略纲

---

① ITI：information technology industry。
② ICI：information content industry。
③ ISI：information service industry。

要》(中办发〔2016〕48号)对新时期信息基础设施的建设范围进行了界定,分别是:陆地、海洋、天空、太空立体覆盖的国家信息基础设施;包括数据中心、云计算和物联网在内的应用基础设施;电力、民航、铁路、公路、水路、水利等公共基础设施的网络化与智能化改造;包括安全支付、信用体系、现代物流等在内的新型商业基础设施[12]。国家发展和改革委员会在2020年4月的例行新闻发布会上明确指出,作为新型基础设施的三大内容之一的信息基础设施,主要是指基于新一代信息技术演化生成的基础设施,比如,以5G、物联网、工业互联网、卫星互联网为代表的通信网络基础设施,以人工智能、云计算、区块链等为代表的新技术基础设施,以数据中心、智能计算中心为代表的算力基础设施等[13]。

(二)信息基础设施建设的历史

1985年1月,为了刺激美国经济,直属美国总统领导的总统产业竞争力委员会发布了一份报告。后来人们习惯性地用该委员会当时的主席约翰·扬(John Young)的姓氏来称呼该报告为《扬报告》。该报告认为,化解美国的经济危机,根本是要促进民间企业的活力,政府则应不断改善金融、财政、教育等宏观政策,调整环境以刺激民间企业的活动。美国政府因此实施了对中小企业减税的政策和对风险基金的支持,这为后来"新经济"以及信息技术产业创新创造了政策条件。1992年上台的克林顿政府继承了《扬报告》中关于支持民间企业的想法,并把信息化的主要战略放在信息技术产业上。

1993年9月,克林顿政府发布了《国家信息基础设施:行动计划》,这个报告标志着美国"国家信息基础设施"(NII①)计划的启动。该计划的总体目标是,发展高等级的国家信息基础设施和保持美国在全球信息基础设施中的优越地位,使美国公民享用广泛的信息资源及信息服务;充分运用通信和信息技术的创新成果,通过企业、劳动者、学术界、消费者和各级政府的相互配合,实现美国广泛的经济和社会目标。该计划在技术上要求将美国各地的超级计算中心连接到一个高速网络上,并使其他部门的工作也进入高性能计算领域,从而构筑一个先进的、无缝隙的公共的和私人的高速通信网络。互联网(Internet)就此正式启动。

1994年,国际电信联盟(International Telecommunication Union,ITU)在阿根廷召开首次世界电信发展会议。当时美国副总统戈尔在会议上提出建立"全球信息基础设施"(global information infrastructure)的构想,这是美国人第一次向全世界推荐互联网。自此,全球进入了网络互联时代。美国政府成立了信息基础设施智囊团,国家标准委员会组建了信息基础设施标准组(IISP②)等机构组织指导信息基础设施建设,采用卫星、光缆技术建设广泛的通信网中网,连接学校、家庭、商户、图书馆、医院等。欧盟成立了本杰明工作组,目标即建设泛欧洲网络和欧洲自由电信市场,20世纪90年代中期建成数据交换网,并于90年代末建成连接欧洲五个城市的信息高速公路,后逐步扩展到商业、大学等领域的机构。日本政府内部成立了信息通信基础设施发展本部,与邮政省电信委员会共同统筹,

---

① NII:national information infrastructure。
② IISP:Information Infrastructure Standards Panel。

计划在 2010 年前建设全国范围光纤系统。日本最大的电信公司 NTT 自 1994 年起也逐步转为多媒体运营公司，建设适用于多种带宽和速率的传输网，拓展大容量、超高速业务等[14]。

## 四、全球信息化发展

近年来，全球互联网迅速发展。按照国际电信联盟的最新数据，全球互联网普及率从 2007 年的 20.6%上升至 2019 年的 51.4%。其中发达国家在 2016 年达到 81.0%，在 2019 年达到 86.7%；发展中国家在 2016 年为 36.3%，在 2019 年达到 44.4%。2019 年，全球固定宽带普及率达到 14.8%，活跃移动宽带普及率则达到 74.2%，如图 1-2 所示。2020 年新冠疫情将更多社会活动搬到线上，催生了 2013 年以来全球互联网带宽最大增幅，达到 35%[15]。

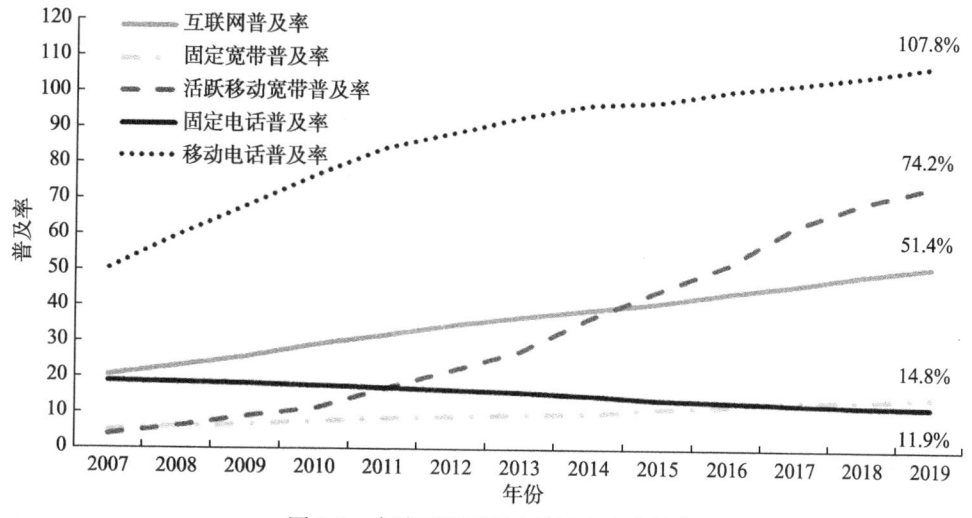

图 1-2 全球互联网用户普及率变化趋势

资料来源：国际电信联盟指标数据库

与互联网快速普及相对应，信息经济尤其是电子商务在全球也获得了空前的发展。根据联合国 2015 年的数据，2013 年全球企业对企业（B2B①）电子商务的产值超过 15 万亿美元，电子商务占美国制造业总收入的份额从 2002 年的 19%上升至 2012 年的一半以上。跨境电子商务的发展促进了小件和小包国际邮递业务快速增长，从 2011 年至 2014 年贸易量增加了 48%。大多数顶尖的电子商务公司来自美国和中国[16]。

互联网的普及与新兴大数据、云计算等技术的发展也使数据流量激增，根据联合国 2021 年的预测，每月全球数据流量将从 2020 年的 230 艾字节增至 2026 年的 780 艾字节。数据成为重要的要素资源，部分得益于最高的 5G 普及率，美国和中国成为占有超大规模数据中心的两个主要国家，占全球最大数字平台市值的近 90%。苹果、微软、腾讯、阿里巴巴等大型数字平台公司在全球数据价值链中的渗透程度也越来越高，形成了强大的金融、市场和技术力量[15]。

---

① B2B：business to business。

电子政务也在全球获得了比较快速的发展。通常来说一个国家电子政务的水平会受到通信基础设施、教育水平等的制约，而这些制约因素又都与该国的收入水平相关，然而一个国家的收入水平并不能完全体现电子政务的发展水平。经联合国的调查发现，许多国家虽然国民收入水平较低，但却大力推进电子政务的发展；还有一些国家尽管国民收入水平较高，拥有改善未来发展的大好机会，电子政务水平却落后于其他国家[17]。正如《2014联合国电子政府调查报告》指出的：

> "电子政府早已褪去新奇，正在进入一个新的发展阶段。尽管降低成本仍然是提供公共服务的一个很重要的考量因素，但是它已经逐渐被增加公共价值取代，成为发展电子政府的首要目标……现在电子政府重点聚焦于在各地区或国家间——建立跨部门、跨组织、跨地域的电子服务体系，运用高新技术——向公众提供有价值的服务……政府、公众、民间团体与私营部门经常合作使用新技术来创新服务。在应对多元化持续性的挑战中，政府部门正在不断使用公开数据和数据分析法来提高预测公众对公共设施需求的准确性，或者避免公共采购中的不法行为来降低风险。预测分析也被用来在事态严重前发现问题，同时情感分析被用来吸引公众参与公共咨询和决策。"[17]

## 第二节　中国信息化发展历程

### 一、信息化的早期发展

早在20世纪80年代，中国政府已经开始重视信息化问题。1982年，国家成立了"计算机与大规模集成电路领导小组"。1983年，一场关于"新技术革命的挑战与我们的对策"的全国大讨论，使人们意识到新技术革命的核心是信息革命，而信息革命的目的就是要提高信息资源的开发利用水平，扩大信息资源的开发利用规模[5]。同年，国务院正式批准组建了国家计划委员会经济信息管理办公室，负责全国经济信息管理系统建设规划和信息技术方案制订工作，标志着政府对计算机技术的运用从数据统计发展到宏观经济管理。1984年国务院电子振兴领导小组成立，由副总理级别的领导同志担任组长。1984年，邓小平同志为新华社新创办的《经济参考报》题词："开发信息资源，服务四化建设。"①虽以新闻媒体为背景，但实质上是为各个领域指明了开发利用信息资源，更好地为四化建设服务的方向。同年起，国务院先后批准经济、金融、铁道、电力等十多个关系国家经济命脉的国家级信息系统建设[18]。1986年，国家经济信息中心（后改为国家信息中心）获批组建，专门负责国家经济信息系统建设[19]。

1987年9月14日，钱天白教授发出了中国第一封电子邮件——"Across the Great Wall we can reach every corner in the world"（越过长城，走向世界），标志着中国与全球互联网的接触正式开始。1994年4月20日，中国连入Internet的64K国际专线开通，实现了与

---

① 《邓小平：开启中国信息革命征程》，https://www.most.gov.cn/ztzl/dxp100/mtbd/200408/t20040824_15294.html，2004-08-24。

互联网的全功能连接，从此中国正式成为拥有全功能互联网的国家。此后，中国先后建设了中国公用计算机互联网（ChinaNet）、中国科技网（CSTNET[①]）、中国教育和科研计算机网（CERNET[②]）等一系列网络基础设施，这为中国信息化建设奠定了网络平台基础。

1997年召开的首届全国信息化工作会议将信息化定义为"培育、发展以智能化工具为代表的新的生产力并使之造福于社会的历史过程"，而国家信息化就是"在国家统一规划和组织下，在农业、工业、科学技术、国防及社会生活各个方面应用现代信息技术，深入开发、广泛利用信息资源，加速实现国家现代化进程"。会议还提出，要构筑和完善国家信息化体系，其中包括开发利用信息资源、建设国家信息网络、推进信息技术应用、发展信息技术和产业、培育信息化人才、制定和完善信息化政策六个方面的基本要素。

从20世纪90年代初开始，中国先后启动了一批国家级的重点信息化工程项目。因为这些工程的名字中都有一个"金"字，故通常称之为"金字工程"。最早是1993年，国务院提出实施金桥工程、金卡工程和金关工程，被并称为"三金工程"，分别涉及网络基础设施和通信建设、金融领域信息化和海关信息化。2002年，中共中央办公厅、国务院办公厅联合下发《国家信息化领导小组关于我国电子政务建设指导意见》（中办发〔2002〕17号），提出我国电子政务建设的总体框架，即"二网、一站、四库、十二金"。其中"二网"是指国家政务外网和内网；"一站"即指政府网站；"四库"指四大政务信息资源库，即人口基础信息库、法人单位基础信息库、自然资源和空间地理基础信息库、宏观经济数据库；"十二金"[③]是指12个政务领域的信息化工程。虽然"金字工程"和基础数据库等重大工程都是由政府负责研究、设计和建设的，但是这些工程实际上为中国各个领域的信息化建设提供了基础设施，尤其是金桥工程、金卡工程、金关工程、金税工程等为中国信息经济和电子商务的快速发展奠定了基础。

2006年，中共中央办公厅、国务院办公厅印发了《2006—2020年国家信息化发展战略》（中办发〔2016〕11号），官方对信息化做出了明确的界定，即充分利用信息技术，开发利用信息资源，促进信息交流和知识共享，提高经济增长质量，推动经济社会发展转型的历史进程。除首届全国信息化工作会议提出的六要素外，还提出四个方面的重点战略，即推行电子政务、推进社会信息化、建设先进网络文化、建设国家信息安全保障体系。这就将国家层面的信息化从电子政务领域进一步明确地扩展到了社会信息化、网络内容和安全保障体系，进一步从国家层面划定了信息化建设的基本框架。

## 二、加速发展的信息化

随着以云计算、移动互联网、大数据、物联网为代表的一批最新技术的迅猛发展，它们也被广泛地应用到电子政务、电子商务和制造业信息化中，在全球掀起了信息化建设的新高潮。互联网已经从最初支持科学研究，到主要服务于通信和休闲，发展成为人类社会

---

[①] CSTNET：China Science & Technology Network。
[②] CERNET：China Education and Research Network。
[③] "十二金"工程可以分为三类，即在加强监管、提高效率和推进公共服务方面有金宏工程（宏观经济管理系统）、办公业务资源系统；在增强政府收入能力、保证公共支出合理性方面有金税、金关、金财、金融监管（含金卡）、金审工程；在保障社会秩序、促进国民经济和社会发展方面有金盾、社会保障（金保）、金农、金水、金质工程。

生活的一部分，"在线"成为一种生活方式。在此期间，若干大型互联网企业快速兴起，形成了若干具有全球影响力的互联网平台，不仅推动着信息产业世界格局的整合与重塑，也深刻地改变着传统世界的运行模式。无论是政府治理、市场运行，还是社会交往，都在这些新型平台上展开并建立起各种新的模式。

中国政府深刻认识到互联网对于经济社会发展的重大意义。在2015年第十二届全国人民代表大会第三次会议上，李克强总理在《政府工作报告》中提出"互联网+"行动计划，要求推动移动互联网、云计算、大数据、物联网等与现代制造业结合，促进电子商务、工业互联网和互联网金融健康发展，引导互联网企业拓展国际市场。①同年，国务院印发《关于积极推进"互联网+"行动的指导意见》（国发〔2015〕40号），提出"'互联网+'是把互联网的创新成果与经济社会各领域深度融合，推动技术进步、效率提升和组织变革，提升实体经济创新力和生产力，形成更广泛的以互联网为基础设施和创新要素的经济社会发展新形态"，并对行动计划提出了目标和重点行动，奠定当前阶段社会信息化的顶层设计基础，进一步发挥"互联网+"对稳增长、促改革、调结构、惠民生、防风险的重要作用，自此中国信息化建设进入一个新时期。

2016年，为进一步落实"互联网+"行动计划，中共中央办公厅、国务院办公厅印发《国家信息化发展战略纲要》。该纲要的使命是要推进国家治理体系和治理能力现代化，让信息化造福社会、造福人民，为实现中华民族伟大复兴的中国梦奠定坚实基础，其战略方向可以总结为"一条主线、一个目标、三大着力点"，即以信息化驱动现代化为主线，以建设网络强国为目标，着力增强国家信息化发展能力，着力提高信息化应用水平，着力优化信息化发展环境。正如该纲要开篇所指出的，这份战略纲要是对《2006—2020年国家信息化发展战略》的调整和发展，是规范和指导未来10年国家信息化发展的纲领性文件，是国家战略体系的重要组成部分，是信息化领域规划、政策制定的重要依据。同年，为推动"互联网+政务"建设，中国政府出台了《政务信息资源共享管理暂行办法》（国发〔2016〕51号），对政府各部门之间共享信息资源提出了要求，以增强政府公信力，提高行政效率，提升服务水平为目标，秉承共享、无偿原则，统一信息资源的相关标准，建立信息的保障机制，充分发挥信息资源共享在深化改革、创新管理中的作用，为电子政务的发展提供信息资源。

### 三、新时代的信息化发展

中国特色社会主义已经进入新时代。随着新兴数字化、信息化技术逐渐成熟、普及与深入，新时代信息化发展融入"网络强国建设"等战略要求，也在新型基础设施建设基础上更加强调高技术转化应用和数据信息价值的挖掘开发。2015年底，习近平主席在第二届世界互联网大会开幕式上的讲话中首次指出，中国正在推进"数字中国"建设[20]。2018年，在第八次政府机构改革前后，地方政府陆续组建大数据局等同类行政机构，统筹推进大数据相关工作，例如，江西成立了江西省信息中心（省大数据中心），山东成立了山东

---

① 《2015年中国政府工作报告（全文）》，http://www.scio.gov.cn/m/zhzc/35353/35354/Document/1506348/1506348.htm，2015-03-17。

省大数据局，福建组建了数字福建建设领导小组办公室（省大数据管理局）[21]。2018 年全国网络安全和信息化工作会议为新时代的信息化发展建设做出了重要指引，强调网信事业代表着新的生产力和新的发展方向，加快信息化发展，整体带动和提升新型工业化、城镇化、农业现代化发展，加强信息基础设施网络安全防护。

新时代信息化发展更加深入地渗透在国家重要战略的更多领域。2019 年 5 月中国政府出台了《数字乡村发展战略纲要》，推进网络化、信息化和数字化在农业农村经济社会发展中的应用，推动农业农村现代化发展与转型，这标志着信息化发展成为乡村振兴战略的重要举措之一。2020 年中国政府先后出台《关于推进"上云用数赋智"行动，培育新经济发展实施方案》（发改高技〔2020〕552 号）和《关于支持新业态新模式健康发展，激活消费市场带动扩大就业的意见》（发改高技〔2020〕1157 号），进一步明确将数据作为一种新型生产要素，加快数字化转型，推动数据资源开放共享。

## 第三节　国家信息化政策的总体框架

### 一、国家信息化政策的分类框架

信息化政策涉及国民经济和社会发展的方方面面，从不同角度可以划分出不同的类型。

如果按照行业领域来划分，信息化政策可以分为电子商务、电子政务、技术和基础设施、行政机构四大领域。在电子商务领域，信息化政策主要涉及促进信息经济发展、规制信息服务市场等方面。在电子政务领域，信息化政策的目标主要是规划、部署、要求或引导各级政府利用电子技术手段提供更好的公共管理和公共服务。在技术和基础设施领域，信息化政策主要包括信息技术的研发与应用、通信基础设施建设及其普及化等。在行政机构领域，信息化政策主要指政府对电子政务、电子商务等领域的政府主管、主办等机构的设置和人员任命等。

如果按照政策层次来划分，信息化政策可以分为法律、国家战略、行业政策等。首先在法律层面，中国信息化领域的专项立法还比较少，主要集中在网络安全方面，比如《中华人民共和国电子签名法》等。2015 年，全国人民代表大会向全社会公开《中华人民共和国网络安全法（草案）》并征求意见。其他的法律也会涉及信息化的相关内容。其次在国家战略层面，主要指中央针对信息化工作的战略性安排，比如，第十二届全国人民代表大会第三次会议上提出的"互联网+"行动计划以及《关于积极推进"互联网+"行动的指导意见》、《促进大数据发展行动纲要》（国发〔2015〕50 号）等。最后在行业政策层面，主要是指由各级政府行政部门制定的旨在推动行业信息化发展的政策法规。

如果按照行政部门来划分，信息化政策可以分为综合型部门政策、专业型部门政策和跨部门政策。综合型部门政策是指由信息化主管部门制定的相关政策。中国信息化领域的主管职能分散在若干部门之中，比如中央网络安全与信息化委员会、国务院办公厅、国家发展和改革委员会、工业和信息化部以及对应的地方主管部门等。同时，信息化不断向商务、金融、物流、教育、医疗和公共服务等几乎所有行业领域延伸，因此各行业管理系统内的信息化政策属于专业型部门政策，比如商务部、水利部、国家税务总局等制定的推动本行业信息化发展的相关政策。由于信息化政策经常涉及多个部门的职能，近年来跨部门的信息化政策也日益增多。

如果按照政府治理手段或政策工具的基本性质来划分，可以得到一个更加复杂的信息化政策分类。首先将信息化政策划分为两个维度：第一个维度按照信息产业的属性，分为对渠道（技术）的政策和对内容（应用）的政策两个方面。渠道（技术）的政策主要指针对电信运营商、设备提供商、终端提供商等市场主体的政策，内容（应用）的政策则是对内容提供商、服务提供商以及消费者等市场主体的治理。第二个维度按照公共政策的基本性质，分为规制型政策和分配型政策两类①。在信息化政策中，分配型政策的目的是促进产业的发展，规制型政策的主要目的是保障信息化安全。根据上述两个维度以及每个维度上的两个方面，可以将信息化政策分为四类或者四个象限，如图1-3所示[22]。

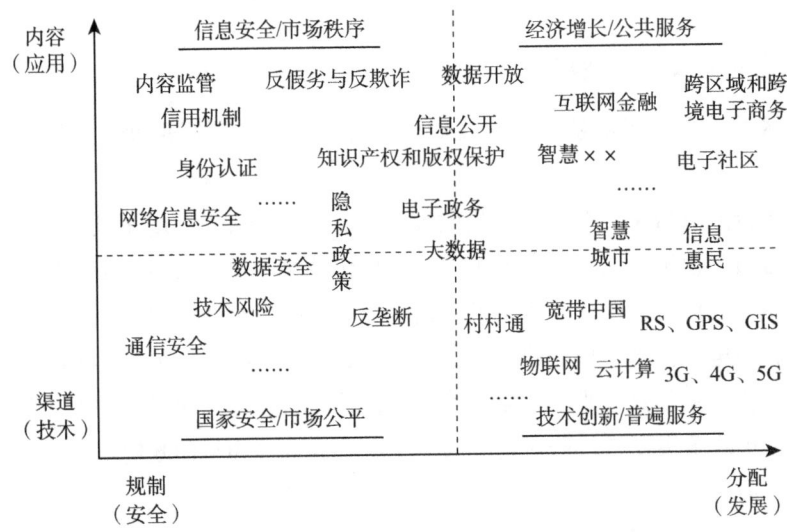

图1-3 信息化政策的分类框架及中国信息化政策概览

RS（remote sensing）为遥感，GPS（global positioning system）为全球定位系统，
GIS（geographic information system）为地理信息系统

"分配-内容"象限的主题是促进经济增长和提供公共服务。这些政策旨在促进电子商务、互联网金融、智慧医疗、智慧交通、电子社区等方面的发展。政府数据开放运动将政府数据的社会共享和经济增值作为首要目的，因此也属于这部分政策类型。智慧城市、

---

① 按照政策科学的经典分类，公共政策被分为分配型、规制型、再分配型和构成型政策[23]。其中分配型政策致力于增进社会权益的分配，规制型政策旨在减少或增加私人行为的可选范围，再分配型政策涉及对权益的重新分配，构成型政策则指"游戏的规则"即国家机构的设计。有批评认为由于政策往往具有多重特征，在经验研究中很难明确地做出上述区分，尤其是再分配型政策兼具了规制型和分配型的特点[24]，同时构成型政策实际上也具有规制性特征。因此为简化问题，本书将再分配型政策并入分配型政策以强调其分配属性，而构成型政策并入规制型政策以强调其强制性。

信息惠民等综合性政策包罗万象，不仅涉及应用层面，也涉及技术层面。

"分配-渠道"象限的主题是促进技术创新和提供普遍服务。这部分政策旨在大力鼓励和推动探索新技术的同时保障社会成员普遍享受信息化成果。国家正在大力支持移动通信、云计算、物联网等新技术的发展，新技术与传统遥感、全球定位系统和地理信息系统等技术的结合将在各种信息惠民工程和智慧城市建设中发挥基础作用。同时，在村村通工程的基础上，国家又提出了"宽带中国"战略，旨在为经济社会发展提供战略性的公共基础设施。

"规制-内容"象限的主题是保障信息安全和维护市场秩序。如果说取消规制的目的是促进互联网竞争，那么提供新的规制则是要保障互联网上各种主体的基本权利。比如，对身份的认证以及隐私权等，前者划定了互联网的行为责任，是建立可信交易环境的基础之一；后者则涉及身份与数据或信息之间的关联关系在什么样的范围内受到保护。此外，国家还在反假劣、反欺诈、知识产权、信用机制、内容监管等方面提供针对网络应用的规制。这里将电子政务偏向于这个象限，是因为电子政务的大部分内容实际上是利用信息技术来支持政策规制。而信息公开既包含规制政府行为的意义，又有公共服务的特点，因此位于本象限和"分配-内容"象限之间。

"规制-渠道"象限的主题是维护国家安全和促进市场公平。在国产和国外大型技术和系统软件的选择上，国家不仅要考虑经济问题，还需要从总体上考虑其对国家安全的影响，比如在智慧城市建设中有相关部委对此做出明确表态[25]。同时，政府和理论界在通信网络、数据库等方面的国家安全意识也在不断增强。此外，对运营商、设备和终端企业、标准制定企业的市场行为的规制有利于促进市场公平和有效竞争。

要注意的是，由于政策的复杂性，某一象限中的信息化政策可能兼具其他象限的特征，因此它们在坐标系中拥有不同的位置。

## 二、国家政务信息化政策的分析框架

政务信息化政策是信息化政策的重要组成部分。在中国，政务信息化发展非常迅速，尤其是近年来随着各种新技术的涌现，信息技术已经深入到政府政务工作的方方面面，政务信息化的范围、形式、手段等都有了很大变化。以下分别从阶段和目标这两个维度提出中国政务信息化政策的分析框架。

（一）阶段分析框架

中国著名信息化专家，原国家信息化专家咨询委员会常务副主任周宏仁博士认为，政府信息化和电子政务在中国的发展历程可以分为四个阶段[26]，本书结合电子政务发展的最新状况对其略作调整。

第一阶段：1975~1983年。

这个阶段以1975年10月国务院正式批准组建国家计划委员会计算中心系统为起点，是中国电子政务的萌芽时期。该系统于1979年成功完成了第三次全国人口普查数据处理任务。

第二阶段：1983~1993年。

这个阶段以国务院批准在国家计划委员会成立经济信息管理办公室，负责国家经济信息管理系统的规划和建设以及相关的总体方案、法律法规和标准化等问题的研究为起点，主要特征是政府信息化由数据处理向信息处理和业务管理转变。1986年9月，国务院批准将国家计划委员会计算中心、经济信息管理办公室、国家计划委员会预测中心合并，成立国家信息中心。一些重要部委，包括国家计划委员会、财政、金融、税务、电力、民航、海关等的重要政府管理信息系统开始建设。在这个阶段，各级政府部门也陆续建设了一批早期的办公自动化系统。

第三阶段：1993~2009年。

这个阶段以1993年"三金工程"的启动为起点，标志着中国政务领域信息化大规模建设的开始。

除"三金工程"以外，这个阶段还有两个重要的政策子节点。第一个政策子节点是1999年的政府上网工程。该工程由当时中国邮电电信总局和国家经济贸易委员会经济信息中心联合40多家部委（办、局）信息主管部门联合策划发起，各省、自治区、直辖市电信管理局作为支持落实单位。根据中国互联网络信息中心（CNNIC[①]）的数据，1998年底时只有982家以"gov.cn"为域名后缀的中国政府网站，而到2015年底，以"gov.cn"为域名后缀的中国政府网站数量已经达到5.7万家，约为1998年的58倍。目前拥有网站门户已成为中国政府管理中的新常态。第二个政策子节点是在2002年，中共中央办公厅、国务院办公厅联合下发了《国家信息化领导小组关于我国电子政务建设指导意见》，提出了我国电子政务建设的总体框架，即"二网、一站、四库、十二金"。这两个政策子节点分别代表了电子政务的两大体系。

这两组政策由不同的政府行政部门主管，基本上是平行发展的，分别引领了中国电子政务对外和对内两条主线。政府网站主要作为政府与企业、公民互动的互联网平台，"十二金"等则主要是面向各行业的管理系统的政务信息化工程。

第四阶段：2009~2016年。

这个阶段以2009年第一个政务微博的出现为起点（湖南桃源县政府官方微博"桃源政府网站"于2009年11月2日开通），其特征是改变中国电子政务自第三阶段以来，对外主要建设政府网站，对内主要建设管理系统的发展模式，政府开始运用社交媒体、大数据、移动网等各种互联网新技术、新应用提供多元化服务。主要表现在以下几个方面。

（1）政务微博带来更加直接和频繁的政府与社会的互动，用信息众筹方式改善了传统模式中的信息缺陷，开创了共同治理的新模式。截至2015年底，新浪政务微博数达到15.24万条，其中党政机构微博数为11.47万条[27]。

（2）政务微信、移动政务App[②]等充分利用移动互联网的泛在化特点，可以将政务推送到公众"手"边。

（3）正在形成的整个社会的数据化与公共决策的智能化日益融为一体，基于互联网的大数据可以为公共政策议程提供新的问题来源，也为政策制定、政策执行和政策评价提供新的方法。

（4）智慧城市试图综合大数据、物联网、云计算和移动互联网等为城市提供智能化的基

---

① CNNIC：China Internet Network Information Center。

② App：application。

础设施和智慧化的管理模式。

（5）与透明政府、开放政府和政府信息资源管理等一脉相承的政府数据开放运动在全球兴起，为社会分享政府数据提供了新的思路和技术。

第五阶段：2016年至今。

这个阶段以2016年国务院出台的《政务信息资源共享管理暂行办法》和《关于加快推进"互联网+政务服务"工作的指导意见》（国发〔2016〕55号）两个文件为标志。这一阶段尝试改变过去以部门为导向的建设思路，转而构建以政策问题为导向、跨部门协同治理的新架构[19]。电子政务的内涵进一步丰富，战略地位上升至以数字政府为牵引，全面带动"数字中国"建设发展[28]。这一阶段的主要特征体现在以下三方面。

（1）创新数字政府治理模式，强调以信息技术、数字技术为支撑，打通信息壁垒，整合、利用数据资源，实现跨部门协同治理。

（2）深化"放管服"改革，强调"互联网+政务服务"的惠民属性，注重发挥信息技术的优势，建立规范透明的管理体系，推动政务数据信息资源开放，提升政务服务绩效[28]。

（3）注重网络安全与数字安全，依托国家政务服务平台建设"互联网+监管"系统，实现发展与安全的协调，打造清朗网络空间[29]。

（二）目标分析框架

政府使用信息技术实现政务信息化的最终目标是提高政府管理和服务的能力。无论是用于信息采集、信息传播、信息分析或信息存储，不断提高信息技术水平的目的都是优化配置信息资源。互联网使社会信息资源在更加广阔的范围中得到分配并引发了生产工具的革命，政务信息化只是这场变革中的一部分。

按照信息系统的一般性框架，政府配置信息资源的过程包含信息资源的输入、处理和输出三个基本环节。这三个环节构成了政务信息化目标分析的第一个维度，称之为过程维度。首先，如果将政府视为一个大系统，那么政府系统内部对信息的处理是政府维持自身体系正常运转的信息过程，按照行政学的一般理论可以简单分为支持公共决策分析的信息过程和支持行政体系沟通的信息过程。其次，信息资源的输入和输出是政府与社会互动的信息过程。其中输入既可以看作政府从社会中汲取信息资源的过程，也可以看作社会对政府系统的信息刺激或影响；信息资源的输出则是政府系统再次分配信息的过程。

目标分析框架的第二个维度是功能维度。戴维·伊斯顿在讨论政治系统时，将政治系统的输入划分为满足要求和获取支持两种基本功能类型，将政治系统的输出划分为权威性的和相关性的两大类[30]。从系统对环境的适应性来看，系统的输出可以看作对系统输入的系统性反馈，是为了满足要求或者争取新的支持。因此可以定义功能维度包括（满足）要求和（获取）支持两个方面。

按照过程维度和功能维度，可以分解出六种政府信息过程（功能），即决策分析、行政沟通、政治传播、信息服务、社会参与和自然与社会监测，如图1-4所示。

对应这六大信息过程（功能），政务信息化可以分解为六大领域，即电子决策、电子行政、电子动员、电子服务、电子参与和电子监测[22]。

电子决策的目标是利用信息技术提高公共政策分析和决策协调的能力。建立在数据分析和决策模型基础上的政府决策支持系统是实现电子决策的重要工具。"十二金"工程中的金宏工程（也称作宏观经济管理信息系统）的建设目标，即"依托国家电子政务网络平台，通过信息资源、信息共享平台、重点领域业务应用系统和安全保障体系的建设，实现宏观经济管理部门之间的互联互通和信息共享，促进宏观经济管理部门间的业务协同与互动，提高业务管理信息化和科学决策水平，增强政府调控宏观经济、驾驭市场变化、应对经济突发事件、以及总揽经济全局的能力，为党中央和国务院及时、准确、全面地掌握宏观经济运行态势提供信息服务。"[31]

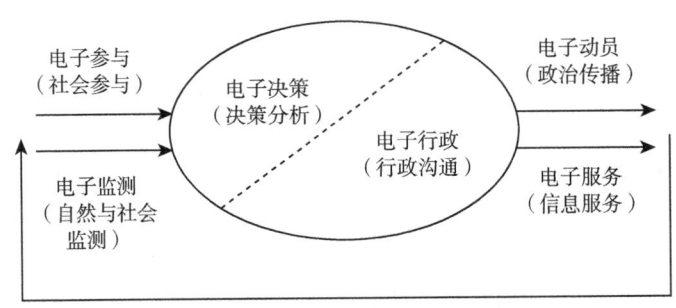

图1-4　政务信息化的目标分析框架

电子行政的目标是支持对政府行政流程的优化和执行技术的改善。目前各级政府部门用于支持内部行政管理流程的各种管理信息系统都属于电子行政的范畴，其中财务信息系统、人事信息系统、公文流转系统等属于综合电子行政系统，各个业务口的管理系统属于专业电子行政系统。

电子动员的目标是通过提高政府的政治传播能力，引导社会成员采取某种行动或持有某种价值观以获得社会支持。政府网站不仅是政府对外提供公共服务的平台，也是政府发布信息、实现政治传播的重要工具。中国政府将政府网站定位为"政府信息公开的第一平台"。① 随着微信、微博等社交媒体的兴起，政务微信、政务微博已经成为电子动员的新途径。

电子服务的目标是满足社会发展的要求，政府利用技术平台为社会提供各类信息和数据服务，或者建设信息基础设施。电子服务的范围非常广泛：在基础设施方面，由政府或国有企业投资建设基础通信网络、提供信息普遍服务；在公共信息资源方面，政府可以通过政府网站或其他电子渠道公开政务信息、开放政府数据；在公共管理和公共服务方面，政府可以利用电子手段更加便捷地为社会公众提供交通路况、气象服务以及各类便民服务信息等。

电子参与的目标是为社会公众的政治参与提供电子化通道以获取政治支持。根据公众参与提供信息的结构程度，电子参与可以分为结构化的和非结构化的。在结构化的电子参与中，公众按照固定的程序和固定的内容提供信息，比如电子投票、民意测验等。在非结构化的电子参与中，公众与政府之间的互动会更加深入，比如通过提供电子邮件、在线讨

---

① 2014年，国务院办公厅印发《关于加强政府网站信息内容建设的意见》（国办发〔2014〕57号），其中明确要求，"各级政府面向公众公开举办重要会议、新闻发布、经贸活动、旅游推广等活动时，政府网站要积极参与，做好传播工作""国务院发布对全局工作有指导意义、需要社会广泛知晓的政策信息时，各级政府网站应及时转载、链接；发布某个行业或地区的政策信息时，涉及到的部门和地方政府网站应及时转载、链接"。

论区、意见征集系统、电子会议等工具，公众可以充分地发表自己的意见。

电子监测的目标是通过各类监控系统实现对自然和社会动态的实时监测。对自然和社会情况进行监测是现代政府的重要信息职能。在自然监测方面，政府需要通过电子手段对气候、水文、水质、地质、森林、山体等各种自然物进行实时监测，保护生态环境，防范自然灾害。在社会监测方面，政府需要监测宏观经济运行、人口数量、公共治安、物流交通以及部分社会行为，行政审批即属于一种对市场或社会行为的监测。

## 本 章 小 结

信息化起源于信息革命，随着信息技术广泛应用于社会活动等诸多方面，社会活动的形态模式也经历了深刻变革。互联网诞生与快速普及加速了全球信息化发展，技术竞争在全球化浪潮中的核心性作用显现，世界主要国家也逐步明确了国家的信息化战略。

我国信息化历程从20世纪80年代开启，到90年代末已经完成了互联网接入与"金字工程"等一系列信息化工程，网络平台等基础设施准备条件基本奠定。21世纪以来，尤其是近十年来，国家信息化发展以建设"网络强国"和"数字中国"为目标，着力增强国家信息化发展能力，提高信息化应用水平，优化信息化发展环境，强调5G、云计算、人工智能等高技术转化应用和数据信息价值的挖掘开发。

国家信息化政策涉及领域广泛，并具有复杂性，政务信息化是国家信息化的重要领域，我国政务信息化政策的发展历程可以分为五个阶段和六大领域。

## 关 键 名 词

信息革命　信息化　国家信息化　政务信息化　信息基础设施　信息化战略　信息化政策　"金字工程"

## 思 考 题

1. 信息革命的本质是什么？
2. 中国信息化发展经历了哪些重要阶段？
3. 中国信息化政策有哪些类型？
4. 中国政务信息化从功能目标上可以包含哪些内容？
5. 中国国家信息化发展的战略任务是什么？

## 延 伸 阅 读

（1）国家互联网信息办公室. 数字中国发展报告（2020年）[R]. 国家互联网信息办公室, 2021.
（2）翟云. "十四五"时期中国电子政务的基本理论问题：技术变革、价值嬗变及发展逻辑[J]. 电子政务, 2021(1): 67-80.
（3）王浦劬, 竹立家. 重塑政府："互联网+政务服务"行动路线图（理念篇）[M]. 北京: 中信出版集团, 2016.
（4）何毅亭. 中国电子政务发展报告. 2019—2020：数字战"疫"：释放数字政府新价值[M]. 北京: 社会科学文献出版社, 2020.

# 参 考 文 献

[1] 周宏仁. 信息化概论[M]. 北京: 电子工业出版社, 2009.
[2] 奈斯比特. 大趋势: 改变我们生活的十个新方向[M]. 梅艳, 译. 北京: 中国社会科学出版社, 1984.
[3] 世界银行. 中国的信息革命: 推动经济和社会转型[M]. 北京: 经济科学出版社, 2007.
[4] 伊藤阳一. 日本信息化概念与研究的历史[C]//李京文等. 信息化与经济发展: 国际会议论文文萃. 北京: 社会科学文献出版社, 1994: 84-99.
[5] 谢阳群. 信息化的兴起与内涵[J]. 图书情报工作, 1996(2): 36-40.
[6] 施鸿宝. 信息化社会与计算机科学技术的发展[C]//李京文等. 信息化与经济发展: 国际会议论文文萃. 北京: 社会科学文献出版社, 1994: 78-83.
[7] 钟义信. 社会动力学与信息化理论[M]. 广州: 广东教育出版社, 2007.
[8] Hanseth O. From systems and tools to networks and infrastructures-from design to cultivation: towards a design theory of information infrastructures[C]//Holmström J, Wiberg M, Lund A. Industrial Informatics Design, Use and Innovation: Perspectives and Services. Hershey: IGI Global, 2010: 122-156.
[9] Pironti J P. Key elements of a threat and vulnerability management program[J]. Information Systems Control Journal, 2006, 3: 52-56.
[10] Bygstad B. Information infastructure as organization: a critical realist view[R]. Proceedings of 29th International Conference on Information Systems, 2008.
[11] 胡道元. 信息基础设施与美国信息高速公路计划[J]. 中国计算机用户, 1994(8): 73-76.
[12] 郭朝先, 刘艳红. 中国信息基础设施建设: 成就、差距与对策[J]. 企业经济, 2020, 39(9): 143-151.
[13] 发改委明确"新基建"范围 将重点做好四方面工作[EB/OL]. http://finance.people.com.cn/n1/2020/0420/c1004-31680443.html[2021-11-04].
[14] 孙玉奎, 蒋晨. 国外信息基础设施的发展情况[J]. 现代电信科技, 1997(8): 24-28.
[15] United Nations Conference on Trade and Development. Digital economy report 2021——Cross-border data flows and development: for whom the data flow[R]. UNCTAD, 2021.
[16] United Nations Conference on Trade and Development. Information economy report 2015: unlocking the potential of e-commerce for developing countries[R]. UNCTAD, 2015.
[17] United Nations Department of Economic and Social Affairs. The United Nations e-government survey 2014: e-government for the future we want. [R]. UNCTAD, 2014.
[18] 周宏仁. 信息化论[M]. 北京: 人民出版社, 2008.
[19] 黄璜. 中国"数字政府"的政策演变——兼论"数字政府"与"电子政务"的关系[J]. 行政论坛, 2020, 27(3): 47-55.
[20] 习近平. 习近平在第二届世界互联网大会开幕式上的讲话[EB/OL]. http://www.xinhuanet.com//politics/2015-12/16/c_1117481089.htm [2021-11-04].
[21] 黄璜, 孙学智. 中国地方政府数据治理机构的初步研究: 现状与模式[J]. 中国行政管理, 2018(12): 31-36.
[22] 黄璜. 互联网+、国家治理与公共政策[J]. 电子政务, 2015(7): 54-65.
[23] Lowi T J. Four systems of policy, politics, and choice[J]. Public Administration Review, 1972, 32(4): 298-310.
[24] Greenberg G D, Miller J A, Mohr L B, et al. Developing public policy theory: perspectives from empirical research[J]. American Political Science Review, 1977, 71(4): 1532-1543.
[25] 国家发展改革委, 工业和信息化部, 科学技术部, 等. 关于促进智慧城市健康发展的指导意见(发改

高技〔2014〕1770 号）[Z]. 2014-08-27.
[26] 周宏仁. 中国电子政务发展的回顾和展望[EB/OL]. http://www.itgov.org.cn/Item/2987.aspx [2021-11-04].
[27] 于洋, 罗艾桦, 贺林平. 2015 年政务微博影响力百强榜发布[N]. 人民日报, 2016-01-21(9).
[28] 王钦敏. 创新电子政务发展模式 加快推动"数字中国"建设——在 2018（第十三届）中国电子政务论坛上的讲话[J]. 行政管理改革, 2019(2): 4-7.
[29] 邓若伊, 余梦珑, 丁艺, 等. 以法制保障网络空间安全构筑网络强国——《网络安全法》和《国家网络空间安全战略》解读[J]. 电子政务, 2017(2): 2-35.
[30] 伊斯顿. 政治生活的系统分析[M]. 王浦劬, 译. 北京：人民出版社, 2012.
[31] 吕罗文, 周永陟, 钟耀文. "金宏"工程的构建蓝图[J]. 金融电子化, 2006(5):40-41.

# 第二章 数字政府的概念框架

■ 本章知识结构图

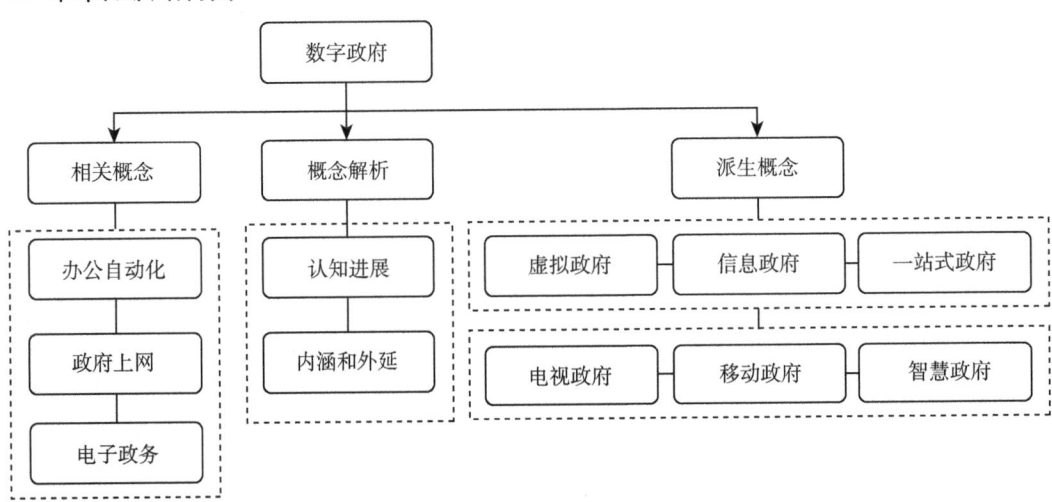

数字政府构建涉及各级政府和部门的业务活动以及全体公民的切身利益，是一项极其复杂的社会化的系统工程，迫切需要各级政府统一思想、统一认识和统一行动，也需要全社会的积极认同和倾力参与。这一切需要建立在全社会对数字政府及其相关概念和派生概念的正确认知的基础之上。为此，要深入理解和把握数字政府，必须从科学、合理地构建其概念框架入手，既要理解数字政府及其相关概念，又要了解数字政府的演进历程、发展方向、派生概念，从而把与数字政府有紧密关联的内容纳入其概念框架之中作为其组成要素或建设重点，再对这些要素或重点的含义、位置、界限等加以描述和规定，进而对要素或重点之间的关系进行考量，以图逐步地建构起能够正确反映数字政府的状态、属性、规律的概念框架，为数字政府研究和实践提供逻辑起点。

## 第一节 数字政府的相关概念

数字政府的概念框架包括很多要素，如在数字政府构建中陆续提出的一些新理念和新领域——电子治理、数字治理、智慧城市等。本节只对办公自动化、政府上网和电子政务这三个关键要素的概念做科学界定并规范其指称，以求在对其要素的名称和术语达成共识的基础上为建立具有一致性的数字政府的话语体系提供支点，从而使人们能在较高的认知层面上协调和容纳与这一交叉学科领域相关的不同学科的相应术语体系，并使学科之间的交流和合作能够顺畅进行，同时为构建科学、合理的数字政府理论体系奠定概念基础，使各级政府和全社会都能在明确数字政府的目标追求和努力方向的基础上对其构建进行顶层设计，即进行长远思考、宏观把握、全局规划和系统设计，并积极参与协作共建，为数字政府构建的实践发展贡献力量。

## 一、办公自动化

办公自动化发端于 20 世纪 40 年代，当时美国有部分企业开始使用机器来处理办公室内的业务，人们把这种办公手段称作办公自动化（office automation），简称 OA。

### （一）办公自动化的内涵

早期的办公自动化是作为计算机应用的一个分支发展起来的。逐渐地，其他信息技术及设备被引入办公室管理中，使办公自动化成为融合多种技术的综合性技术学科。如今，人们尝试把管理理论方法和技术手段相结合，在 OA 中逐步纳入管理科学、决策科学、行为科学、社会学、人机工程学、文秘、电子、机械等学科、领域的知识，使 OA 成为以管理科学为前提，以行为科学为主导，以系统科学为理论基础，把科学社会学、人机工程学、系统工程学、决策学等多门社会科学与技术科学结合在一起，综合运用计算机技术、通信技术和自动化技术等来研究如何实现各项办公业务活动自动化的一门文理交叉型的综合性学科。

人们通常所说的办公自动化，就是要尽可能地利用先进的科学技术，特别是信息技术手段，来实现办公业务活动的自动化。它的实现形式是办公自动化系统，即利用先进的科学技术，不断使人们的一部分办公业务活动物化于人以外的各种现代化的办公设备中，并由这些设备与办公人员构成服务于某种目的的人-机信息处理系统[1]，简称 OA 系统或 OAS①。

### （二）办公自动化的外延

从实现的内容和范围的角度而言，OA 的外延可以以 OAS 的外延作类比。OAS 发展阶段的递进性——对应了其由低到高的三个应用层次——事务处理层、信息管理层和决策支持层。如果以纵向的功能层次为划分标准，OAS 可分为事务处理型、信息管理型和决策支持型。此外，以横向的应用领域为划分标准，OAS 可分为通用型和专用型。当然，OAS 也可针对不同工作性质进行分类。在实际应用过程中，OAS 往往体现为纵横交错的组合类型。

1. 以横向应用领域为标准分类

1）通用型

通用型 OAS 包括电子账务、电子邮件、信息发布、信息检索、电子会议，以及文字处理、文档管理等应用。主要功能包括：对各类设备的运行状况、状态信息及维护进行管理；实现文件管理、邮件管理、表单管理、档案管理、人事管理、日程安排、资产管理、权限管理等；建立公用信息库，提供信息采集、检索、查询、发布等功能；管理各子系统。

2）专用型

专用型 OAS 除具有通用型 OAS 的功能外，还根据其特定的业务需求，具有适用于专

---

① OAS：office automation system，办公自动化系统。

业领域的特殊功能，如银行业务系统、商场 POS[①]系统、酒店管理系统、政府机关办公系统、各类企业管理系统等。

2. 以纵向功能层次为标准分类

1）事务处理型

事务处理型 OAS 大体上可分为办公事务处理（如文字处理、电子表格、电子邮件等）和行政事务处理（如公文流转、日常办公事务处理等）两大部分。

2）信息管理型

MIS[②]是一个以人为主导，利用计算机硬件、软件，网络通信设备以及其他办公设备，对信息进行收集、传输、加工、存储、更新、维护和使用的集成化的人-机系统。MIS 刚开始以数据文件为基础，后来发展到由大容量数据库支持、以数据处理为基础的应用系统。MIS 以战略竞优、提高效益和效率为目的，以数据形式的信息支持高层决策、中层控制和基层运作，主要用于信息的收集、传输、加工、储存、更新和维护等信息管理工作，也包括一些结构化决策内容，目的是支持管理人员进行正确决策、中层控制和基层运作，不断提高管理水平和经济效益。

3）决策支持型

DSS[③]是管理信息系统和运筹学相结合的产物，称为辅助决策系统或决策支持系统。它是通过数据、模型和知识，以人机交互方式帮助决策者进行半结构化或非结构化决策的应用系统。它以决策主题为重心，构建与决策主题研究相关的知识库、政策分析模型库和情报研究方法库等，通过提供分析问题、建立模型、模拟决策过程和方案的环境，调用各种信息资源和分析工具，为决策主题提供全方位、多层次的决策支持和知识服务，帮助决策者以人机交互方式进行半结构化或非结构化决策，目的是为行业研究机构及政府部门提供决策依据，从而起到辅助决策的目的。DSS 属于 OAS 的最高层次。

此外，还有针对不同工作性质、不同任务的组织机构开发建设的 OAS，即面向不同办公业务特点的 OAS，一般划分为八类，分别是政府机关型 OAS、工厂企业型 OAS、经营公司型 OAS、事务型 OAS、事业型 OAS、案例型 OAS、专业型 OAS、机房型 OAS[2]。

进入网络时代以后，政务部门在电子政务内网上实现了更多的办公业务活动的自动化，即机关内部的办公自动化；又在政务外网上运行专业性服务业务和不是必须在内网上运行的业务，实现了机关之间的资源共享和业务协同，即机关之间的办公自动化。鉴于行政管理专业的研究对象主要是数字政府和政府的电子政务，所以，本书的 OAS 的内容范围限制在以政府为主导或主体开发的 OAS 应该建设、能够建设且可以发挥作用的功能、空间和关系等方面，即只涉及政府机关内部的办公自动化和政务机关之间的资源共享与协同办公。即使这样，政府 OAS 涵盖的内容也相当广泛，在电子政务的外延部分会有涉及。

## 二、政府上网

政府上网（government connecting to Internet），就是政府与网络相联，初衷或本意是

---

① POS：point of sales，销售终端/销售点。
② MIS：management information system，管理信息系统。
③ DSS：decision support system，决策支持系统。

政府的职能工作在 Internet 上进行。只是这里的网络不是一般的互联网络（internet），不是指以往已经建成的政府部门内部网（Intranet）或实现部门之间互联的外部网（Extranet），而是特指国际互联网（Internet）[①]。中国的政府上网缘于1999年1月在企业的推动之下由40多个国家部委联合启动的政府上网工程。自此，政府信息化建设从原来政府内部的办公自动化建设发展到面向公众提供政务服务的电子政务建设阶段，这是对以往政府信息化建设的革命性超越。

（一）政府上网的内涵

政府上网的内涵，虽然尚无被学术界一致首肯的说法，但是人们对以下几点达成了共识。

（1）上网的手段是包括计算机技术、通信技术和网络技术等在内的信息技术。

（2）上网的内容是政府职能。

（3）上网的目的是要在 Internet 上建立虚拟政府，以更好地向公众提供快捷便利的公共服务。

（4）上网的主旨是实现办公自动化和资源共享。

综合上述因素，可将政府上网的概念界定为：政府为适应科技和社会发展潮流，实现办公自动化和资源共享的目标，在行政管理体制、职能和方式方面不断做出适应性改革和转变的基础上，联合信息产业，利用信息技术，在网上建立一个虚拟政府，加强和完善政府职能，通过政府门户网站提供政务服务的过程。这个定义指出了政府上网的主体是政府，前提是改革传统的行政管理体制，转变行政管理职能、方式，而政府上网本身是一个不断拓展网上服务内容范畴的过程，体现出政府上网的发展性和阶段性。同时，定义也说明了政府上网的背景和目的。可见，政府上网已成为政府适应信息时代要求的一个行为选择，它也必然会随着电子政务建设和应用的持续拓展演变成为政府日复一日延续下去的工作。

作为网上的特殊用户，政府是公共信息资源的主要提供者和使用者，政府自身特殊的地位和作用，决定了政府上网与一般用户上网应有原则上的不同。不同之处在于：政府要上网，就必须真正上网。这里所说的真正上网，并不是说行政信息简单共享就行了，也不仅指政府职能在网上实现，它还应包含这样一些含义，即网上职能的有效行使、监管的有序进行、秩序的安全稳定、政府形象得到维护等。这就要求政府必须为管理和决策服务提供全面、准确、及时的信息，要求政府以科学的管理理论为指导，把科学的思维方法、知识体系和先进的技术成果整合到网上政务的实现过程与运作体系当中，在不断地对政府管理体制、职能和方式进行适应性变革，对政务信息实现数字化，对拟上网职能实现电子化和对服务途径实现网络化的过程中，合理规划网上管理流程，提高网上管理效能，构造性能良好的网上政府。单从维护网上政务服务职能安全运作的角度考虑，政府的任务就极为

---

① 国际互联网，常常简称互联网，又称因特网。它以相互交流信息资源为目的，基于一些共同的协议，并通过许多路由器和公共网互联而成，是一个信息资源共享的集合。互联网的前身是美国于1969年建成的世界上第一个采用分组交换技术的计算机网络 ARPANET（advanced research project agency network，阿帕网），阿帕网是美国国防部出于国防需要而投资建设的。该项目的最初目标是连接4个地点，即加利福尼亚大学洛杉矶分校、加利福尼亚大学圣巴巴拉分校、斯坦福研究所和犹他大学。如今，互联网连接了全世界各个国家及地区的无数类型相异的计算机，它的影响波及信息产业乃至整个社会，为各行各业的发展带来了革命性的变化。

艰巨，不会像一般用户上网那般轻松简单。所以，政府上网还包括从办公自动化系统管理到办公自动化系统运维的规划，从数据开放、资源整合到政务业务流、信息流、价值链、质量链重组与创新的不断完善的过程。可见，建立网上政府难，要维持网上政府的有效运转和可靠信用更难。因此，政府上网最艰巨的任务是在上网之后。

（二）政府上网的外延

政府上网，就是政府的职能上网。研究政府上网的外延，实际上就是研究政府职能上网的内容范围，即明确政府在网上应该实现哪部分职能和不应该实现哪部分职能。

从技术角度看，政府职能基本上都可以在网上实现。从政府信息公开原则要求看，除国家法律规定的特殊情形外，凡是可以公开的信息，都必须依照法定的程序予以公开。如此，政府上网以后，应尽可能全面地在网上公开政府部门的名称、职能、机构组成、办事章程及相关文件、资料、档案等，也应尽可能多地在网上为公众提供诸如交税、汽车注册、项目审批等服务。所以，政府上网的内容范围，理论上应该是涵盖政府所掌握的除法律规定的特殊情形之外的全部信息资源和能搬上 Internet 的所有政府职能。当然，由于网上政府职能的拓展绝对不能超出现实政府的职能范围，所以网上政府职能还需要依照现实政府职能的变化做出适时的变化和调整。

从实践方面看，政府应该把上网的目的性与自身的能力限度结合起来权衡上网内容，循序渐进地拓展网上职能范围，这是因为，网上政府实质上是一个信息管理系统，职能上网只是网上政府构建的前期任务，而更重要、更艰巨的内容是在上网后如何保证职能的有效行使和规范操作，这种有效性将体现在塑造政府的良好形象、维持政府的正常运作、维护国家主权不受侵犯、保护国家利益、维持网上秩序安定等一系列颇具难度的网上操作之中，而规范化又是网上政府信息化、数字化、一体化管理的制度要求和安全保障。网上政府的运作离不开现实政府的参与，政府的素质和能力是左右网上政府最终能否成功的关键要素。如果政府工作人员的能力不足，就可能出现自身无法有效利用因行使网上职能而被赋予的相应权力，而内部技术人员或电脑黑客、敌对者等又窃取到这部分权力的情况，从而招致管理无序、管理失灵甚至管理失败。为此，要以政府的素质和能力作为界定网上管理职能内容实现的参照，这种做法将是政府规避网上管理风险的最好选择。虽然看起来这种做法暂缓了政府上网进程，但实际上，却为保证政府上网的顺利实施和总体安全起到了稳固基础、维护成果、保证有效、促进长远发展的作用。如果政府盲目上网，虽暂时解决了问题，满足了一时之需，却可能埋下长久的隐患，损失更大的利益，危害到政府甚至国家信用，得不偿失。

那么，是不是政府的素质和能力逐步提高以后，网上职能就可以任意扩展了呢？回答是否定的。原因在于：网上职能的实现和运作更多是依赖行政环境、科技水平、政府的科技素质和信息能力以及公民的信息素养，而科学技术发展日新月异，要始终站在科技发展前沿、掌握最新科技成果、适应网络环境要求，对政府而言是一件极其困难的事情。何况在 21 世纪大多数国家都把行政改革的重点放在弱化政府管理职能、下放权力、调整机构、精简人员和提高效率上，政府的发展趋势是建立一个有限政府，即权力、职能、规模和行为都受到宪法和法律的明确限制，并公开接受社会监督与制约的政府，网上政府自然不能违背潮流。由此，政府的科技素质的阶段性提高不足以成为其拓展网上职能的理由，政府的信息能力也难以达到始终维持网上职能持续拓展的程度。还有，政府上网要求政府从上网的应用需求和根本目的出发，对现行政府上网职能进行研究和调整，在总体规划的基础上兼顾实效性，采取对职能扩展循序渐进、量力而行并且尽量限制建设周期的做法。否则，如果职能上网过快，势必导致项目投资过大、建设周期过长，就可能因为跟不上技术发展和应用需求的变化而丧失项目的一部分开发价值，不仅达不到目标，反而浪费了资源。因此，谨慎地、逐步地把有限的职能搬上 Internet，又具备足够的素质和能力应对网上职能运作，这种运筹帷幄、游刃有余的境界正是政府上网所应追求的理想效果。

政府能否把其改革后保留的所有职能都搬上 Internet，回答也是否定的。因为一部分职能涉及国家秘密，还有一部分职能涉及机关内部事务，所以，这两部分职能不能搬上 Internet，要独立建网，与 Internet 实行物理隔离。对于能够搬上 Internet 的那些职能，还可分两部分对待。其一，如果以满足公众的需求为政府努力的方向，那么，政府的服务职能不仅要上网，而且应尽可能多地上网。这促使政府不断拓展和丰富其网上服务项目，以更好地满足公众需求，把为人民服务的宗旨贯彻落实到实际操作层面上。其二，对政府的管理职能，网上政府只应实现其中的一部分。政府应考虑网上政府的权限和能力问题，弄清政府上网到底该做什么、能做什么、怎么做和什么时候做。对于那些能做得好的管理职能，应马上上网；对于那些不一定能做好或现在不能做好又或根本就不能做好的，要推迟上网或拒绝上网。如果政府无视自己的管理权限和能力限制，随意在 Internet 上实现其无法承担或无力承担的职能，必然会带来网上工作的无序和管理的混乱，招致公众的不满，引发社会矛盾，影响政府的信誉，损害国家的声望。

需要明确的是，虽然界定政府上网职能时必须遵循上述原则，但在承担诸如维护国家主权、保卫国家安全等职能方面，尽管网上政府管理职能的实现有太多的困难，政府的信息能力也很有限，但必须勇于承担，责无旁贷。

从发展趋势上看，政府确实应采取逐渐缩小管理职能，并仅把其中一部分能在网上有效运行的管理职能搬上 Internet 的做法。其依据在于，Internet 是一个开放式的网络，政府上网的同时就对全世界敞开了自己的门户。

一方面，网上政府的管理职能虽具有行政性，却无法施展行政权力所特有的普遍约束力和极强的公共权威，黑客的小小手段就有可能使网上政府瘫痪或失信。政府如果既要在网上实现社会管理、政治统治和网上控制的任务，又要保证这些任务运作以实现预期的目的和有效的结果，就必须采取措施保障网络安全，而目前单纯依靠技术又无法办到，所以，政府所能做的就只有强调自律和实行法治了。Internet 从一开始就是一个以自律为主、管理为辅的领域，由于网上行为的开放性和相当程度的隐秘性，传统的管理方式已不再适用，这使得行为者的行为自律成为关键。依靠自律来进行的管理毕竟欠缺可靠性，而单纯地依靠技术又无法做到绝对安全，法律和规章制度建设的滞后性也是不争之事实，何况网上政府只认数据不认人，政府所能做的最多只是协调制定网络的技术规范和各种行为规则而已，政府的权力受到很大的限制和制约，但政府又必须采取上网这一工作方式，所以，如果信息安全得不到保障，电脑罪犯就可能通过修改程序和规则在网上窃取到政府的部分权力，也可能通过将敏感数据密码化的有效技术方法进行政治和刑事犯罪活动，给国家带来灾难。由此，政府应认识到自己的科技素质和信息能力有限，实在无力承担过多的网上管理职责。

另一方面，政府上网不断采用开放技术建设办公信息系统，不断在开放系统平台上开放数据、建立共享信息资源库，以提高政府管理行为和过程的透明度，接受适应民主政治发展的要求。这实际上是在增加政府上网的难度，威胁其安全性。有鉴于此，政府有必要适当限制上网职能及其进程。

实际上，政府究竟应把它自身承担的哪部分职能搬上 Internet 由政府决定，这些职能能否上网运行受技术制约，而这些职能的有效运作则依赖政府的素质、信息系统的能力以及安全体系的效能。由于政府上网的目标和任务还不十分明确并缺乏可操作性，所以政府在上网过程中逐步地修正和完善其网上职能定位是十分必要的。这一方面可避免政府听凭IT[①]产业的鼓噪盲目冒进，另一方面可以有的放矢，切实推进政府上网进度，并可随着技术的发展来不断提高网上政府的管理服务能力。

从政府上网的动态性来考虑，似乎把"政府上网"作为一个动词来看待更合适些。政府上网的外延是不断变化的，认识到这一点，有助于政府立足现在、放眼未来，树立科学的上网理念，重视推进网上政府建设不断地向更高层次发展。

### 三、电子政务

在政府上网之初，人们也在探讨党委、人民代表大会、政治协商会议、法院和检察院等其他政务部门的上网问题，并未把后面几个政务部门归于政府之列，因为政府虽有广义和狭义之说[②]，但《中华人民共和国宪法》第八十五条和第一百零五条明确规定了，政府指的是各级国家行政机关，包括中央人民政府——国务院和地方各级人民政府[③]，因此人们认为"数字政府"中的"政府"也应作同样指代，于是将从中央到地方各级政府和部门视作电子政务建设和运行的主体就理所当然了。也因此缘故，虽然各级党委、人民代表大会、政治协商会议、法院和检察院等政务部门渐次采取与各级政府相同或相近的模式开发建设和应用相似的网络系统及业务系统，且有些地方的所有政务部门很理想化地共用了统一的政务网络和信息平台，但在电子政务建设初期的人们还是将政府和其他政务部门区分开来，并未引起异议。然而到推行电子政务时问题却来了，原因在于：政务的概念也有广义和狭义之分。广义的政务泛指各类行政管理活动，狭义的政务才专指政府部门的管理和服务活动，而党委、人民代表大会、政治协商会议、法院和检察院等本身就是政务部门（除了党委都属于广义的政府，符合政府的概念），所有的企事业单位也有自己的行政管理活动，似乎各类组织都认为将它们的行政管理活动电子化、网络化的结果纳入电子政务范畴在情理之中，于是，各行各业都想使用电子政务的概念，搞自己的电子政务建设，开发自己的电子政务系统，概念泛化的倾向就出现了。

---

① IT 是 information technology 的简称，同 ICT（information and communication(s) technologies）。ICT 常被译为信息和通信技术、信息通信技术或信通技术。

② 广义说的政府，泛指一切国家政权机关，如立法、司法机关，行政机关以及一切公共机关；而狭义说的政府，专指一个国家的中央和地方的行政机关。

③ 第八十五条："中华人民共和国国务院，即中央人民政府，是最高国家权力机关的执行机关，是最高国家行政机关。"第一百零五条："地方各级人民政府是地方各级国家权力机关的执行机关，是地方各级国家行政机关。地方各级人民政府实行省长、市长、县长、区长、乡长、镇长负责制。"

概念泛化的倾向本身没有问题，它既符合国际电子政务发展的潮流和趋势，也与我国电子政务向电子治理转变的取向一致。有问题的是，将企事业单位的行政管理活动纳入电子政务建设范畴与我国的现实情况不符，至少在以下两点存在不一致的情况。首先，就国家电子政务建设战略规划与行动计划而言，还未涉及企事业单位一类的组织单元和层次。其次，就国家电子政务的重要基础设施——国家电子政务外网（即政务公用网络）而言，其服务对象还只限于党委、人民代表大会、政府、政治协商会议、法院和检察院等政务部门。因此，基于理论认知应与实践相一致、概念界定要与实践相适应的原则，结合中国管理体制的实际情况，把狭义的政务活动的范围从政府部门扩展至涵盖执政党、国家权力机关、政治协商会议、司法机关等其他政务部门是电子政务实践的历史动态性的反映，将所有的电子政务一律译成"electronic government"[①]则有缺乏现实适应性的缺憾。故而以中国电子政务运行主体范围衡量，中国的电子政务介于国外的数字政府与电子政务之间。

（一）电子政务的内涵

电子政务应与 electronic administration[②]或 digital administration[③]对应，也有使用 electronic public administration, e-public administration 或 digital public administration 的。理由在于：它们的外延虽有不同，但它们之间并无实质性差异，而且它们在数字政府的各个发展阶段的外延大致相同，发展取向也趋于一致。

最初很多国家的政务是狭义的，主要指向政府的电子政务，指代很明确，一般并不需要用 public 特殊限定。我国在政府上网初期也是如此，当时的电子政务主要聚焦政府政务活动的电子化、网络化，因此相关研究成果将电子政务译作 electronic government(al) affair(s) 或 electronic government administration（简称 e-government administration），这些译法对应"政府的电子政务"是没有问题的。但是，发展到如今，在电子政务建设范畴已然全面覆盖所有政务部门的情况下，再将电子政务译作 electronic government 就有问题了。中国的很多学者在翻译和引用国外成果时常把 electronic government（电子政府）译成电子政务，追究这种误译的原因，有前期译法延续的历史因素，有发展历程中国外对电子政府和电子政务的认识始终存在分歧的现实因素，也有国内对电子政务的内涵和外延的理解的偏差或对电子政务的认识存在分歧，这都造成国外学者对中国电子政府的误解，影响到我国数字政府领域研究成果的对外推介以及中外学者之间的交流与合作，因此翻译问题需要谨慎对待。

需要说明的是，虽然本书后续章节重点关注的是政府部门的电子政务，但这并不意味着认同对所有政务部门的电子政务采取狭义的译法。尽管从国人的视角这种用法似乎更符合国外狭义的电子政务界定，但实际上，国外的电子政务研究和实践范畴早已超越政府界限，更多地涵盖了各类组织或领域的电子行政管理活动。

电子政务是信息技术在政务部门应用的结果，即信息技术与政务活动有机结合的产物，由此，我们界定电子政务的内涵主要取决于两点：一是如何给信息技术和政务活动下定义，二是信息技术和政务活动如何相互结合。

先来看信息技术和政务活动的定义。首先，信息技术是能够扩展人的信息器官功能的

---

① electronic government，简称 e-government, eGovernment, e-Government, Egovernment, E-government 或 e-gov。
② 常被简写为 e-administration, eAdministration 或 e-Administration。
③ digital administration 被译为数字政务、数字行政或数字管理。

一类技术。根据这个基本定义得出的两个导出性定义被人们广泛使用：一是信息技术是指完成信息的获取、传递、加工、再生和使用等功能的一类技术；二是信息技术是指感测、通信、智能（包括计算机硬件、软件、人工智能）和控制等技术的整体[3]，分别是人类的感觉器官、传导神经网络、思维器官、效应器官的功能的扩展。其中，通信技术和智能技术是核心，感测技术和控制技术是核心与外部世界之间的接口，它们和谐有机地合作，组成一个完整的体系，共同完成扩展人的智力功能的任务。其次，政务的概念有广义和狭义之分。广义的政务泛指各类行政管理活动，狭义的政务专指政府部门的管理和服务活动。中国的政务的范畴介于两者之间，指的是所有政务部门（包括党委、人民代表大会、政府、政治协商会议、法院和检察院等）的管理和服务活动。

  电子和政务两者相互依存，缺一不可，但关系有主从之别，即：政务是核心，其属性要得到保留；电子是手段，是为政务服务的。正是因为信息技术手段的应用，才导致了政务电子化和网络化的结果。由此，可以把电子政务初步定义为：政务部门使用信息技术手段实现政务处理的电子化和网络化。

  上述定义并不完整，因为它虽然明确描述了电子政务的关键成因、操作对象和主要结果，却没有说明信息技术和政务活动相互结合的前提条件。对于电子政务这样涉及整个国家所有政务部门的庞大的社会化系统工程来说，由于最终要在统一的信息平台上为社会公众提供整合的信息和服务，必须保证信息的安全可靠和服务的可及有效。所以，这种开放的、统一的、需要共享资源和协同工作的新的行政环境，必然要求所有政务部门的组织结构、流程、内容和工作模式等根据网络行政环境进行变革，并率先实现规范化、标准化和一体化。变革和这"三化"的达成，牵涉到复杂的组织变革和利益关系，关乎政治、权力和风险，将会遭遇来自体制内外的诸多顽固性障碍。如果没有强有力的政治和行政手段推动政务部门职能、组织结构、业务流程等行政体系要素做出相应转变来加以配合，是无法克服这些障碍的。可见，这些行政要素的相应转变实际上是电子和政务两者相互结合所需的必要的促发条件。

  之所以要在定义中明确描述电子政务的发生过程和必要的促发条件，还缘于以往信息化建设的实践经验和教训给予的启示。以往，由于电子政务重要的战略地位加之国家信息化政策的全力推动，人们总以为从道理上"各个地方当局有独立的责任义务来发展自己的行动"[4]，并会为电子政务建设预备好所需的基础条件。然而，严峻的现实是：已经建立起来的政务部门的强大的制度化和职业化的秩序很难改变。以政府为例，"决策者们很少考虑在网络背后，对政府的基本组成部分进行整合或者重组"[5]，而且"只要有可能，无论是否创新，决策者在使用信息技术的时候，决不触动那些更深层面的结构和程序，比如说权力关系、政治关系和监督程序。政府组织倾向以一种提高效率和能力同时维持现状的方式，将信息系统纳入现行的轨道"[5]，其结果必然是"导致现存制度结构的再生产……在大多数案例中，在缺乏真正的结构性改革的情况下，现有的结构已经被数字化"[4]，这导致了现存制度结构的固化，直接影响到电子和政务结合的范围与程度，严重制约着电子政务效力的发挥和潜力的挖掘，损害了电子政务功能的发挥和质效的提升，甚至增加或强化了继续变革的阻力和风险。由此可见，为电子政务建设过程提供明确的规划指导和有力的制度保障是非常必要的。

在许多具有行政要素转变内容的电子政务定义中，都或多或少地提出了电子和政务两者相互结合的促发条件，为比较全面地揭示电子政务的属性和特征，较好地揭示信息技术和政务活动相互结合的发生条件，借鉴其他定义的内容，可把电子政务的内涵界定为：各级政务部门以信息网络为平台，综合运用信息技术，在对传统政务进行持续不断地革新和改善的基础上，实现组织结构和工作流程的重组优化，将其管理和服务职能进行集成，超越时间、空间的界限，打破部门分隔的制约，全方位地向社会提供优质、规范、透明、符合国际标准的管理和服务，实现公务、政务、商务、事务的电子化、网络化和一体化管理与运行。这个定义至少包含以下三个方面的信息。

第一，电子政务必须借助于信息网络和信息技术，离不开信息基础设施和相关软件技术的发展，它们是电子政务的物质基础。

第二，电子政务的主体是国家各级政务部门，客体是与公共权力行使相关的公共事务，除包括政府机关的行政事务以外，还包括执政党、立法部门、司法部门以及其他一些公共组织的管理事务，如检务、审务、社区事务等，主客体统一于作为物质基础的工具化的网络信息技术平台。

第三，电子政务并不是简单地将传统政务原封不动地搬上 Internet，而是要对政务部门的传统政务进行革新改善，对组织结构和业务流程进行重组优化，使其更适应网络行政环境的发展，也有利于信息技术的应用，最终是要实现公务、政务、商务等的电子化、网络化和一体化。

电子政务与传统政务之间有着显著的区别，两者对比的具体情况见表 2-1。

表 2-1　传统政务和电子政务的区别

| 比较项目 | 传统政务 | 电子政务 |
| --- | --- | --- |
| 办公手段 | 纸质文件和传媒作为信息传递的介质 | 利用计算机和互联网络传输与交换信息 |
| 存在方式 | 实体性 | 虚拟性 |
| 空间属性 | 地域性 | 超地域性 |
| 管理方式 | 集中管理 | 分权管理 |
| 运行环境 | 传统经济环境 | 以知识为基础的数字经济环境 |
| 组织结构 | 金字塔型垂直化分层结构 | 网络型扁平化辐射结构 |
| 运行方式 | 实体性管理 | 系统程序式管理 |
| 工作中心 | 以部门和职能为中心 | 以公众需求为中心 |
| 工作重心 | 以管理、审批为重心 | 以服务、指导为重心 |
| 业务处理流程 | 复杂，前后串行作业 | 标准化、规范化、一体化，协同并行作业 |
| 决策参与范围 | 主要集中在部门内部 | 内部与外部共同参与 |
| 主要议事方式 | 会议 | 网络会议 |
| 办事时间和方式 | 8 小时工作，面对面 | "7×24" 小时工作，线上 |
| 办事要求和过程 | 必须事先了解各部门的职能、权限和分工，然后按照先后顺序分别到各个部门去办理 | 无须了解办理部门及流程，在政务服务中心窗口统一受理，或在 Internet 上提供单一窗口，实现一站式办公和一条龙服务 |
| 管理成本效益 | 边际成本递增而收益递减 | 边际成本递减而收益递增 |
| 生效标志 | 公章等 | 数字签名[1] |

1）数字签名（digital signature），又称电子签名（electronic signature）或电子签章（electronic seal）

人们所希望的或理想中的政务处理的电子化和网络化,绝不是简单地仿真或直接地平移,而应该是由一连串的政治行为和行政干预促发的彻底的行政体系要素转变之后形成的结果,而这种结果到底怎样,取决于政务部门能否为电子政务建设创设必备的促发条件进而使其合法化地发挥作用。如果不能提供适合的促发条件,非但组织变革不能发生,利益关系难以调整,而且会增加政务部门未来进行组织和管理变革或创新的难度。为此,需要包括政府在内的所有政务部门在深刻理解和认识电子和政务结合的复杂性与困难度的前提下,积极主动地采取强有力的措施,提供两者结合的促发条件。

(二)电子政务的外延

可以从电子政务的组成部分、实现内容、建设主体、服务对象和应用形式等方面对电子政务的内容和范围进行分类。

1. 以组成部分为标准分类

围绕政务部门内部、部门之间和部门与公众之间这三条主线,电子政务主要包括政务部门内部核心政务的电子化和网络化、政务部门之间通过网络实现信息共享和实时通信所达成的信息传递与交换的电子化、政务部门通过网络与公众之间进行双向信息交流所实现的信息发布与公众服务的电子化三个部分。由此,也把一级政务部门的电子政务系统分为政务部门内部的办公自动化系统,政务部门之间的资源共享和协同办公系统,政务部门面向公众提供信息服务、网上办事与互动交流的信息系统等三个部分。一个完整的电子政务系统,就是由这三个部分有机结合而成的。

(1)政务部门内部核心政务的电子化和网络化办公。这是电子政务的基础,但这绝不是简单地将传统的办公模式照搬到网上,既不是传统政务模式与信息技术的简单叠加,也不是用信息技术适应封闭、僵化、落后的传统行政体制,而是要以政务流程优化等需求为导向,引导政府管理模式改革,这将带来行政观念与办公模式上的一次革命。目前各级政务部门广泛建设和使用的办公自动化系统即属此类,它使各级领导可以在网上及时了解、指导和监督各部门的工作,并向各部门做出各项指示。

(2)政务部门之间通过网络实现信息共享和实时通信。各级政务部门的信息资源要为全社会共享,以推动社会和经济的发展,为此,要求各级政务部门在资源共建共享的基础上进行协同办公(具体形式有远程视频会议等),实现"7×24"式的信息和服务提供,这种方式的信息含量大、服务效率高。国家建设完成的"三金工程"和电子口岸执法系统等就是这类电子政务系统的典型例子。这类系统既可使政务部门提高办事效率、质量和标准,又能节省开支和起到监督反腐的作用。

(3)政务部门通过网络与公众之间进行的双向信息交流。各级政务部门通过建设信息服务、网上办事与互动交流等信息系统,开放政府数据(OGD[①]),发布公共信息,进行网上招标、网上招聘和网上服务,接受网上投诉,进行网上民意调查,听取公众反馈,以体现政务部门整体的透明、高效、便捷,提升公民的民主参与度。

---

① OGD: open government data。

2. 以实现内容为标准分类

(1) 部门上网。对于政务部门的名称、组成、职能、办事章程、时限以及各项政策法规等，凡是可以公开的权限都必须彻底公开。

(2) 信息上网。网上适时公布政务部门的各种数据、文件、资料、档案等信息，并及时更新。

(3) 日常活动上网。网上公开政务部门的各项活动，在方便公众有序参与政府决策过程和行使民主监督权利的同时，也适时展开社情民意调查，并针对公众意见和建议做出快速反应和有效处理。

(4) 办公活动上网。在政务部门实现互联互通和资源共享的同时，各级领导可以在电子政务网络上指导工作，工作人员可以在电子政务网络上开展审批、申报备案、年检、注册和无纸化办公等业务活动，而公众可以在电子政务网络上享受项目审批、申请护照、交税、投诉、更新车辆牌照等政务服务。

(5) 监管上网。网上电子公示系统、电子监察系统等提供信息查询、过程跟踪、结果披露、投诉举报、意见反馈等功能，为公众和行政监督机构[①]实时监管政务部门的权力运作情况提供渠道和工具，以查处和打击违纪违法问题。

除了上述相关职能和内容上网以外，电子政务还可以建立与各个部门相应的专业交易市场、人才市场、网上展销会等平台。这些电子政务大多是由国家部门牵头组建的，故具有极高的权威性，不仅可以吸引更多的企业和公众参与，逐渐形成规模和气候，还可以避免重复建设，提高社会和经济效益。

3. 以建设主体为标准分类

从作为建设主体的政务部门看，电子政务主要分为政府的电子政务、党委的电子政务(也称为电子党务)、人民代表大会的电子政务、政治协商会议的电子政务、法院的电子政务和检察院的电子政务等。需要说明的是，本教材后文中所讲的电子政务，如果没作特殊说明，一般指政府的电子政务（e-government affair）。如，政府的主要职能在于宏观调控、公共服务、市场监管、社会管理和环境保护[6]，而电子政务就是要利用信息技术对政府进行信息化改造，实现这些职能的电子化和网络化。

4. 以服务对象为标准分类

(1) 政府对公众（G2C[②]）的电子政务。G2C 主要致力于网络系统、信息渠道以及在线服务的建设，不仅通过网络向公众公开政务信息，还为公众提供更便捷、更高品质、更加多元化的服务，以及快捷便利的服务获取渠道和参政议政平台。G2C 业务应用主要包括教育培训服务、电子人才中介服务、电子民主管理、电子身份认证、电子化社会保障服务、电子医疗保险服务、电子证件服务、电子就业服务、公众信息服务、公民报税服务、交通

---

① 专职的国家行政监督机构有监察系统（监察部、厅、局）、审计系统、检察机关（比如反贪污贿赂局）、财政部；综合性的行政监督机构是各级人民代表大会和政治协商会议以及它们下设的各个专业委员会，以及各级政法委员会执行对党内各级机关和党员的监督、审查等。各地方政府的法制机构比如××法制办公室等也承担一定的监督职能。

② G2C：government to citizen。

管理服务等。

（2）政府对企业（G2B[①]）的电子政务。G2B主要致力于为企业提供各种信息服务，通过电子网络系统进行电子采购与招标，在打破各政府部门之间的界限、精简管理业务流程、简化行政审批手续等基础上，使电子商务和电子政务能够一体化运行，以实现政府相关业务部门在资源共享基础上的高效率服务，为企业营造安全、有序、合理的电子商务环境，并引导和促进电子商务发展。G2B业务应用主要包括政府电子商务、电子采购及招投标、电子税务、电子工商行政管理、综合信息服务、电子证照办理、信息咨询服务等。

（3）政府对政府（G2G[②]）之间的事务。G2G是上下级政府、不同政府部门之间的电子政务，致力于政府办公系统自动化建设，主要通过网络连接对政府部门进行横向或纵向的跨功能整合，实现部门间的信息交换、信息共享和业务协同，以提高行政效率和降低工作成本。G2G业务应用主要包括电子办公、电子法规政策、电子公文、电子财政管理、电子邮件、绩效评估、电子司法档案等。

（4）政府对政府工作人员（G2E[③]）之间的事务。有学者将之称为内部效率效能电子政务模式。G2E致力于实现政府机构内部的电子化管理，主要是利用Intranet建立起有效的行政办公和工作人员管理体系，内容既包括管理部门利用信息化手段对工作人员进行管理，还包括工作人员通过信息技术实现网络办公、接受管理部门的管理并进行反馈等，主要目的是提高政府工作效率和工作人员管理水平。G2E是G2G、G2B和G2C电子政务模式的基础。G2E业务应用主要包括工作人员日常管理、电子人事管理、电子培训等。

此外，从电子政务的应用形式看，当前建设的电子政务系统主要包括：电子办公系统、电子法规政策系统、电子公文系统、电子财政管理系统、电子邮件系统、横向网络协调管理系统、垂直网络管理系统、绩效评估系统、政府电子商务系统、政府电子采购及招投标系统、电子税务系统、电子工商行政管理系统、综合信息服务系统、中小企业电子服务系统、教育培训服务系统、电子民主管理系统、电子身份认证系统、电子化社会保障服务系统、电子医疗保险服务系统、电子就业服务系统、公众信息服务系统、工作人员日常管理系统、电子人事管理系统、电子培训系统等。可见，电子政务绝不是一个相对固定的单一事物，而是一个包罗万象的内容范畴，其外延建设不可能一步到位，需要经历一个渐进的发展过程。

电子政务外延建设的主要途径是电子政务系统建设。电子政务系统从本质上讲是程序系统。狭义的电子政务系统，仅指程序系统本身；而广义的电子政务系统，却包括网络平台、存储平台、应用平台、硬件设备、程序系统和组织建设等诸多组成要素，是一个关系复杂的网状立体的交叉结构的系统。我们研究的电子政务系统虽然取其狭义，但其内容范围却可延伸至系统依托的平台和依靠的管理与操作人员。可见，电子政务与电子政务系统之间的关系，是业务和载体的关系，是处理对象和工具手段的关系，也是操作对象和操作主体的关系。一般来讲，实现电子政务就是实现政务活动的电子化、网络化和一体化，即建设电子政务系统[7]。

---

① G2B：government to business。
② G2G：government to government。
③ G2E：government to employee。

## 第二节 数字政府的概念解析

美国政府提出构建电子政府的初衷是推动行政管理改革,其基础建设始于1993年美国时任副总统戈尔倡导实施的"信息高速公路计划",实践应用发轫于同年发起的"国家绩效考察"运动,而理论支持得益于美国国家科学基金(NSF[①])支持的数字政府研究计划[②]。美国学界和实践界视数字政府和电子政府为同一概念,等同使用。我国早期同时使用两词,也未对两者做严格区分,在近期重提数字政府(digital government)概念之前,无论是学界还是实践界,更多的是使用电子政府(electronic government)概念。本书也将两者视为同一概念。当然,在数字时代我国重提数字政府并强调数字政务建设,学界应该适应实践需求,重新思考和研究如何赋予数字政府新的含义。

### 一、电子政府的认知进展

电子政府的原意是指利用网络技术构建一个虚拟政府[③],从而使公众能随时随地享用各类政府服务。从1993年至今,电子政府的内涵一直在不断丰富发展。虽然人们对电子政府的理解各异,但依循认知范围和深度递进的顺序将不同观点归纳整理,提取其中的核心观念作为标识不同认识层面的主题标签,可归纳整理出十一类典型定义——工具说、系统说、能力说、机制说、模式说、形态说、服务说、改革说、过(流)程说、职责说和政府说。定义的观点类别以及一些权威机构(包括UNDPEPA[④]、ASPA[⑤]、OECD[⑥]、Wikipedia[⑦]、EU[⑧]、Gartner Group[⑨]、纽约州立大学政府技术研究中心、奥地利联邦共和国数字和经济事务部)、学者和实践者[包括英国前电子大臣艾伦·马瑟(Alan Mather)]的界定要点的具体内容如表2-2所示。

---

① NSF:National Science Foundation, United States。
② 在美国,与政府常常使用电子政府相比,学界早期研究成果多以数字政府为题,后来学界采取不对电子政府和数字政府做区分的态度,而将两者交替使用。至于早期学术著作为什么多以数字政府为题,美国著名电子政府学者、马萨诸塞大学国家数字政府研究中心主任简·E.芳汀(Jane E. Fountain)教授解释说,这是因为早期NSF设有数字政府专项计划,用于为数字政府方面的许多重大研究项目提供资金,而接受这个计划资金支持的所有项目全被冠以数字政府项目之名,这是数字政府一词流行的来历,也是早期有影响的学术成果常常使用它的原因。实际上,美国学界最初有些不太喜欢使用电子政府这种大众化的用词。但是,随着各国政府广泛接受电子政府的提法,陆续提出并投入实施适合自身国情的电子政府国家战略,电子政府构建成为一项新的行政管理实践,学界开始逐渐接受电子政府一词。
③ 虚拟政府是与现实中的物理形态的政府相对应的一种形态。
④ UNDPEPA:United Nations Division for Public Economics and Public Administration,联合国公共经济和公共管理部门。
⑤ ASPA:American Society for Public Administration,美国公共行政学会。
⑥ OECD:Organization for Economic Co-operation and Development,经济合作与发展组织。
⑦ Wikipedia:维基百科。
⑧ EU:European Union,欧洲联盟。
⑨ Gartner Group:高德纳咨询公司。

表 2-2 电子政府认知的进展轨迹与相应成果

| 序号 | 类别 | 界定要点 |
| --- | --- | --- |
| 1 | 工具说 | 融入政府的 ICT 技术的集合[8]；<br>向公众提供信息和服务的工具[9]；<br>使用 ICT 技术特别是 Internet 来实现更好的政府的一种工具[10] |
| 2 | 系统说 | 为公民和企业提供服务的信息系统[11]；<br>较小的智能化的后台办公室操作和既大且好的前台办公室[12] |
| 3 | 能力说 | 通过 ICT 应用来转变公共管理的一种能力[10] |
| 4 | 机制说 | 政府内部的信息机制，能以较少的预算提供指定标准的服务，或以不变的预算获得增量的产出[13]；<br>转变政府的内部和外部关系，实现服务交付、顾客参与和治理的持续最优化[14]；<br>参与、发展和民主机制[9] |
| 5 | 模式说 | 政府现代化的战略和要素，正在取代传统的公共行政模式[15]；<br>反映公民代理人的愿景及对自身职责做出反应的一种管理模式[16] |
| 6 | 形态说 | 运用虚拟技术手段引导社会进程的一种政府形态，公民有选择在什么时候、什么位置使用政府服务的权利[17] |
| 7 | 服务说 | 以电子化的方式向公众提供政府服务[18] |
| 8 | 改革说 | 通过面向公众提供服务改进、经济活动创造以及民主保障来实现公共管理改革[19]；<br>利用 ICT、Internet、新的媒体，转变政府的内部和外部关系，实现服务交付、顾客参与和治理的持续最优化[14] |
| 9 | 过（流）程说 | 公共管理的全面转变过程和它与公众互动的转变过程[20]；<br>通过在信息、通信和交易领域应用 ICT 简化国家机构内部和机构之间以及政府与公民或企业之间的工作程序或流程[21] |
| 10 | 职责说 | 在政府职能环境中，利用 ICT 手段实现行政管理和民主进程的电子化，高效、有效地支持公共职责，把参与、发展和民主机制与电子政府联系在一起[9]；<br>反映政府自身职能的四个关键维度：电子服务、电子民主、电子商务和电子管理[12] |
| 11 | 政府说 | 利用 ICT 实现更有效率和效益的政府，提供更加便利的政府服务，给予更多的公共信息通路，使政府对公众更负责任[22]；<br>就像政府，它只是更智能化、更快速[12]；<br>政府结构的一个新的组成部分[17] |

严格来说，表 2-2 中的各类定义可以再行归并排序，如：可将系统说和机制说归于工具说之类，因为随着电子政府实践的发展，有些原来持有系统说和机制说观念的人们的认识发生了改变，与持有工具说的人们在某种层面或程度上达成了一致；也可将改革说与过（流）程说等的次序变换，因为持有不同观念的人们的数量占比会随时间变化发生改变，故可依占比次序而非依认知应然递进序列再行排序；但要去其一二却难以办到，因为尽管大多数国家已在国家层面上将电子政府构建视为提升国家实力和综合竞争力的基本国策，提高到国家战略高度，以国家规划制定实施，并举一国之力倡议推行，且随着电子政府实践内容的拓展和程度的加深，人们对电子政府的认识也的确在不断提高，但是，人们的信心、信念还是会因遭遇体制、资源、利益问题的阻碍或面对理论、技术、政府基础难题难克服而受挫，使人们在权衡电子政府有可能给国家带来长期利益但也有可能给个人带来政治风险和利益损失之间摇摆，有可能选择被动、消极乃至对抗类的态度和行动。由此可见，各类认识层次分野并非泾渭分明、一成不变，而是边界模糊、时有变动，是有其

实际原因的[23]。

分析表 2-2 中各类界定要点之间的异同和关联，会发现这些观点虽看似强调的重点不尽相同，但各有其存在的合理性，整体表现出要点的交叉重复或彼此近似，且认知成果的递进态势亦有着高度的同向性，反映出这些观点之间其实有着密切的内在关系，能够反映出学界和实践界在电子政府发展过程中对电子政府认知的发展轨迹与相应成果，体现出电子政府内涵演进的规律性和趋势。

电子政府现已成为一个包容量呈不断扩大趋势的概念，含义远要丰富得多。只是专家学者和实践人士对电子政府内涵的理解总有不同解读，并没有哪种界定能够获得一致的认可。究其原因，一方面是他们的专业背景、所处位置和看问题的角度不同，认知存在差异在所难免；另一方面是电子政府一直处在不断变化和快速发展中，实践明显超前，理论相对滞后，不确定性合理存在，使处于动态发展中的电子政府有诸多不同的定义极其自然，这既可以被理解，亦有一定的积极作用。当然，不同观点不可避免地带有阶段性认识的局限性，即使处于较高级认知阶段的政府说也不例外。例如，金·维·安徒生（Kim Viborg Andersen）就表示过担忧，他说："我们主张面向客户和决策者活动的分权和所有权。英国前电子大臣的电子政府定义并没有使我们更接近这种情形，相反地，他的观点可能会更加巩固现有的结构和模式。"[12]可见，已有的内涵界定并不完善，需要加以修正。

随着信息技术和设备在政府管理领域的普及应用以及政府管理和服务提供等对信息技术和设备的依赖日深，理论界和实践界对电子政府内涵的认识仍在不断拓展和加深中，理解也渐趋全面和客观，表现出内涵界定的焦点已由以往的主要关注技术应用逐渐转向了更为关注如何利用技术应用使政府管理和公共治理变革，内容范围也从局限于虚拟政府扩展到包括现实政府管理的更多的内容和过程，甚至还趋向于逐渐包括现实政府和与之相关的所有内容和过程，呈现出"递增式变化模式"[24]。的确，现实政府中没有任何内容和过程与之完全不相关，况且未来的发展趋势必定是与之相关的内容和过程逐渐增多，可见，未来的电子政府将达到几乎囊括现实政府所有功能内容及其相关过程在内的程度，那时就将是包含现实政府和虚拟政府的所有功能内容和相关过程在内的大的电子政府了。待到这样大的电子政府实现之时，就是各级政府被信息技术的应用全面改变之时，那时，冠以"e"的政府将只被简单地视为超越电子的、有效的或高效率的政府的象征，而电子政府将有可能被重新称为政府，虽然它已经是转变的政府或网络的政府[25]，抑或现实与虚拟相结合的政府。这是电子政府总体演进的态势。

## 二、数字政府的内涵

就个体理解数字政府演进态势而言，以最初持工具说的人们为例，当他们认识到发展趋势是要在政府机构运作的所有方面都应用信息技术之后，已经转向认同不进行政府改革则这一切根本无法办到。如作为工具说观点典型代表的经济合作与发展组织也承认"电子政府更多的是关于政府而非电子……延迟实施电子政府改革可能会阻碍经济发展"[26]。其成员国墨西哥的政府虽然也是把数字政府定义为一个旨在提高政府和公众服务的质量、透明度和效率的工具，但从其在总统办公室国家数字战略的协调下为建立更强大的数字政府系统做的努力，以及正在研究如何通过可持续、包容性改革和使用数字技术来使政府更加灵活、创新、透明和包容[27]这些行动来看，其观点已然趋向服务说和改革说了。再如持系统说的人们，如果把服务系统作宽泛的理解，则将更贴近政府说了。事实上，人们的观点并非泾渭分明、彼此对立，相反，人们更多的是相互借鉴、彼此融合。比如这样一种内涵界定："电子政府是政府工作方式改革的过程，与内外部客户共享信息和提供服务。"[22]这种观点分明是服务说、改革说、过（流）程说的要点的综合。由此可见，人们对电子政府内涵的认识都或多或少地有了改变，虽然距离达成一致或共识显然还有难度。有鉴于此，我们可以采取提取前期研究成果的要点并对其进行综合归纳的做法来界定数字政府（电子政府）的内涵。

提取表2-2中有不同侧重的十一类内涵界定中的重合度高的核心要点，综合归纳为以下要素。

（1）使用的工具和手段是信息技术以及网络等信息服务设施。

（2）运行的内容是信息、管理和服务职能，主要形式是电子服务、电子民主、电子商务和电子管理。

（3）构建的前提是打破行政机关的组织界限，转变政府的内外部关系，使公众参与。

（4）构建的目的是改革行政体制，提供最好的服务，构建更好的政府。

（5）构建的效用是通过提供信息向公民赋权，引导社会进程，实现精简、高效、廉洁、公平的政府。

据此可得出对数字政府或电子政府内涵的更为宽泛和明确的界定，即数字政府或电子政府指的是政府机构全面应用信息技术以及网络等信息服务设施，在进行组织变革和内外部关系转变的基础上，将其信息、管理和服务职能移到网络中运行，以改革行政体制，构建更好的政府。需要说明的是，这一界定只是现阶段认知的产物，存在局限性在所难免，有待于接受实践检验并使之逐渐修正，以得到适合不同发展阶段目标任务指向的合理界定。

政府正在向未来的数字政府或电子政府迈进，所经历的是持续地被改造和不断地被数字化、电子化的过程，即构建数字政府的过程。只是，数字政府已经存在，数字政府构建的目标还没有达成，这使得统一采用数字政府一词来同时称谓过程中内涵不断变化着的数字政府与作为目标结果的、理想中的、未来的、大的数字政府的时候，容易造成误读、误解。倘若能把演进中的、内涵不断变化着的数字政府称作数字化政府或电子化政府，目前认识模糊、理解混乱的状况将得以改观，因为"化"即表示"变化"和"使变化"，加在名词或形容词之后构成动词，确实可表示转变成某种性质或状态的意思。我们常用的信息化、现代化等就是这样表述的。但考虑到人们毕竟已经普遍接受了数字政府或电子政府的概念，使用了这么多年之后要想再改变称谓并不容易。唯一客观、正确的态度就是始终以发展的眼光来看待数字政府，在构建数字政府的过程中不断地丰富数字政府的内涵，充实数字政府的概念体系，这是保证数字政府不断朝未来目标健康有序前进的关键。

### 三、数字政府的外延

在数字政府构建过程中，人们对数字政府的外延的认识在持续扩展。从最初只把它当作一种工具、一类系统，主要为政府内部提供计算、统计、计划和监控等功能，到后来理解它是一种能力、机制、模式或管理形态，在政府管理中全面应用信息技术，再到认同它重在提供服务，借助它向政府内外部提供更多的信息、知识、管理和服务内容；从构建内容仅涉及虚拟政府，再到逐渐增加更多的政府管理活动内容及与之相关的过程，使它包含了"信息技术形成的所有政府的角色和活动"[28]，并朝使其外延与政府政务活动的外延渐趋重合的方向发展和变革，渐渐地，其内容范围几乎涵盖了政府职能转变、组织结构调整、业务流程再造、行政体制改革甚至公务员素质培训等所有政府管理内容。这些都充分说明了数字政府的外延呈现出变化性、发展性和不确定性的特点。首先，数字政府的外延在其每个发展过程的每一个阶段都是不同的，具有变化性；其次，数字政府的外延容量整体上呈现递增态势，体现发展性；最后，各级政府和部门受其所处环境、意识观念、领导决心、财政状况、配套机制和技术能力等诸多条件的限制，在数字政府发展的每一个阶段都会有不同的工作重点，所以，各个阶段中各级政府数字政府建设的内容必定有所差异，这使得数字政府的外延又具有了不确定性。不管怎样，既然已经明确了未来的发展趋势是数字政府与政府的外延渐趋重合，那么，实际上只需明了数字政府内容范围的应然状态就可以了。我们在此仅从治理和公共行政、职能维度、构建次序、构成形态、表现形式等视角分析数字政府的内容范围，而有关其组成部分、实现内容、服务对象和应用形式等方面的内容请参照电子政务的外延部分的相应内容。

第一，从治理和公共行政视角，数字政府主要涵盖治理和公共行政的四个领域：国家的经济和社会的计划；政府与公民之间的关系和法治的关系（电子民主）；它的内部操作；以及它与国际环境的关系[28]。

第二，从职能维度视角，数字政府包括电子服务（e-service）、电子民主（e-democracy）、电子商务（e-commerce）和电子管理（e-administration 或 e-management），它们统称为政府的电子政务或电子政府的政务。其实，这四项职能电子化的内容互有交叉，并没有严格的界限区分。比如，电子服务和电子民主有重合内容，没有电子服务，多方沟通和全面参与就不可能实现；电子服务和电子商务有重合内容，缺少电子商务，一些电子服务无法有效提供；电子商务和电子管理也有重合内容，政府有自己的电子商务活动，而电子管理也会涉及政府采购、电子银行、电子支付等方面。当然，把这些职能电子化后以系统功能呈现时，要求这些功能的内容和流程必须是事先经过集中、优化和整合的，并以协同、互动的形式存在。实际上，数字政府包括电子政务乃至与电子政务建设相关的所有事务。

第三，从构建次序视角，电子政府由这样一个递进的序列组成：一是政府机构中有效率的个体。政府工作人员应掌握与岗位相适应的信息技术，并学会利用这些新技术提高工作效率，增强协作和信息处理能力。二是部门中高绩效的办公自动化小组。基于先进的信息技术平台，政府部门将有效率的个体整合在一起，在群体合作、信息处理、时间管理以及决策制定等多方面形成新的结构模式。三是政府信息基础设施。依照标准规范建立起企业化、大规模的政府信息技术基础设施，把局部的自动化扩充到整个政府体系中，从而在更加广阔的范围内保障信息的共享和交流，这是新的政府突破传统政府界限的先决条件。四是政府信息内容数字化。五是开放的电子化政府。在以互联网为核心的全球互联的虚拟空间中，只要人们需要，政府就可以跨越时空障碍执行公务。政府可以产生一些新的行政程序来赢得公众的支持和认同，而公众也将以极大的热情介入到数字化政治行为中，从而形成良性的互动[29]。这个递进序列清晰地阐明了公务员科技素质提高、政府结构模式重组、信息基础设施建设以及政府信息内容量化等都是数字政府构建的阶段性任务，都是数字政府的重要构件和基础前提。

第四，从构成形态视角，数字政府主要分为后台办公室（back office）和前台办公室（front office）。其中，后台办公室是指政府部门内部管理系统，又称后台管理或后台系统。它覆盖了部门内部所有业务操作环节的管理，是将各种业务环节的"信息孤岛"连接在一起，使得各种业务的信息能够实现集成和共享，进而实现业务环节之间协同办公。前台办公室是指客户关系管理（CRM[①]）系统，由于其管理范围和功能直接面向公众，位于部门运作的最前端，故又被称为前台管理或前台系统。它能帮助改善政府与公众、企业及其他政府部门之间的关系，更好地响应公众的个性化需求，提供多元化服务，提高公众的满意度。做好后台办公室，可以有效管理政府的内部环节，而做好前台办公室，才能吸引公众，让更多的人享受到政府提供的信息和服务。至于前、后台办公室构建的次序，欧盟大多数国家采取的是"前台服务带动后台整合"的策略，而比利时政府采用的是"先后台整合，再前台建设"的策略。

第五，从表现形式视角，数字政府主要包括各级政府部门的电子政务网络（包括政务内网、外网，有的还有专网）及其运行的系统和内容、行政服务中心[②]及其服务窗口、政府门户网站[③]及其用户界面等，而这些形式赖以存在的支撑环境包括国家信息基础设施建设、信息通信设备建设、信息资源数据库建设等技术层面的内容，也涉及组织变革和政府内外部关系转变，包括政府观念和认识转变、政府职能转变、组织结构调整、业务流程再造、管理方式和运行模式转变，以及与信息管理和安全相关的法律、法规、政策和制度建设等管理和法律层面的内容，所有这些都属于数字政府的内容范畴。

如果把构成形态和表现形式结合起来看，数字政府包括三层"前台-后台"关系。第一层是企业和公众与政府门户网站之间的"前台-后台"关系，第二层是政府门户网站与行政服务中心之间的"前台-后台"关系，第三层是行政服务中心与各政府部门之间的"前台-后台"关系。实际情况是，在不同的信息化和电子政务发展水平下，"前台-后台"层级关系数量及其密切程度会存在差异。

## 第三节 数字政府的派生概念[23]

在各国构建数字政府的实践发展过程中，伴随着科技的进步、需求的增长、实践的要

---

[①] CRM：customer relationship management。

[②] 行政服务中心是在服务型政府理念的指导下，通过集中式办公的政府组织方式，依靠先进的信息技术手段，为公众和企业提供一体化服务的一种新型的综合性管理机构的总称，其名称有政务大厅、行政审批中心、办证中心、市民服务中心等。

[③] 政府门户网站是指一级政府在各部门信息化建设的基础上，将各种应用系统、数据资源和网络资源集成，在互联网上建立一个跨部门的、综合的信息管理平台并提供通向这一平台的单一的通信接口，使公民、企业与政府工作人员都能快速便捷地接入所有相关政府部门的政务信息与业务应用，并获得个性化的服务，使合适的人能够在恰当的时间获得恰当的服务。

求和政府的自觉,虚拟政府、信息政府、一站式政府、电视政府、移动政府、智慧政府等一系列相关概念陆续应势、应需、应运地派生出来,并有不同程度的进展。理论界和实践界对这些派生概念在数字政府中的角色定位与功用担当多有分歧,加之掺以各种误解、误判,不仅干扰了派生概念各自前行,也在一定程度上制约了数字政府发展。为澄清误解、消除干扰,需要梳理这些派生概念产生的缘由,并解析数字政府与这些派生概念之间的关联与互动。总的说来,相关派生概念及其实践进展发展了数字政府概念,并使数字政府概念得以不断演进。

数字政府概念的演进催生了一些新的概念,这些新的概念从数字政府脱胎出去(因之谓之派生)后独立发展仍具旺盛的生命力,对数字政府的生存与发展施加作用和影响(因之谓之相关)后与之更趋互动融合。正是这些相关概念的应势、应需、应运而生,相对独立发展以及与数字政府的互动关联,将人们对数字政府概念自身的认知推进到了更高层面和更深层次。跳出数字政府之外,从派生概念角度看数字政府,能理性、审慎地检讨数字政府遇到的生存矛盾、发展危机和问题,发现自身解决矛盾、危机和问题必须采用的方式、方法、路线和方案;回归数字政府本体,从数字政府的视角看派生概念,收集、整理其各种属性和行为规定,能发现它们的存在对数字政府的生存和发展的意义和价值,因此应对派生概念的发展予以关注并保持警觉,主动、有序、合理地收集有关它们的属性和规定的知识,并把收集到的知识进行整理、分析和处理,不断发现新问题,修正和完善数字政府概念,在新的有所改进的认识意识指挥下,使认识行为更加合理和富有效率。

基于上述原因,深挖数字政府发展过程的各个阶段的建设重点、价值偏好,沿着数字政府实践进展轨迹(实践的先后)及脱胎于它的相关概念的登场时序(提出的先后),即依循从虚拟政府、信息政府到一站式政府,从电视政府、移动政府到智慧政府的顺序,依次对这些概念轮番登场与间或在场的原因、偏重,以及引致的分歧、误解或误判,还有它们对数字政府概念演进施加的作用和影响等进行探讨很有必要。

## 一、从虚拟政府、信息政府到一站式政府

美国倡议实施的虚拟政府、信息政府以及欧洲最早提出的一站式政府,从以职能为中心到以公众为中心,从技术驱动到需求驱动,相关成果被各国政府争相借鉴吸纳,成为促进数字政府发展的引擎和助推剂。

(一)虚拟政府

虚拟政府(virtual government)是在虚拟世界——网络空间中运作,是现实政府在网络空间映射的结果,是像现实政府一样真实的虚拟实在。借助"虚拟场景实现临境体验,虚拟化身实现身体在场,虚拟活动实现立体社交"[30],虚拟政府可令政府工作人员在电子化方式下一起工作,通过电子化手段交流互动,利用信息技术代替组织某些部分行事或增加组织某些方面影响,具有随时开放、成本低廉、可忽略物理位置和组织边界合作、解决问题不需让人面对面等特点,可借助虚拟化应用、以虚拟化方式付诸实践。

组织可以虚拟化的内容有五方面,包括组织的位置、组织接口或边界、组织过程、组织结构和产品或服务,而驱动组织虚拟化的原因有三点,主要是:要对市场快速变化做出

反应,使能技术[①][包括计算机、计算应用程序和局域网(LAN[②])等通信网络]的可得性,以及减少成本的要求[31]。可见,虚拟化具有能够帮助政府"超越现实,以便更好地适应环境"[32]的潜能。

"虚拟政府指的是这样一种政府,它的信息流动和传播流动越来越依靠网络而不是官僚渠道或其他正式渠道……它的政府组织日益存在于组织间网络以及网络化的计算系统内,而不是各自独立的官僚机构内。一个虚拟政府由许多覆盖在正式官僚结构之上的虚拟机构(由网络化的计算机所连接起来的组织)组成。"[5]虚拟政府的主要任务是在政府机构之间互联,建立交流沟通渠道,推行跨部门合作,因此它一直被视作数字政府最重要的内涵和精髓,其内容和形式建设也由此成为早期数字政府构建的主要目标和重点工作。只是由于遭遇来自科层制内外的各方阻力,政府机构接受虚拟政府观念乃至将其付诸行动的进展一直缓慢,导致很多国家的政府部门至今还在投入大量的资源和精力来弥补后台建设的缺陷,这在一定程度上限制了政府机构之间的流程重组和业务协同,制约了数字政府业务流程自动化的脚步。虚拟政府理应受到政府机构的热烈欢迎,然而现实并非如此。原因主要在于:虚拟政府需要政府机构在建设初期投入大量资源,之后的长久运行也需要支付大量的维护费用,况且新的合作环境对业务流程、合作模式等提出更高要求,需要流程、机构等进行再设计,需要开发办公自动化系统以实现综合业务管理和数据分析,需要从单个的应用程序过渡到更大的集成程序和数据共享,这些内容建设都牵涉到个人和集体利益平衡的问题,需要赢得政治、行政、财力、技术等方面的大力支持方能解决。现实中,相关问题解决不好,资源不能到位,往往会招致机构对快速推进虚拟机构及虚拟政府建设的诸多抱怨,也会导致一些分歧产生。此外,需要克服技术采用的路径依赖问题,具体部门在政府内部利用技术方面的角色需要明确,这些问题都需要政府采取措施加以解决,以保证数字政府能更好地把握数字化和自动化的机遇,提高工作效率,加强科学决策水平,为社会公众提供更好更多的信息和服务。可见,虚拟政府建设阶段不可跨越,落下的功课需要补上。

(二)信息政府

就信息体量而言,政府无疑是最大的信息机构。信息是政府管制和管理的基础,也是政府决策和服务的支撑。对政府来说,信息非常重要,拥有大量的信息很重要,很好地驾驭信息更重要,这就需要对信息流动的任务及其过程予以同等关注。一些学者批评数字政府不关注信息流动,还有学者认为"电子治理关注流程,而电子政府主要关心产出"[33]。但欧文·E.休斯与他们的观点不同,他认为"电子化政府的一个影响是组织以信息流动为基础而不是以等级为基础"[34]。数字政府不关注信息流动这一缺欠恰因信息政府(information government)的适时应需提出得以弥补。维克托·迈尔-舍恩伯格和戴维·雷泽尔提出"要牵涉流程反思,借此社会共同决定怎样达成确定的目的。我们需要将电子政府构建进展到信息政府构建"[8]。这些观点提醒我们:①不管是把信息政府当作数字政府的一个阶段来看,还是看作数字政府概念的延伸,它都是数字政府需要建设的内容,是数字政府必须有的经历,是其有益补充。认识到这一点,有利于政府以包容、开放的胸怀拥

---

① 使能技术(enabling technology),是指一项或一系列、应用面广、具有多学科特性、为完成任务而实现目标的技术。

② LAN: local area network。

抱信息政府。②流程反思不只局限于政府内部，还有政府外部，故而信息流程再造（包括公民和政府之间的接口设计）会牵涉政府改革及其内外部关系，既然任何信息流程环节的变化都会影响到政府整体，而流程再造又要由社会共同决定，政府应有勇气面对信息政府建设的互动难题，担当起相应的责任。③信息政府并不是要我们放弃数字政府，而是提醒我们，当数字政府发展到了作为组织设计的关键驱动因素的信息流程已经成为其继续前行的阻碍时，就需要适时实施信息政府建设，进行组织结构重组，并与社会公众一起解决信息流动中的信息安全、隐私保护和交易伙伴的可靠性等问题，以此为基础使数字政府建构在安全可靠的信息流程之上，这无疑对数字政府构建路径和路线的选择起到了引导和保障效用。

（三）一站式政府

如果说信息政府是对信息流的着重关注，那么一站式政府（one-stop government）则是对服务质量的极致追求，是服务型政府职能衍生的必然结果。

一站式政府是当代政府努力追求的公共服务供给模式的一种理想化状态，目的是提高服务效率和改进服务质量。其实一站式政府并不是新事物，它的提出源于20世纪70年代初自商业领域引入公共领域的一站式服务。本书将在第七章详解一站式服务。

最初的一站式行政服务机构是由瑞士的圣加仑市和美国的IBM公司①联合开发的市民办公室[35]。而后，历经40多年发展，全球一站式政府建设已经取得了重大进展，积累了一些典型经验，比如欧洲的一站式政府项目（OneStopGov），"旨在列举、开发和评估一个面向生命事件的、综合的、互操作的平台，以实现一个基于积极生活事件门户网站概念的、全面包容的一站式政府"[36]；再比如希腊的一站式政府项目（one-stop-shop e-government environments），构建了一个为部级部门提供电子化服务的完整的电子政府框架，主要目标是支持共同的身份验证和注册机制，以访问所有可用的电子服务，以及开发名为"Ermis"的中央门户网站（http://www.ermis.gov.gr），作为一站式服务点经营，通过向公众提供公共接口，为之提供所有公共部门的电子服务[37]。

人们对一站式政府的认识有着不同的理解，如将视角定位在服务提供的前台和入口，有单一接触说和单一站点说；将视角定位在服务后台管理，则有服务一体化说和全方位服务说[38]。广受认同的定义是，"一站式政府指的是单点访问不同的公共机构提供的电子服务和信息，所有公共部门是互联的，公民可以由一个点访问公共服务，即使这些服务由不同的公共机构或私营服务提供者来提供。它还要求公民能以一个结构良好的、可以理解的方式访问这些服务，以满足他或她的观点和需求"[39]这个定义告诉人们，只要能做到单点访问便可获得政府提供的服务和信息，不论这个点是物理位置的地点还是门户网站的地址，都符合一站式政府的要求。还有，如果服务完全由公共机构提供，服务平台大有可能会建在电子政府网络上，只在Internet的政府门户网站上提供一个单一窗口，对公民来说，它不可视、难知情、过程无从监督；而如果服务提供方中有私营服务部门参与，那服务平台就必须建在Internet上，相对来说，平台是开放的、流程是透明的，因此过程可视，便于公众广泛监督，同时，公众也可以参与过程，提出观点和需求，因有良好的体验感而满意度相应地会提高。

---

① IBM公司：International Business Machines Corporation，国际商业机器公司。

一站式政府要达成的理想化状态，过去和现在追求的都是成熟——一个点接入服务、一次性提出服务需求、一体化塑造组织、一站式提供服务，即只要公众有需求，单点访问政府的某个服务平台就能解决问题，无须再找另一家。其核心理念是"以公民为中心""以问题为导向"，关键在于找准公民需要解决的问题，然后才涉及如何提供全方位、一体化、个性化的服务。而未来，一站式政府则应是达至完善——有关人的生命的各个阶段的生活事件的相关服务项目，以公民身份号码为唯一标识，由政府主动寻址为所有公民主动推送个性化精准服务，而无须公众个人操心。为实现这一目标，政府必须首先厘清本国公民生命中的大事件，可行的策略是"以编制'基本公共服务目录'为基点，从梳理中国公民自'摇篮到坟墓'的整个生命里程中所应享受的基本公共服务内容入手，以信息共享、标准统一、多证合一、平台对接、制度衔接为前提条件，以政府在公民不同生命里程中应适时提供的服务内容为依据，把散落各处的相关服务组织好、对应好、衔接清"[40]，这些内容的实现无疑对电子政府基础提出了更高的要求，相应地促进了电子政府职能维度的各项内容的建设和完善。政府应努力挖掘一站式政府的潜力，为电子政府构建补充各种基础条件。

尽管一站式政府提出的时间要早于电子政府，但从未来发展来看，一站式政府建设将是电子政府建设的重要组成部分。首先，电子政府职能范围包括政府利用信息技术进行经济调节、市场监管、社会管理和公共服务等，而一站式政府则专注于公共服务供给和改善方面。克劳斯·兰克（Klaus Lenk）认为，"将电子政府降格为电子服务传输表明了一个对政府和公共部门的总的议程的歪曲"[41]。服务职能信息化和网络化的前提是公共服务的标准化建设，这些基础性的建设有益于电子政府构建。其次，一站式政府运行模式包含了实体模式和网络模式两方面[42]，但随着实体一站式服务机构的信息化改造，最终一站式政府将呈现"多元前台，单一接触；多层前台，一体服务"的服务形式，其实质是电子政府一站式服务模式。

## 二、从电视政府、移动政府到智慧政府

从一站式政府进展到电视政府，虽然它们的便民目标是一致的，但是服务内容的表现形式和对受众的要求却有本质的不同。一站式政府对信息富人们更有利，但加大了数字鸿沟，电视政府更关注弱势人群——视力缺陷者、听觉缺陷者等，对信息穷人们也能提供服务，因此自有其优势和发展的必要。自电视政府到移动政府，标志着政府由关注网络渠道转向关注多种媒体渠道并用，而进行到智慧政府建设阶段，则意味着政府从智能实现转到智慧担当，朝让公众感动的层面前进了一步，智慧政府是数字政府理想的愿景和追求的目标。

### （一）电视政府

电视政府（television government）概念的提出始于数字电视（DTV①）。从20世纪50年代开始，美国哥伦比亚广播公司的播音员开始尝试为儿童开发互动和参与节目"Dindy Dink & You"，该节目5年后虽停播，但英国、美国、法国等国家开发互动和参与节目的尝试一直在继续，人们由此体验到其实电视远比他们期望的能做得更多，也可以做得更好。最具决定性的几年出现在20世纪90年代，那时一些频道把计算机聊天室放到了电视屏幕

---

① DTV：digital television。

上,使之成为最早的双屏幕互动电视,电视观众在观看节目的同时可以使用计算机。之后,一些国家开始鼓励数字传输技术发展,促进了 DTV 研发。DTV 所提供的交互通信平台,对所有想获得更多公众的组织都有价值,为政府向居家者提供信息和服务也带来了机会,许多政府部门发现 DTV 对其服务供给策略非常重要。当公众开始理解交互的 DTV 的潜力时,其需求就快速增长,家庭中使用电视机的方式就发生了变化。政府开始应用 DTV 向公众提供信息服务,电视观众可以与公共部门互动,交互式电视的出现让电视观众超越被动的观看体验而能做出选择并采取行动的梦想成真。再之后有了数字地球电视(DTT[①]),能提供大量的频道、双向通信以及高质量的声音和图像。这一系列技术改变了人们的生活,也给了人们更多的选择机会。鉴于 DTT 包括更多的信息技术功能,能使我们生活得更容易,英国和意大利等国家做出了很多努力,使电视政府有了鲜活的实例[43]。

目前,电视政府的主要目的是为公众提供信息、交互和交易服务。电视功能很简单,容易掌握,稍微学习就能操作,它为人们与政府打交道提供了新的媒介,能帮助人们去除与政府面对面的阻碍,能改变政府部门间的通信,使公众不必再应付不同部门提出的同样的信息要求,政民交互变得更容易、轻松和便利。国外有一些关于电视政府的研究成果,我们对其作用价值进行了深入研究,但搜遍中国知网却一篇相关文献都找不到,不是因为中国没有相关实践,实际上中央政府自 2001 年开始一直在倡议的三网融合[②]就是在为电视政府、移动政府乃至智慧政府铺路。我国三网融合进展并不顺利,专家评说是因为三网内涵和外延不对等、不匹配,主体的功能属性不在同一频道,存在的时空体系不在同一时代,很难相提并论,亦更难以融合,为此专家认为目前只能寄希望于行政力量,靠中央各大部委联合发文,实行硬性整合,而三网融合新方案要真正落到实处,关键在于将政府决策和部门行为有效转变为企业的市场行为[44]。可见,在电视政府建设上,我国有很长的路要走,这方面内容建设不好,数字政府的信息惠民和让人民共享信息化成果的目标就难以达成。

### (二)移动政府

移动通信技术随时随地可及的特性以及移动设备产品设计的不断改进和功能的持续丰富,使移动电话的应用内容迅速增多、智能性迅速提升、渗透力迅速加强,它不再是从前单纯的通话设备,而是快速取代了人们常用的电子设备,成为广受欢迎的信息传播工具和电子服务手段,改变了人们的生活方式以及周边的行业。目前,移动政府(mobile government)已成为数字政府实施的重大战略,政府开始在数字政府中引入移动通信技术,将移动通信网络作为提供高效率服务的新渠道,将移动手机作为向社会公众提供信息、服务、参与机会的新手段,由此移动政府应技术进步和用户需求自数字政府中派生出来,成为数字政府的新的子域和有益补充,扩展了数字政府的应用范围。

移动政府主要指"政府利用移动和无线通信技术提供政府服务"[45]。从作为新的服务渠道、服务手段被政府采用,到最终扩散至政府治理领域而成就移动治理,移动政府的生

---

① DTT:digital terrestrial television。
② 三网即电信网、广播电视网、互联网。三网融合是要达成这样一种结果,即在向宽带通信网、数字电视网、下一代互联网演进的过程中,三网通过技术改造,其技术功能趋于一致,业务范围趋于相同,网络互联互通、资源共享能为用户提供语音、数据和广播电视等多种服务。

成和发展，首先应归因于移动技术的发展成熟和广泛应用，其次应归功于数字政府的持续"开疆拓土"以及政府力图"以公民为中心"、成为更好的政府的目标追求，当然政府治理要努力实现良治无疑也是一大主因。"由于许多公众在使用移动电话，移动技术就成为提供信息的最有效的渠道。"[46]移动政府由此走进政府和公众视野，成为新的研究领域和实践范畴。以手机、笔记本电脑、掌上电脑等移动终端为例，它们与台式电脑相比用户更多、使用率更高、交互性更好、携带更便利、传播更广泛，因之移动政府的用户能更便利地、随时随地地接收和访问网络资源和政府服务，使政府内外对移动形式服务的需求得以满足。

移动政府旨在实现移动通信、移动业务、移动民主、移动政务[47]。它的最大好处是打破边界，增加政民互动，降低成本以及带来更多参与。由于它能帮助政府直达公众，又能在政府机构内部及机构之间加强电子联系，做到彼此之间快速交流互动和及时传递信息，因此，它扩展了数字政府的服务空间，增加了数字政府的应用范围，丰富了数字政府的应用形式，推进了数字政府的健康发展，是数字政府发展模式的一种进化。数字政府和移动政府并非两个独立的实体。鉴于传统的数字政府主要通过有线网络和通信技术提供服务，而移动政府使用的是无线网络和移动技术，从技术维度来说，移动政府以数字政府为基础，增加了数字政府的渠道及其附加值，两者的相互交叉度明显，需要通过技术改造使其技术功能趋于一致。从管理维度来看，一方面，移动政府使政府可以接触越来越多样的场景、允许工作人员在办公室外移动办公和使用高效的移动设备互动交流，并因此得到有利的工作环境和更加广泛的群众基础；另一方面，数字政府的一部分服务在向移动政府直接或变化性转移，所以，从短期来看，移动政府是数字政府的一个子集合，从长远来看，两者的业务范围将趋于相同。从应用维度而言，移动政府是数字政府的一个子域，而且是重要的发展领域，它补充并增强了数字政府，但不能脱离数字政府而存在。可见，作为数字政府实践进展轨迹中的一个阶段，移动政府因应技术进步和用户需求自数字政府中派生出来而成为数字政府的有益补充（由此又被称为移动数字政府），既扩大了数字政府的体量，也拓展了其应用渠道和范围。

尽管移动政府非常重要，但由于上述原因以及不是所有的应用都适合在移动设备上运行和人们快速增长的越来越个性化的需求等，移动政府不可能取代现有的数字政府。原因在于：首先，不是所有的应用都可以在移动设备上运行，不是所有的无线连接在成本上都能竞争得过有线连接。这说明至少那些不能在移动设备上运行的应用是移动政府力所不及的，数字政府的有线连接也还是要使用的。其次，随着智能型手机比功能型手机更多地占领市场并获得广泛应用，移动电信运营商已经陆续在手机上开发出各式应用产品并提供诸多应用功能，无论是在移动服务的内容上还是形式上，都取得了突破式进展。以应用产品Google①地图和全球定位系统为例，利用它们能为市民提供所有服务机构地点的定位导航功能，方便市民寻找服务机构所在地，而当市民进入没有人造卫星覆盖的服务机构的建筑物后，又可以利用建筑物内提供的无线宽带（Wi-Fi），使用其他的手机应用程序，如室

---

① Google，即谷歌公司（Google Inc.）。

内导航系统,为每个办公室定位,或按照楼层平面图显示建筑物内所有可供市民使用的服务设施以及所有办公室的服务项目。与此同时,政府也可以根据市民手机的搜寻和定位记录,实时了解在场的每一位市民的行动轨迹、搜寻的目标机构及其当前所处的位置,据以掌控到访总人数、人流情况、各机构接待人数与服务设施的使用情况,并根据建筑物、服务设施和服务机构的承受能力,分析市民预期服务的可及性和有效性,预测可能出现的紧急状况,以便尽可能地做出事先安排,如准确控制到访人数,预先提供预约排队,合理安排服务人员等。考虑到功能型手机在孩童、老年人、高科技产业涉密或研发人员、军队和政府单位人员中还有相当大的应用空间,政府在为所有手机用户提供信息和服务时必须考虑到各种类型手机的接收能力,为不同类型手机用户量身定制不同形式的信息和服务,以满足市民不同层次的个性化需求。最后,将移动业务应用程序应用于政务活动可能并不容易。所以,要使移动政府真正成为数字政府的重要成分和有益补充,融入数字政府后的移动政府将须面对数字政府没有解决好的所有问题,如数据保护立法不足、电子文件和交易的明确法律地位、系统安全风险、技术故障、项目管理不善、变革阻力、过高的政治要求和期望、资金缺乏、相互不信任等,还需解决融合带来的一些现实问题。如:技术上,要与现有的数字政府的规定程序兼容,面临着信息的整合集成和后台的重新设计;管理上,需与政府内外更多不同类型的机构或组织协调合作,面临着共同目标和伙伴关系的确立、使用一致的身份验证机制等。所以,人的因素特别是领导者的政治意愿、管理者的动机动力、其他参与者的利益驱动等在移动政府建设中仍然是极为关键的。当然,还需要政府继续推动包括电信网、广播电视网、互联网在内的三网融合,即实现其高层业务应用融合,以打破行业垄断和恶性竞争状态,为公众提供更加便利、廉价、增值的服务。

(三)智慧政府[48]

美国 IBM 公司于 2010 年提出智慧城市愿景并将之推向世界。当城市、社会和国家治理由智能化转向智慧化,必然要求它们的管理者——政府所提供的管理、决策和服务也能从智能化提升至智慧化,由此引发对政府具有高度智能和更多智慧的需求,要求数字政府由智能政府(从虚拟政府到移动政府划归智能政府范畴)向智慧政府(smart government)转型,同时要求其电子政务由智能政务向智慧政务转化。因智慧政府一词临近 20 世纪末被创造出来,其成为数字政府适应智慧化建设需求、进入新的发展阶段的必然选择。

智慧与智能的不同,在于前者拥有情商,是人性化的,是以人为本的,可由积极的公共参与来保障调整后者的智商和能商的正确发挥,或控制后者的智商和能商恰到好处地发挥作用。基于现有理论和技术能力,智能技术只能为其产品嵌入智能,能提高其数字智商和能商,直接赋予机器或系统智慧以展现其情商仍属于科学幻想层面。尽管如此,追求智慧乃智慧政府应有之义,是智慧政府建设的主要目的。数字政府追求智慧,不仅要反映在物理上获得,更要反映在思想或精神上具有。前者的载体是机器或系统,获得或具有的是将人类智慧转化成机器或系统的智能的那部分;后者的载体是使用机器或系统的组织或个人,特别是政府工作人员,获得或具有的是系统运行中由实际进行操作的人实时贡献的智慧。智慧政府虽然不能借助机器或系统实质性地获得或具有智慧,但是可以依靠建设系统和应用系统的人，经由人机系统应用中的人机互动环节，实时赋予系统以智慧，而求得系统在外在形态上获得或具有智慧。当然，这是建立在依靠先期将人的智慧成果嵌入机器或系统而固化为机器或系统的功能，即实现了将人的智慧转化为机器或系统的智能的基础之上，从而实现依靠人、机器或系统共同运用智慧和发挥智慧作用。前者是人的智慧直接发挥作用，后者是人的智慧先期转化为智能之后间接发挥作用。中外学界和实践界将更高阶段的数字政府冠以智慧之名，选择以智慧政府为新的发展方向，目的就是强调智慧的数字政府有优于之前智能的数字政府之处。实际上，与智能政府及其政务系统相比，智慧政府及其政务系统的相对比较优势的获得，取决于政府的追求、行政的引领和管理、领导者的控制和干预、所有开发者和建设者的支持，以及全社会的参与和合作。

智慧政府是指以人民为中心，以满足公众需求和解决社会复杂问题为导向，以创新为动力，以政府职能清单为基本构架，以智慧决策为核心，利用信息技术和政府内外部合作，共建具有高度智能和更多智慧的政务系统，从而主动精准、优质高效地推送令公众满意甚至超出公众期望的政务服务的一种新的政府形态。一些学者主张采取将人工智能向政府不断渗入的模式建构智慧政府；一些学者主张与之相向而行，即将人的智慧嵌入政务系统之中而使政务系统具备智能，再借助政务系统中的人机交互环节，在政务系统运行过程中将人的智慧实时注入，经由政务系统对人的智慧进行汇聚与整合，继而再由人完成融合与领会等一系列工作，使得政务系统因为融入人的智慧而具有智慧，实现智慧的动态建构。这样既解决了"智能化从哪里来""智慧化往哪里去"的认识问题，也解决了智慧政府及其政务系统获得或具有智慧的实践问题。

作为数字政府的派生概念，智能政府或智慧政府首先是政府，其次是数字政府，最后才是智能政府或智慧政府。比较智慧政府和智能政府的内容范围，前者包含后者；比较两者的智慧化程度，即参与其中的智慧元素的多少，前者多于后者。两者之间无须比较智能化程度差异，因为两者都在追求高度的智能，其智能化有可能处在同一水平或程度，因此，两者的高下并非以智能水平论定。

数字政府向智慧方向发展已渐成趋势并已成定势。在这样的背景与趋势之下，作为在国家信息化、数字政府、电子政务、电子治理建设中拥有举足轻重的主导地位和扮演管控服务角色的政府，其肩负的使命沉重、面临的挑战巨大、可选的策略多元，各种研究成果和实践做法纷至沓来，令人无所适从。身处纷繁复杂的信息时代的网络场域中，面临智慧国家、智慧城市、智慧社区、智慧政务、智慧经济、智慧社会、智慧文化、智慧生活建设的紧迫形势，政府如何用智慧武装自身成为第一要务。为此，正确地理解智慧政府及其目的非常重要，它们意在说明智慧政府是什么以及应该做什么，体现智慧政府的理论理性；科学地看待和对待智慧政府中的智能技术以及选择适合的建构策略保障智慧政府达成目的同样重要，它们旨在解决应当如何做才能使政府更具智慧的问题，融汇了智慧政府的实践理性。二者共同作用，融合为智慧政府的实践智慧，方可知行合一，成就数字政府走上通往智慧政府之路。

数字政府的概念框架的适应性就应表现在它的各个组成要素相对稳定，而要素自身却始终随时间层面的递进性和实践层面的上升性而动态地丰富，也就是说，要素是在不断发展和变化着的，这样才能使其彼此之间保持相对平衡，并能够适应数字政府构建和电子政务实践的发展，从而达到为其实践发展提供正确的理论指导的目的。当然，对于上述这些时刻处于变化和发展之中的新兴事物来说，要想给出一个非常周全的概念界定并不是一件容易的事情。为此，我们在研究和讨论上述一些概念，尤其是没有取得一致观点的概念时，尽可能地列举出了理论界和实践界的不同观点，我们认为这对读者全面、系统地了解数字政府的发展历史和前沿动态来说十分必要。这一方面能全面反映人们在该事物发展过程中不同阶段的认识及其达到的高度，另一方面也提醒读者要学会全方位、多角度地综合和辩证地看待事物。具体反映在概念上，就是概念应该是灵活的和可以相互转化的，是富有具体内容的、有不同规定的、多样性的统一，因为对一个快速发展的事物来说，认识、观念和知识的不断更新是至关重要的。

## 本 章 小 结

数字政府（电子政府）是一个极其复杂的、充满变量的系统。要深入理解和把握这样的系统，必须从科学、合理地构建这个系统的概念框架入手。科学、准确地把握概念框架中的关键概念，是我们对其进行理论研究和实践探索的逻辑起点。本章分析了数字政府的相关概念——办公自动化、政府上网、电子政务，回顾了数字政府的认知进展，解析了数字政府的概念，以及其派生概念——虚拟政府、信息政府、一站式政府、电视政府、移动政府、智慧政府，目的是帮助读者全方位、多角度地理解数字政府的概念框架，以便在统一认识、达成共识的基础上为数字政府构建和电子政务建设提供概念基础和思想基础。

本章知识结构图描述了除政务信息化（第一章涉及）、政府数据治理（第六章专述）、"互联网+政务服务"（第八章专述）之外的与数字政府紧密相关的九个概念，以可视化形式展示了数字政府构建过程以及十个概念之间的结构关系，绘就一幅数字政府概念图谱，以便读者了解数字政府概念的整体架构和范畴，理解数字政府与其相关概念和派生概念之间的相互联系。

## 关 键 名 词

IT  ICT  Internet  办公自动化  办公自动化系统  管理信息系统  决策支持系统  政府上网  电子政务  电子政务系统  数字政府  电子政府  前台办公室  后台办公室  虚拟政府  虚拟机构  信息政府  一站式政府  电视政府  移动政府  智慧政府  智能政府

## 思 考 题

1. 简述办公自动化、政府上网、电子政务、数字政府的内涵和外延。
2. 简述办公自动化和办公自动化系统之间的关系。
3. 简述办公自动化系统的三个层次。
4. 简述数字政府的构建过程。
5. 简述电子政务的特点。
6. 简述电子政府与办公自动化、政府上网和电子政务等概念的联系和区别。
7. 试述电子政府与电子政务的关系。
8. 如何理解虚拟政府、信息政府、一站式政府、电视政府、移动政府、智慧政府及其与数字政府的关系？

9. 简述智慧政府和智能政府的联系和区别。

10. 谈谈智慧政府应该怎样追求智慧。

延 伸 阅 读

（1）张锐昕, 杨国栋. 电子政务与政府职能转变的逻辑关联[J]. 甘肃社会科学, 2012(2): 220-223.

（2）张锐昕, 杨国栋. 电子政府构建的政府基础：涵义、特征和构成[J]. 山东大学学报(哲学社会科学版), 2011(5): 48-53.

# 参 考 文 献

[1] 张建明, 陈婉. 办公自动化系统建设[M]. 西安: 陕西电子杂志社, 1995.

[2] 张锐昕. 办公自动化概论[M]. 北京: 清华大学出版社, 2004.

[3] 中国科学技术协会. 信息技术[M]. 上海: 上海科学技术出版社, 1994.

[4] Nygren K G. E-governmentality: on electronic administration in local government[J]. Electronic Journal of e-Government, 2009, 7(1): 39-48.

[5] 简·芳汀. 构建虚拟政府：信息技术与制度创新[M]. 邵国松, 译. 北京: 中国人民大学出版社, 2004.

[6] 中共中央关于全面深化改革若干重大问题的决定[N]. 人民日报, 2013-11-16(1).

[7] 张锐昕. 基于电子政务系统的政府绩效评估系统研究[J]. 理论探讨, 2009(4): 11-14.

[8] Mayer-Schönberger V, Lazer D. E-Gov and the coming revolution of information government [EB/OL].https://www.researchgate.net/publication/237546123_E-Gov_and_the_Coming_Revolution_of_Information_Government[2022-12-02].

[9] Wirtz B W, Daiser P. E-Government: Strategy Process Instruments[EB/OL]. https://portal.dnb.de/opac.htm?method=simpleSearch&cqlMode=true&query=idn%3D1076593011 [2021-11-19].

[10] OECD. The e-Government Imperative[M]. Paris: OECD Publishing, 2003.

[11] Kanaan A G, Bin S, Shahzad A. A conceptual model for e-government success factors in developing countries[J]. International Journal of Scientific and Research Publications,2016,6(12):39-44.

[12] Andersen K V. E-Government and Public Sector Process Rebuilding(PPR): Dilettantes, WheelBarrows, and Diamonds[M]. Boston: Kluwer Academic Publishers, 2004.

[13] Mayer-Schonberger V, Lazer D. Governance and Information Technology: From Electronic Government to Information Government[M]. Cambridge: The MIT Press, 2007.

[14] Gartner Group. Key issues in e-government strategy and management[R]. Research Notes, Key Issues, 2000.

[15] Kolachalam S. An overview of e-government[EB/OL]. https://www.researchgate.net/publication/253509856_An_Overview_of_E-Government[2022-11-30].

[16] Michel H. E-administration, e-government, e-governance and the learning city: a typology of citizenship management using ICTs[J]. Electronic Journal of e-Government,2005,3(4):213-218.

[17] Norris D F. Current Issues and Trends in E-Government Research[M]. Hershey, PA: Idea Group Pub., 2007.

[18] D'Agostino M J, Schwester R, Carrizale T, et al. A study of e-government and e-governance: an empirical examination of municipal websites[EB/OL]. https://academicworks.cuny.edu/cgi/viewcontent.cgi?article=1298&context=jj_pubs [2021-12-10].

[19] Asgarkhani M. The effectiveness of e-service in local government: a case study[J]. Electronic Journal of

e-Government, 2005, 3(4): 157-166.
[20] Petroni G, Cloete F. New Technologies in Public Administration[M]. Amsterdam: IOS Press, 2005.
[21] Misra D C. Defining e-government: a citizen-centric criteria-based approach[R].10th National Conference on e-Governance,2006.
[22] Bhatnagar S. E-Government: From Vision to Implementation: A Practical Guide with Case Studies[M]. New Delhi: SAGE Publications, 2004.
[23] 张锐昕. 电子政府概念的演进：从虚拟政府到智慧政府[J]. 上海行政学院学报, 2016, 17(6): 4-13.
[24] West D M. Digital Government: Technology and Public Sector Performance[M]. Princeton: Princeton University Press, 2005.
[25] Osterweil L J, Millett L I, Winston J D. Social Security Administration Electronic Services Provision: A Strategic Assessment[M]. Washington D. C.: The National Academies Press, 2007.
[26] OECD. The e-Government Imperative[EB/OL]. https://www.oecd-ilibrary.org/governance/the-e-government-imperative_9789264101197-en [2021-12-10].
[27] OECD. Digital Government in Mexico: Sustainable and Inclusive Transformation[EB/OL]. https://www.oecd-ilibrary.org/governance/digital-government-in-mexico_6db24495-en [2021-12-10].
[28] Brown D. Electronic government and public administration [J]. International Review of Administrative Sciences, 2005, 71(2): 241-254.
[29] 李永刚. "电子化政府"的理念与现实[J]. 中国行政管理, 1999(11): 40-41.
[30] 姬雁楠,李本乾.社交虚拟现实重塑"云交往"的路径[J].中南民族大学学报(人文社会科学版),2022,42(3):118-124.
[31] MANAGE. Virtual Organization[EB/OL]. https://www.kbmanage.com/concept/virtual-organisations [2022-12-01].
[32] 殷正坤. 虚拟与现实[J]. 新华文摘, 2000(7): 35-36.
[33] Bhatnagar S. Unlocking E-Government Potencial: Concept, Cases and Practical Insights[M]. New Delhi: SAGE Publications India Pvt Ltd, 2009.
[34] 休斯. 公共管理导论 [M]. 3 版. 张成福, 王学栋, 等译, 北京: 中国人民大学出版社, 2007.
[35] 段龙飞. 境外"一站式"行政服务机构建设实践及启示[J]. 信息化建设, 2007(5): 37-40.
[36] Chatzidimitriou M, Koumpis A. Marketing one-stop e-government solutions: the European OneStopGov project[J]. IAENG International Journal of Computer Science, 2008, 35(1): 74-79.
[37] Drogkaris P, Lambrinoudakis C, Gritzalis S. Introducing federated identities to one-stop-shop e-government environments: the Greek case[R]. eChallenges e-2009 Conference, 2009.
[38] 刘红波. 一站式政府的概念解析与角色定位[J]. 电子政务, 2012(8): 67-78.
[39] Vasavi S, Kishore S. Need for semantic interoperability of e-government web services within one stop web portals: a case study[J]. International Journal of Computer Science and Technology, 2011, 2: 136-140.
[40] 于跃. "问题导向，创新服务"该如何破解[J]. 电子政务, 2016(8): 14-17.
[41] Lenk K. Electronic service delivery- a driver of public sector modernization[J]. Information Polity, 2002, 7(2/3): 87-96.
[42] 张锐昕, 刘红波. 一站式政府的逻辑框架与运行模式[J]. 电子政务, 2011(5): 2-11.
[43] Bertini P. Designing accessibile t-government services[EB/OL]. https://www.academia.edu/520130/Designing_Accessibile_T_government_services[2021-12-06].
[44] 关于三网融合 是时候该说说真话了[EB]. https://lmtw.com/mzw/content/detail/id/127936/keyword_id/-1[2021-12-06].
[45] Sheng H, Trimi S. M-government: technologies, applications and challenges[J]. Electronic Government, An International Journal, 2008, 5(1): 1-18.

[46] Abanumy A N, Mayhew P J. M-government implications for e-government in developing countries: the case of Saudi Arabia[R]. The First European Mobile Government Conference, 2005.

[47] Mobile Government 2017-2018 (Green Paper) [EB/OL]. https://meae.gov.mt/en/Public_Consultations/MCDMS/Documents/Mobile%20Government%202017-2018%20Green%20Paper.pdf[2022-12-01].

[48] 于跃. 中国智慧政府的价值和目标追求及其实现研究[D]. 长春: 吉林大学, 2019.

# 第三章 数字政府的理论基础

■ 本章知识结构图

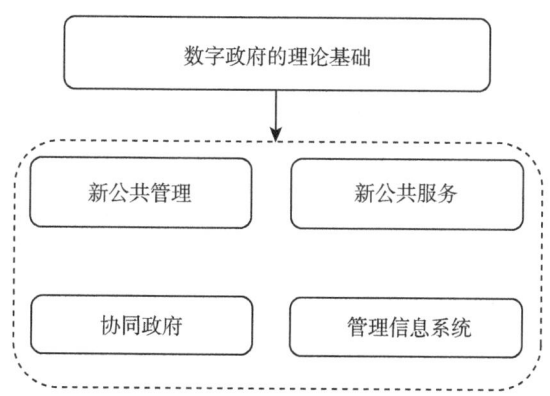

数字政府是一种新的政府管理形态,电子政务是一种新的公共服务范式,而无论是数字政府构建还是电子政务建设,都需要依靠新公共管理、新公共服务、协同政府和管理信息系统等理论支撑才能进行,否则与之相关的管理活动和服务策略就失去了可靠性。为此,本章从新公共管理、新公共服务、协同政府和管理信息系统等方面介绍这些理论对数字政府构建的理论支撑作用及对电子政务建设的影响与推动作用。

## 第一节 新公共管理

### 一、电子政务与新公共管理的关系

电子政务是政府在公共管理过程中应用信息技术的一种新的治理方式。新公共管理（NPM[①]）是政府应对新技术变革过程中在管理理论和技术创新上所形成的结果,其主要趋向是再造信息时代的政府治理结构——数字政府。电子政务体现了把工商管理的理论、方法和管理经验移植到政府公共管理中的新公共管理精神,具体表现为:它既吸收了电子商务顾客导向和客户关系管理等管理理念,又进一步发展为民主管理,使政府管理更为透明;既吸收了电子商务运用互联网提供服务的技术手段和网络化管理与服务的管理方式、服务范式,又进一步发展为运用信息技术促进政府组织结构完善、行政业务流程优化再造、政府管理效能与服务质量提高和政府管理创新[1]。

电子政务以提高政府治理效能为核心。新公共管理奉行效率至上的原则。新公共管理强调市场机制、工商企业管理方式和社会化手段在公共管理中的广泛运用,强调管理的高

---

① NPM：new public management。

效率。为了提高效率,政府部门需要灵活配置有限的资源,从规章导向转向结果导向,即向注重提供优质公共服务的方向发展,创造更多的公共产品,提供更好的公共服务与更高的公共价值。电子政务则践行了新公共管理这种效率至上的理念,采用先进的通信技术、信息处理技术和业务建模技术,快速传送工作信息,全面掌握资源信息,灵活配置业务流程,科学评价工作成果,有效地提高了政府部门的行政能力。

新公共管理倡导通过发展电子政务对金字塔形的传统政府组织结构进行再造,实现扁平化管理。电子政务通过构建虚拟政府重组组织结构与业务流程。新公共管理强调采用分权化组织结构对政府机构进行再造,目的是缩小政府规模、压缩垂直机构,使政府组织结构向扁平化方向发展。电子政务通过采用信息网络技术,有效缩减政府机构数量。即使是在政府部门之间、中央和地方政府之间关系的调整与改革方面,如部门之间要求建立稳定而有弹性的相对合理的动态平衡关系,新公共管理为此提出的机构变革需求,电子政务都可以相应地实行技术再造,支撑政府机构的改革,再造数字政府。

## 二、新公共管理理论简述

20世纪最后的20余年,为迎接经济全球化、信息化和国际竞争加剧的挑战以及摆脱财政困境和提高政府效率,西方各国相继掀起了政府改革的热潮,其基本取向是以采用工商企业管理理论、方法及技术,引入市场竞争机制,强调顾客导向以及提高服务质量为特征的新公共管理实践模式[2]。新公共管理起源于英国、美国、澳大利亚和新西兰,并逐步扩展到其他西方国家乃至全世界,成为当代政府管理改革的主要理论,对当代政府改革与治理的影响巨大。

作为一种正在成长并且日益取代旧的公共行政模式的公共部门管理的新模式,新公共管理有不同的名称,如公共管理主义(或管理主义)、企业化政府、后科层制模式、以市场为导向的公共行政等。新公共管理理论并不强调利用规范、集权、监督、控制以及加强责任制的方法来改善政府管理绩效,不过分注重工作过程,而是将公民视为顾客,把顾客放在首位,主张在政府管理中采纳企业化的管理方法来提高管理效率,改革和再造政府部门,注重工作结果,追求"3E"①,强调市场的作用,在公共管理中引入竞争机制来提高服务的质量和水平,以市场或顾客为导向来改善行政绩效。新公共管理理论的主要观点如下。

(一)掌舵型政府

重塑起催化作用的政府——掌舵而不是划桨[3],即政府应该只是聚精会神地制定政策(掌舵)而不是执行政策(划桨),通过权力下放,把管理和操作分开,从具体执行的政府转变为善于治理的政府,把提高行政效率作为工作重点,创造一个少花钱、多办事的高绩效政府。掌舵型政府转向将政策制定(掌舵)与政策执行(划桨)分开的公共管理体制[3],发现实现公共目标的最佳途径,提出更加全面的解决公共问题的办法,利用和整合公共部门、私营部门和第三部门的资源优势提供公共服务。

---

① 3E: economy, efficiency and effectiveness, 经济、效率和效益。

### （二）企业化政府

为了提高政府工作效率，可将绩效评估、目标管理、成本核算等企业管理方法引入公共行政领域。通过将企业管理的讲求投入和产出、讲求成本核算的精神引入政府管理中，政府可以提高公务员的责任感，同时还可以科学地衡量其工作业绩。政府应广泛采用企业的管理手段，重视人力资源管理，采用短期聘用制和高级雇员制，签订绩效合同，实行合同外包，推行服务承诺制，引入货币化激励，采用全面质量管理，降低成本，提高效率。

### （三）分权化结构

政府应广泛采用授权和分权的管理方式，适应社会的快速变化，增强政府的灵活性、敏捷性、高效性，实现管理创新。通过减少层级、授权和分散决策权的办法政府可以对外界变化迅速做出反应，有效地解决社会问题。政府将社会服务与公共管理的权限通过社会参与或民主的方式下放至社会组织，如社区、家庭、志愿者组织，以实现社会的自我服务、自我管理。

### （四）市场式治理

新公共管理认为市场竞争机制有助于提高资源配置效率，主张用某种建立在市场基础上的机制代替传统的官僚体制[4]。政府应该在公共服务供给和政府管理过程中引入市场竞争机制，通过放松管制，广泛引进竞争机制，取消公共服务供给的垄断性，让企业参与公共服务的供给，并在各公共部门之间、公共部门与私人部门之间为公共物品和服务的提供展开竞争，迫使垄断组织对顾客的需要做出反应，通过竞争鼓励革新，让提供公共物品和服务的公共部门接受市场的检验。

### （五）顾客导向型政府

新公共管理主张政府提供的服务应该满足顾客需求而非官僚需要，即政府应重视提供公共管理的效率、效果和质量，对顾客负责，实施明确的绩效目标控制，改变"只计投入，不计产出"和只对上级负责的传统管理方式，根据绩效目标对工作完成情况进行测量和评估，按效果而不是按投入拨款，按业绩而不是按目标付酬，按顾客需求作预算，实行绩效管理，增强组织的使命感。

## 三、新公共管理对电子政务发展的推动作用

新公共管理的兴起和发展为解决政府管理问题提供了新的视角，给公共行政的发展注入了新的活力，极大地推动了政府管理技能与方法的研究和发展，导致电子政务及在线服务等公共管理方法在实践中产生和广泛运用[1]。从一定意义上说，电子政务是政府管理发展到以新公共管理为理论基础阶段的必然形态，是信息时代的政府再造。新公共管理理论对电子政务发展具有较大的影响，主要表现在以下几个方面。

### （一）推进政府在线服务

数字政府以公众至上和顾客导向为服务理念，即以公众为中心，加强政府网站建设，为不同公民提供涵盖全生命周期范围的公共服务。首先，新公共管理主张的顾客导向原则，渗透到电子政务的设计、实施和使用的全过程中，特别体现在政府在线服务上。在线服务

是通过政府网站提供公共服务的有效方式,服务内容需要从信息发布服务、业务办理结果查询服务、工作表单下载服务等方面,不断拓展到业务在线办理、资料网上流转、结果在线反馈等方面。其次,新公共管理强调政府部门需要仔细聆听顾客的心声,认真分析其需求,承诺提供顾客所关注的公共服务。电子政务的需求分析、系统设计和用户界面设计都在全面体现新公共管理的顾客导向观。很少有像电子政务这样的管理方式,把顾客的需求放在首要位置,从真实和潜在需求的获取、需求内容的逻辑转换、信息处理流程再造、系统界面模块设计等方面,全面体现顾客的需求。最后,新公共管理认为公民是以顾客的身份有选择性地参与。不同类型的顾客具有不同的需求。数字政府针对不同的用户,设计不同的界面、提供不同的功能,满足各类用户的需求。即使是多元化的公共管理主体,电子政务也可为不同的主体,如公务员、民间组织、企业等,分别提供有效的管理手段。

### (二)促进部门业务协同

电子政务促进了部门之间业务协同,全面提升了政府工作效率。政府提升工作效率的难点并不是单个部门的工作效率的提高,而是跨部门办公的工作效率的提高。跨部门工作的开展,经常受制于制度效力不高、资源配置不到位、动力机制不健全、部门自身工作繁忙等多种原因。已经制度化的跨部门的工作,比如公文收转发、征求工作意见等,在开展业务协同方面难度不大。在这方面,电子政务建设的重点将逐步放在具有时代特征、地域特色的重大现实问题的跨部门协同解决上,比如重大项目绿色审批通道、省市县三级联网监察等。

### (三)电子政务服务外包

政府是掌舵者,需要把船桨交由社会来划。数字政府也要加强服务外包,引入竞争机制。电子政务服务不能单由政府的技术支持部门来完成,而是需要深化政府与社会的合作,让企业参与公共服务的供给,依靠社会的资源,采取政府采购的形式,将电子政务的工程建设、技术管理、系统运维等工作内容直接外包给社会单位,鼓励政府的技术支持部门和社会单位共同参与电子政务服务的外包,在政府部门之间、政府部门与企业之间为服务的提供展开竞争,通过竞争提升服务质量,让提供外包服务的政府部门接受市场的检验。

### (四)推动公共信息共享

政府管理通过引入企业管理方法降低管理成本,电子政务则需要推动公共数据的共享,加强数据质量管理,全面提升基础设施的服务能力。政府管理可以采用全面质量管理,核算管理成本,降低投入,提高产出。电子政务建设方面,需要在更广范围、更高级别加强公共数据的建设、规范和控制数据质量、推动数据交换和共享,同时快速提升政府和社会的各种信息化基础设施,如互联网、城域网(MAN[①])、部门局域网、系统虚拟网络、网络信任体系、信息安全管理体系、数据交换和共享平台等。

### (五)促进政务绩效评价

电子政务的根本目的就是提高政府管理效能。新公共管理强调顾客导向,推行绩效合同制,电子政务需要突出需求分析,加强绩效评价。新公共管理要求以顾客为导向改善政府管理绩效,电子政务则需要继续以提高服务效率、改进服务手段为工作方向。顾客导向

---

① MAN:metropolitan area network。

要求政府部门根据顾客需求确定公共服务提供的内容与方式。电子政务建设和管理过程则需要高度重视顾客需求的获取，正确识别和准确表达出顾客的需求，通过信息系统的建设和运行满足顾客的需要。政府管理工作经常需要确立工作目标、对外签订工作合同，电子政务就可以以此为基础，建立相应的绩效管理目标，开展绩效评价。

## 第二节　新公共服务

### 一、电子政务与新公共服务的关系

　　数字政府以为公众提供优质、高效的公共服务为存在目的。从根本上改善政府的公共服务质量是数字政府的核心价值。电子政务作为一种在线公共服务范式[1]，体现了把公众本位、服务导向、民主与公平和公开透明等贯彻到政府公共管理中的新公共服务（NPS①）精神。电子政务的可持续发展，需要新公共服务理论的支持。如果说新公共管理理论为电子政务插上高效的翅膀，那么，新公共服务理论则为电子政务指明飞翔的方向。新公共服务理论强调公共服务的对象是全体社会公民，不是拥有话语权或其他资源的个别利益集团。公共服务不能照搬企业管理把盈利和效率作为目的，其最终目标是公共利益，是社会的公平和正义。电子政务的服务对象没有停留在网民和信息技术熟练使用者这个层次，而是面向全体公民；没有局限于高新技术企业和大型企业，而是面向全体企业法人。电子政务以全体公民的公共利益实现为方向，从没有在办公自动化、行政审批、政府网站这些传统内容上原地踏步。

　　新公共服务提倡的回应性，反映了电子政务的普适性和敏捷性需求。新公共服务认为，政府必须对公民的需求和利益做出反应，对更广泛意义上的公民而不仅仅是具有合法身份的公民做出反应。在电子政务中，那些不具有当地合法公民身份的个人或者企业，不仅可以得到政府信息系统所提供的在线服务，还被引导参与当地各级政府部门组织的公共活动。新公共服务和电子政务都遵循公民优先的原则。政府服务的对象是公民，而不是顾客[5]。政府必须主动倾听公民的呼声、理解其诉求，把公民的价值实现放在首要位置，对其利益诉求做出敏捷的、更好的回应。电子政务是政府获取公民诉求的最佳途径，是各种潜在社会冲突的探测器，是回应利益诉求的有效渠道。

　　电子政务是落实新公共服务所倡议的公民权的最佳平台。新公共管理把公民当成顾客，公民以顾客身份有选择性地参与公共管理；新公共服务则纠正了仅把服务对象当作顾客、委托人和选民的倾向，关注公民的社会身份，强调社会责任，使其以公民身份积极主动地参与管理。市场化不能产生更好的社会公民，只会培养更加精明的顾客。电子政务系统完全支持政府部门追求更高的社会责任感和增加对公民的信任做出的努力，开展由公民参与的对话与协作活动，帮助政府开创、促进和支持公民社会发展进程。电子政务有助于帮助政府部门清晰识别、明白和满足公众共享的利益，而不是试图协助政府控制社会发展的新方向，也就是不断提供公共服务，而不是单纯依靠政府来掌舵。电子政务促进政府运

---

① NPS：new public service。

用技术直接作用于顾客，促成政府治理模式由管制型转向服务型。

## 二、新公共服务理论简述

登哈特夫妇（Janet V. Denhardt and Robert B. Denhardt）在《新公共服务：服务，而不是掌舵》一书中阐述了新公共服务的基本内涵，"新公共服务是关于公共行政在将公共服务、民主治理和公民参与置于中心地位的治理系统中所扮演角色的一系列思想和理论"。[5]新公共服务起源于当前对居于支配地位的新公共管理主义的批判，抛弃新公共管理追求效益、效率、效能的单一价值取向，以民主治理、公民社会、公共对话、社会资本等为理论基础，认为公平比效率更重要，致力于寻找行政价值与公共精神相互融合的道路，重塑公平、公正、民主、正义等价值取向，修正管理主义的价值方向。

新公共服务理论重新强调民主化、公共性、合法性、公民精神、政府责任在公共管理中的作用，强调公民社会与政府资源的融合和协调，成为现代公共管理的希望之所在。公共服务导向型的现代化公共管理应是以政府为主体的公共组织提供公共物品和服务，以促进公共利益最大化为取向，公平、民主地运用公共权力，并以科学的方法对社会公共事务进行有效管理的公共活动。新公共服务认为管理者不只是给顾客提供服务，而是在服务的同时也提供民主、维护公民权利，把公共利益的民主价值、公民权和服务视为公共管理的价值。

以登哈特夫妇为代表的新公共服务理论的提倡者提出了以下改革原则。

### （一）追求公共利益

公共行政追求的是公共利益，公共利益是新公共服务的一块基石[5]。公共利益是就社会共同利益进行对话与协商的结果，而不是个人自身利益的聚集。因此，政府部门及其公务员不是仅仅关注顾客的要求，而是要着重关注公民并且在公民之间建立互信、互利的合作关系。因为追求公共利益，公共行政才显得崇高神圣；因为崇高神圣，公共管理者的工作才显得富有意义。作为代表性公民的公共管理者，必须促进建立一种集体的、共同的公共利益观念[5]。同时，公共管理者必须具备良好的公民精神与较强的公共服务能力，将观念与能力统一于公共服务实践过程。

### （二）共享式公共治理

新公共服务理论认为，公民不仅仅是政府的顾客、投票者、委托人，还应该与政府部门分享权力、彼此信任、共同治理社会。因此，政府需由传统的社会控制者转变为公共议题的安排者，不仅要分享权力，而且要创造条件，增强与公民和其他社会组织共同解决问题的能力，实现多元化治理。公共管理人员必须认识到他们在治理过程中所扮演的角色是责任的参与者或承担者，而不是企业家。

### （三）参与式公共决策

公共管理人员不能单独决策，而应在对话、讨价还价、公民的授权和广泛的公民参与的基础上，解决存在的问题，并制定政策，确保和证实这些决策在产生的过程中充分考虑到社会公平和正义。新公共服务理论不是以顾客为导向，而是强调以公民为主导，也即由公民来参与决策，并且让公民和政府共享政策制定和执行的权力，培养公民的责任和风险意识。

（四）重视公民资格与身份

新公共服务强调社群之类的合作性组织结构。新公共服务所指的社群，建立在关心、信任以及团队工作的基础之上，理解和承诺追求共同利益，通过合作解决冲突。社会中的每个人作为公民在社群中行动，必须发自内心地关心社群，关注更广泛的社会，承担非短期性利益的公共事务，乐意为社群内其他人引发的麻烦承担个人责任，为超越短期利益的问题承担责任，在追求个人权利的同时，对改进社群的行动也勇于承担责任。

社群在公民个体和整个社会之间可以建立有效的联系，推动社会的和谐发展。典型的社群，如家庭、邻里组织、志愿者组织、俱乐部和社会团体，提供更积极的公民参与机制，在个人和社会之间建立起积极的、高效的联系。作为政府管理人员，不仅要促进公民自我利益的实现，还要与公民一起去发现和明确地表达社会共同利益，并推动其实现。

（五）承认政府的公共责任

新公共服务理论承认责任在民主治理中的中心地位。这种公共责任主张基于这样一种理念，即公共行政官员即便是在涉及复杂价值判断和重叠规范的情况下也能够并且应该为了公共利益而为公民服务[5]。公共责任包含专业责任、法律责任、政治责任和民主责任，这些责任表明需将公共管理者的角色界定为引导者、服务员和使者，而不仅仅是企业家式政府。也就是说，政府部门不仅要充当提供公共产品和服务的角色，还要充当公共产品和服务提供过程中的协调者、调解者甚至仲裁者的角色。政府鼓励公民超越私利去关注广泛的公共利益和社会命运、认知公共事务、形成集体意识、承担公共责任。政府部门自身作为与公民相向而行的社会善治的好伙伴，竭力实现公平、正义等政治系统的核心价值。此外，政府还要在公民之间推动建立信任与合作关系。

## 三、新公共服务理论对电子政务发展的推动作用

新公共服务推动公共管理从效率和业绩导向移向民主、公平、正义、回应和公共责任等实质性公共价值，重新返回公共行政的核心价值主张——"民主政府是为他们的公民服务而存在的。"[3]电子政务建设固然离不开信息技术的广泛运用，但更离不开政府公共服务理念的塑造与公共服务能力的提升。新公共服务理论倡导的公共服务精神构成了当前电子政务发展的重要理论支撑。或者说，信息技术的广泛运用与公共服务原则相结合，并融合为电子政务的有机组成部分。新公共服务理论对电子政务发展的影响，主要反映在加快政治民主进程、促进公民身份认同、关注民生、共建和谐社会等方面。图 3-1 为新公共服务与电子政府的互动关系。

（一）增强电子政务的民主性与服务性

根据新公共服务理论，数字政府需要在电子民主、电子参与、网络反腐等方面加快电子治理的进程。新公共服务理论认为，基于共同利益的对话产生且经过深思熟虑后界定的公共利益，不是个人的自我利益或者行业（区域）短期利益的累加，而是实现人民主权、

公民权利、人性尊严、社会公正、社会责任等多元价值。政府的作用是确保公共利益居于主导地位，确保政策制定和政策实施的过程符合公平、公正的价值准则，经受得起历史的检验。通过电子治理，政府部门能够提供更好的管理和服务，建立一个开放的、透明的、与民互动的公共机构，实行过程的公开和民主，这有利于政府接受公众的监督，提高政府自身的反腐倡廉能力。

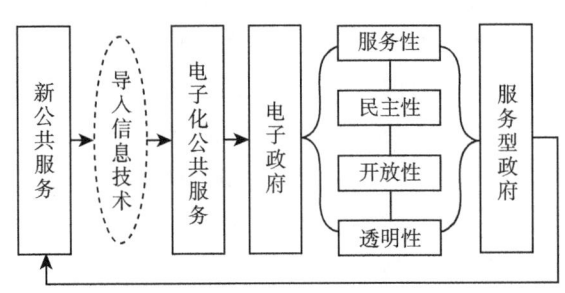

图 3-1　新公共服务与电子政府的互动关系

当代西方发达国家在推动电子政务建设和发展的过程中，把改善传统的政府服务范式放在了十分重要的位置，坚持以顾客为中心的理念，建设服务型和顾客导向型政府，不断增强政府的人民性与公共服务精神。著名电子政务专家雷切尔·西尔科克（Rachel Silcock）和 2001 年美国的《电子商务及发展报告》都强调电子政府运用信息技术进行公共事务的管理和公共服务的传递，以便使公民、商行与职员受益。普林斯（J. E. J. Prins）也认为，电子政务就是要使公众在任何地方、任何时候都能方便地获得政府的信息与服务[6]。

（二）增强电子政务的开放性与透明度

电子政务需要在政府与社会之间、社会内部、政府内部建立起高效的互动方式。政府需要与公民一起去发现和明确地表达共同利益，并积极推动公共利益的实现。电子政务与电子商务、电子社区等其他领域的信息化相互结合，借助 3G、4G、5G、物联网、云计算、框计算等现代信息技术，可以快速获取和准确识别表达不同利益诉求的信息，并将其转化为公共需求或者私人需求，这些依靠政府和社会的各种信息系统的业务协同来实现。换言之，政府需要广泛使用电子政务应用软件在虚拟世界中服务企业与公民，这样会使政府更具回应性、更富有责任感和更能体现公共性。

政府信息公开是共享权力和参与决策的前提，政府网站是实现政府信息公开的有力手段。新公共服务，在寻找公共精神的过程中，在重塑公平、公正、民主、正义的道路上，必须充分发挥"阳光"的效力，坚持"公开为原则，不公开是例外"，实现政府信息的全面、主动公开。当前，个别政府奉行"公开为例外，不公开为常态"，或者避重就轻，选择制度性、结论性、日常性、事务性、要闻性的内容进行公开，而对公众关心的财政预算、资金安排、项目审批、人事变动、土地详规等重要信息能躲则躲。政府网站建设需要在拓宽公开内容、完善公开方式等方面加强工作。此外，为了促进公民之间、政府与公民之间信任关系建立，进而促进和谐社会建立，电子政务需要在企业商业秘密和个人隐私保护方面进一步强化，为信息社会的共信体系建立基础。

作为数字政府的理论基础，新公共管理理论、新公共服务理论同权力下放与民主化理论、规范与反乌托邦理论具有一致性。前两个理论足以解释数字政府理论的基本变化。权力下放与民主化理论围绕着技术潜力的逐渐上升对电子政务进行积极的政治推动，即政府利用信息技术与公众互动来提高其技术价值，从而使数字政府具有更高的普及率。权力下放与民主化理论预言：随着电子政务为公民和政府自身所带来的益处不断得到证实，电子政务将会像滚雪球一样迅速扩散。规范与反乌托邦理论强调有关信息技术应用的高失败率，它反对实证进步主义者的权力下放与民主化理论，反对存在固有的技术限制与技术矛盾这一现实主义观点。任何一个思想流派都会既有支持者又有批判者。无论是权力下放与民主化理论，还是规范与反乌托邦理论，两者都不能被视为数字政府理论架构的总体描述，它们只能为数字政府理论架构提供一个有益的描绘。事实上，当代数字政府理论的基础研究，已经把工作重心聚焦到公民需求和整体化服务上来了。

## 第三节 协同政府

### 一、电子政务与协同政府的关系

网络环境下的政府协同研究是当今世界各国在开展电子政务和提供公共服务过程中的一个新课题。现代政府公共管理职能范围经常涉及多个部门，需要有关政府部门开展协同工作，以便提高行政效率。因此，电子政务必须强调协同政府理念，发展电子政务必须建立在整体化基础之上，方能建设协同的政务系统。或者说，必须推进电子政务协同化建设，即各级政府及其所属各部门内部可以在自身的局域网内实现行政办公的自动化处理和跨政府部门的网络化协同办公；各部门之间通过网络互联，实现跨部门资源共享与整合；优化跨越多个职能部门边界的业务流程，同一项业务流程所涉及的各个职能部门、所需要的各个功能环节和机构的人员以及各种资源都被整合在这个流程上，构建跨部门网络化协同办公系统，使公众感受到整个政府是没有部门边界的"无缝隙"政府。

打破公共管理过程中部门各自为政和机构碎片化的局面，整合和联结各个孤立的政务系统，把分散的政务资源整合起来，构建整体化的协同政务系统，提升电子政务系统的服务水平是当今世界各国电子政务建设的中心内容。美国联邦政府在建设电子政务时提出的口号是"让人们用鼠标点击3次把事情办完"[7]。如果没有协同政府的理念指导，这恐怕很难真正实现。建设信息化政府，是英国协同政府（JUG①）改革的一项重要内容。1999年3月英国政府发布了《政府管理现代化》白皮书，并先后发布了《21世纪政府电子服务》《电子政务协同框架》等政策规划。《政府管理现代化》白皮书提出，"建设信息时代的政府：信息技术是改革政府间割裂的有效方式，同时还可以提高公共服务的质量"[8]。《政府管理现代化》白皮书还提出，到2002年英国25%的政府服务要电子化，到2005年英国50%的政府服务要电子化，到2008年英国全面实施电子政务，即所有政府服务都应该电子化。同时提出：到2001年3月，90%的政府低值物品采购要实现电子化；到2002年，

---

① JUG：joined-up government。

100%的政府采购实现电子化。

在我国,建立健全政府部门间协调配合机制,发展协同政务,是打破当前电子政务建设中部门间各自为政、信息分割和机构裂化、"信息孤岛"等逆协同政务现象,避免电子政务投资黑洞的必然要求。例如,企业在办理许多事情时要与多个政府部门打交道,传统的管理方式是让企业办事员挨个部门跑,办一件事情不知道要盖多少个章、跑多少趟。当代协同政府改革理论主张利用信息通信技术,使政府部门间能够协同办公,建立整体化、信息化、网络化的公共服务界面,企业、公众办事和申请行政许可只要在一个一站式服务中心或网络入口递交相关材料就可以了,剩下的业务由政府部门通过网络化办公协同处理。这样不仅显著提高了政府的办事效率,也减少了企业和公众的办事时间。协同政府理论对于数字政府及其功能的有效发挥具有十分重要的意义,它强调以政府工作人员的协作为核心,强化公共信息资源的共享,整合政府部门的行政职能,梳理和优化政府行政流程,促进政府信息化系统的整体集成,推动跨部门合作无缝隙链接,构建部门间网络化协同办公结构(包括协同组织结构、协同领导结构、协同决策结构、协同执行结构、协同监控结构以及协同评估机制等),实现以信息网络为纽带的超越时空界限的政府部门内部和政府部门之间信息资源的深度整合与高度共享,提供公共服务的协同性。同时,强化政府与公众和企业之间的沟通及协作,增强政府的回应能力与服务能力。

## 二、协同政府理论简述

协同政府是20世纪90年代中期以来公共部门管理改革背后的突出思维,是对20世纪80年代公共服务提供碎片化和这种碎片化阻碍了公共政策的重要目标实现的回应[9]。新公共管理改革倡导市场化、商业化和民营化等管理方式在政府部门中的积极利用,在有效提高公共部门管理效率的同时也产生了机构裂化和公共服务碎片化的实践局限性。为了克服这些问题,从20世纪90年代中后期开始,英国、澳大利亚、新西兰、美国和加拿大等国家从解决新公共管理模式的实践局限性出发,重新思考如何有效地为公众和社会提供公共服务,开始了以协同政府为主要内容、超越新公共管理的第二轮改革。

英国是协同政府改革的先驱。1997年,英国布莱尔领导的工党政府上台执政,布莱尔政府在肯定了以往行政改革的成果的同时,也指出了许多未能克服的弊端,诸如:新的管理主义模式带来的转化成本至今难以消化;企业管理模式难以与公共管理运行机制相兼容;企业文化改造政府带来的伦理争议;等等。布莱尔政府认为,撒切尔时期的行政改革在引入竞争机制的同时却忽视了部门之间的合作与协调,带来了碎片化的制度结构[10]。因此,布莱尔政府在1999年颁布《政府管理现代化》白皮书,推出了新型的行政改革战略,其中最重要的一项内容就是提出了协同政府的改革目标。为了实现为公众提供整体化电子公共服务的战略目标,英国协同政府改革采取的一项主要措施就是建立政府间协同工作的基本框架,即E-GIF①结构,实现跨部门网络化协同办公[1]。E-GIF结构为政府各部门提供了协同办公的政策与标准,为政府网络、英国在线门户、"政府入口"以及电子服务传递建立了基础结构。

---

① E-GIF:E-government interoperability framework,电子政府互操作框架。

西方学者在协同政府研究方面出版和发表了许多高质量的学术著作、论文和研究报告。其中，具有代表性的有：美国白宫管理与预算办公室发布的《无边界政府：跨政府项目管理方法》，这是一篇研究跨部门电子政务项目建设的研究报告，该报告研究和探讨了一个以政府部门间的合作框架与利益共同体的方式来推进跨政府部门电子政务建设的新思路，并指出了要由无边界政府走向无缝隙政府，形成跨部门网络化协同办公、管理与服务[1]；英国学者汤姆·林（Tom Ling）对协同政府改革的实践经验进行了理论总结，归纳出一种最佳实践的协同政府模式——为实现政府治理目标，对不同组织实施正式组合和促进这些组织有效沟通与合作的各种方式的总称[9]。图3-2为数字政府协同能力发展的阶段模型。

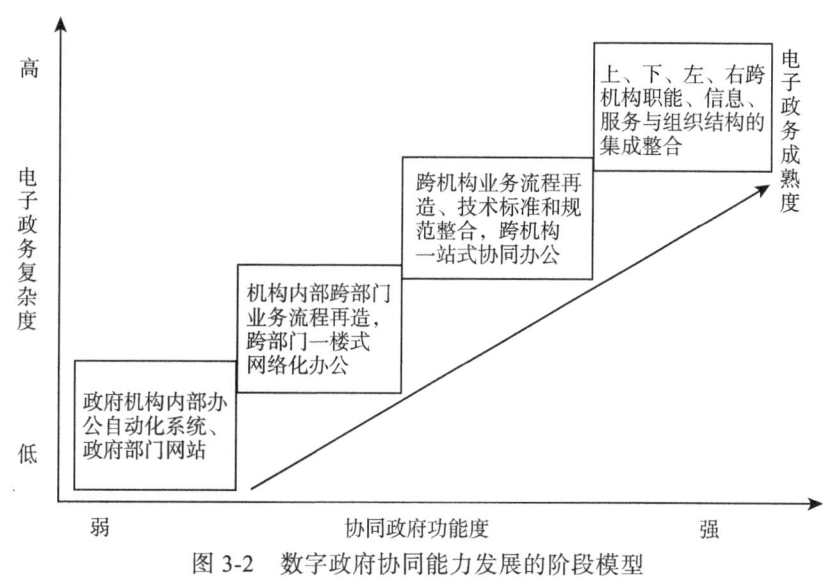

图 3-2　数字政府协同能力发展的阶段模型

协同政府建立在这种观点基础上，即公共政策的重要目标既不能通过现有组织的独自行动来提供，也不能通过创建一个新的超级机构来提供。因而，针对公共政策的特定目标，需要寻求协调和整合现有正式的独立组织的行动。协同工作的目标就是在不消除边界的情形下协调跨组织边界的行动，协同政府的不同层级和机构共同提供更为整体化的公共服务，这些边界包括部门间、中央与地方之间、单位间的边界。为了协同工作，必须用不同的文化、动力、管理体制和目标调整组织，制定跨部门政策[9]。佩里（Perri 6）分析了协同政府中协调与整合的实现层次（表3-1）。

根据汤姆·林对协同政府模式的概括，协同政府有四个基本维度：① 新的组织类型，通过文化、价值观、信息和培训进行协同工作，最大限度地清除损害彼此利益的边界和不同政策，建立跨部门协作网络，将某一特定政策领域或网络中的不同利益相关者组织在一起，实现协同效应；② 跨组织工作的新方式，通过共同的领导、预算、整合结构、联合团队，以及资源整合和政策整合进行协同，更有效地利用稀缺资源；③ 提供公共服务的新方式，通过联合咨询和参与、共享客户关注点、共享客户界面（如一站式服务中心），为公民和整个社会或社会局部提供无缝隙、整体化而非碎片化的公共服务；④ 新的责任与激励，通过共同的结果目标、绩效指标和规制监管推进协同（图3-3）。

表 3-1　协同政府中协调与整合的实现层次[11]

| 管辖单位行为 | 国家（中央政府）行为 | 州或区域行为 | 地方行为 | 邻里行为 |
| --- | --- | --- | --- | --- |
| 政策规划 | 如：跨部门支出审查，部门间委员会 | 如：区域整体化的环境、经济与交通政策 | 如：地方战略规划伙伴 | 如：跨机构社区战略规划决策过程 |
| 政策（项目）执行 | 如：部门间公共服务小组监督州政府执行养老保险政策 | 如：跨部门、跨领域成员组成的区域经济发展论坛 | 如：提供整体化卫生医疗服务的地方卫生机构联合委员会 | 如：基于地区的跨机构公共卫生或就业行动网络 |
| 服务提供组织 | 如：卫生、安全和环境部门开展联合检查 | 如：整体化的航空、铁路、公路、的士票务方案 | 如：学区、警察局和卫生部门联合处理青少年犯罪问题 | 如：整体化的儿童福利项目 |
| 面向个体的服务 | 如：整合服务中心或信息资源共享 | 如：整体化的服务呼叫中心 | 如：一站式服务中心 | 如：在线一揽子整体化服务 |

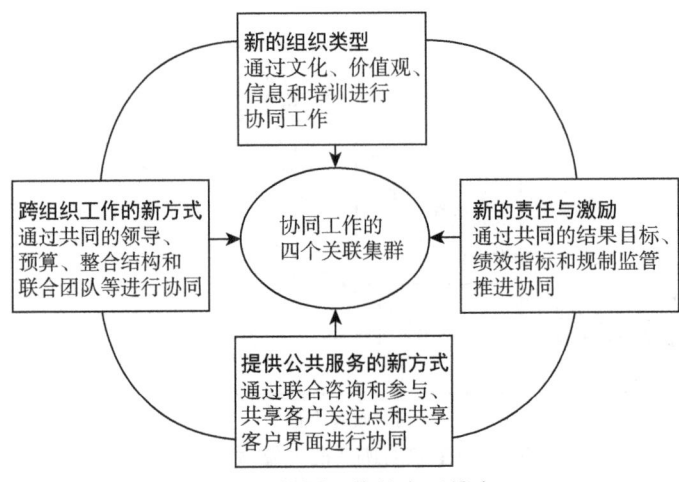

图 3-3　协同工作的主要维度

波利特（Pollitt）归纳了协同政府带来的许多好处：第一，损害彼此利益的不同政策的情形可以消除；第二，有利于更有效地利用稀缺资源；第三，将某一特定政策领域或网络中的不同的主要利益相关者组织在一起，可以实现协同效应；第四，可以为公民提供一系列无缝隙、整体化而非碎片化的公共服务[12]。作为一种公共管理新模式，协同政府是在反思传统科层制行政模式和新公共管理模式的基础上形成与发展起来的。协同政府意味着在公共政策与公共服务过程中，要采用交互式、协作性和一体化的管理方式与技术，促使各种公共管理主体（政府、社会组织、私人组织以及政府内部各层级与各部门）在共同的管理活动中协调一致，实现功能再造整合、有效利用稀缺资源、提供无缝隙服务的整体政府。协同政府代表了当前政府管理新的发展趋向，也为数字政府建设提供了坚实的理论支撑。

### 三、协同政府理论对电子政务发展的推动作用

（一）推进跨部门信息资源共享，克服"信息孤岛"问题

电子政务的一个主要目标就是要在互联网上建立覆盖跨部门、多层次的政府服务、管理和保障的虚拟政府，从而为公众、企业和社会提供整体化、电子化的公共服务。为了实

现这个目标,协同政府主张通过网络化技术来支持信息资源跨部门流动,使不同部门间有一致的信息环境,促进政府部门间在规划、决策、组织、实施、监控等方面协同行动。我国以往在电子政务建设过程中,强调以各个部门为主进行建设,各个部门从自身的义务需求出发,从本部门所要解决的问题出发,往往只考虑自己业务系统的建设和技术的使用,其结果虽然提高了各个部门自身的办公自动化水平,在一定范围和程度上也方便了公众办事,但由于各个部门使用的技术标准、技术规范不一致,各个部门之间、各应用系统之间相互不能联通、信息不能共享,形成了一个一个的"技术孤岛"和"信息孤岛"[1]。这种状况导致公众陷于"机构迷宫"——不得不在多个部门之间寻找服务,当申请的行政许可事项涉及若干职能部门时,公众不得不在多个部门跑,各部门不能以协同工作的面貌展现在公众和社会面前,部门分割和碎片化结构问题非常严重,也降低了政府管理的整体效能。当前,电子政务的协同性与整体化建设是一个大问题。信息时代、网络世界中的公共管理需要更多关注组织间协作[13]。当公共管理者或公共组织拥护和推动跨部门信息整合与协作过程,做出联合决策和作为单一实体协同行动时,电子政务的协同化将创造出一种新的政府组织模式——整体政府(WOG①)。

(二)推进跨部门业务流程再造,克服机构裂化问题

从追求个体效率(部门信息化)到追求整体效率(跨部门协同政务),是电子政务发展的必经阶段[14]。协同政府改革主张通过共同的领导、预算、整合结构和联合团队进行协同,排除跨部门协同工作的障碍,跨部门整合与优化业务流程,促进跨部门沟通协调与协同工作,最大限度地解决部门、行业、职能分割带来的公共政策、公共服务碎片化问题,以协同化、整体化、信息化和网络化的流程界面为公众提供整体、优质、高效的公共服务。首先,对跨政府部门的业务流程进行优化。整合和优化跨越多个政府部门边界的行政业务流程,把涉及处理同一项业务的各个部门整合在流程上,使完成该项业务处理所涉及的各个职能部门、所需要的各个功能环节和机构的人员以及各种资源通过信息通信技术整合成为一个整体化、网络化、无缝隙的跨部门协同办公流程,打破部门间立桩定界带来的机构碎片化问题。其次,在总结和避免一楼式集中化物理办公缺陷的基础上,实现由一楼式办公向一站式网络化虚拟办公的方向转化,完善"一门受理、统筹协调、规范服务"的运作方式,解决窗口(前台)受理与其本部(后台)办理之间的互动关联的问题,解决各个窗口部门之间的关联整合与资源共享问题[1]。

(三)推进跨部门职能体系整合,提升协同服务能力

随着更多的公共管理者逐渐看到电子政务所开拓的视野,公共部门的职能特性的局限性就越来越明显。从公众的角度来看,信息通信技术的全部潜能只有通过横向整合跨不同职能部门的政府服务才可实现[15]。横向整合跨不同职能部门的政府公共服务不是由利用信息技术的效率和效能的前景驱动,而是由公众对政府职能转向更多的服务导向的要求推动。整合公共管理过程中不同部门的职能,对于公共管理者来说是一个难题。当从信息需求或交易的角度考虑时,每个机构的领导都会将其所在部门视为最重要的而无视其他机构[15]。这

---

① WOG:whole of government。

种碎片化管理结构在职能和服务为了规模经济效应而专业化的工业社会背景下能够运作良好。然而，随着信息时代的到来及信息技术的广泛运用，按照专业化设计的政府运作流程可能不是有效的，或者不会受到公众欢迎。换言之，建立在部门职能分工基础上的功能专业化的行政组织结构作为治理结构，在信息时代的政府治理体系中可能并不恰当。要打破部门之间的行政壁垒，建设电子化协同政务体制，为公众、社会和企业提供无缝隙的公共服务，从根本上说，必须完善目前电子政务的顶层组织结构。协同政府主张从结构或工具的角度有意识地推动信息化政府的组织设计或机构重组[16]，其主要目标是促进各政府组织更好地团结协作，减少电子政务的总体成本，减少信息割据，构建整体化、信息化与网络化的电子政务治理结构，提升数字政府的协同服务能力。

## 第四节 管理信息系统

### 一、电子政务和管理信息系统的关系

电子政务的发展进程也称为政府信息化进程，其核心内容就是将 MIS 业务流程再造（BPR①）等理论方法引入政府管理实践中[1]，其核心目标是利用各类信息技术手段，精简、优化、整合、重组各级政府的管理和服务职能，打破时间、空间及部门分割的制约，向社会提供高效、优质、透明、全面的公共管理和公共服务。在这一进程中，信息技术基础设施、信息系统以及系统中存储、交换并用于数据分析的海量信息资源是电子政务得以发展的根源，它们就像人体中的血管组织和流动的血液，支撑着信息时代政府组织庞大身躯的正常运转。

信息技术的飞速发展及其在社会、经济、生活中的全面渗透，对社会组织的运行方式、企业的经营活动以及人们的自身行为习惯，都产生了深刻而长远的影响。面对全方位的影响和变革带来的机遇与挑战，需要解决的不仅仅是技术层面的问题，更多的将是管理层面的问题。在这种背景下，信息管理与信息系统作为一门主要关注同信息技术相关的管理问题的学科应运而生，电子商务、电子政务、电子社会等众多由信息技术应用催生的崭新领域也成为信息管理与信息系统理论和实践学习依托的场景。

尽管信息管理与信息系统是一个仅有 50 年左右历史的崭新学科，但在 20 世纪 90 年代后才被广泛讨论的电子政务是比它更年轻的领域。电子政务的核心始终是政务，需要解决信息化后的若干公共管理与服务问题，这同样属于管理层面的问题。因此，信息管理与信息系统领域多年来积累的理论及方法可在电子政务规划和实施过程中被充分借鉴，成为应对数字政府发展若干问题的重要利器。

### 二、信息管理与信息系统理论简述

以下将从起源和发展、主要问题、经典理论三个方面简述信息管理与信息系统理论。

---

① BPR：business process reengineering。

（一）信息管理与信息系统的起源和发展

信息管理与信息系统学科是由管理信息系统、经济信息管理及信息学等学科发展合并而成，是在 20 世纪 60 年代后期到 70 年代中期产生的管理信息系统理论与实践基础上发展而来的。第二次世界大战后，以第一台电子计算机的诞生为标志的工业现代化革命席卷全球。信息技术作为高新技术的卓越代表，迅速成为支撑现代工业发展的有力工具。随着信息技术对生产和管理的不断渗透，富有远见的学者开始意识到，信息技术不仅是实现工业生产自动化的工具，还将对现代管理、组织结构及运作等方面产生深远而重大的影响。面对这一系列的全新课题，1968 年，美国明尼苏达大学（University of Minnesota）的戈登·戴维斯（Gordon B.Davis）教授创办了世界上第一个 MIS 专业博士班，从而开创了这一融合计算机科学、管理科学、行为科学等多种渊源的交叉学科[17]。

自 MIS 诞生以来，信息技术的发展速度及其对社会的影响远远超出了当初所有人的想象。MIS 学科的理论体系在帮助人们应对信息技术挑战和变革中发挥了巨大作用。与此同时，MIS 学科自身的理论框架也不断发展和完善。20 世纪 80 年代末至 90 年代初，国际信息系统协会（AIS①）成立，成为统一全球范围内信息管理与信息系统研究的学术团体，使得 MIS 在学术界的影响力逐步扩大。

近年来，随着信息技术的发展，基于信息技术的数据存储和数据交换逐渐成为信息资源管理的重点。在此背景下，图书馆学和情报学中出现了关注信息管理与电子政务的学术分支。信息管理研究虽然在学科基础上与 MIS 并不相同，但针对信息时代背景，二者探讨的热点问题具有颇多相似与重合之处。来自图书馆学与情报学领域的积累也为信息管理与信息系统学科的发展贡献了许多重要的理论和方法。中国相关学科与理论的融合发生在 20 世纪 90 年代末。1998 年，信息管理与信息系统专业正式设立，目前全国有数百所大学设立了这个专业，与该专业相关的理论与方法在相关领域的教学和实践中发挥了重要作用。

（二）信息管理与信息系统的主要问题

在信息管理与信息系统学科确立以来的半个世纪中，理论在不断发展和进步，但其中一些基本的问题始终是这一学科关注的焦点。其中，最重要的问题当属信息技术发展过程中困扰管理者和实施者的两类主要矛盾。

1. 信息技术投入与产出间的矛盾

一方面，政府和企业在信息技术方面的投入不断增加。统计数据表明：自 20 世纪 80 年代以来，企业在信息技术方面的投资大约占新增投资的 50%[18]。另一方面，很多时候对信息技术的高投入并未带来预期的收益。信息技术变革在投入上的轰轰烈烈和在产出绩效上的不显著形成了一个生产力悖论，也称价值悖论。2003 年《哈佛商业评论》（*Harvard Business Review*）上发表的文章《IT 不再重要》（IT doesn't matter）掀起了有关 IT 价值及实现讨论的高潮[19]。IT 价值究竟何在？不断涌现的新技术是否值得跟进？研究者和实践者实际上每天都在寻找答案。

---

① AIS：association for information systems。

## 2. 技术进步与实施困难间的矛盾

一方面，信息技术自身发展的速度令人瞠目结舌，技术障碍被不断攻克，微机主频的发展速度甚至突破了摩尔定律的预言，软件的发展同样日新月异；另一方面，信息系统实施仍然是很多企业不堪回首的滑铁卢。斯坦迪什集团（Standish Group①）的统计显示：仅有26%的信息系统项目在计划时间和预算内顺利完成，而28%的项目因为种种原因甚至胎死腹中[20]。实施失败不是技术层面的原因，那又是什么原因？企业和政府机构的CIO②应如何应对？这同样是信息管理与信息系统领域的热点问题。

信息管理与信息系统领域的经典理论几乎全部是围绕解决上述两类矛盾所涉及的问题而产生和发展的。

### （三）信息管理与信息系统中的经典理论

信息管理与信息系统中有代表性的经典理论包括以下内容。

#### 1. 信息技术扩散阶段理论

信息技术扩散阶段理论，源于传播学中的创新扩散理论（IDT③），认为信息技术在组织或社会中的扩散速度不是均匀的，会随技术的成熟程度及与周围环境的融合程度呈现规律的变化，并可用"S"形曲线来描绘，根据曲线的斜度变化，信息技术扩散过程可分为初始、传播、控制、集成四个阶段，每个阶段有不同的计划和关注点[21]。

#### 2. 信息技术采纳理论

信息技术采纳理论是信息系统领域过去20年最重要的理论之一。采纳在这里是指在社会环境下组织与个人面对信息技术的任何主动和被动的尝试，信息管理与信息系统领域的学者认为这些尝试行为是受意图支配的。1989年，弗雷德·戴维斯（Fred D. Davis）等提出了关注技术有用性和易用性的技术接受模型（TAM④）（图3-4），从而催生了之后近20年管理科学领域关注信息技术采纳的研究热潮[22]。其间，计划行为理论（TPB⑤）、社会认知理论（SCT⑥）、任务-技术适配模型（TTF⑦）和技术接受及使用综合理论（UTAUT⑧）等众多理论模型被先后提出并验证。这些模型的关注点不仅仅局限于技术本身的特性，而是逐渐将外部环境因素、心理因素和社会影响等维度引入技术采纳与扩散研究中，更全面地考察人类在复杂环境下的信息技术采纳的影响因素[23]。

#### 3. 信息资源管理理论

信息资源管理理论是在图书情报学基础上发展而来的理论框架，关注信息资源流动的全过程，即数据描述、数据关联和数据共享。数据描述理论包括描述数据的方法，以标准

---

① Standish Group，美国专门从事IT项目追踪研究的咨询机构。
② CIO：chief information officer，首席信息官或信息主管。CIO是一种新型的信息管理者，是已经进入最高决策层的重要官员。
③ IDT：innovation diffusion theory。
④ TAM：technology acceptance model。
⑤ TPB：theory of planned behavior。
⑥ SCT：social cognitive theory。
⑦ TTF：task-technology fit model。
⑧ UTAUT：unified theory of acceptance and use of technology。

化的语言和句法结构描述数据,实现数据的结构化,从而便于数据的分类和共享;数据关联理论提供了一系列根据分类系统对数据进行分类的方法,从而明确数据资源与业务线之间的联系;数据共享理论用于支持数据访问和交换及相关的特殊请求(如数据资源查询等)[24]。

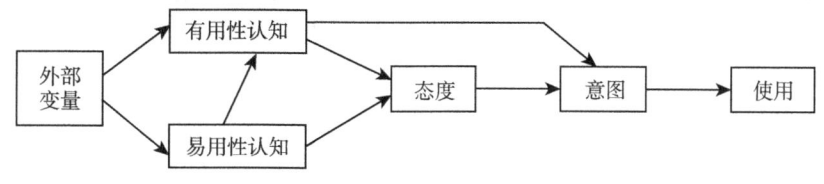

图 3-4 技术接受模型基本结构

4. 信息系统设计与评价理论

在信息化建设的早期阶段,信息系统设计与评价理论曾经是信息管理与信息系统的主流方向,有着较强的计算机科学背景。随着信息技术应用的泛化,管理问题在信息技术应用中得到了更多关注,信息系统设计与评价理论所侧重的问题也有所变化。总体来看,相关领域包括信息系统规划方法、结构化信息系统设计方法、信息系统项目评估方法等,工作流理论、可用性理论及平衡计分卡等基础理论在其中得到广泛应用。而近年来,基于业务模式的系统设计与使用者角度的系统评价更为实践领域所重视[21]。

### 三、信息管理与信息系统理论对电子政务发展的推动作用

数字政府是信息时代的政府治理结构,电子政务是数字政府的运行方式——一种网络化公共服务范式,是在现代信息技术与信息管理理论的推动和政府改革理论的指导下孕育及产生的。信息化进程的高速推进和电子政务建设的持续发展给中国公共管理改革带来了全新的机遇与挑战,信息管理与信息系统的理论和方法积累对于中国电子政务建设的长效发展至关重要。

(一)促进电子政务系统整合

信息管理与信息系统理论最初的发展环境在商务领域。商务企业在信息化进程中进行了大量自发的、富有创造力的有益探索。电子政务在信息化进程中扮演了跟随者的角色,但后发优势可使电子政务的发展充分借鉴商务领域的经验和教训,实现更加高效和稳妥的发展路径。而信息管理与信息系统的理论和方法为总结上述经验教训、提炼信息化最佳实践模式提供了有效的理论工具。

(二)改善电子政务运行环境

在解决当前中国电子政务建设主要问题的研究和实践中,以往的更多努力是从政策分析角度入手,力图构建合理的政策体系,进一步规范电子政务建设,避免诸如重复建设、"信息孤岛"等问题的加剧。但迄今为止,相关努力的效果有限,过多宏观角度的政策建议和制度分析仍无法解决许多部门中电子政务建设的具体问题,而自上向下的政策设计模式还是无法克服脱离具体应用场合的痼疾,难免流于"阳春白雪"式的理想框架。在此情形下,信息管理与信息系统的理论和方法更关注电子政务运行的基础环境,多数理论方法是

从实证角度出发的,可作为政策分析的有益补充,有助于全面、深入地分析电子政务问题。

(三)引领电子政务技术创新

电子政务是一个不局限于技术细节,却为技术发展驱动的实践领域。当前,以 5G 网络为代表的新一代移动通信技术(MCT[①])飞速发展并逐渐走向广泛应用。移动通信技术所具有的便捷性、泛在性、个性化及位置相关性等特点,成为各类组织提升业务能力与管理水平的新切入点。有关移动电子政务的探索和尝试在世界范围内也已广泛展开。信息管理与信息系统领域的理论、方法和思路同样有助于实践者把握技术发展的脉搏,并在前沿信息技术的应用的场景下不断探索电子政务的新思路和新问题。

## 本 章 小 结

电子政务是信息时代的政府管理的新形态,新公共管理、新公共服务、协同政府和管理信息系统理论推动了这种新形态的形成与发展。本章重点介绍了新公共管理、新公共服务、协同政府及管理信息系统等支撑电子政务发展的理论基础,阐述了这些基本理论与电子政务的关系及其对电子政务发展的推动作用。对这些理论的学习和理解,有助于学习者深化对电子政务建设和发展的认识与把握。

## 关 键 名 词

新公共管理　新公共服务　协同政府　管理信息系统

## 思 考 题

1. 简述数字政府与新公共管理、新公共服务、协同政府和管理信息系统理论的关系。
2. 简述新公共管理理论的基本内容及其对电子政务的支撑作用。
3. 简述新公共服务理论的基本内容及其对电子政务的支撑作用。
4. 简述协同政府理论的基本内容及其对电子政务的支撑作用。
5. 简述管理信息系统理论的基本内容及其对电子政务的支撑作用。

## 延 伸 阅 读

(1)孟庆国,樊博.电子政务理论与实践[M].北京:清华大学出版社,2006.

## 参 考 文 献

[1] 蔡立辉.电子政务:信息时代的政府再造[M].北京:中国社会科学出版社,2006.
[2] 陈振明.公共管理学——一种不同于传统行政学的研究途径[M].2 版.北京:中国人民大学出版社,2003.
[3] 奥斯本,盖布勒.改革政府——企业家精神如何改革着公共部门[M].周敦仁,等译.上海:上海译文出版社,1996.
[4] 彼得斯.政府未来的治理模式[M].吴爱明,等译.北京:中国人民大学出版社,2001.

---

① MCT:mobile communication technology.

[5] 登哈特. 新公共服务：服务，而不是掌舵[M]. 丁煌，译. 北京：中国人民大学出版社，2004.
[6] 蔡立辉. 当代中国电子政务：反思与走向[J]. 中山大学学报(社会科学版)，2005(3)：7-13，123.
[7] 金江军，潘懋. 电子政务高级教程[M]. 北京：中国人民大学出版社，2005.
[8] Flynn N. Modernising British government[J]. Parliamentary Affairs, 1999, 52(4): 582-597.
[9] Ling T. Delivering joined-up government in the UK: dimensions, issues and problems[J]. Public Administration, 2002, 80(4): 615-642.
[10] 陈振明. 政府再造——西方"新公共管理运动"述评[M]. 北京：中国人民大学出版社，2003.
[11] Perri 6. Joined-Up Government in the western world in comparative perspective: a preliminary literature review and exploration[J]. Journal of Public Administration Research and Theory, 2004, 14(1): 103-138.
[12] Pollitt C. Joined-up government: a survey[J]. Political Studies Review, 2003, 1(1): 34-49.
[13] Acar M, Guo C, Saxton G D. Managing effectively in a networked world[J]. The Public Manager, 2007, 36(2): 33-38.
[14] 杜治洲. 电子政务与政府管理模式的互动[M]. 北京：中国经济出版社，2006.
[15] Layne K, Lee J. Developing fully functional e-government: a four stage model[J]. Government Information Quarterly, 2001, 18(2): 122-136.
[16] Christensen T, L(ae)greid P，张丽娜，等. 后新公共管理改革——作为一种新趋势的整体政府[J]. 中国行政管理，2006(9)：83-90.
[17] Huang W, Wei K K, Watson R. 管理信息系统(MIS)：背景、核心课程、学术流派及主要国际学术会议与刊物评介[J]. 管理科学学报，2003(6)：85-91.
[18] Venkatesh V, Morris M G, Davis G B, et al. User acceptance of information technology: toward a unified view[J]. MIS Quarterly, 2003, 27(3): 425-478.
[19] Carr N G. IT doesn't matter[J]. Harvard Business Review, 2003, 81(5): 41-49.
[20] Legris P, Ingham J, Collerette P. Why do people use information technology? A critical review of the technology acceptance model[J]. Information& Management, 2003, 40(3): 191-204.
[21] 陈国青，郭迅华. 信息系统管理[M]. 北京：中国人民大学出版社，2005.
[22] Davis F D, Bagozzi R P, Warshaw P R. User acceptance of computer technology: a comparison of two theoretical models[J]. Management Science, 1989, 35(8): 982-1002.
[23] 张楠，郭迅华，陈国青. 行为建模角度的信息技术采纳研究综述[J]. 科学管理研究，2009，27(4)：13-19.
[24] 马费成. 信息资源开发与管理[M]. 北京：电子工业出版社，2004.

# 第四章 数字政府的技术基础

■ 本章知识结构图

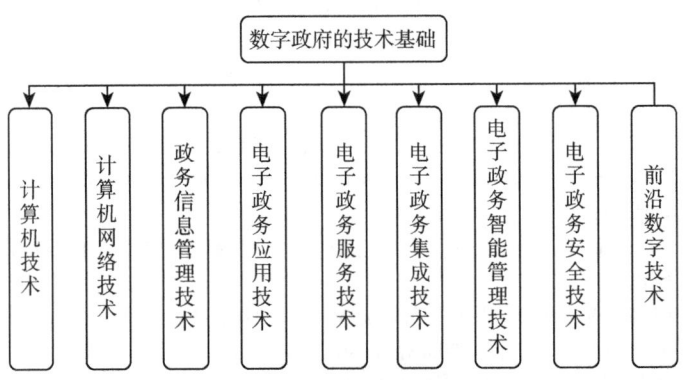

本章从信息化建设的基础、政务信息管理、电子政务应用、电子政务服务、电子政务集成、电子政务智能管理以及电子政务安全保障等电子政务建设的不同层面,全面、概括地介绍构建数字政府的技术支撑,它们共同建立起数字政府的技术基础。

## 第一节 计算机技术

信息化建设的基础是计算机技术[1]。

计算机是一种能够自动、快速、高效地按照人们预先设计好的程序进行信息处理的多功能电子设备,具有准确、快速、逻辑性和通用性强的特点。计算机在刚发明的时候主要是用于辅助人类从事复杂的科学计算工作。随着技术的进步和时代的发展,现代计算机的应用遍及人类社会的方方面面,其应用转变为以信息处理为主。

一般来说,计算机按性能可以分为五种类型:巨型机、大型机、小型机、工作站和微型机。其中,大型机主要从事现代科学技术,特别是尖端科技方面的应用;小型机多应用于机构;微型机(简称微机)的应用范围最为广泛,遍及各个领域。微机主要面向个人用户,也称为PC①,具有体积小、重量轻、操作容易和成本低等特点。微机在电子政务中应用的数量最多,一些较大型服务器可能会用到小型机。

计算机系统是指以计算机为中心,配以相应的外部设备和系统软件而构成的整体,包括计算机硬件系统和软件系统两大部分。硬件系统是计算机的基本实体,软件系统是运行在计算机硬件设备上的程序和数据。由于技术的不断发展,计算机的体积不断变小,性能

---

① PC:personal computer。

不断提高，从桌面发展到便携，既可用于日常信息处理，也可用于科学计算。

## 一、计算机硬件

硬件是指构成计算机的物理实体，是计算机运行的物质基础。计算机的硬件主要包括主机和外部设备。

下面以微机为例说明计算机硬件的组成。

（一）主机

主机是计算机的核心，承担数据运算、逻辑控制和信息存储等主要工作，主要由微处理器、主机板、内存、显示卡和其他扩展卡等组成。

1. 微处理器

微处理器也称中央处理单元（CPU[①]）。CPU 是一个集成上万到数千万个晶体管的超大规模的集成电路。CPU 的内部结构可分为控制单元、算术逻辑单元、存储单元三大部分，这三大部分共同完成计算机执行指令、处理数据的主要工作。CPU 是整个微机的核心部件，其性能直接影响微机系统的整体性能，是衡量微机档次的代名词。

2. 主机板

主机板简称为主板或母板（mainboard 或 motherboard），是主机中最大的一块矩形电路板。主板上安装有 CPU 的外围支持元件和输入输出接口等器件及电路，负责为 CPU、内存、输入输出接口等部件提供电气连接，并为这些部件提供插槽、接口和控制功能。主板的性能对微型机的性能有一定的影响。大多数主板只支持某一系列的 CPU 和内存，单独购买时需考虑主板支持 CPU 和内存的类型。

3. 内存

内存是内部存储器的简称。现代计算机一般都采用半导体存储器，由一片或多片超大规模集成电路构成。内存一般分为只读存储器（ROM[②]）、可改写的只读存储器（EPROM[③]）和随机存储器（RAM[④]）等。在 ROM 和 EPROM 内保存的信息在计算机关机以后不会消失，常用来保存基本输入输出系统（BIOS[⑤]）。BIOS 是固化在微机系统中最基本的软件，对开机引导系统启动发挥重要作用。RAM 是必须依靠电源保存信息的存储器，关机以后在它上面保存的信息会消失，由于其存取速度快、容量大，在微机中用作正在运行的程序和数据的载体。我们通常所说的内存一般指的是 RAM，它是微机系统中的一个主要部件。内存的存取速度和容量对微机整机性能有一定的影响。

4. 显示卡和其他扩展卡

显示卡是微机中用来与显示器连接的输出接口卡，它的功能是把计算机内部的二进制信息转换成显示器上的字符和图形。显示器是微机的主要输出设备，显示卡是非常重要的

---

[①] CPU：central processing unit。
[②] ROM：read only memory。
[③] EPROM：erasable programmable ROM。
[④] RAM：random access memory。
[⑤] BIOS：basic input output system。

接口卡。某些显示卡具有图形运算能力,可以代替 CPU 完成图形处理,在很大程度上提高了微机的图形处理能力,也称图形加速卡。

微机还支持多种扩展卡,这些扩展卡可以用来扩展微机的某些功能。如:声卡使微机具备声音处理能力,是多媒体系统必不可少的部件之一;网卡是网络接口卡的简称,使微机具备网络连接能力。

### (二)外部设备

外部设备简称为外设,是计算机系统的重要组成部分,由外部存储器、输入设备和输出设备等构成。

1. 外部存储器

外部存储器具有存储容量大、信息不易丢失、单位容量价格便宜等特点,但存取速度慢、结构复杂,不能满足 CPU 直接存取的要求,适合长久保存信息。常用的外部存储器有磁盘、光盘、U 盘和磁带等。

1)磁盘

磁盘是用磁介质来保存信息的一种设备。常用的磁盘有硬盘和软盘两类。硬盘具有容量大、存取速度快等特点,作为主要存储部件装于主机箱内部。软盘容量相对较小,存取速度慢,常用作信息交换的载体。

2)光盘

光盘是利用光学原理保存信息的一种媒介。常用的光盘有 CD-ROM[①]、CD-R[②]、CD-RW[③]、DVD[④]等。CD-ROM 和 DVD 是只读的,信息在制作光盘的过程中预先制好,通过光盘驱动器读出;CD-R 是一次性可写光盘,空白的 CD-R 通过刻录机保存信息,只能写入一次,读出次数不限;CD-RW 则可以通过刻录机多次写入和读出,如同一张大容量的软盘一样使用。

3)U 盘

U 盘是通过通用串行总线(USB[⑤])与计算机连接的一类外部存储器的总称。常用的 U 盘有两种:一种是移动硬盘,通常把硬盘安装到一个外壳中,加上接口支持电路构成,具有容量大、体积大的特点;另一种是采用半导体闪烁存储器加上接口控制电路构成,具有体积小、重量轻的特点。

4)磁带

磁带是利用磁介质保存信息的一种媒介,具有容量大、可靠性高等特点,是大量数据

---

① CD-ROM 或叫 CDROM。CD 是 compact disc 的简称,意思是激光唱片或光盘。CD-ROM 正逐渐被 DVD-ROM 代替。

② CD-R(compact disc recordable,可录光盘)与 CD-ROM 的工作原理相同,都是通过激光照射到盘片上的凹陷和平地产生的反射光的变化来读取的,不同之处在于 CD-ROM 的凹陷是压印的,而 CD-R 是由刻录机烧制而成。

③ CD-RW,compact disc rewritable,可擦写光盘。CD-RW 较之 CD-R 主要有四个方面的不同:可重写、价格更高、写入速度慢和反射率更低。

④ DVD:digital versatile disc,数字多功能光盘,是一种光盘存储器,通常用来播放高清晰度的电影、高质量的音乐,也可用于大容量存储数据。DVD 与 CD 的外观极为相似。

⑤ USB:universal serial bus。

备份的主要载体。

2. 输入设备

输入设备是微机从外部获取信息的主要设备。常用的输入设备有键盘、鼠标器、扫描仪、麦克风和摄像头等。

1）键盘

键盘是向微机录入数据的主要设备，它把按键动作转换成二进制编码传送到微机内部进行处理。

2）鼠标器

鼠标器是一种图形输入设备，其移动轨迹通过二进制编码传送给主机。

3）扫描仪

扫描仪是一种图像输入设备，可输入静止的图片、照片等。

4）麦克风和摄像头

麦克风和摄像头分别可以把声音和视频图像输入微机中，是多媒体系统常用的输入设备，在远程多媒体会议系统中有重要的应用。

3. 输出设备

输出设备是把微机处理过的数据和运算结果等内部信息转换成使用者可以接受的形式的一类设备。常用的输出设备有：显示器、打印机、绘图仪、音箱等。

1）显示器

显示器是微机系统主要的输出设备，它把计算机内部的信息以字符或图像的形式显示在屏幕上，供使用者浏览。当前主要的显示器有两类：一类是以显像管为主要器件的阴极射线管（CRT[①]）显示器，这种显示器技术成熟，亮度和彩色还原指标好，缺点是体积大、耗电多；另一类是以液晶屏为主要器件的液晶显示器（LCD[②]），液晶显示器具有健康环保、辐射几乎为零、耗电少、可视面积大、节省空间等特点，正逐渐成为微机显示器的主流。

2）打印机

打印机是微机系统主要的硬拷贝设备，把数据以字符或图像的方式打印到纸张上，作为长期的信息资料。打印机根据工作原理不同，可以分为针式打印机、激光打印机、喷墨打印机、热敏打印机等。

## 二、计算机软件

软件是指计算机运行的程序和相关数据的总称。软件可以看作计算机系统运行的知识资源。通常根据软件的用途，分为系统软件和应用软件两大类。

（一）系统软件

系统软件是为方便用户使用计算机、提高工作效率、充分发挥计算机的功能而编制的计算机通用程序，主要包括操作系统和语言处理程序。

---

① CRT：cathode-ray tube。

② LCD：liquid crystal display。

1. 操作系统

操作系统是一种直接控制和管理（计算机系统）硬件与软件资源的基本系统软件，为用户和应用程序提供操作计算机的统一接口，使用户和应用程序能充分有效地利用计算机的资源、提高计算机性能。目前，常用的微机操作系统有：Windows（XP、7、10、Server 2012 等）、Unix、Linux 等。

2. 语言处理程序

语言处理程序是把源程序翻译成机器能够识别和执行的二进制代码序列（即机器语言）的一种系统软件。翻译的方式有两种：编译和解释。编译方式是一次把源程序全部转换成机器语言的目标程序，以后只需要执行目标程序即可；解释方式则是逐条翻译并立即执行源程序的语句，并不生成目标文件，每次执行都需要对源程序进行逐条翻译。常用的语言处理程序有：IC、C++、Java 等。

（二）应用软件

应用软件是指在计算机系统软件支持下开发的解决各种实际问题的软件，如：工程设计程序、文字处理软件、自动控制程序、企业管理软件、数据检索程序、科学计算程序等。

## 第二节 计算机网络技术

随着计算机的广泛应用以及信息处理量的激增，单个计算机应用和原始的数据交换方式已难以满足人类对信息量与处理速度的需求，于是计算机技术和通信技术结合起来，产生了计算机网络。计算机网络是将地理位置不同并具有独立功能的多个计算机系统通过通信设备和线路连接起来，借助网络软件（网络协议和网络操作系统等）实现计算机资源共享和信息交换的系统。主要功能有：硬件资源共享、软件资源共享和信息交换。资源共享是指网络用户利用网络上其他计算机系统的资源，包括软件资源和硬件资源。计算机网络的主要目的就是实现资源共享。

计算机网络的分类方式有多种，按地理范围可以分成局域网、城域网和广域网（WAN[①]）三种类型。其中，局域网是指地理范围在几百米到十几千米以内的计算机网络，通常由一个小型单位内或办公楼群、校园内的计算机连接构成；城域网是一种大型的局域网，地理范围介于广域网和局域网之间，通常为几千米到几十千米，其运行方式接近于局域网；广域网的地理覆盖区域很大，通常在几十千米甚至几万千米，网络可以跨越城市、地区、国家乃至覆盖全球。当前最大的广域网是 Internet。

为了解决网络系统之间互联的问题，国际标准化组织（ISO[②]）于 1984 年正式颁布了计算机网络的国际标准：ISO 7498，即 OSI 参考模型[③]，简称 OSI 模型。该模型是当前网

---

① WAN：wide area network。
② ISO：International Organization for Standardization。
③ OSI 参考模型：open system interconnection reference model。

络体系结构的国际标准。Internet 采用的网络互联主要协议是 TCP/IP[①]，该协议并没有严格遵守 OSI 模型，但由于它简单易用，得到了广泛的应用，最终成为工业标准。

## 一、Internet 技术[1]

在 Internet 出现之前，世界上一些著名的计算机厂商，如 IBM、Banyan、Novell、Digital、Apple 等均在研究发展自己的网络技术。这种分散、孤立性的研究结果导致了网络技术的互不兼容，不同类型的网络无法通信。对用户来说，只选用一种网络，往往不能满足多种需求。那么如何解决这个问题呢？方案有两种：一是研究一种能满足所有用户任何要求的网络技术。到现在为止，对于一个计算机厂商来说是不可能的。用户的要求千变万化，一种网络技术要面面俱到，其高额成本可想而知。二是用户可以选择多种能满足不同要求的网络技术，然后寻找一种方法将所有类型的网络互联起来。显然，第二种方案在现实中是可行的，Internet 技术正是采用了这种策略。TCP/IP 的诞生提供了互联任意网络的机制和网络间数据传输的标准，允许一个或多个甚至全球用户把各种不同类型的网络成功地连接在一起互相通信。

在结构上，Internet 大致可以分为三层（图 4-1）。第一层是指覆盖全国乃至连接全球各大 Internet 服务提供商（ISP[②]）的高速骨干网，如美国的 MCInet 和 Sprint Link；第二层是覆盖某个地区或城域的区域骨干网；第三层是直接把一般用户接入 Internet 的网络，通常这一层距离用户最近。

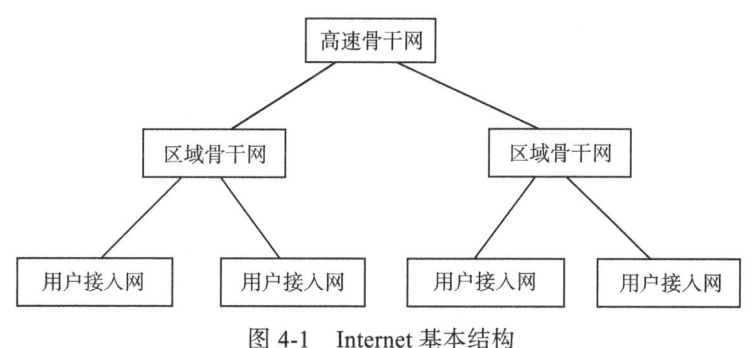

图 4-1　Internet 基本结构

连接在 Internet 上的节点主要分为两类：①提供服务或接受服务的计算机（也称为主

---

① TCP/IP：transmission control protocol/Internet protocol，传输控制协议/网际协议，是目前应用最广泛的协议。它指的是能够在多个异构系统或网间间实现信息传输的协议簇，主要由四层网络协议构成，由此构成的网络体系结构也常称作 TCP/IP 网络体系结构。四层网络协议自底向上分别是网络接口层、网际互联层、运输层（传输层）和应用层，每一层都包含多种协议，并且在满足协议基本规范要求的前提下可对每一层的协议种类进行扩展。由于 TCP 和 IP 是两个最具代表性的协议，处于中间两层，是整个协议的核心，并且中间两层协议与下面的网络接口层和上面的应用层协议实现无关，这种上下层无关的设计理念简化了协议的复杂度，提高了协议的效率，因此人们常用 TCP/IP 或协议簇来代表整个协议。

② ISP：Internet service provider，这里的服务主要是指 Internet 接入服务，即通过电话线把用户的计算机或其他终端设备连入 Internet。

机）；②具有连接功能的网络连接设备，如路由器、交换机等。

Internet 服务多采用客户机或服务器的模式。当用户从一台服务器获取信息时，可能是直接从这台服务器的数据库中读取，也可能是该服务器从其他服务器获取再送到用户手中。所以，客户机与服务器的概念是相对的。Internet 提供的主要服务包括：WWW[①]服务、FTP[②]服务、电子邮件服务等。

（一）网络互联设备

为了实现更大范围的资源共享和信息交流，需要将多个计算机网络互联在一起组成互联网络。网络互联依靠网络连接设备，常用的网络互联设备有以下几种。

1. 中继器

中继器常用于局域网扩展，是一种最简单的连接设备，作用是将网络中一个电缆段上传输的信号进行放大和整形，再发送到另一个电缆段，主要用来扩展网络电缆的长度。用中继器连接后的局域网仍是一个大的物理网络。

2. 网桥

网桥主要用于局域网与局域网之间的互联。主要作用是将两个以上的局域网互联为一个逻辑网，以减少网上的无用通信量，提高整个网络的性能。其另一个作用是扩大网络的物理范围。

3. 路由器

路由器主要用于局域网和广域网、广域网和广域网之间的互联。路由器互联的网络是多个不同的逻辑网（即子网）。路由器不仅能够连接同类网，也能够连接异类网。路由器具备的两个最基本的功能是路由选择和数据转发。

4. 网关

网关在互联设备中属于较复杂的一种设备，主要用于不同体系结构的网络之间的互联。网关的主要功能是完成协议转换。

（二）TCP/IP[2]

每一种计算机网络都有一套协议。计算机网络种类多导致网络通信协议的种类也多。TCP/IP 是为 Internet 互联的各种网络之间能互相通信而专门设计的通信协议，使接入 Internet 的异构网络和不同设备之间能够进行正常的数据通信。从 TCP/IP 的分层结构来看，可以理解网络互联的实质，互联就是不同协议的转换。这种协议的转换必须在相同的对应层之间实现。

TCP/IP 实际上是网络协议的总称，它包含了一系列网络协议，其中两个最重要的协议就是 TCP 和 IP。TCP/IP 是 Internet 上使用的主要网络协议。随着 Internet 的普及，支持 TCP/IP 的网络产品也成为主流。TCP/IP 的参考模型如图 4-2 所示。

1. 网络接口层

在 TCP/IP 参考模型中没有详细定义这一层的内容，仅指出必须采用某种协议连接到

---

① WWW：world wide web（Web），万维网，指利用超文本方式的信息查询服务。

② FTP：file transfer protocol，文件传输协议。

网络上,并能够传输网络分组。根据具体网络,这一层可以采用不同的协议,如在局域网中可以采用以太网协议、令牌环网协议等。

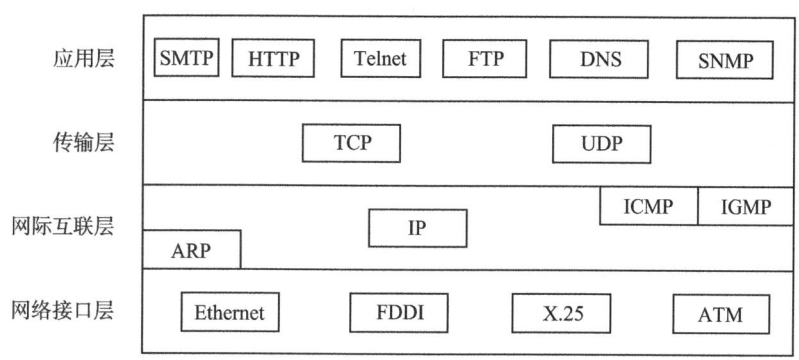

图 4-2　TCP/IP 参考模型

ICMP:Internet control message protocol,Internet 控制报文协议;IGMP:Internet group management protocol,Internet 组管理协议;ARP:address resolution protocol,地址解析协议;Ethernet:以太网;FDDI:fiber distributed data interface,光纤分布式数据接口,是一种令牌环网协议;X.25:是 CCITT(ITU)建议的一种协议,它定义终端和计算机到分组交换网络的连接;ATM:asynchronous transfer mode,异步传输模式

2. 网际互联层

网际互联层的主要功能是负责在互联网上传输数据分组。这一层的一个重要协议就是 IP。这一层对应 OSI 模型的网络层。

3. 传输层

传输层的主要功能是负责端到端[①]的对等实体之间的通信,与 OSI 模型的传输层功能类似。这一层有两个重要的协议:面向连接的可靠的传输控制协议 TCP[②]和无连接的不可靠的用户数据报协议 UDP[③]。

4. 应用层

这一层是 TCP/IP 模型的最高层,包含了 OSI 模型的会话层、表示层和应用层的功能。目前应用层的主要协议有:简单邮件传输协议(SMTP[④])、超文本传输协议(HTTP[⑤])、远程登录协议(Telnet)、文件传输协议(FTP)、域名服务器(DNS[⑥])、简单网络管理协议(SNMP[⑦])等。

(三)IP 地址

Internet 采用统一的、有效的地址模式,这使得在 Internet 中的每一个网络节点或主机都由唯一、确定的地址来识别,不会造成混乱。Internet 上的每个主机都有唯一的 IP 地址。

---

① 端到端:通信的源端到目的端,其间可能经过多个互联的网络节点。
② TCP:transmission control protocol。
③ UDP:user datagram protocol。
④ SMTP:simple message transfer protocol。
⑤ HTTP:hyper text transfer protocol。
⑥ DNS:domain name server。
⑦ SNMP:simple network management protocol。

IP地址由专门的Internet管理机构来分配。

当前使用的IP地址由4个字节（32位）组成，即第4版本的编码方式——IPv4[①]。每个IP地址包含两部分：网络号和主机号。网络号用于区分不同的网络，它的长度决定了Internet中可以容纳多少个网络；主机号用来标识网络中的主机，它的长度决定了一个网络中可以容纳多少个主机。4字节的IP地址通常用小数点来分隔，每个字节用十进制数来表示，如172.16.10.1，其中172.16是网络号，10.1是主机号。

根据网络号部分的长度，IP地址被分为A、B、C、D、E五类，如图4-3所示。

图4-3　IP地址结构图

A类地址：这类地址用第一个字节表示网络号，剩余的三个字节表示主机号。第一个字节的二进制高位必须是0，用来表示这个IP地址是A类。除去特殊保留的地址，A类地址共可以表示126个网络号和16 777 214个主机号。这类IP地址适用于大型网络，如一些大型公司或机构的网络。

B类地址：这类地址用前两个字节表示网络号，另两个字节用来表示主机号。第一个字节的二进制高位必须是10，表示B类。除去特殊保留的地址，B类地址可以表示16 384个网络号和65 534个主机号。这类IP地址适合中等规模的网络。

C类地址：这类地址用前三个字节表示网络号，余下的一个字节表示主机号。第一个字节的二进制高位必须是110，来标明它是C类地址。除去特殊保留的地址，C类地址可以表示2 097 152个网络号和254个主机号。这类IP地址适用于较小规模的网络。

D类和E类地址：D类地址用于组播[②]，可以把信息发送给一组主机，在网络广播、组播等方面会有应用。E类保留为将来扩展使用。

这样，实际由Internet管理机构分配使用的只有A、B、C三类地址。原则上，不同规模的网络，可以获得不同类型的IP地址。可是，网络千差万别，某一类地址很难得到充分利用，特别是A类地址和部分B类地址。于是，出现了子网（subnet）的概念，进一步把现有分类中的主机号部分划分为子网和主机两部分，这样分配的IP地址通过与前面为

---

[①] IPv4：Internet protocol version4，指网际协议版本4，是构成现今互联网技术基石的协议。
[②] 组播是一种数据包传输方式，多用于有多台主机同时成为一个数据包的接收者时。

全 1、后面为全 0 的 4 字节的掩码（mask）①进行"与"运算②来区分不同的网络。如一个 B 类网络 172.16.0.0 可以用掩码 255.255.255.0，分为 254 个包含 $2^8$ 个主机的子网络（172.16.1.0—172.16.254.0）。

随着 Internet 的发展，主机数急剧增多，即使采用了一些有效的办法充分利用每个地址，当前版本的 IP 地址也逐渐捉襟见肘。为使 Internet 能容纳足够的计算机，有必要增加 IP 地址的长度，于是出现了 128 位的 IP 地址——IPv6（网际协议版本 6），它正逐渐取代 IPv4。IPv6 的编址方式相对比较复杂，在此不做介绍。

## 二、Intranet 技术与 Extranet 技术[2]

（一）Intranet 技术

Intranet 是指基于 TCP/IP 的企业内部网络，它通过防火墙等安全机制与 Internet 建立连接。Intranet 可以提供 Internet 所有的应用服务，如 WWW、e-mail 等，其服务主要面向企业内部。和 Internet 一样，Intranet 具有很高的灵活性，企业可以根据自己的需求，利用各种 Internet 互联技术建立不同规模和功能的网络。两者的区别在于 Intranet 使用了防火墙或安全代理，这些安全机制在 Internet 和 Intranet 之间建立了一道安全屏障，防止外部人员非法获取企业内部信息，同时又允许企业员工访问 Internet 上的资源。可以说，如果去掉防火墙，Intranet 便成为 Internet 的一部分，因为两者使用的是同样的协议——TCP/IP。Intranet 和 Internet 的连接如图 4-4 所示。

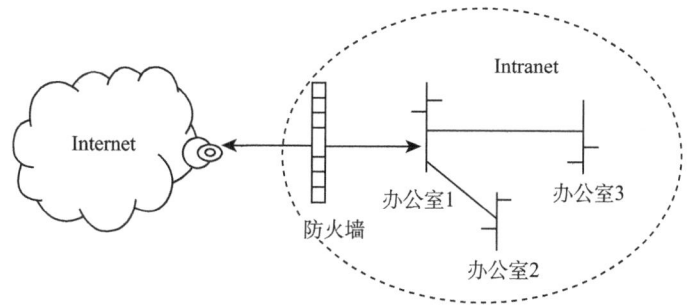

图 4-4 Intranet 和 Internet 的连接

Intranet 是局限于单位内部的 Internet。与 Internet 相比，Intranet 具有如下优点。

（1）在网络安全方面提供更加有效的控制措施，弥补了 Internet 安全保密方面的不足。Intranet 属于具体的机构，对外界的开放是有限制的，可防止外来的入侵和破坏，适用于金融、保险、政府机构等对安全性要求较高的单位。为确保安全，有些 Intranet 同 Internet 在物理上是隔离的，有些则是连入 Internet，并利用防火墙技术来保护内部网络的安全。

（2）Intranet 的信息传输速度一般比 Internet 快很多。由于大多基于高速宽带的局域网，Intranet 可提供快速的 WWW 服务，从而使多媒体信息和虚拟现实在 Intranet 的应用日益普遍。从企业或机构的角度来看，Internet 是面向全球的，而 Intranet 是面向单位内部

---

① 掩码是用来划分子网的编码。
② "与"运算是一种逻辑运算。

的。Intranet 可以说是 Internet 的企业版本，是一个企业内部的 Internet。

Intranet 一般由以下组件构成：计算机网络设施、支持 TCP/IP 的网络操作系统、Intranet 服务器、Intranet 客户机及其他组件（如防火墙和代理服务器）。

### （二）Extranet 技术

Intranet 的发展导致了 Extranet 的产生，并逐渐被用户接受。简单地说，Extranet 就是一种采用 Internet 技术在企业及其合作伙伴之间建立的特殊的网络，主要为企业以外的合作伙伴提供信息服务，是 Intranet 的延伸或扩展。

Extranet 已成为企业把内部的 Intranet 网向其合作伙伴开放的重要方式。通过建立和开放 Extranet，企业可充分地利用 Internet 技术，在企业及其合作伙伴之间建立电子连接，在网上安全地开展通信、合作和交易等业务。其主要目的是通过 Internet 技术加强企业之间的合作。Extranet 可以以各种方式限制用户的访问权限，实现安全管理，提供商业应用。

电子政务系统的网络框架是以 Internet 技术为基础，以政府内部的 Intranet 为核心，实现政府内部工作流的电子化；通过 Extranet 允许政府合作伙伴以及政府内部外出人员访问内部应用，实现相互间授权信息交换；通过 Internet 为社会公众提供在线的政务服务和信息服务。

## 第三节　政务信息管理技术[3,4]

政务信息管理技术主要包括数据库技术、多媒体文档管理技术和 Web 数据库技术。

### 一、数据库技术

电子政务应用系统需要处理大量数据资料，数据库技术产生的目的是有效地管理和存储大量的数据资源，使用户可以方便、充分地利用收集的数据资源，并从中获得有效信息。

（一）数据库的概念

1. 数据

数据（data）是事物的描述信息在计算机内部的表示，包括数字、字符、声音、图像以及能输入计算机中并能被计算机程序加工处理的信号集合，是数据库存储的基本对象。

2. 数据结构

数据结构（data structure，DS）是指数据的组织形式或数据之间的联系。如果用 D 表示数据，用 R 表示数据对象之间存在的关系集合，那么数据结构就可以表示为 DS=(D,R)。

3. 数据库

数据库（database）是利用计算机存储和管理的具有一定数据组织结构的相关数据的集合。数据库中的数据是结构化的，无有害和不必要的数据冗余；数据的存储独立于使用它的程序。大部分数据库中的数据可以为多个用户共享。

4. 关系数据库

数据库按照不同的数据结构和组织方式可分为层次型、网络型和关系型。关系数据库以二维表的形式组织和存放数据。这种二维表有两部分信息需要存放在数据库中：一是表的格式，即表的第一行的内容，它指出表由多少项组成以及每一项的名称，表示事物之间的联系；二是表的内容，即表中各项信息，包括表中所有的数据，表示事物本身的信息。二维表用于描述一个关系，对应于某个关系模型所有关系的集合叫作关系数据库。

关系数据库采用最简单的规范化的数据结构，其操作灵活、方便、简单、规范，易于用户理解和使用；关系数据库的存取路径对用户是透明的，因此具有更强的数据独立性和安全保密性，同时简化了程序开发工作和数据库建立工作。

近年来，随着面向对象技术的发展，为能更好地与应用程序设计语言连接，面向对象数据库也得到了广泛的应用。目前数据库的发展趋势是：面向对象数据库技术和关系数据库技术不断融合，从而出现一种继承了两种数据库优点的对象关系数据库，这种数据库已经成为当前数据库发展的主流方向。

（二）数据库系统

数据库系统（DBS[①]）一般指引进数据库的计算机应用系统，如图 4-5 所示。数据库系统至少应包括硬件、数据库、数据库操作系统、数据库管理系统、数据库应用系统五个组成部分，其中核心功能主要为数据库管理系统和数据库应用系统。

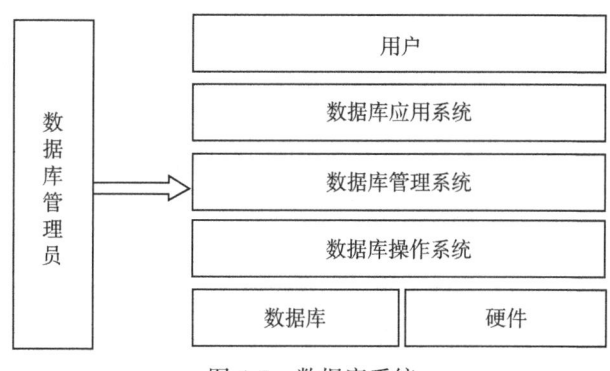

图 4-5　数据库系统

1. 数据库管理系统

数据库是一组有一定结构和组织方式的数据文件，要管理和组织其中的数据，就需要一个软件系统——数据库管理系统（DBMS[②]）。

数据库管理系统是介于用户或数据库应用系统和操作系统之间的一类数据管理软件，负责数据库的建立、使用、维护等工作，用户通过该软件能定义数据和使用数据，并保证数据的安全性和完整性，管理多用户并发使用。

数据库管理系统有许多种类，用户可以根据具体的应用环境和数据量进行选择。一般来说，小型数据库系统或单机应用环境，可以选择 Visual FoxPro 或 Microsoft Office Access 数据库管理系统；中等规模的数据库系统，可以选择 Microsoft SQL[③] Server 或 Sybase、

---

[①] DBS：data base system。

[②] DBMS：data base management system。

[③] SQL：structured query language，是一种结构化数据库查询语言。

MySQL 等数据库管理系统；大型数据库系统，可以选择 Oracle、DB2 数据库管理系统。

在选择数据库管理系统时还要考虑操作系统的支持程度，如：在 Microsoft Windows 环境下，Visual FoxPro、Microsoft Office Access、Microsoft SQL Server 等数据库管理系统可以良好运行；在 Unix 操作系统下一般选用 Oracle 数据库管理系统；在 Linux 免费操作系统下可选择性能较好的 MySQL 数据库管理系统。

2. 数据库应用系统

数据库应用系统是为用户解决某一具体领域的实际问题而开发的数据库软件系统。目的是为用户提供方便的人机界面，使用户能够正确地使用数据库中的数据，该系统的特点是功能完善、操作简单、界面友好及稳定可靠。支持数据库应用的开发工具很多，如 C、C++、Java、Python、ASP[①]、JSP[②]、PHP[③]等。

## 二、多媒体文档管理技术

办公自动化系统处理信息的载体多为文件、报表、信函、传真等，是典型的文档处理系统。这些区别于传统数据类型的信息，是非结构化数据或复合文档数据。

一般认为，关系数据库系统（如 Oracle、DB2、Microsoft SQL Server、Visual FoxPro 等）适合传统数据类型（结构化信息）的表示和存储，但是对复合文档数据并不能完全表示，其存储效率也并非最高。因此，文档数据库或对象存储的概念就被引入数据库领域，其目标是针对新出现的需求，高效率地表示和存储管理复合文档数据。

办公自动化系统是对复合文档数据进行处理，在建立办公自动化系统时，必须以文档数据库为核心，同时选择性地结合关系数据库。

### （一）多媒体文档数据库

多媒体文档数据库又称全息数据库，有两层含义：第一，全息是全部信息的简称，表示非结构化数据库能存储各种信息；第二，有物理学的全息技术的全息含义，表示可以处理全方位信息。

多媒体文档数据库是一种非结构化数据库，数据库的变长记录由若干不可重复和可重复的字段组成，每个字段又可以由若干不可重复和可重复的子字段组成；多媒体文档数据库通过倒排文档[④]技术实现快速查询，借助字段和子字段定义及标识系统实现数据的存取与关联，借助规范文档实现规范化检索，以获得较高的查全率和查准率。

由此定义可知，多媒体文档数据库的记录是不定长的，这是与关系数据库的最大不同点。这种不定长的特性是由其每个记录字段的个数和长度皆可变决定的。因而，多媒体文档数据库可以存储各种信息，如文字、图像、视频资料等。

---

① ASP：active server page，动态服务器页面，是微软公司开发的代替 CGI（common gateway interface，公共网关接口）脚本程序的一种应用，它可以与数据库和其他程序进行交互，是一种简单、方便的编程工具。

② JSP：Java server pages，Java 服务器页面，是由 Sun Microsystems 公司倡导、许多公司参与一起建立的一种动态网页技术标准。

③ PHP：professional hypertext preprocessor，超级文本预处理语言，是一种服务器端的动态脚本编程语言。

④ 倒排文档（inverted file）也常被称为反向索引、置入档案或反向档案，是一种索引方法，被用来存储在全文搜索下某个单词在一个文档或者一组文档中的存储位置的映射，它是文档检索系统中最常用的数据结构。

为了识别和处理每个字段数据，多媒体文档数据库系统的每个库都建立了一套特定的标识系统。字段以特定的标识符号（数字或字符）作为起始标识，称为字段标识符，字段个数和长度仅受记录长度的限制。每个字段由定长数据项或者由表示字段属性的指示符（可选项）及若干不可重复或可重复的子字段组成，子字段由特定标识符（与记录的数据内容相区别的特殊字符）作为起始标识，称为子字段标识符。有了这套标识系统，系统就能够十分准确、方便地驾驭变长记录。

关系数据库是通过建立索引实现快速检索的。与此相同，多媒体文档数据库通过倒排文档技术来实现记录的快速定位。倒排文档由检索词典集合和定位数据集合两部分组成。检索词典是根据用户定义的检索规则，从数据库记录中抽取的检索数据的集合，至少由检索词、抽词规则、所对应的定位数据的个数以及映射定位数据的指针组成。定位数据描述检索词的提取来源，由记录号、字段标识符、重复次数以及检索词在该重复中的位置等组成。通过定义抽词规则和建立倒排文档，多媒体文档数据库不仅能够实现复杂的逻辑组配检索，还可以实现全文检索。

规范文档是对系统在著录、标引和检索中使用的词进行规范化处理后所产生的各种词表，如主题词表、著者规范文档等。对检索词的属性（如同义、近义和反义等）和关联进行全面的规范化处理能有效提高查询效率。

（二）全文数据库

近年来，迅速发展起来的全文数据库已成为处理文献信息知识与数据的有力工具。对全文数据库技术及检索系统的研究和开发，是当前数字化资源存储与检索的前沿课题。

全文数据库是一种存储文献全文或其主要部分并能提供全文检索的源数据库，其主要特点如下。

（1）包含信息的原始性。库中信息基本是未经信息加工的原始文本，具有客观性。

（2）信息检索的彻底性。可对文中任何字、词、句进行检索，还可表示检索词之间复杂的位置关系。

（3）所有检索语言的自然性。不作标引，借助截词、邻接等匹配方法，以自然语言检索所需文献，这是全文数据库检索方法与传统主题词检索方法的根本区别。

（4）数据的相对稳定性。全文数据库的数据是封闭的，一般不需要更新。

（5）检索结果的准确性。利用后控制表及检索技术可以改善检索效果。

（6）数据结构的非结构性。非结构化数据包括报表、账单、影像、电子文档、图片、音频、视频等，强调内容管理，难以用关系数据库进行管理。

全文数据库的管理软件称为全文检索系统，主要是对全文数据库进行管理，对文章中任意词进行检索，对检索词之间的关系进行位置和逻辑运算。目前，全文检索系统有汉化全文检索系统、自主开发的通用全文检索系统和专用全文检索系统等。

### 三、Web 数据库技术

电子商务、Web 医院、远程教育、数字图书馆、移动计算等都需要新的数据库技术支持，因此，对半结构化和无结构数据模型的描述、管理、查询和安全控制等问题的研究已成为新的研究课题，特别是 Web 数据库的发展更是新热点和难题。

Internet 不断发展，网上数据激增，网上信息的应用需求也不断提高，原有的对文本文件的链接浏览和关键词检索已无法满足复杂的应用需求。近年来，大量的研究致力于将数据库技术应用于网上数据的管理和查询，使查询可以在更细粒度上进行并集成多个数据源的数据。但是，将传统数据库技术直接应用于网上数据的最大困难在于：网上数据缺乏统一、固定的模式，数据往往是不规则且经常变动的。因此，半结构化数据模型应运而生，其无模式及自描述的特点适宜描述网上数据。事实上，日益普及的 XML[①]数据就是一种自描述的半结构化数据，它的出现推动了 WWW 在电子商务、电子政务、电子数据交换和数字化图书馆等多方面的应用，但如何有效地存储、管理和查询这类数据仍然莫衷一是，已有的数据库技术，如关系数据库、面向对象数据库，都不能完全适应新的应用需求，而专用的半结构化的数据管理系统仍处于初步实验阶段。

# 第四节  电子政务应用技术

数字政府的目标之一是实现政府内部办公自动化和行政管理自动化。本节将介绍与此相关的主要技术，包括中间件技术、工作流技术、群件技术和办公软件等。

## 一、中间件技术[5]

### （一）中间件的定义

中间件（middleware）是一种独立的系统软件或服务程序，分布式应用软件借助这种软件在不同的技术之间共享资源。中间件位于客户机服务器的操作系统之上，管理计算资源和网络通信。中间件不仅要实现互联，还要实现应用之间的互操作；中间件是基于分布式处理的软件，最突出的特点是其网络通信功能。

中间件屏蔽了底层操作系统的复杂性，使程序开发人员面对一个简单而统一的开发环境，减少了程序设计的复杂性，将注意力集中在自己的业务上，不必为程序在不同系统软件上的移植而重复工作，从而大大减轻了技术负担。另外，中间件作为新层次的基础软件，其重要作用是将不同时期、在不同操作系统上开发的应用软件集成起来协调工作，这是操作系统、数据库管理系统自身无法实现的。中间件的这一作用，使技术更新后以往在应用软件上的劳动成果仍可使用，节约了大量的人力、财力。

### （二）中间件分类

中间件的种类很多，根据中间件在系统中所起的作用和采用的技术不同，大致划分为以下几种类型。

1. 数据库中间件

数据库中间件（DM[②]）是一种应用广泛、技术成熟的中间件。最典型的中间件是ODBC[③]，ODBC 是一种基于数据库的中间件标准，它允许应用程序和本地或者异地的数据

---

① XML：extensible markup language，可扩展标记语言。
② DM：database middleware。
③ ODBC：open data base connectivity，开放式数据库连接。

库进行通信，并提供一系列的应用程序接口 API[①]，当然，在多数情况下这些 API 隐藏在开发工具中，不被程序员直接使用。

在数据库中间件处理模型中，数据库是信息存储的核心单元，中间件完成通信的功能，这种方式虽然灵活，但是并不适合高性能处理的场合，因为这些场合需要大量的数据通信，当网络发生故障时，系统将无法正常工作。

2. 远程过程调用中间件

远程过程调用（RPC[②]）是另外一种形式的中间件，它在客户/服务器（C/S[③]）计算方面比数据库中间件又迈进了一步。RPC 已经发展了相当长时间，沿用多数程序员熟悉的编程模式，程序员就像调用本地过程一样在程序中调用远程过程，启动远程过程的运行，然后将运行结果返回本地程序。

RPC 的灵活特性使它可以应用于更复杂的客户/服务器计算环境中。RPC 的灵活性还体现在跨平台性上面，不仅可以调用远端的子程序，这种调用还可以跨不同操作系统平台，而程序员在编程时并不需要考虑这些细节。

RPC 同样存在缺点，由于 RPC 一般用于应用程序之间的通信，而且采用的是同步通信方式，因此比较适合小型的简单应用，这些应用通常不要求异步通信方式。而对于大型的应用，程序员需要考虑网络或系统故障、处理并发操作、缓冲、流量控制以及进程同步等一系列复杂问题，所以 RPC 不适用于此。

3. 面向消息中间件

面向消息中间件（MOM[④]）适用于需要在多个进程之间进行可靠的数据传送的分布式环境。

面向消息中间件的优点在于能够在客户和服务器之间提供同步与异步的连接，并且在任何时刻都可以将消息进行传送或者存储转发，这是它比 RPC 更先进的特点。另外，面向消息中间件不会占用大量的网络带宽，它可以跟踪事务，并且通过将事务存储到磁盘上实现网络故障时的系统恢复。

4. 基于对象请求代理的中间件

基于对象请求代理（ORB[⑤]）是近年来发展的一项新技术，它可以看作和编程语言无关的面向对象的 RPC 应用，被视为从面向对象过渡到分布式计算的强大推动力量。从管理和封装的模式上看，基于对象请求代理和 RPC 有些类似，不过基于对象请求代理可以包含比 RPC 和面向消息中间件更复杂的信息，并且可以适用于非结构化或者非关系型的数据。

5. 事务处理中间件

事务处理中间件（TPM[⑥]）是一种复杂的中间件产品，是针对复杂环境下分布式应用的速度和可靠性要求出现的。它给程序员提供了一个事务处理的 API，程序员可以使用这

---

① API：application programming interface。
② RPC：remote procedure call。
③ C/S：client/server。
④ MOM：message oriented middleware。
⑤ ORB：object request broker。
⑥ TPM：transaction processing monitor。

个程序接口编写高速且可靠的分布式应用程序——基于事务处理的应用程序。

事务处理中间件可向用户提供一系列的服务，如应用管理、管理控制以及应用程序间的消息传递等。常见的功能包括全局事务协调、事务的分布式两段提交、资源管理器支持、故障恢复、高可靠性、网络负载平衡等。

（三）中间件应用

尽管中间件的概念很早就已经产生，但中间件技术的广泛运用却是在最近十年，这期间出现了许多商用中间件产品。例如，BEA 公司的 Tuxedo，IBM 公司的中间件 MQSeries，东方通科技公司的 TongLINK/Q 等。

融合完全不同的内部业务系统的复杂性和成本，以及与防火墙外的合作伙伴结成一体的巨大困难，通常会影响企业进行合作的能力。为了解决这一难题，Web 服务被推出，以满足更加灵活有效的企业合作环境的需要。Web 服务提供了一个基于标准的方法，企业可以将应用程序在防火墙后或防火墙外连接在一起，独立于硬件、操作系统或 Java、.NET 或 CORBA[①]等应用程序环境。Web 服务为企业提供一种能力，使其可以与客户、供应商、交易伙伴甚至在企业内部建立低成本的多对多连接。包括 HP、IBM、Sun、Microsoft、BEA 和 Oracle 等公司在内的主要中间件厂商都在致力于发展 Web 服务。

## 二、工作流技术

工作流（workflow）技术是办公自动化系统及电子政务应用系统协同办公功能实现的核心技术。

（一）工作流定义

工作流是一组人员为完成某一项业务所进行的所有工作及工作转交（交互）过程。几乎所有的办公及业务管理过程都是工作流。每一项工作以流程的形式，由发起者发起，经过本部门及其他部门的处理，最终到达流程的终点。工作流是可以打破单位界限的，支持各级政府间或同级政府之间的联网办公和互动式作业的新办公模式。

工作流自动化属于软件分类中的群组软件范畴。而群组软件是指那些能够满足一群人共同工作需要的软件。

工作流是办公自动化系统的重要部分。当工作流制定好后，文件将按照工作流的定义进行自动流转，文件流经每一个部门或者人员，除非必要时，无须指定文件流转的下一个节点。工作流设置的简易性及使用的灵活性是办公自动化系统实用的灵魂。

（二）工作流软件

现行的工作流软件建立在四种基本的技术元素之上，即流程逻辑、组织机构、工作处理对象和工作流自动化。

流程图是工作流软件最直观的表现。流程逻辑定义了任务的顺序、工作项所遵循的路

---

① CORBA：common object request broker architecture，公共对象请求代理体系结构，是由 OMG（Object Management Group，对象管理组织）制定的一种标准的面向对象应用程序体系的规范。或者说 CORBA 是 OMG 为解决分布式处理环境中硬件和软件系统的互联问题而提出的一种解决方案。

由规则、工作项完成的截止日期、提交给工作流引擎所执行的办公和业务处理规则。

组织机构包括用户表、部门机构表和角色表。一种角色对应完成某一工作项或任务的权限，可通过角色对部门及用户个人授权，控制其访问系统的权限。这样，机构调整、人员岗位的变化可在不改变流程逻辑的情况下进行。

工作处理对象是每一工作项对应的所有的数据和文档，它们作为一个整体可在系统中流动，并通过流程图表现出来。

工作流自动化的目标就是要协调组成工作流的四大元素，即人员、资源、事件、状态，推动工作流的发生、发展、完成，实现全过程监控。自动化技术提供系统有三种运行模式：系统按事先定义好的任务顺序自动运行；满足触发条件后再按定义的脚本（script）①运行；在交互式任务中按用户的选择及定义的处理规则进行处理。截止日期的处理是工作流自动化应用中最常用的功能之一。如果一个工作项在规定的时间内没有完成，系统会做如下处理：①自动发送提醒、警告信息；②触发更高级的处理过程；③提供交互式界面，按当事人或其上级或系统管理员输入的处理规则进行处理。

政府各部门的职能、业务及业务处理流程各不相同，而且在同一机关内部也会进行办公流程及业务管理流程再造，因此，实现工作流灵活定义、工作流自动化也是电子政务系统的核心功能。

（三）标准化

在工作流的概念被明确提出并得到重视的同时，人们就认识到了标准化在其中的重要性。工作流标准的开发和推广，基本是与工作流的开发和推广同步进行的。目前，这方面的权威性机构是工作流管理联盟（WfMC②）。

（四）工作流管理系统

根据 WfMC 的定义，工作流管理系统（WfMS③）通过软件定义创建工作流并管理其运行。WfMC 运行在一个或多个工作流引擎上，与工作流的参与者（包括人或软件）相互作用，并根据需要调用其他的 IT 工具。

总体来说，企业运作的工作流管理系统是一个人-机结合的系统。基本功能体现在以下三个方面。

（1）定义工作流，包括具体的活动、规则等，这些定义同时被人和电脑理解。

（2）遵循定义创建和运行实际的工作流。

（3）监察、控制、管理运行中的业务（工作流），如任务、工作量与进度的监察、平衡等。

工作流管理系统是一个真正的人-机系统。用户是系统的基本角色，是直接的任务分派对象，可以直接看到电脑针对自己列出的任务清单，可以跟踪每一项任务的状态或继续一项任务，而不必从一个模块退出后再进入另一个模块搜索相应任务的线索。这样，用户的任务分派和任务的完成状态可以被最大限度地电脑化和受到控制。

---

① 脚本使用一种特定的描述性语言，是批处理文件的延伸，是一种纯文本保存的程序，一般来说，计算机脚本程序是确定的一系列控制计算机进行运算操作动作的组合，在其中可以实现一定的逻辑分支等。

② WfMC：Workflow Management Coalition。

③ WfMS：workflow management system。

典型的工作流产品是客户/服务器软件，日益受推崇的重要途径是通过 WWW 界面——可以令客户或远程的职员更好地参与。工作流的定义经常借助图形化工具，依照业务过程实例的情况定义相应工作的安排。

## 三、群件技术

群件是帮助群组协同工作的软件，一般包括电子邮件、文档管理与工作应用等部分。由于实现了对非结构化信息的管理和共享，群件对电子政务来说意味着一种高效的协同工作手段，从而成为知识管理的基础技术之一。群件产品与 Internet 相结合，使其功能更加强大。群件从功能上必须满足"3C"要求，即满足通信（communication）——个人或组织间的信息传递，合作（collaboration）——工作团队中的信息共享，以及协作（coordination）——业务过程自动化与协调的要求。群件产品主要有 Novell 的 GroupWise 和微软的 Exchange Server。

### （一）Novell 公司的 GroupWise

GroupWise 将电子邮件扩展成一个更广泛的协同工作环境，可以在 IntranetWare 或 Netware、Windows 以及 Unix 服务器平台上运行。GroupWise 将目前最常用的应用如电子邮件、Web 地址、传真、语音邮件、文档、会议以及工作列表等紧密集成到通用信箱中，从而节省了时间，提高了工作效率。GroupWise 同时还具备远程访问功能。只要有电话接口，在任何地方均可以通过电话或 IE 浏览器访问 GroupWise，GroupWise 通过 Web Access 与办公室的 Web Server 相连。对于移动计算，GroupWise 可通过 Phone Access 支持非计算机设备，如 PDA[①]、手机等，公司员工可以在世界上任何一个地方打电话到公司 GroupWise 的 Phone Access 上，并能够从通用信箱中阅读信息。为确保在旅途中能自始至终地接收到重要信息，用户可以让 GroupWise 通过自动拨打移动电话将符合设定要求的重要信息传递给用户。GroupWise 不仅可以利用 NDS[②]管理，还能支持多达 200 种以上的文件格式，如 Exchange、SmartSuite、Word、WordPad 等，各种类型的文件都可以在 GroupWise 中方便地打开。

### （二）微软的 Exchange Server

Exchange Server 是微软 BackOffice 服务器产品家族的重要成员，也是其 Internet/Intranet 整体解决方案的一部分。用户可以在 Exchange Server 上开发各种协作应用。微软于 1998 年 3 月 31 日正式发布了中文版 Exchange Server 5.5。Exchange Server 具备公司通信所需要的可扩展性、可靠性、可用性和可管理性等特点，其提供的无限数据存储能力使每台服务器的用户数量仅受到硬件资源的制约，这样便可充分满足用户对处理多媒体数据和文档的需求。另外，Exchange Server 还具备 Internet、传输体系及桌面系统之间的互操作性，提供用户熟悉的 Internet 工具，易于创建广泛的协作应用。

Exchange Server 5.5 协作应用的出发点是消息交换。Internet 提供诸如电子邮件、会议安排、团体日程管理、任务管理、文档管理、实时会议和工作流等丰富的协作应用，所有

---

① PDA：personal digital assistant，个人数码助理，掌上电脑。
② NDS：Nintendo dual screen，任天堂双屏掌机。

的应用都可以通过 Internet 浏览器来访问。如果与微软的其他成员（IIS[①]、SQL Server 等）结合，使用 Visual InterDev 等开发工具，Exchange Server 5.5 可以快速构建协作应用。除提供支持中文处理的服务器软件外，Exchange Server 5.5 还提供完全中文化的客户端工作流软件，如 Microsoft Outlook 以及 Visual InterDev1.0 开发工具。

### 四、办公软件

办公软件是指辅助人们进行日常办公的软件，通常以套件的形式出售。办公套件包括文字处理软件、电子表格、个人用数据库、办公演示软件、个人信息管理、电子邮件等，简而言之，就是办公软件的套装。办公软件的套装相互之间有一定的集成性，可相互配合工作。目前市场上主要的办公套件有微软的 Office 和金山的 WPS[②]。在中国，人们最为熟悉的办公软件是 WPS 和 Microsoft Office Word。

微软 Office 办公软件是目前应用最为广泛的办公软件。Office 套件是一个庞大的办公软件和工具软件的集合体，是日常生活中电脑作业不可缺少的得力助手。在电子政务办公应用中，Office 主要工具软件包括文本编辑软件 Word、电子表格软件 Excel 以及演示文稿软件 PowerPoint 等。

## 第五节 电子政务服务技术

本节介绍电子政务服务涉及的主要技术，包括 Web 技术、XML 技术、Web Service 技术、政府门户网站群与支撑平台等。电子政务服务技术也称门户技术，是政府部门向政府内部、企业和社会公众提供网上政府办公及信息化服务的技术。门户是一个提供个性化和适应性接口的软件系统，用户通过这个接口能方便地找到相关的人、应用程序和信息。门户技术经历了从 Internet Web 门户、Intranet Web 门户到企业信息门户和企业知识门户的发展过程。

对于机关工作人员，政府信息门户是其进入电子政务系统的大门。用户可在内网任意一台计算机上登录，系统提供用户身份认证，合法的用户可看到个人定制的个性化界面，得到个人有权访问的和个人定制的所有信息资源，进入个人有权访问的应用系统（即办公自动化系统及各类业务管理系统）。政府门户网站为机关工作人员提供单点登录、统一界面和相同的风格、通过内网或政府专网按权限访问政府信息资源的功能。公众用户可通过访问政府网站了解政府的相关政策、法律法规文件、政务信息等，可进行各类申报及申请，可向政府部门提出个人的建议和意见。

### 一、Web 技术

采用传统的客户/服务器体系结构开发电子政务应用系统，其安装、调试、管理维护的工作量都很大。基于 Web 的多层体系结构，提高了设计开发和应用部署的灵活性，通

---

[①] IIS：Internet information services，互联网信息服务。
[②] WPS：word processing system，文字处理系统。

过对 Web 服务器的集中管理，有效降低了安装调试和管理维护的工作量。目前，Web 技术已成为应用开发和管理的主流技术。Web 技术采用多层体系结构，在浏览器端通过对 Web 服务器的访问实现对数据的处理。采用 Web 技术需要考虑两个问题——采用何种动态页面技术和何种构件技术，动态页面技术在一定程度上决定了可以采用的构件技术。

（一）动态页面技术

动态页面技术是指通过 Web 服务器或应用服务器上的脚本文件或构件动态生成超文本页面。基于 Web 的动态页面开发技术，目前主要有 CGI、ASP 和 JSP 三种。

（1）CGI 是一种常用的动态页面技术。目前，几乎所有的 Web 服务器都支持 CGI 脚本，且可以选用多种编程语言，例如，C、Perl 等语言。但由于每个 CGI 请求都需要为其分配进程资源，因此，在大量用户并发使用时占用的资源较多，效率较低。

（2）ASP 是基于微软 Windows 平台的动态页面开发技术，可以用 VBScript 或 JavaScript 语言来编写，支持组件对象模型/分布式组件对象模型（component object model/distributed component object model，COM/DCOM），易学、开发效率高，缺点是难以移植到其他操作系统平台上（如 Unix 操作系统）。

（3）JSP 是跨平台动态页面 Java 开发技术，是 J2EE 的一个子集。JSP 集成了 ASP 技术易学和开发高效的优点，且支持自定义标签，开发者可以屏蔽建立逻辑和扩展函数的烦琐工作，从而建立更易读的页面。J2EE 提供了一套开放的标准和接口，充分利用了构件技术的优势，支持开放的 EJB[①]和 CORBA 规范，具有很强的可伸缩性，易于建造和维护大型应用。

（二）构件技术

动态页面技术与构件技术密不可分，因为动态页面实现本身就是构件思想的一种体现。构件技术支持软件重用，可以提高软件开发效率。构件技术的核心思想是创建可重用的构件并将其集成起来，得到新的应用系统。构件模型定义了构件的基本结构和构件接口。在基于构件的软件开发中，构件开发人员开发实现应用系统逻辑的构件，而应用系统开发人员则把这些预先开发好的构件组合成应用系统。采用构件技术的优点是：提高重用程度，减少重复开发，提高软件生产效率和软件质量。

对于软件构件技术，众多厂商形成了几大体系。以微软为首的 COM/DCOM 体系，包括 DDE[②]、OLE[③]和 ActiveX 等技术，提供了 Windows 平台下构件开发的基础。另一种重要的体系是由 OMG[④]推出的 CORBA，其已逐渐成为业界的标准。

二、XML 技术[6]

（一）XML 概念

可扩展标记语言（XML），是国际组织 W3C[⑤]为适应 WWW 的应用，将

---

[①] EJB：enterprise JavaBeans，企业级 JavaBeans。
[②] DDE：dynamic data exchange，动态数据交换。
[③] OLE：object linking and embedding，对象链接与嵌入。
[④] OMG 是一个国际性开放会员的非营利的计算机组织，成立于 1989 年，是目前拥有约 300 家机构的国际联盟，它开发了对象管理体系结构（object management architecture，OMA）。
[⑤] W3C：the world wide web consortium，万维网联盟。

SGML[1]进行简化而形成的标识语言,其功能比 HTML[2]强大得多,不再是固定的标记,而是允许通过定义数量不限的标记来描述文档中的数据,允许嵌套的信息结构。XML 提供了一个直接处理 Web 数据的通用方法。

HTML 和 XML 的主要区别是,前者着重描述 Web 页面的显示格式,而后者着重描述 Web 页面内容。

XML 作为一种标记语言,是运用标识法描述结构化数据的形式语言。标识法就是出于处理的目的,在数据中加入附加信息的方法,而这些附加的信息就称为标识。

例如:
&lt;联系人&gt;
    &lt;姓名&gt;abc&lt;/姓名&gt;
    &lt;公司&gt;xyz 公司&lt;/公司&gt;
    &lt;地址&gt;
        &lt;街道&gt;中关村 1234 号&lt;/街道&gt;
        &lt;城市&gt;北京市&lt;/城市&gt;
    &lt;/地址&gt;
    &lt;EMAIL&gt;zhang@xyz.com&lt;/EMAIL&gt;
    &lt;电话&gt;(010)12345678&lt;/电话&gt;
&lt;/联系人&gt;

(二)XML 标准体系

XML 提供的是描述具体应用语言的基本方法。针对具体的应用领域需要制定相应的应用标准。例如,具体标识表示的语义、附加的语法约束等。另外,针对 XML 应用中的公用特征、方法或规则,W3C 制定了一些 XML 的基础标准。

XML 已开始被广泛接受,大量的应用标准,特别是针对 Internet 的应用标准,纷纷采用 XML 进行制定。在 Internet 时代,几乎所有的行业领域都与 Internet 有关。而这些行业一旦与 Internet 发生关系,都必然要有其行业标准。这些应用标准往往采用 XML 来制定。当前较为重要的应用标准主要包括:用于 XML 显示的标准 XHTML[3]、SVG[4]、SMIL[5]、MathML[6],用于电子商务领域的标准 Micropayments[7]、BizTalk[8]、ebXML[9]等。

---

[1] SGML:standard generalized markup language,标准通用置标语言,是 ISO 组织于 1986 年发布的国际标准,是一种通用的文档结构描述置标语言,主要用来定义文献模型的逻辑和物理类结构。
[2] HTML:hyper text mark language,超文本标记语言,是 WWW 的描述语言。
[3] XHTML:extensible hypertext markup language,扩展超文本标记语言,是一种置标语言,采用 XML 对 HTML 的重新定义。
[4] SVG:scalable vector graphics,可缩放矢量图形。
[5] SMIL:synchronized multimedia integration language,同步多媒体集成语言。
[6] MathML:mathematical markup language,数学标记语言。
[7] Micropayments:微支付,由 W3C 制定。
[8] BizTalk 是由 Microsoft 率先开发的产品,旨在推广 XML。
[9] ebXML:electronic business XML,电子商务可扩展标记语言。

## （三）XML 应用

XML 是 WWW 上信息交换的新标准，支持用户自定义文档标记，用有序的、嵌套的元素组织有一定结构的数据。XML 是面向数据的，程序可解读这些标记并依据这些标记的语义处理数据。以 XML 文档为主体的 WWW 将成为新一代以数据为中心的 WWW 计算环境。可以预言，XML 将成为数据组织和交换事实上的标准，大量的 XML 数据将很快出现在 Web 上。

在电子政务系统中，许多工作需要系统自动分析处理，因此文档消息的结构化非常重要。由于 XML 具有结构化、规范性、可扩展性及简洁性的特点，系统中的文档与交换通常采用 XML 格式。

## 三、Web Service 技术

Web Service 主要是为了使原来各孤立站点之间的信息相互流通、共享而提出的一种接口。Web Service 所使用的是 Internet 上统一、开放的标准，如 HTTP、XML、SOAP[①]、WSDL[②]等，因此，Web Service 可以在任何支持上述标准的环境中使用。

Web Service 建立在 SOAP 传输的基础上，应用程序通过 SOAP 访问 Web Service，而 Web Service 的发布、发现和绑定是由 UDDI[③]提供的。Web 服务提供者主要是定义要提供给他人访问的服务，服务接口文件（WSDL 文档）通过 Web 服务中介者发布，并在 UDDI 注册中心注册 Web 服务。同时，UDDI 向用户提供发现访问服务的实现标准；Web 服务请求者向 Web 服务中介者请求特定的服务，查询服务地址和服务接口，再通过它们访问、使用这些服务。

### （一）SOAP

SOAP 是一个用于分散和分布式环境下网络信息交换的基于 XML 的通信协议。在此协议下，软件组件或应用程序能够通过标准的 HTTP 进行通信。SOAP 的特点是简单性和扩展性，这有助于提升大量异构程序和平台之间的互操作性，从而使存在的应用程序能够被广泛访问。

### （二）WSDL

WSDL 是一种 XML 应用，它将 Web 服务描述定义为一组服务访问点，客户端可以通过这些服务访问点对包含面向文档信息或面向过程调用的服务进行访问。WSDL 首先对访问的操作和访问时使用的请求/响应消息进行抽象描述，然后将其绑定到具体的传输协议和消息格式上，最终定义具体部署的服务访问点。相关的具体部署的服务访问点通过组合成为抽象的 Web 服务。

### （三）UDDI

UDDI 提供了一个机制，即以一种有效的方式浏览、发现 Web Services 以及它们之间的相互作用。UDDI 是一个广泛的、开放的行业计划，使商业实体能够彼此发现，定义它

---

① SOAP：simple object access protocol，简单对象访问协议。
② WSDL：web service definition language，Web 服务定义语言。
③ UDDI：universal description discovery and integration，统一描述、发现和集成。

们如何在 Internet 上互相作用，并在一个全球的注册体系架构中共享信息。UDDI 是这样一种基础的系统构筑模块：它使商业实体能够快速、方便地使用其自身的企业应用软件来发现合适的商业对等实体。UDDI 同时也是 Web 服务集成的体系框架，包含了服务描述与发现的标准规范。UDDI 规范利用了 W3C 和 Internet 工程任务组织的很多标准作为其实现基础，例如 XML、HTTP 和 DNS 这些协议。另外，在跨平台的设计特性中，UDDI 主要采用 SOAP 协议。

### 四、政府门户网站群与支撑平台

网站群是指统一部署、统一标准、建立在统一技术构架基础之上，信息可以实现基于特定权限共享呈送的一群网站。政府门户网站群的实现是电子政务发展到一定历史阶段的必然，也是政府网站资源的综合利用和规范管理的需要。然而，要实现真正意义的网站群体系，必须在建设模式和技术手段上达到必要的高度，在建设模式上，必须建设统一的规范标准体系、建立必要的规范制度，通过分布式信息维护模式和审核机制做到信息层级管理、资源共享和再利用。

政府门户网站群的建设依赖于电子政务公共服务支撑与管理平台。该平台的主要功能应包括以下几个方面：① 提供对政府门户网站群的三大功能，即信息服务、互动服务和在线服务的支持与管理。② 支持政府门户网站群的前后台结构。在前台实现以用户为中心，按照服务对象的生命周期来组织和呈现政务信息与业务服务，在后台依托内容管理平台、公众参与服务管理平台、在线业务服务管理平台，以及信息资源整合平台实现政府信息资源的整合。③ 整个平台功能模块实行统一灵活的部署。后台各个平台既可以统一部署，也可以灵活、独立部署运行。④ 支持政府门户网站群多层级结构及不同层级间政务信息资源的共享与交换。平台应具有内容整合能力，在政府门户网站群间的政府信息资源的整合方面建立有效的协同资源整合共享机制，以适应政府门户网站群三大功能定位的深化发展的要求。

## 第六节 电子政务集成技术

目前，政府部门拥有多个业务子系统。通常情况下，这些系统并不是按照政府部门的统一组织和规划建立的，而可能是在不同时期建立的，采用的硬件、软件分别来自不同的厂商，数据、报表的格式也可能互不兼容，用户界面五花八门。在业务运作过程中，用户常常需要从一个系统切换到另一个系统，或者重复输入大量数据，造成工作效率低下、数据准确性差等一系列问题。更重要的是，数字政府发展过程中产生的多数电子政务应用系统普遍存在相互独立的现象，难以完成系统间的动态交互和信息共享，这种"信息孤岛"现象成为实施电子政务的屏障。与所有的信息化建设一样，电子政务建设和应用是政务管理改革与信息技术运用的互动过程，在这个过程中，电子政务既面临着飞速发展的信息技术更新换代等技术应用问题，也需要不断地进行跨越各种应用、各个部门及各地业务过程的更新和改善，还要通过新的技术和管理模式向各类用户提供新的价值，尤其是要面临如何引入新的应用、如何实现新旧应用集成、如何用新的方式组合已有应用、如何保持数据同步和一致性，以及如何更加有效地支持内外团队的紧密协作等一系列集成和整合问题。

为此，中国的电子政务建设迫切需要解决应用集成和整合的问题。综合信息系统建设就是电子政务应用集成问题，也可以说是电子政务应用的一体化问题，它与电子商务中的企业应用集成（EAI[①]）具有同样的内涵。本节将介绍电子政务集成技术。

## 一、集成方式

电子政务应用集成服务方式类型的划分方法很多。EAI 的实施可以分为以下四个级别。

### （一）点对点集成

点对点集成通常使用面向消息（message）的中间件，应用程序之间通过应用程序接口（API）进行点对点的数据和信息交换。系统是松散的集成，应用之间存在一定程度的依赖性。

### （二）结构集成

在这一层次，集成采用的是一种中央集线器式的架构，取代了点对点的集成架构。这种集成方式采用中间件工具来统一实现和控制数据的传输与交换。控制应用程序之间的数据和事务的业务规则都集中到所采用的中间件中，如应用服务器、对象请求代理、消息代理（message broker）等。

### （三）流程集成

流程集成使用公共的、统一的业务模型来扩展系统。在这一层次，组织不是单纯地共享信息和数据，而是更好地管理数据在应用程序间的单向流动，业务流程得到集成和管理。这时需要采用一些中间件来实现流程的建模、工作流的自动化以及决策支持。

### （四）外部集成

外部集成主要指与合作伙伴进行外部集成。按照拓扑结构，电子政务集成方式可以分为以下几种类型。

（1）点到点型：应用之间直接连接，适合同步通信以及永久连接的应用情况。

（2）网络型：适合有一些异步活动以及相关交易必须和其他应用同时存在的情况。

（3）总线型：源应用将消息集中放置在逻辑服务软总线上，各个应用在总线上提交和广播消息。

（4）管线型：适合无须动态配置且多个应用管线相互作用的结构。

（5）集线器型：将消息从各自的源发送到中央集线器，由中央集线器集中转换和发送。

尽管目前有许多提供不同集成方法的厂商，但多数应用集成软件包将提供工具给用户，帮助用户建立业务处理过程，将应用程序与中间件连接，使各种应用程序可以通过数据消息进行通信。由于 EAI 软件在很大程度上独立于它所连接的不同应用程序，因此，业务处理过程可以在不改变应用程序的情况下进行变化和扩展。

## 二、集成技术

电子政务应用集成解决方案可以呈现多种形式，并以多种级别出现。EAI 适合的级别

---

[①] EAI：enterprise application integration。

依赖于许多因素,包括系统规模、业务类型、应用的集成度或项目的复杂度以及预算等。目前,电子政务应用集成解决方案通常采用如下一种或多种技术。

### (一)应用服务器集成技术

应用服务器为开发网络应用提供环境,帮助保护在遗留系统上的投资,使原有系统可以保留其业务逻辑和数据存储,巩固了网络应用和后端遗留系统之间的业务数据。这种服务器通常包含一个强大的数据库访问部件。应用服务器还通过简单的网关代理提供一些简易的设施以实现遗留系统的通信,而它们最擅长的或许是能够为特定用户提供对通用业务对象模型的支持。把应用服务器集成到遗留系统主要有以下三种方式。

(1)建立包含或隐藏遗留系统的新的公共接口。这种方式使将来覆盖遗留系统更加简单,但如果隐藏在下面的系统仍然需要使用而不可以马上被覆盖的话需额外地维护。

(2)建立业务对象,从遗留系统中透明地析取信息。这种方式会妨碍系统未来的升级和改变,因为遗留系统的接口被隐藏并且贯穿在新的应用当中。

(3)在新的应用和遗留系统之间使用一个集成引擎。

### (二)应用集成引擎

解决应用集成问题最常用的方法是轮状集线器(hub-spoke)结构,通常与发布-订阅引擎相结合。hub-spoke 包括适配器(adaptor)和集线器(hub)。适配器负责与遗留系统接口,将原来的信息形态(例如 TCP/IP 信息、字符终端信息)转换成集线器能看懂的通信协议;适配器还用于数据格式转换,将数据转换成通用格式,比如 Unicode(字符编码)或 ASCII[①];适配器的第三个也是最重要的任务是转换数据结构。集线器或数据路由器负责将源数据发送到目标系统,保证数据在传输过程中不会遗失。基本的集线器提供路由表,也可提供识别和映射源系统与目标系统的规则。高级一些的集线器实现了发布-订阅引擎,对请求进行智能过滤。目标系统(订阅者)请求新的数据或特殊类型数据的更新,而源系统(发布者)发布数据和更新。集线器自动将数据送到对它感兴趣的地方并执行管理任务。这种方式保证了一个系统中的数据更新能反映到另一个系统中。另外,在连接新的订阅者系统时可以不影响发布者系统的操作,并且不需要太多的人工干预。

### (三)工作流处理的集成

工作流处理的集成包括确定、监控和改变业务过程,通常使用图示模型,将流经系统的信息和组织边界画在图中,生成一个集成方案。但是,业务处理通常很复杂,不容易被重新绘制到一个人工生成的模型工具中去。另外,很多方案只是改变信息的路由方式,而不支持数据的协作处理。工作流技术擅长高度有序的程序化流程,其显著特征是能够高效完成预先确定的重复性任务。但是,大多数组织有横跨各个部门和组织的、复杂的多层次业务处理需求,在这种情况下,工作流技术就很难处理数据和实现应用的同步。

### (四)数据集成工具

数据集成工具可以读取、转换、移动、载入数据,通常提供批量和定时的解决方案,

---

① ASCII:American standard code for information interchange,美国信息交换标准代码。

解决初始载入仓库或大批量转移数据的问题。数据集成工具在直接读取和载入数据时,只允许数据在物理层复制。这种方式在将数据于特定时间内从一个地方移动到另一个地方时,不提供数据库层之上的增值业务逻辑。

（五）中间件集成技术

依靠中间件为应用系统之间提供整合是主要的 EAI 方案。一般来说,中间件产品主要应用以下几类技术。

（1）数据访问技术：提供直接访问不同数据源的手段,不必改变应用层的程序,比如 ODBC、JDBC[①]、JDO[②]、ADO[③]等数据标准接口。

（2）基于消息中间件技术：消息中间件提供了一种异步消息传送机制。消息中间件在所有需要集成的应用系统内,都需要安装中间件的 API 调用程序,以把消息传递给中间件进行处理。显然,消息中间件的优点是发送方不必在线等待（松耦合）；缺点是会发生过载情况。当然,随着产品的不断改进,其在负载平衡方面会得到进一步改进。

（3）远程过程调用：RPC 利用客户/服务器模式,发送方与接收方是同步在线的,即发送方要等到接收方的回复才继续自己的工作,这样降低了出错概率,但等待使速度变慢。

（4）交易处理监控器（TP Monitor[④]）：该中间件是现代应用服务器的雏形,主要用于监控和管理客户端及多个后台应用之间的交易状况,考虑负载平衡,将客户的请求映射到各个应用中。

（5）对象请求代理（ORB）：专门替各种应用转交功能组件的中介,是业务功能整合层次的整合中间件,基于 COM、CORBA 及 Java RMI[⑤]等标准组件。

（6）门户服务器（portal server）技术：往往提供一种集成的门户服务。这种可扩展的门户框架,集成了对企业信息的标准的访问途径,可以将合作伙伴与他们所需要的信息连接起来。

## 第七节　电子政务智能管理技术

信息技术的发展和电子政务应用的普及与深化,产生了大量的有价值的电子数据,同时也带来了诸如信息过剩/信息爆炸等严重的问题。电子政务的智能管理就是要在电子政务应用的深层次解决这一问题,帮信息用户有效地分析、综合、发现和使用存在于大量数据与信息中的有用信息。现有的数据库系统虽然可以高效地实现数据的录入、查询和部分统计等功能,但是无法发现数据中存在的关系和规则,无法根据现有的数据预测其未来的发展趋势。因此,电子政务迫切需要拥有一个智能化的辅助决策支持系统。本节介绍电子政务智能管理技术,包括数据仓库、OLAP[⑥]及数据挖掘等方面的内容。

---

① JDBC：Java database connectivity，Java 数据库连接。
② JDO：Java data object，Java 数据对象，Java 对象持久化的新的规范。
③ ADO：ActiveX data object，ActiveX 数据对象。
④ TP Monitor：transaction processing monitor。
⑤ RMI：remote method invocation，远程方法调用。
⑥ OLAP：on-line analytical processing，联机分析处理。

## 一、数据仓库

政府部门政务信息量庞大，整理多年积累的业务数据是一项繁杂的工作。由于各级政府部门实行信息化建设的规模和程度各不相同，各个数据库管理信息系统对数据的存储格式也不尽相同，因此，建立数据仓库、整理和归并各种形式的数据，是数字政府实施智能管理需首要解决的问题。数据仓库技术，主要是将政府系统中各个面向应用的数据重新按照面向分析的方式进行组织，并依照数据仓库的主题，在对各种数据源中的信息抽取和转换中，逐步缩小业务数据和分析数据之间的差异，同时对数据转移的全过程采用专门的源数据进行控制。

### （一）数据仓库的概念

目前，数据仓库一词尚没有统一的定义，著名的数据仓库专家因蒙（W. H. Inmon）在其著作 *Building the Data Warehouse* 一书中给予如下描述：数据仓库（data warehouse）是一个面向主题的（subject oriented）、集成的（integrated）、相对稳定的（non-volatile）、反映历史变化（time variant）的数据集合，用于支持管理决策。对于数据仓库的概念，我们可以从两个层次来理解：首先，数据仓库用于支持决策，面向分析型数据处理，不同于企业现有的操作型数据库；其次，数据仓库是对多个异构的数据源进行有效集成，集成后按照主题进行重组并包含历史数据，且存放在数据仓库中的数据一般不再修改。

根据数据仓库概念的含义，数据仓库拥有以下四个特点。

1. 面向主题

操作型数据库的数据组织面向事务处理任务，各个业务系统之间各自分离，而数据仓库中的数据是按照一定的主题域进行组织的。主题是一个抽象的概念，是指用户使用数据仓库进行决策时所关心的重点方面，一个主题通常与多个操作型信息系统相关。

2. 集成性

面向事务处理的操作型数据库通常与某些特定的应用相关，数据库之间相互独立，并且往往是异构的。而数据仓库中的数据是在对原有分散的数据库进行数据抽取、清理的基础上经过系统加工、汇总和整理得到的；必须消除源数据中的不一致性，以保证数据仓库内的信息是关于整个企业或政府的一致的全局信息。

3. 相对稳定性

操作型数据库中的数据通常实时更新，数据根据需要及时发生变化。数据仓库的数据主要供企业或政府决策分析之用，涉及的数据操作主要是数据查询。某个数据进入数据仓库以后将被长期保留，数据仓库中一般有大量的查询操作，但修改和删除操作很少，通常只需要定期加载、刷新。

4. 反映历史变化

操作型数据库主要关心当前某一个时间段内的数据，而数据仓库中的数据通常包含历史信息，系统可记录企业或政府从过去某一时点（如开始应用数据仓库的时点）到目前各个阶段的信息，通过这些信息可以对企业的发展历程与未来趋势做出定量分析和预测。

数据仓库的建设以现有业务系统和大量业务数据的积累为基础。数据仓库不是静态的概念，只有把信息及时交给需要这些信息的使用者，供他们做出改善其业务经营的决策，信息才能发挥作用，信息才有意义。而把信息加以整理、归纳和重组，并及时提供给相应的管理决策人员是数据仓库的根本任务。因此，从产业界的角度看，数据仓库建设是一个工程，是一个过程。

（二）数据仓库系统体系结构

整个数据仓库系统是一个包含四个层次的体系结构，如图4-6所示。

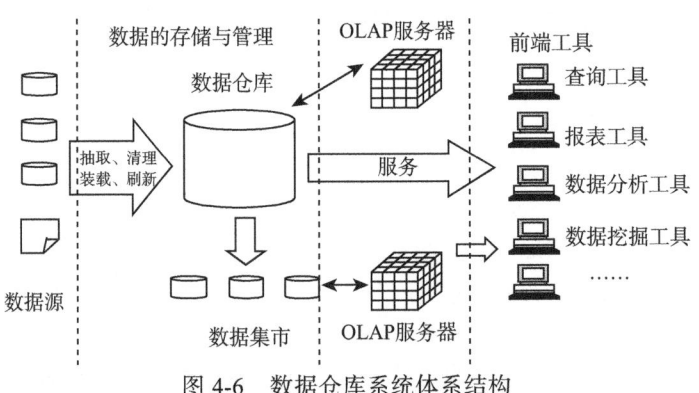

图4-6　数据仓库系统体系结构

1. 数据源

数据源是数据仓库系统的基础，是整个系统的数据源泉，通常包括企业或政府的内部信息和外部信息。内部信息包括存放于关系数据库管理系统中的各种业务处理数据和各类文档数据。外部信息包括各类法律法规、市场信息和竞争对手的信息等。

2. 数据的存储与管理

数据的存储与管理是整个数据仓库系统的核心。数据仓库的关键是数据的存储和管理。数据仓库的组织管理方式决定其有别于传统数据库，同时也决定其对外部数据的表现形式。要决定采用什么产品和技术来建立数据仓库的核心，需要从数据仓库的技术特点着手分析，针对现有各业务系统的数据，进行抽取、清理并有效集成，按照主题进行组织。数据仓库按照数据的覆盖范围可以分为企业级数据仓库和部门级数据仓库。

3. OLAP服务器

OLAP服务器对需要分析的数据进行有效集成，按多维模型予以组织，以便进行多角度、多层次的分析，并发现其趋势。

4. 前端工具

主要包括各种报表工具、查询工具、数据分析工具、数据挖掘工具以及各种基于数据仓库的应用开发工具。其中，数据分析工具主要针对OLAP服务器，报表工具、数据挖掘工具主要针对数据仓库。

## 二、OLAP技术

（一）OLAP的概念

联机分析处理的概念最早是由关系数据库之父科德（E. F. Codd）于1993年提出的，

OLAP 的提出引起了很大的反响。OLAP 作为一类产品，同联机事务处理（OLTP[①]）明显区分开来。当今的数据处理大致可以分成两大类：联机事务处理和联机分析处理。OLTP 是传统的关系数据库的主要应用，主要是基本的、日常的事务处理，如银行交易。OLAP 是数据仓库系统的主要应用，支持复杂的分析操作，侧重决策支持，并且提供直观易懂的查询结果。OLAP 是使分析人员、管理人员或执行人员能够从多角度对信息进行快速、一致、交互地存取，从而获得对数据的更深入了解的一类软件技术。OLAP 的目标是满足决策支持或者满足在多维环境下特定的查询和报表需求，它的技术核心是维（dimension）这个概念。

（二）OLAP 的多维分析

维是人们观察客观世界的角度，是一种高层次的类型划分。维一般包含着层次关系，这种层次关系有时会相当复杂。通过把一个实体的多项重要的属性定义为多个维，用户能对不同维上的数据进行比较。因此，OLAP 也可以说是多维数据分析工具的集合。

人们很容易理解一个二维表（如通常的电子表格）和三维立方体。OLAP 通常将三维立方体的数据进行切片，显示三维的某一个平面。如一个立方体有时间维、商品维、收入维，其图形很容易在屏幕上显示出来并进行切片。但是要再加一维（如加入商店维），则图形很难想象，也不容易在屏幕上表现出来。OLAP 的多维分析视图就突破了物理的三维概念，采用了钻取、切片、切块以及旋转等技术，在屏幕上展示多维视图的结构，使用户直观地理解、分析数据，进行决策支持。

（1）钻取是改变维的层次，变换分析的粒度。包括向上钻取（roll up）和向下钻取（drill down）。向上钻取是在某一维上将低层次的细节数据概括到高层次的汇总数据，或者减少维数；向下钻取则相反，它从汇总数据深入到细节数据进行观察或增加新维。

（2）切片和切块是在一部分维上选定值后，关心度量数据在剩余维上的分布。如果剩余的维只有两个，则是切片；如果有三个，则是切块。

（3）旋转是变换维的方向，即在表格中重新安排维的放置（如行列互换）。

（三）OLAP 数据处理方法

OLAP 有三种数据处理方法。

1. 关系型联机分析处理

关系型联机分析处理（ROLAP）[②]中的全部数据（基本数据和聚合数据）均存放在关系数据库之中，在关系数据库上完成多维计算。在关系数据库上完成复杂的多维计算不是好的选择，因为 SQL 的单语句并不具备完成多维计算的能力，要获得哪怕是最普通的多维计算的功能也需要多重 SQL。在许多情况下，一些 OLAP 工具用 SQL 做计算，然后将计算结果作为多维引擎输入，多维引擎在客户机或中层服务器上做大部分的计算工作，这样就可以利用 RAM 来存储数据，提高响应速度。

2. 多维联机分析处理

多维联机分析处理（MOLAP[③]）中的数据均存放于多维数据库中。大部分 OLAP 应用

---

[①] OLTP：on-line transaction processing。

[②] ROLAP：relational OLAP。

[③] MOLAP：multi-dimensional OLAP。

采用这种方式,在多维服务引擎上完成多维计算,并且具有良好的性能。这种方式可以同时优化引擎和数据库,而服务器上足够的内存为有效地计算大量数组提供了保证。

3. 前端展示联机分析处理

所有数据下载到客户机,在客户机进行数据结构或报表格式重组,使用户能在本机实现动态分析。前端展示联机分析处理(DOLAP[①])方式比较灵活,但要求用户具有性能良好的 PC 机,以此来完成部分或大部分的多维计算。因此,DOLAP 能够支持的数据量非常有限,严重地影响了其使用的范围和效率。对于日益增多的瘦客户机,OLAP 产品将把基于客户机的处理转移到新的 Web 服务器上。

### 三、数据挖掘技术

#### (一)数据挖掘的概念

随着数据库技术的不断发展及数据库管理系统的广泛应用,数据库中存储的数据量急剧增大,在大量的数据背后隐藏着许多重要的信息,如果能把这些信息从数据库中抽取出来,将会创造很多潜在的利润,而这种从海量数据库中挖掘信息的技术,就称为数据挖掘。数据挖掘工具能够让用户获得更深入的洞察力,并对将来的趋势和行为进行预测,从而有力地支持用户的决策。比如,经过对公司整个数据库系统的分析,数据挖掘工具可以回答诸如"哪个客户对我们公司的邮件推销活动最有可能做出反应?为什么?"等类似的问题。有些数据挖掘工具还能够解决一些很消耗人工时间的传统问题,因为这些数据挖掘工具能够快速地浏览整个数据库,找出一些专家们不易察觉的极有用的信息。

#### (二)数据挖掘常用技术

数据挖掘技术是人们长期对数据库技术进行研究和开发的结果。起初各种商业数据存储在计算机的数据库中,用户可对其进行查询和访问。数据挖掘使数据库技术进入了一个更高级的阶段,数据挖掘不仅能帮助用户对过去的数据进行查询和遍历,还能帮助用户找出过去数据之间的潜在联系,从而促进信息的传递。数据挖掘技术已可实现商业化,因为支持该技术的三种基础技术,即海量数据收集、强大的多处理器计算机和数据挖掘算法均已发展成熟。商业数据库正在以空前的速度发展,并正在被广泛地应用于各种行业;对计算机硬件性能越来越高的要求,可由现在已经成熟的并行多处理机的技术来满足;数据挖掘算法经过了多年的发展,已经成为一种成熟、稳定且易于理解和操作的技术。

数据挖掘的核心模块依赖数理统计、人工智能和机器学习技术。历经数十年的发展,相关技术走向成熟,加之高性能的关系数据库引擎以及广泛的数据集成,促使数据挖掘技术在当前的数据仓库环境下进入了实用阶段。

常用的数据挖掘技术有以下几种。

(1)人工神经网络:仿照生理神经网络结构的非线性预测模型,通过学习进行模式识别。

(2)决策树:代表着决策集的树形结构。

---

[①] DOLAP:desktop OLAP。

（3）遗传算法：基于进化理论，并采用遗传结合、遗传变异以及自然选择等设计方法的优化技术。

（4）近邻算法：将数据集合中每一个记录进行分类的方法。

（5）规则推导：从统计意义上对数据中的"如果……那么……"规则进行寻找和推导。

采用上述技术方法的某些专门的分析工具虽然发展比较成熟，但由于分析的数据量较少，这些技术已被集成到大型的工业标准的数据仓库和联机分析系统中。

数据挖掘技术未来的发展趋势是：专门用于知识发现的类似 SQL 的形式化和标准化的数据挖掘语言将会出现；用户易于理解和操纵的可视化的数据挖掘过程可使其成为用户业务流程的一部分，包括数据用户化呈现与交互操纵两部分；Web 下的网络挖掘应用技术的发展，有助于在 Internet 上建立强大的数据挖掘引擎与数据挖掘服务市场；融合各种异构数据的挖掘技术出现。

## 第八节　电子政务安全技术[1,2,6]

网络及信息的安全是电子政务真正得以实施的关键。能否建立起有效的网络信息安全保障体系，在某种程度上决定着政府部门信息化建设的成败。本节介绍电子政务建设实施中应用的几种主要安全技术，包括信息加密、防火墙、CA①认证系统和公钥基础设施、访问控制、VPN②、入侵检测技术、防病毒技术等。

### 一、信息加密

信息加密技术是利用数学或物理手段，对电子信息在传输过程中和存储体内进行保护，防止电子信息泄露的技术。保密通信、计算机密钥、防复制软盘等都属于信息加密技术。通信过程中的加密主要采用密码技术，在数字通信中可利用计算机采用加密法，改变负载信息的数码结构；计算机信息保护则以软件加密为主。一种加密技术的可靠性主要取决于解密过程的难度，而这取决于密钥的长度和算法。

（1）对称密钥加密体制，使用相同的密钥对数据进行加密和解密，发送者和接收者用相同的密钥。对称密钥加密技术的典型算法是 DES③。DES 的密钥长度为 56 位，其加密算法是公开的，其保密性仅取决于对密钥的保密程度。优点是：加密处理简单，加密和解密速度快。缺点是：密钥管理困难。

（2）非对称密钥加密体制，又称公钥和私钥系统。其特点是加密和解密使用不同的密钥。非对称密钥加密体制的关键是寻找对应的公钥和私钥，并运用某种数学方法使加密过程成为一个不可逆过程，即用公钥加密的信息只能用与该公钥配对的私钥才能解密；反之亦然。非对称密钥加密的典型算法是 RSA④，RSA 算法的理论基础是数论的欧拉定理，

---

① CA：certificate authority，认证中心。
② VPN：virtual private network，虚拟专用网络。
③ DES：data encryption standard，数据加密标准。
④ RSA 算法是一种非对称密码算法，是用算法的发明者的名字命名的。非对称就是指该算法需要一对密钥，使用其中一个加密，则需要用另一个才能解密。

其安全性基于大数分解的困难性,具有以下三个优点:①解决了密钥管理问题,通过特有的密钥发放体制,使用户数大幅度增加时,密钥也不会向外扩散;②由于密钥已事先分配,不需要在通信过程中传输密钥,安全性大幅提高;③具有很高的加密强度。缺点则是:加密、解密的速度较慢。

## 二、防火墙[2]

在电子政务建设中,防火墙是用于隔离 Intranet 与 Extranet、Intranet 与 Internet,保障网络信息安全的重要技术手段。防火墙是一个或多个设置了访问策略的系统,通常放在两个网络之间,可以检查、控制通过的数据,允许授权的信息通过,限制非法入侵和窃取。简单的防火墙可以只用路由器实现,复杂的可以用主机甚至一个子网来实现。防火墙可以在 IP 层设置屏障,也可以用应用层软件来阻止外来攻击。但无论如何配置,设置防火墙都是为了在内部网与外部网之间设立唯一的通道。它简化了网络的安全管理。归纳起来,防火墙的功能包括以下几个方面:①控制不安全的服务,防止用户的非法访问和非法用户的访问;②控制对特殊站点的访问;③某些防火墙提供内容过滤功能,可以过滤病毒;④集成了入侵检测功能;⑤集中安全保护,提供监视 Internet 安全和预警的方便端点;⑥提供网络连接的日志记录及使用统计。

防火墙根据不同的标准有不同的分类。从技术实现角度,防火墙可分为数据包过滤、应用级网关和复合型防火墙等三种类型。

### (一)数据包过滤

数据包过滤技术是在网络层对数据包进行选择,选择的依据是系统内设置的过滤逻辑,被称为访问控制表(access control table)。数据包过滤技术通过检查数据流中每个数据包的源地址、目的地址、所用的端口号、协议状态等因素或它们的组合来确定是否允许该数据包通过。数据包过滤防火墙逻辑简单、价格便宜、易于安装和使用、网络性能和透明性好、传输性能和可扩展能力强,它通常安装在路由器上,路由器是内部网络与 Internet 连接必不可少的设备,因此,在原有网络上增加这样的防火墙几乎不需要任何额外的费用。图 4-7 为数据包过滤防火墙工作原理图。

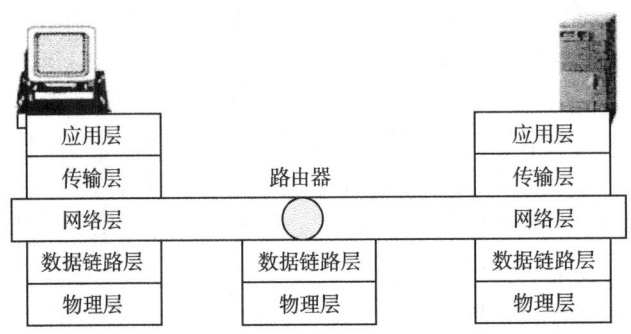

图 4-7 数据包过滤防火墙工作原理图

数据包过滤防火墙在安全性上有一定的缺陷,因为系统对应用层信息无感知,也就是说，防火墙不理解通信的内容，所以可能被黑客攻破。归纳来说，数据包过滤防火墙的缺点有二：一是非法访问一旦突破防火墙，即可对主机上的软件和配置漏洞进行攻击；二是数据包的源地址、目的地址以及 IP 的端口号都在数据包的头部，很有可能被窃取或假冒。

（二）应用级网关

应用级网关也常常被称为代理服务器，是在网络应用层上建立协议过滤和转发功能。应用型防火墙的物理位置与数据包过滤防火墙一样，但它的逻辑位置在 OSI 模型七层协议的应用层上，所以，主要采用协议代理服务（proxy services），就是在运行防火墙软件的堡垒主机（bastion host）上运行代理服务程序 Proxy。应用型防火墙不允许网络间的直接业务联系，而是以堡垒主机作为数据转发的中转站。堡垒主机是一个具有两个网络接口的主机，每一个网络接口与它所对应的网络进行通信，既能作为服务器接收外来请求，又能作为客户转发请求。如果认为信息是安全的，那么代理就会将信息转发到相应的主机上，用户只能够使用代理服务器支持的服务。在业务进行时，堡垒主机监控全过程并完成详细的日志（log）和审计（audit），这就大幅提高了网络的安全性。应用型防火墙易于建立和维护、造价较低，比数据包过滤防火墙更安全，但缺少透明性，效率相对较低。图 4-8 为应用级网关原理图。

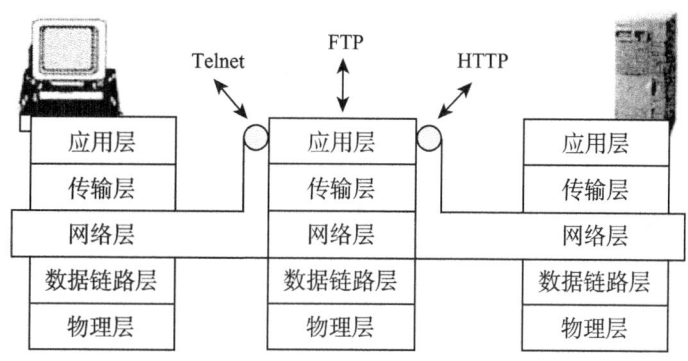

图 4-8　应用级网关原理图

（三）复合型防火墙

数据包过滤防火墙虽有较好的透明性，但无法有效区分同一 IP 地址的不同用户；应用型防火墙可以提供详细的日志及身份验证，但又缺少透明性。因此，在实际应用中，往往将两种防火墙技术结合起来，取长补短，形成复合型防火墙。

三、CA 认证系统和公钥基础设施

数字政府在技术上和法规上最重要的基础设施之一是为实现电子签名所必须建设的公钥基础设施（PKI[①]）。公钥基础设施包括：一整套的电子签名和加密技术；一个在地理上合理分布的、有相当数量的证书管理单位；一个包括发送方、接收方和证书管理单位在内的数据通信网络（软件、硬件设备）。为确保数字政府确定访问者的合法身份和文档的

---

① PKI：public key infrastructure。

有效性，需要在网络中建立并维持一种可以信任的环境和机制。目前，基于公钥基础设施的数字证书解决方案已经成为普遍采用的方案。公钥基础设施采用证书管理公钥，通过第三方的可信任机构即 CA，把用户的公钥和用户的其他标志信息捆绑在一起，在网上验证用户的身份。公钥基础设施就是提供公钥加密和电子签名服务的系统，目的是管理密钥和证书，保证网上数字信息传输的机密性、真实性、完整性和不可否认性。

（一）电子认证相关概念

1. 数字证书

数字证书是标识网络用户身份信息的系列数据，用来在网络通信中识别通信各方的身份。

数字证书是由权威、公正的第三方机构即 CA 签发的，以数字证书为核心的加密技术可以对网络上传输的信息进行加密、解密、电子签名和签名验证，确保网上传递信息的机密性、完整性，以及交易实体身份的真实性、签名信息的不可否认性，从而保障网络应用的安全性。

数字证书采用公钥密码体制，即利用一对互相匹配的密钥进行加密、解密。每个用户拥有一个仅为本人掌握的私钥，用它进行解密和签名；同时，拥有一个公钥并可以对外公开，用于加密和验证签名。

2. 电子签名

电子签名是通过一个单向函数对要传送的信息进行处理，得到的用来认证信息来源和核实信息在传送过程中是否发生变化的一个字母数字串。电子签名能够对信息来源进行确认，并能检测信息是否被篡改。

3. 电子认证

电子认证可以解决判定公共密钥的确定性以及私人密钥持有者否认签发文件的可能性等问题。这里面包括两种可能性：一是密钥持有人主观恶意，即有意否认自己的行为；二是客观原因，即发生密钥丢失、被窃或被解密情况，使发件人或收件人很难解释责任归属问题。

在传统的签名使用中，为了防止签名方提供虚假或被篡改的签名及发送人否认该签名为其本人所为，一般采取具有权威性的公证机关对某签名提前做出备案，并可提供验证证明的方式，防止抵赖或伪造等情形发生。在电子交易过程中，也需要一个权威性的公证机关作为认证中心，对公开密钥行使辨别及认证等管理职能，以降低发件人抵赖概率或减少密钥丢失、被偷窃或被解密等风险。事实上，电子签名的安全使用必须与建立安全认证体系相配合。

（二）CA 认证系统

CA 认证系统是一个负责发放和管理数字证书的权威机构。对于一个大型的应用环境，认证系统往往采用一种多层分级结构，各级的认证中心类似于各级行政机关，上级认证中心负责签发和管理下级认证中心的证书，最下级的认证中心直接面向最终用户。CA 认证系统结构如图 4-9 所示。

（1）CA 负责为整个体系的各类证书用户发放和撤销证书，接收各审核受理中心发来的证书请求，对高级证书申请进行审核，并维护和发布全国黑名单库。为保证系统的可靠性，CA 采用异地备份方式。

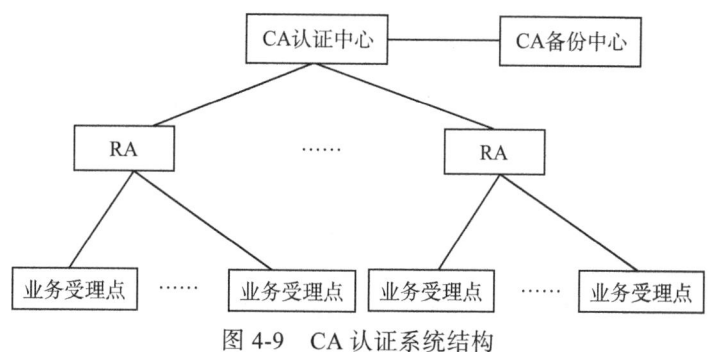

图 4-9　CA 认证系统结构

（2）RA[①]即数字证书审核受理中心，负责汇总本中心所辖的各业务受理点接收的各类用户的证书申请，并负责对某些证书申请进行二级审核，维护并发布本中心所管理的用户黑名单库。RA 的建立可以以省级或行业为单位进行。

（3）业务受理点是为用户提供证书申请服务的受理窗口，负责接收用户的证书申请请求，对用户提交的资料进行初级审核，并将资料提交给相应的审核受理中心。

CA 认证系统的主要功能有：证书发放、证书更新、证书作废、证书和证书作废列表公布、证书状态在线查询、证书计费和结算等管理，以及密钥生成、密钥更新、密钥备份与密钥恢复等。

（三）公钥基础设施

1. 公钥基础设施的概念

公钥基础设施是一种遵循既定标准的密钥管理平台，它能够为所有网络应用提供加密和电子签名等密码服务，并提供这些服务所必需的密钥和证书管理体系，即公钥基础设施就是利用公钥理论和技术建立的提供安全服务的基础设施。公钥基础设施技术是信息安全技术的核心，也是电子政务的关键和基础技术。

原有的单密钥加密技术采用特定加密密钥加密数据，而用于解密的密钥与加密密钥相同，这被称为对称型加密算法。如果在网络上采用此种加密技术进行数据加密，则无法保证安全。因为在发送加密数据的同时，也需要将密钥通过网络传输通知接收者，第三方在截获加密数据的同时相应密钥也被截获，数据就会被解密或非法篡改。区别于这种单密钥加密技术，PKI 采用非对称的加密算法，即由原文加密成密文的密钥不同于将密文解密为原文的密钥，以避免第三方获取密钥后将密文解密。PKI 的基础技术包括加密、电子签名、数据完整性机制、数字信封、双重电子签名等。

2. 公钥基础设施的基本组成

完整的 PKI 系统必须具有认证中心、数字证书库、密钥备份及恢复系统、证书作废系统、应用接口等部分。

（1）认证中心。认证中心是数字证书的申请及签发机关，认证中心必须具备权威性。

---

① RA：registration authority。

（2）数字证书库。数字证书库用于存储已签发的数字证书及公钥，用户可由此获得所需的其他用户的证书及公钥。

（3）密钥备份及恢复系统。如果用户丢失了用于解密数据的密钥，则数据将无法被解密，这将造成合法数据丢失。为避免这种情况，PKI 提供备份与恢复密钥的机制。但需注意，密钥的备份与恢复必须由可信的机构来完成，并且密钥的备份与恢复只能针对解密密钥，签名私钥为确保其唯一性不能作备份。

（4）证书作废系统。证书作废系统是 PKI 的一个必备组件。与日常生活中的各种身份证件一样，证书在有效期内也可能需要作废，原因可能是密钥介质丢失或用户身份变更等。为实现这一点，PKI 必须提供作废证书的一系列机制。

（5）应用接口。PKI 的价值在于使用户能够方便地使用加密、电子签名等安全服务，因此一个完整的 PKI 必须提供良好的应用接口系统，使各种各样的应用能够以安全、一致、可信的方式与 PKI 交互，确保安全网络环境的完整性和易用性。

一般来说，认证中心是证书的签发机构，它是 PKI 的核心。密码服务系统的核心内容是实现密钥管理。公钥密码体制涉及一对密钥（即私钥和公钥），私钥只由用户独立掌握，无须在网上传输，公钥则是公开的，需要在网上传送，故公钥密码体制的密钥管理主要是针对公钥的管理问题。目前较好的解决方案是数字证书机制。

## 四、访问控制

### （一）访问控制的概念

访问控制（access control）是通过一组机制来控制不同级别的主体对受保护资源客体的不同级别的授权访问。具体地说，主体可能包括网络用户、用户组、终端、主机或者应用程序等对网络资源进行访问的实体；资源客体可能包括主机、设备、程序、数据、目录等受访问的实体。访问控制就是要在这些主体和客体之间建立可否访问、如何访问的关系，将绝大多数攻击阻止在到达攻击目标之前。访问控制的原理如图 4-10 所示。

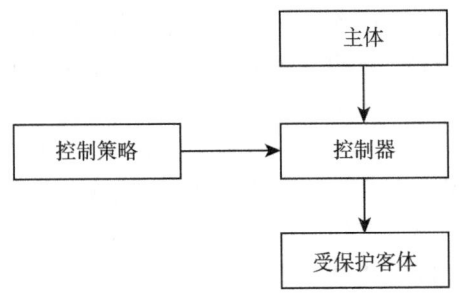

图 4-10 访问控制的原理示意图

### （二）访问控制的功能

访问控制的功能包括：①防止非法主体进入受保护的网络资源；②允许合法用户进入受保护的网络资源；③防止合法用户对受保护的网络资源的非授权访问。

访问控制的中心内容是实现对主体身份的认证和识别以及主体对客体的授权访问。

（三）访问控制实现策略

访问控制通常包含以下几种实现策略。

1. 入网访问控制

入网访问控制为网络访问提供了第一层访问控制。它控制哪些用户能够登录到网络并获取网络资源，控制准许用户入网的时间和准许他们在哪台计算机入网。

用户的入网访问控制包括三个步骤：用户名的识别与验证、用户口令的识别与验证、用户账号的缺省限制检查。如果任何一个步骤不能通过，该用户便不能进入该网络。对网络用户的用户名和口令进行验证是防止非法访问的第一道防线。用户注册时，首先输入用户名和口令，服务器将验证所输入的用户名是否合法。如果验证合法，才继续验证用户输入的口令，否则，用户将被拒之网络之外。用户的口令是用户入网的关键所在。为保证口令的安全性，用户口令不能显示在显示屏上，口令长度应不少于6个字符，口令字符最好是数字、字母和其他字符的混合。用户口令必须经过加密，加密的方法很多，其中最常见的方法有：基于单向函数的口令加密、基于测试模式的口令加密、基于公钥加密方案的口令加密、基于剩余平方的口令加密、基于多项式共享的口令加密、基于数字签名方案的口令加密等。经过上述方法加密的口令，即使是系统管理员也难以获取。用户还可采用一次性用户口令，或用便携式验证器（如智能卡）来验证身份。用户名和口令验证有效之后，再进行用户账号的缺省限制检查。网络能控制用户登录入网的站点，限制用户入网的时间，限制用户入网的工作站数量。当用户对交费网络的访问资费用尽时，网络还应能对用户的账号加以限制，用户此时无法访问网络资源。网络应对所有用户的访问进行审计，如果多次输入口令不正确，则认为是非法用户的入侵，应给出报警信息。

2. 网络的权限控制

网络的权限控制是针对网络非法操作所提出的一种安全保护措施。用户和用户组被赋予一定的权限。网络控制用户和用户组可以访问哪些目录、子目录、文件与其他资源，指定用户能够对这些文件、目录等执行哪些操作。我们可以根据访问权限将用户分为以下几类。

（1）特殊用户（即系统管理员）。

（2）一般用户，系统管理员根据一般用户的实际需要为其（指的是一般用户）分配操作权限。

（3）审计用户，负责网络的安全控制与资源使用情况的审计。用户对网络资源的访问权限可以用一个访问控制表来描述。

3. 目录级安全控制

目录级安全控制用于控制用户对目录、文件、设备的访问。用户在目录一级被指定的权限对所有文件和子目录有效，用户还可进一步被指定对目录下的子目录和文件的权限。对目录和文件的访问权限一般有八种：系统管理员（supervisor）权限、读（read）权限、写（write）权限、创建（create）权限、删除（erase）权限、修改（modify）权限、文件查找（file scan）权限、访问控制（access control）权限。一个网络系统管理员应当为用户指定适当的访问权限，这些访问权限控制着用户对服务器的访问。八种访问权限的有效组合可以让用户有效地完成工作，同时又能有效地控制用户对服务器资源的访问，从而加强了网络和服务器的安全性。

#### 4. 属性安全控制

当使用文件、目录和网络设备时，网络系统管理员应为文件、目录等指定访问属性。属性安全控制可以将给定的属性与网络服务器的文件、目录和网络设备联系起来。属性安全在权限安全的基础上具有更可靠的安全性。网络上的资源都应预先标出一组安全属性。用户对网络资源的访问权限对应一张访问控制表，用以体现用户对网络资源的访问能力。属性往往能控制以下几个方面的权限：向某个文件写数据、拷贝一个文件、删除目录或文件、查看目录和文件、执行文件等。属性安全控制用于保护重要的目录和文件，防止用户对目录和文件的误删除、执行修改、显示等。

总的来说，访问控制是网络安全防范和保护的主要策略，它的主要任务是保证网络资源不被非法使用和非常访问，也是维护网络系统安全、保护网络资源的重要手段。各种安全策略必须相互配合才能真正起到保护作用，访问控制是保证网络安全最重要的核心策略之一。

### 五、VPN

#### （一）VPN 的概念

VPN 即虚拟专用网络，是利用公共网络基础设施，通过隧道技术等手段实现类似私有专网数据安全传输的一种技术。针对不同的用户要求，VPN 有三种解决方案：远程访问虚拟网（access VPN）、企业内部虚拟网（Intranet VPN）和企业扩展虚拟网（Extranet VPN），这三种类型的 VPN 分别和传统的远程访问网络、企业内部的 Intranet 以及企业网与相关合作伙伴的企业网所构成的 Extranet 相对应。

VPN 综合了传统数据网络的性能优点（安全和服务质量保证）和共享数据网络结构的优点（简单和低成本），能够提供远程访问，实现外部网和内部网的连接，在降低成本的同时满足了对安全性、网络带宽、接入和服务不断增加的需求。因此，可以预测，VPN 必将成为未来企业传输业务的主要工具。同样，VPN 技术也必将成为组建安全的电子政务网络的可选技术。

#### （二）基于 IPSec[①] 的 VPN 技术

VPN 可以建立在 IP、帧中继、DDN[②]、X.25、PSTN[③] 和 ATM 等网络上，其中，基于 IPSec 的 VPN 技术是目前研究和开发的重点。基于 IPSec 的 VPN 技术能够在公用网的环境中保障数据的安全传输，它还可以通过其他安全技术，如身份认证技术、防火墙等来保障网络的安全。

基于 IPSec 的 VPN 的工作原理如图 4-11 所示。

在基于 IPSec 的 IP-VPN 中，报文传递流程如下：当发送端的明文进入 IP-VPN 设备，首先由访问控制模块决定是否允许其进入公网，若允许进入，应根据设定的安全规则，确

---

① IPSec：internet protocol security，互联网络层安全协议，是由 Internet Engineering Task Force（IETF，互联网工程任务组）定义的安全标准框架，用以提供公用与专用网络的端对端加密和验证服务。
② DDN：digital data network，数字数据网，利用数字信道提供永久性电路，是以传输数据信号为主的数字传输网络。
③ PSTN：public switched telephone network，公共交换电话网，是一种全球语音通信电路交换网络。

定是直接以明文进入，还是应该加密进入安全隧道。对于需要加密传递的报文，一般需要进行加密和摘要、签名等认证处理，保证报文的完整性和可鉴别性。其次按进入公用 IP 网络的要求，重新对报文进行 IP 封装。最后，经 IP 封装后的报文通过公网传递至目的端。经过加密、认证和再封装，数据包如同通过一个加密隧道直接送入接收方，其他用户不知道也不能篡改或伪造、仿冒所传递的内容。接收方通过相反的过程对报文进行解密。

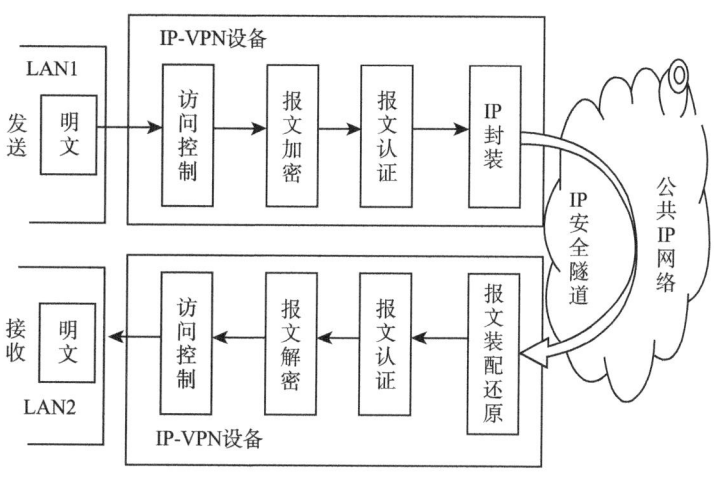

图 4-11　基于 IPSec 的 VPN 的工作原理示意图

## 六、入侵检测技术

### （一）入侵检测的基本概念

入侵检测（ID[①]）通过从计算机网络或计算机系统中的若干关键点收集信息并对其进行分析，以发现网络或系统中是否有违反安全策略的行为和遭到攻击的迹象。入侵检测技术是动态安全技术中最核心的技术之一。传统的操作系统加固技术和防火墙隔离技术等都是静态安全防御技术，对网络环境日新月异的攻击手段缺乏主动的反应。目前，利用最新的可适应网络安全技术和 P2DR[②]安全模型，可以深入地研究入侵事件、入侵手段本身及被入侵目标的漏洞等。

入侵检测系统（IDS[③]）主要通过以下几种活动来完成任务：监视、分析用户及系统活动；对系统配置和弱点进行审计；识别与已知的攻击模式匹配的活动；对异常活动模式进行统计分析；评估重要系统和数据文件的完整性；对操作系统进行审计跟踪管理，识别用户违反安全策略的行为。除此之外，有的 IDS 还能自动安装厂商提供的安全补丁软件，并自动记录有关入侵者的信息。

---

① ID：intrusion detection。

② P2DR：policy protection detection response，策略保护检测响应。

③ IDS：intrusion detection system，IDS 通过从网络或计算机系统中的若干关键点收集信息，并对其进行分析，对发现的网络或系统中的可疑行为或遭到袭击的迹象做出策略反应，及时阻断入侵源，并通过各种途径通知网络管理员，最大限度地保障系统安全。IDS 是对传统的防火墙隔离技术（静态安全防御技术）的合理补充，被认为是继防火墙之后的第二道安全闸门。

## （二）入侵检测的分析方式

入侵检测技术通过对入侵行为的过程与特征的研究，使安全系统对入侵事件和入侵过程做出实时响应。从分析方式上可分为异常发现技术和模式发现技术。目前国际顶尖的 IDS 主要以模式发现技术为主，并结合异常发现技术。

### 1. 异常发现技术

假定所有入侵行为都是与正常行为不同的。如果建立系统正常行为的轨迹，那么理论上可以把所有与正常轨迹不同的系统状态视为可疑企图。对于异常阈值（或门限值）与特征的选择是异常发现技术的关键。比如，通过流量统计分析将异常时间的异常网络流量视为可疑的现象。异常发现技术具有局限性，即并非所有的入侵都表现为异常，而且系统的轨迹难以计算和更新。

### 2. 模式发现技术

假定所有入侵行为和手段（及其变种）都能够表达为一种模式或特征，那么所有已知的入侵方法都可以用匹配的方法被发现。模式发现技术的关键是如何表达入侵的模式，并把真正的入侵与正常行为区分开来。模式发现技术的优点是误报少，局限是它只能发现已知的攻击，对未知的攻击无能为力。

## （三）入侵检测的实现手段

IDS 从实现方式上一般分为两种：基于网络的 IDS 和基于主机的 IDS。一个完备的 IDS 一定是基于网络和基于主机两种方式兼备的分布式系统。另外，识别入侵手段的数量多少，最新入侵手段的更新是否及时，也是评价 IDS 的关键指标。

### 1. 基于网络的 IDS

基于网络的 IDS 使用原始的网络分组数据包作为进行攻击分析的数据源，一般利用一个网络适配器来实时监视和分析所有通过网络进行传输的通信。一旦检测到攻击，IDS 应答模块就通过通知、报警以及中断连接等方式对攻击做出反应。

### 2. 基于主机的 IDS

基于主机的 IDS 即 Host-based IDS（HIDS），主要用于监视分析系统、事件和安全记录，可以监视用户和系统的活动，检查到基于网络的 IDS 察觉不到的攻击，适用于采用数据加密和交换式连接的子网环境。

# 七、防病毒技术

## （一）病毒的概念和特征

计算机病毒，简称病毒，是指编制者在计算机程序中插入的破坏计算机功能或者毁坏数据、影响计算机使用，并能自我复制的一组计算机指令或者程序代码。病毒本质上是一种特殊的程序，需具备下述四个基本特征。

### 1. 传染性

病毒能够对自身进行复制和传播。它将自身嵌入其他程序，如文字处理软件、电子表格软件或磁盘的引导扇区。当通过电子邮件发送附件、通过磁盘传递程序或将文件复制到文件服务器时都有可能感染病毒。当用户收到被病毒感染的文件或磁盘时，也将病毒传播到自己的计算机中。当用户运行感染病毒的软件或者从感染病毒的磁盘启动计算机时，病毒程序也同时被运行。

2. 隐蔽性

通常情况下，病毒隐藏在内存、正常程序或磁盘较隐蔽的地方，个别病毒以隐含文件的形式出现，目的是随时准备侵入正在运行的其他程序或者访问的磁盘，不让用户发现其存在。若无防护措施，病毒程序取得系统控制权后，短时间内可侵入大量程序，且计算机系统通常仍能正常运行，用户不会发现任何异常。

3. 潜伏性

大部分病毒侵入系统后一般不会马上发作，而是长期隐藏，只有满足其特定条件时才会启动表现（破坏）模块，进行广泛传播。

4. 破坏性

任何病毒只要侵入系统，都会对系统及应用程序产生不同程度的影响。轻者降低计算机工作效率，占用系统资源，重者导致系统崩溃；由此可将病毒分为良性病毒与恶性病毒。前者可能只显示画面或发出音乐以及无聊的语句，没有任何破坏动作，但会占用系统资源。后者则有明确目的，或破坏数据、删除文件，或加密磁盘、格式化磁盘，对数据造成不可挽回的破坏。

（二）网络病毒的新特点

随着互联网的迅速发展和日益普及，病毒的传播方式发生了重大改变。磁盘作为病毒传播的载体日渐减少，而通过电子邮件附件、FTP 下载等网络传播病毒的方式日益增多，特别是电子邮件附件病毒传播近年愈演愈烈。通过网络途径，原本单机运行的病毒程序迅速、被动地蔓延到网络上的其他主机。更严重的是，一些病毒具备自动通过网络传播的功能，威力远强于单机病毒，这种病毒被称为网络病毒，除具备单机病毒的特征，还有以下新特点。

1. 破坏性强

以 Novell 网为例，一旦文件服务器的硬盘被病毒侵入，就可能造成 NetWare 分区中某些区域的内容损坏，使网络服务器无法启动，导致整个网络瘫痪，损失不可估量。

2. 传播性强

网络病毒普遍具有较强的再生机制，一接触就可通过网络扩散与传染。网络中病毒传播的速度是单机的几十倍。

3. 潜伏性和可激活性更强

网络病毒在一定环境下受到外界因素刺激便能活跃起来，这就是病毒的激活。激活的本质是一种条件控制，此条件是多样化的，可以是内部时钟、系统日期和用户名称，也可以是在网络中进行的一次通信。病毒程序可以按照病毒设计者的预定要求，在某个服务器或客户机上激活，并向各网络用户发起攻击。

4. 针对性强

网络病毒并非一定对网络上所有的计算机都进行感染与攻击，而是具有针对性。例如，有的网络病毒只能感染 IBM-PC 工作站，有的只能感染 Macintosh（麦金塔计算机），有的病毒则专门感染使用 Unix 操作系统的计算机。

5. 扩散面广

网络病毒能通过网络进行传播，故扩散面很广。一台 PC 的病毒可以通过网络感染与之相连的众多机器。网络病毒造成网络瘫痪的损失难以估量，一旦网络服务器被感染，杀毒所需的时间将是单机的几十倍以上。

（三）网络病毒的预防、检测和杀毒

由于在网络环境下病毒有不可估量的威胁性和破坏力，因此对网络病毒的防范是网络安全建设中极其重要的一环。网络反病毒技术包括预防病毒、检测病毒和杀毒三种技术。

1. 预防病毒技术

预防病毒技术通过自身常驻系统内存优先获得系统的控制权来监视和判断系统中是否有病毒存在，进而阻止病毒进入系统和对系统进行破坏。这类技术包括加密可执行程序、引导区保护、系统监控与读写控制（如防病毒卡）等。

2. 检测病毒技术

检测病毒技术是对病毒的静态或者动态特征进行判断的技术，如自身校验、关键字、文件长度的变化等。

3. 杀毒技术

杀毒技术通过对病毒的分析，开发出具有删除病毒程序并恢复原文件功能的软件。

网络反病毒技术的具体实现方法包括：对网络服务器中的文件进行频繁地扫描和监测；在工作站上安装防病毒芯片和对网络目录及文件设置访问权限等。

## 第九节　前沿数字技术

随着移动互联技术的飞速发展，人们迫切希望随时随地乃至在移动过程中都可以方便地从互联网获取信息和服务。截至 2021 年 6 月，我国网民规模达 10.11 亿人。政府的职能机构在 4G 时代背景下已逐步实现信息化、智能化、效率化，政务新媒体发展突飞猛进，"两微一端"（微博、微信和移动客户端）在很多政务民生领域已成为常态，为民众带来了很大的便利，很多业务足不出户即可预约办理。网上查询预约等快捷服务通道，大大提升了相关部门工作人员的工作效率，移动电子政务已经成为政务信息化的主流发展趋势。然而移动互联网在移动终端、接入网络、应用服务、安全与隐私保护等方面面临着一系列挑战。云计算、物联网、大数据、区块链技术等一系列新的技术变革加速融合创新，正在引领互联网发展的新潮流，也必将改善电子政务模式。本节将具体介绍物联网技术、云计算技术和区块链技术。

### 一、物联网技术

电子政务虽然核心是政务，但在很大程度上依赖电子信息和通信技术。信息通信技术的每一个进步，都会给传统的政务服务带来创新的力量。物联网连接物理感知域，具有信息感知和协同处理的功能,可应用于监控、预警和指挥等系统。物联网的应用将极大地提升政府部门在公共安全、公众服务、市场监管、社会管理等领域的实时感知和智慧处理的能力。因此,物联网在某种意义上就是电子政务创新的"智慧神经"。

（一）物联网的概念

1995年,比尔·盖茨在《未来之路》一书中首次提及物联网（IoT①）,此后十年,国际电信联盟于2005年正式提出物联网的概念。物联网是一种实现万物互联的新型网络模式,基于传统有线、无线网络等信息载体,在原有网络上进行延伸和扩展,使其用户端可以扩展到任意物品之间进行信息交换。物联网概念的提出使每个独立的物体都成为网络中的一部分,打破了物原本的封闭状态,建立了物与物之间的联系。物联网的体系结构可以划分为感知层、网络层、应用层。[7]

1. 感知层

作为物联网的工作基础,感知层由具有感知外界信息功能的传感器组成,主要负责感知和采集物理世界中的数据。感知层是物联网中关键技术亟待突破的部分,以实现在具有更加全面、准确的感知能力的同时尽量降低功耗和成本。

2. 网络层

为实现更加广泛的互联,传感器在感知到物理世界中的信号后,需要通过网络将其高效、安全地传送到后台。万物互联期待万物均拥有独立的IP运行能力,以实现端到端的控制,在此情况下,所需要的IP地址数量迅速增加。老版本IPv4使用的32位寻址方案已经无法满足所需要的地址数量,IPv6带来的128位寻址方式使得物联网网络传输成为可能。与此同时,5G技术的快速发展也推动物联网更快传输。

3. 应用层

应用层将接收到的网络层传来的数据在应用层进行信息处理,并通过相关设备实现与人的交互。信息采集、处理后可提供更加多样的物联网应用。

与传统互联网相比,物联网将应用多种感知技术。每一个传感器都是一个信息源,传感器捕获的数据具有实时性,并按照一定的频率周期性地捕获物理环境中的信息,不断对数据进行更新。

（二）物联网的应用

信息时代物联网无处不在,加之物联网具有实时性和交互性的特点,已被广泛应用在人类生活的各个方面。主要应用领域如下。

1. 城市管理

（1）城市运行监控：物联网提供的环境检测功能可以监控城市人流、车流等交通情况,可以监控供电、供水、供气等城市保障情况,也可以探测火灾等安全防护信息,方便政府职能部门及时向居民发出车辆拥堵、停水停电、灾情等情况的预警。

---

① IoT：internet of things。

（2）智能控制：如何快速高效地解决城市生活中发生的意外情况是物联网在城市管理中发挥的一个重要作用。通过对城市保障情况的监控，根据城市实际需求的变化及时调配物资、科学规划，保障居民的正常生活。通过对夜间照明、交通路况等的监控，实现科学管理、降低城市耗能、实现城市绿色发展。

2. 数字家庭

数字家庭是在计算机网络技术的基础上，通过不同方式进行信息交换，实现家庭网络中各个电子产品之间互联的一种服务，主要实现家庭应用的集中控制、信息存储和转发。基于数字家庭平台人们可以实现远程看房、远程社区服务等，其为人们的生活提供了极大便利。

3. 定位导航

通过定位系统实时获取人或物的位置信息是物联网时代的一个重要研究课题。物联网通过与卫星定位技术、蜂窝基站定位技术、无线室内环境定位技术等相结合，能够实现在互联网覆盖区域里确定物体位置并进行位置共享，实现端到端的多向互动。

4. 现代物流管理

在物流商品中植入传感芯片，使商品成为物联网中的一个节点，从而商品在运输过程中的装车、入库、扫描等操作都可以被监控，其在任一时间点的位置及所处状态均可被明确，极大地提高了物流过程的安全性。

5. 食品安全控制

物联网通过为食品配备依附在食品上的具有唯一标识作用且难以复制的标签，可以起到查询食品信息和防伪打假的作用，这是查处假冒伪劣产品的一个重要措施。

6. 零售监控

无线射频识别技术（RFID[①]）取代零售业的传统条码（bar code）系统，使物品识别的穿透性（主要指穿透金属和液体）以及商品防盗和跟踪有了极大改进。

7. 数字医疗

物联网可以帮助医院实现人员管理、医疗过程管理、供应链管理等方面的智能化，实现对患者的身体状态监控，及时有效地进行网络诊断。

8. 防入侵系统

通过在地面、围栏等易被入侵位置安装传感器，可有效防止入侵者的攻击性入侵行为。

（三）物联网主要技术

物联网能够实现万物互联并被应用于各行各业中，主要依靠 RFID 技术、传感器技术、无线传输技术的支持[7]。

1. RFID 技术

RFID 是 20 世纪末开始发展的一种自动识别技术，它通过射频信号自动识别目标并获取相关信息。RFID 由标签、阅读器和天线三部分组成，阅读器发射一定频率的无线电波能量，当标签进入无线电波磁场后，接收到阅读器发出的射频信号，凭借磁场产生的感应

---

① RFID：radio-frequency identification。

电流获得能量，并依靠此能量发出存储在芯片中的产品信息，再将产品信息送至中央信息系统进行数据处理。

RFID 是一项易于操控、使用灵活的应用技术，识别过程为全自动识别，不需要进行人工干涉，对工作环境的要求极低，可在各种恶劣环境下进行工作。射频具有读取方便、识别速度快、数据容量大、使用时间长等诸多优势，可以替代传统的条形码、二维码作为物品的跟踪标识。

2. 传感器技术

传感器是一种能够感受到物理世界并将感受到的信息按一定规律转换成电信号的器件或装置，多作为物联网的感知层。传感器技术同计算机技术、通信技术一起被称为信息技术的三大支柱。人类感知外界信息必须借助感觉器官，而传感器则更像是计算机的"感觉器官"，也可被理解为人类五官的延长，在人类不能顾及的角落里代替人类感应外部世界的信息，并发送给计算机进行信息处理。

传感器一般由敏感元件、转换元件和转换电路组成，必要时也可以配备辅助电源。

（1）敏感元件。敏感元件在传感器的最外层，主要负责直接感受被测量的信号，并输出与被测量值成一定代数关系的某一物理量值。

（2）转换元件。转换元件是传感器的核心元件，它接收敏感元件输出的非电量的物理量，并将其转化为电信号作为自己的输出。

（3）转换电路。转换电路将转换元件输出的电信号进行放大调制后输出。转换元件和变换电路有时需要辅助电源为其供电。

3. 无线传输技术

如果说传感器是物联网的感觉器官，那么无线传输就是物联网的神经系统，将分散在物联网中的各个传感器节点连接成一张完整的网。常用的无线传输技术从传输距离上可以分为远距离无线传输和近距离无线传输，远距离无线传输技术主要包括 4G、5G、NB-IoT[①]、GPRS/CDMA[②]；近距离无线传输技术包括 Wi-Fi、蓝牙、UWB[③]、ZigBee[④]、NFC[⑤]等。远距离无线传输技术的信号覆盖范围一般在几公里到几十公里之间，近距离无线传输技术的信号覆盖范围则一般在几十厘米到几百米之间。在物联网领域，由于大多数传感器都是内置在芯片中，网络传输的能耗低，且功率小，因此主要以近距离无线传输技术为主。而远距离无线传输技术因其信号传输距离远，则一般被使用在较为偏远或环境比较恶劣、不适宜铺设线路的地区，以完成无线通信的职责。

## 二、云计算技术

随着政府门户网站用户数量的快速增长以及政务信息日趋多媒体化，政府门户网站要

---

① NB-IoT：narrow band internet of things，窄带物联网。

② GPRS/CDMA：general packet radio service / code division multiple access，通用分组无线业务/码分多址。

③ UWB：ultra-wideband，超宽带。

④ ZigBee：紫蜂协议，一项基于 IEEE（Institute of Electrical and Electronics Engineers，电气电子工程师学会）802.15.4 标准的低功耗局域网协议。

⑤ NFC：near field communication，近场通信。

处理海量数据。伴随政务信息资源开发利用的深入，数据集中以及信息交换对计算能力提出新的要求，传统政府数据中心建设和运行的成本不断上升。移动终端的普及以及 4G、5G 等大容量移动通信技术的应用，使越来越多的移动设备进入政务应用系统，使处理大量的数据比以前承受更多的负载，需要云计算平台作为支撑来帮助缩短政务应用系统的响应时间，需要利用云计算模式提高政府数据中心的运行效率，以此降低政府数据中心的建设成本。

（一）云计算的概念

云计算的概念最早是由 Google 工程师比希利亚提出，其目的是推广 Google 强大的计算资源。美国国家标准与技术研究院（NIST[①]）将云计算定义为一种模型，它可以实现随时随地、便捷、随需应变地从可配置计算资源共享池中获取所需的资源（如网络、服务器、存储、应用、服务），资源能够被快速供应并释放，使管理资源的工作量和与服务提供商的交互减小到最低限度。

云计算是一种超级计算模式，以互联网为基础，通过这种超级计算模式来实现用户在线共享硬件资源、软件资源、信息资源，将计算机的存储和计算能力最大化。云计算是分布式计算、效用计算、虚拟化技术、Web 服务、网格计算等技术的融合和发展，其目标是用户通过网络能够在任何时间、任何地点最大限度地使用虚拟资源池，处理大规模计算问题。根据云计算的概念以及云计算技术的产生背景可知，云计算技术有以下 7 个特点。

1. 超大规模性

"云"具有相当的规模，一些知名的云供应商，比如 Google 云计算、阿里、微软等都拥有超过 100 多万台服务器，企业私有云一般拥有数百或上千台服务器。依靠分布式的服务器所建立的"云"能赋予用户前所未有的计算能力。

2. 虚拟化技术

虚拟化技术支持用户在任意位置、使用各种终端获取应用服务，即用户只需要一台笔记本电脑或者一个手机，就可以通过网络服务来实现其需要的一切，甚至包括超级计算这样的任务。

3. 高可靠性

"云"使用了数据多副本容错机制、计算节点同构可互换等措施来保障服务的高可靠性，使用云计算比使用本地计算机可靠。

4. 通用性

云计算技术不针对特定的应用，在"云"的支撑下可以构造出千变万化的应用，同一个"云"可以同时支撑不同的应用运行。

5. 动态可扩展性

"云"的规模可以动态伸缩，它可以随时增加或者删除设备，以满足应用和用户规模增长的需要。

---

① NIST：national institute of standards and technology。

6. 高度兼容性

云计算能够兼容不同硬件厂商的产品，兼容低配置机器和外设而获得高性能计算。

7. 随时随地工作

如果用户手中有互联网连接和笔记本电脑，即可通过互联网访问云计算资源。云计算服务还提供移动应用程序，以便用户访问智能手机上的资源。

（二）云计算的部署方式与提供的服务类型

1. 云计算的部署方式

根据云计算服务对象范围的不同，云计算主要有三种部署方式：公有云、私有云和混合云。

（1）公有云。面向外部用户需求，通过开放网络提供云计算服务。云端资源开放给社会公众使用，因此公有云的规模往往很大。

（2）私有云。大型企业按照云计算的架构搭建平台，面向企业内部需求提供云计算服务，即利用已有或租用基础设施资源自我构建的云。云端资源只给一个单位组织内的用户使用，这是私有云的核心特征。

（3）混合云。由两种或两种以上部署形式组成的云。不同部署形式的云各自独立，用技术将它们组合起来，实现云之间数据混合和匹配并达到最佳的效果。

2. 云计算提供的服务类型

云计算服务是分层的，根据每一层所提供的服务，分别为：基础设施即服务、平台即服务、软件即服务。

（1）基础设施即服务（IaaS[①]）。该层提供硬件基础设施部署服务，为用户按需提供实体或虚拟的计算、存储和网络等资源。

（2）平台即服务（PaaS[②]）。该层提供云计算应用程序运行环境、应用程序部署与管理服务。通俗地讲就是为用户提供一套可编程、可开发的云环境。

（3）软件即服务（SaaS[③]）。该层是基于云计算基础平台所开发的应用程序。

（三）云计算关键技术

云计算关键技术包括五个方面的内容：体系结构、数据存储技术、计算模型、资源管理与调度和虚拟化技术[8]。

1. 体系结构

云计算的体系结构有三层，分别是核心服务层、服务管理层和用户访问接口层。核心服务层主要是将硬件基础设施、软件运行环境以及应用程序抽象成服务，而这些服务具有可靠性强、可用性高、规模可伸缩等特点，可以满足多样化的应用需求。服务管理层的工作是为核心服务提供支持，进一步确保核心服务的可靠性、可用性与安全性。用户访问接口层实现用户端到云的访问。

---

[①] IaaS：infrastructure as a service。

[②] PaaS：platform as a service。

[③] SaaS：software as a service。

2. 数据存储技术

云计算的本质是把服务器、网络设备、存储设备以及各种软件转化为服务产品，用户通过网络在线使用这些产品以及服务，这里的存储一方面是指虚拟内存的组成部分，另一方面是指软件和数据的存放场所。云端主要采用的存储技术是分布式存储，通过分布式文件系统把多台计算机的存储资源整合成一个大的存储空间。对于每一台计算机而言，既有插在主板上的直接存储，又有通过网络连接的外部存储。服务器存储局域网逐渐在各个数据中心的建设中起到重要的作用。

3. 计算模型

云计算的计算模型是指可编程的并行计算框架，需要高扩展性和容错性的支持。PaaS不仅要实现海量数据的存储，而且要提供面向海量数据的分析处理功能。由于PaaS部署于大规模硬件资源上，所以需要抽象分析处理过程，屏蔽底层细节。

4. 资源管理与调度

海量数据处理平台的大规模性给资源管理与调度带来了极大的挑战。云计算平台的资源管理与调度包括：异构资源管理、资源合理调度与分配。云计算平台中包含大量的文件副本，对这些副本的有效管理是PaaS层保证数据可靠性的基础，一个有效的副本策略不但可以降低数据丢失的风险，还能优化作业完成的时间。

5. 虚拟化技术

虚拟化技术为云计算服务提供基础架构层面的技术支撑，也促使信息、通信和技术服务快速走向云计算。虚拟化技术是在软件中仿真计算机硬件，以虚拟资源为用户提供服务的计算形式，旨在合理调配计算机资源，使其更高效地提供服务。通过虚拟化技术，能够将各种硬件资源转化为统一的具有灵活性的虚拟存储库，从而形成云计算的基础设施，而且虚拟化技术在CPU、操作系统以及服务器等方面也有广泛的应用。

（四）云计算的应用

云计算的应用主要分为以下九类。

1. 云物联

随着物联网业务量的增加，对数据存储和计算量的需求将带来对云计算能力的要求。在物联网高级阶段，需要其与虚拟化云计算技术相结合以实现互联网的泛在服务。

2. 云安全

云安全的策略构想是：使用者越多，每个使用者就越安全。因为，如此庞大的用户群，足以覆盖互联网的每个角落，某个网站只要出现异常，就会立刻被截获。云安全通过网状的大量客户端对网络中软件异常的行为进行监测，获取互联网中木马、恶意程序的最新信息，推送到服务器端进行自动分析和处理，再把病毒和木马的解决方案分发到每一个客户端。

3. 存储云

存储云又称云存储，是在云计算概念上延伸和发展出来的一个新的概念。存储云是指通过集群应用、网格技术或分布式文件系统等功能，将网络中大量不同类型的存储设备通过应用软件集合起来协同工作，共同对外提供数据存储和业务访问功能的一个系统。用户可以将本地资源上传至云端，也可以在任何地方连入互联网来获取云端上的资源。

4. 医疗云

医疗云是指在云计算、移动技术、大数据、物联网以及多媒体等新技术的基础上，结合医疗技术来创建医疗健康服务云平台，以实现医疗资源的共享和医疗范围的扩大，并方便居民就医。

5. 教育云

教育云实质上是指教育信息化的一种发展。教育云可以将所需的任何教育硬件资源虚拟化，然后将其传入互联网中，向教育机构和学生提供一个方便快捷的平台。

6. 金融云

金融云通过利用云计算的模型，将信息、金融和服务等功能分散到庞大分支机构所构成的互联网云中，其目的是为银行、保险和基金等金融机构提供互联网处理和运行服务，同时共享互联网资源。

7. 云会议

云会议是基于云计算技术的一种高效、便捷、低成本的会议形式。使用者只需要通过互联网界面，进行简单易用的操作，便可快速高效地与全球各地团队及客户同步分享语音、数据文件及视频，而会议中数据的传输、处理等复杂技术由云会议服务商帮助使用者进行操作。

8. 云社交

云社交是一种物联网、云计算和移动互联网交互应用的虚拟社交应用模式，以建立著名的资源分享关系图谱为目的，开展网络社交。云社交的主要特征就是把大量的社会资源统一整合和评测，构成一个资源有效池向用户按需提供服务。

9. 政务云

政务云是指结合云计算技术对政府管理和服务职能进行精简、优化、整合，并通过信息化手段在政务上实现各种业务流程办理和职能服务，为政府各级部门提供可靠的基础 IT 服务平台。考虑到电子政务系统在安全方面的特殊要求，电子政务云更适合选择私有云。

## 三、区块链技术

随着社会信息化水平与网络通信技术水平的不断进步，各级政府部门之间的数据资源共享也变得日益频繁，数据整体呈现出了体量大、增长速度快等特点，这也很大程度地影响到政府信息部门的协作效率。因此，政府部门越来越重视存储数据的共享管理和建设，以便高效发挥政府数据的价值。区块链技术在政府数据共享领域发挥着重大的作用和价值，并且能够推动政务数据在多部门之间安全共享和高效利用。

（一）区块链的概念

区块链技术原是一种数字加密货币体系的核心支撑技术，本质上是一个去中心化的数据库，是通过去中心化和去信任的方式集体维护一个可靠数据库的技术方案。《中国区块链技术和应用发展白皮书（2016）》对区块链进行定义：区块链技术是利用块链式数据结构来验证与存储数据、利用分布式节点共识算法来生成和更新数据、利用密码学的方式保证数据传输和访问的安全、利用由自动化脚本代码组成的智能合约来编程和操作数据的一种全新的分布式基础架构与计算范式。

区块链技术具有以下五大特点。

1. 去中心化

去中心化是区块链技术最核心的特点。它去除了中心节点的支配和干预,不再需要第三方机构,任何人都可以访问整个数据库及查看其完整的历史记录,实现人与人、点对点的交易和互动。去中心化给整个网络带来了较大的安全性和稳定性。

2. 数据不可篡改

由于区块链有时间戳、非对称加密算法等技术支撑,能使区块链系统中的信息传输不可逆、可追溯和不可篡改。不可篡改意味着一旦数据写入区块链,任何人都无法轻易擅自更改数据信息。区块链不可篡改的特性适用于多个领域,如数字货币、数字政务等。

3. 数据透明

区块链系统的规则、事务和记录对整个网络的节点都是公开透明的。除了交易各方的私有信息被加密外,数据对全网节点是透明的,任何人或参与节点都可以通过公开的接口查询区块链数据记录或者开发相关应用,并且节点之间不存在欺骗。

4. 匿名性

区块链技术保护了用户的隐私,不需要用户公开个人身份及账户信息,可以匿名进行数据的交换。这是因为各节点之间遵循着固定的密码算法,它们无须信任对方就可直接进行交易,不是基于个人身份而是基于地址。因此,在交易过程中,双方不用公开个人身份就能让对方对其信任,具有匿名性。

5. 跨平台

区块链网络的建立和运行依赖加密算法和协议,对平台环境没有要求。因此,区块链技术具有良好的跨平台特性,应用广泛。

(二)区块链的类型及架构

1. 区块链的类型

根据不同的应用场景以及复杂多变的用户需求,可以选择不同的区块链类型。按照参与方的不同,可将区块链大致分为三类:公共区块链、私有区块链和共同体区块链。在实际应用中,单一类型的区块链往往无法满足用户的各种需求,这就需要将不同形式的区块链进行组合。

(1)公共区块链(public blockchain)简称公共链,是完全去中心化的平台,它的任何节点都可以随时加入或者离开,这意味着节点间拥有平等的权利。公共链的交易数据被打包并且被存储在形式块,这些形式块的组合形成了一个区块链(区分一个形式块与另一个形式块的关键因素是时间戳)。公共链上的数据记录是开放的,任何人都可以在平台上加入、编写和阅读数据,并且可以通过区块链发送和验证数据。验证后,尽管平台上存储的数据是公开可用的,但仍无法更改。公共链的节点也是开放和共享的,任何人都可以下载完整的区块链数据。比特币和以太坊属于公共链。与私有网络相比,公共链具有更高的透明度,由于任何人都可以加入并且没有一个实体可以控制整个系统,因此分散性更高,其本身不提供隐私保护功能。

（2）私有区块链（private blockchain）简称私有链，指的是完全私有的区块链。私有链规定只有有限范围的参与节点，并且数据的访问以及编写等使用具有十分严格的权限（例如，某个区块链的写入权限仅掌握在私人用户——某个人或某个特定组织的自身用户手中）。私有链具备区块链的去中心化、分布式记账等特征。由于私人用户拥有最终决定权，因此在私有链上不必处理访问权限等烦琐进程，内部数据没有任何不能被篡改的功能，减少了对第三方的保护。私有链的价值主要是提供安全、可追溯、不可篡改、自动执行的运算平台，可以同时防范来自内部和外部的安全攻击。私有链的优势包括：①可修改规则，即运行私有链的共同体或公司可以很容易地修改该区块链的规则、还原交易、修改余额等；②更快速、效率高。私有链只有少量节点且皆具较高信任度，它并不需要每个节点都来验证一个交易，因此交易速度更快、交易成本也更低；③能更好地保护组织自身的隐私，交易数据不会对全网公开。

（3）共同体区块链（consortium blockchain）也称联盟链，意味着预先选择好参与区块链的节点，并且节点通常具有良好的网络连接和其他合作关系。联盟链是介于公共链和私有链之间的一种折中方案，是基于公共链的低信任和私有链的单一高度信任的一种混合模式。

2. 区块链的架构

区块链的架构自下而上可以划分为数据层、网络层、共识层、智能合约层和应用层五个层次[9]。

（1）数据层。数据层封装了底层数据区块的链式结构以及相关的加密技术和时间戳技术，是区块链技术中的最底层。

（2）网络层。网络层包括对等网络组网机制、数据传播机制和数据验证机制等。

（3）共识层。共识层封装了网络节点的各类共识机制算法，共识机制算法是区块链的核心技术。

（4）智能合约层。智能合约层封装了各类脚本、算法和智能合约，是区块链可编程的基础。

（5）应用层。应用层封装了区块链的各种应用场景和案例，是区块链的最高层。

（三）区块链关键技术

从技术层面来看，区块链主要包含四大关键技术：点对点分布式技术、分布式存储、共识机制和智能合约[9]。

1. 点对点分布式技术

点对点分布式技术简称 P2P[①]，又称对等互联网络技术，它依赖网络中参与者的计算能力和带宽，而不是只依赖较少的几台服务器。在点对点分布式技术中，每个节点都是中心，彼此是对等的。每个点之间可以自由链接和交易，第三方产生的数据不需要被整个网络承认。但是，在多数节点一致同意的前提下，点对点分布式网络使区块链更能抵抗恶意的网络攻击。

---

① P2P：peer-to-peer。

2. 分布式存储

区块链账本采用的是分布式存储记账方式，不同于传统的分布式存储，区块链网络中各参与节点拥有完整的数据存储，并且各个节点是独立的、对等的。每个节点存储的信息都是完整统一的，任何一个节点存储数据的丢失都不会影响网络的正常运转。

3. 共识机制

共识机制是所有区块链和分布式账本应用的基础。共识机制用于解决分布式系统的一致性问题，其核心为在某个共识算法的保障下、在有限的时间里，使指定操作在分布式网络中是一致的、被承认的、不可篡改的。

4. 智能合约

智能合约是一套以数字形式定义的承诺，包括各方履行承诺的协议。智能合约是一种以信息化方式传播、验证或执行合同谈判或履行的计算机协议。区块链技术的发展为智能合约的运行提供了可信的执行环境。同时，区块链的可编程性主要体现在共识机制和智能合约。

（四）区块链技术的应用

区块链技术的应用主要分为以下六类。

1. 数字货币

目前区块链技术最广泛、最成功的运用是以比特币为代表的数字货币。近年来数字货币发展很快，去中心化信用和频繁交易的特点，使其具有较高的交易流通价值，保持相对稳定的价格。

2. 金融应用

区块链技术独有的分布式、去中心化的特点可将金融行业从现有的约束中解放出来，当前在证券、支付、理赔等方面都有典型的成功应用。区块链技术可极大程度地简化流程、提高效率、降低成本。

3. 物联网应用

物联网借助区块链可将所有设备当作一个独立的主体来运行，设备之间互不干扰、约束。

4. 政府及公共服务领域

区块链可以解决大数据的安全问题，保证数据的隐私性。区块链中的交易一旦被打包入块并加入链上，便具有很高的安全性，很难被攻破和篡改。根据区块链的这一特点，可以在公共服务领域建立全新的认证机制，提高管理效率和管理水平。

5. 公益慈善领域

区块链技术能够保证所有数据的完整性、永久性和不可篡改性，公益领域中的相关信息均可存放在区块链上，区块链可选择性地公开相关信息，方便公众实时监督的同时尊重参与者的意志，保护其私有信息。

6. 供应链

由于加入区块链的所有节点都共享区块链的所有数据，因此借助区块链实现信息共享和确认会变得相对容易。

## 本 章 小 结

本章从信息化建设的基础、政务信息管理、电子政务应用、电子政务服务、电子政务集成、电子政务智能管理以及电子政务安全保障等电子政务建设的不同层面全面介绍了数字政府的支撑技术，内容包括计算机技术、计算机网络技术、数据库技术、多媒体文档管理技术、中间件技术、工作流技术、办公软件、Web 技术、XML 标准及相关技术、电子政务集成技术、数据仓库、OLAP 技术、数据挖掘技术、防火墙、CA 认证系统和公钥基础设施、访问控制、VPN 技术、入侵检测技术、防病毒技术，以及物联网、云计算和区块链技术等，以上构成数字政府的技术基础。

## 关 键 名 词

Internet  TCP/IP  IP 地址  Intranet  Extranet  数据库系统  多媒体文档  数据库  全文数据库  中间件  工作流  群件  XML  数据仓库  OLAP  数据挖掘  CA 认证系统  PKI  访问控制  VPN  入侵检测  计算机病毒  移动互联  物联网  云计算  区块链

## 思 考 题

1. 数字政府的技术基础包括哪些技术？
2. 简述计算机系统的组成。
3. 简述 IP 地址的结构以及 IP 地址在 Internet 网络互联中的作用。
4. 什么是 Intranet 和 Extranet？两者的区别和联系是什么？
5. 简述电子政务信息资源管理技术。
6. 简述电子政务应用技术。
7. 简述 Web 技术的主要内容。
8. 简述电子政务集成方式和集成技术。
9. 什么是数据仓库？数据仓库在电子政务应用中的作用是什么？
10. 简述数据挖掘中常用的技术。
11. 简述电子政务建设中所涉及的主要安全技术。
12. 移动互联技术主要有哪些？
13. 简述物联网的关键技术。
14. 简述云计算的关键技术。
15. 区块链的关键技术主要有哪些？

## 延 伸 阅 读

（1）库罗斯, 罗斯. 计算机网络：自顶向下方法（原书第 6 版）[M]. 陈鸣, 译. 北京：机械工业出版社, 2014.
（2）王益民. 电子政务技术与应用[M]. 北京：国家行政学院出版社, 2013.

## 参 考 文 献

[1] 周维武. 计算机基础教程[M]. 北京：电子工业出版社, 2008.
[2] 刘四清, 龚建萍. 计算机网络技术基础教程[M]. 北京：清华大学出版社, 2008.
[3] 余益民. 电子政务技术与设计[M]. 北京：机械工业出版社, 2007.
[4] 高巍, 崔洪芳. 计算机软件技术基础[M]. 北京：北京大学出版社, 2007.
[5] 张云勇, 等. 中间件技术原理与应用[M]. 北京：清华大学出版社, 2004.
[6] 方美琪. 电子商务概论[M]. 3版. 北京：清华大学出版社, 2009.
[7] 张飞舟, 杨东凯. 物联网应用与解决方案 [M]. 北京：电子工业出版社, 2019.
[8] 埃尔. 云计算：概念、技术与架构[M]. 龚奕利, 贺莲, 胡创, 译. 北京：机械工业出版社, 2014.
[9] 华为区块链技术开发团队. 区块链技术及应用 [M]. 2版. 北京：清华大学出版社, 2021.

# 第五章　政府数据开放

■ **引例**：浙江省政府数据开放平台

　　2015 年国务院印发《促进大数据发展行动纲要》，明确提出建成国家政府数据统一开放平台的目标。9 月 23 日，浙江政务服务网数据开放专题网站正式上线试运行，浙江省成为《促进大数据发展行动纲要》发布后第一个推出政府数据统一开放平台的省份，并在政府数据开放工作方面始终居于全国前列。

　　在制度保障上，2020 年 6 月，浙江省人民政府公布了《浙江省公共数据开放与安全管理暂行办法》，它是全国首部省域公共数据开放立法，围绕数据开放、利用促进和数据安全三大领域进行制度设计，为全省公共数据开放与安全利用建立了规范与指引。在平台运营上，目前浙江全省所有地级市数据开放平台均已上线，并与省级平台之间进行了整合，账号互通性较好，开放数据目录、高级搜索、数据集预览等功能也得到了良好维护。在数据供给上，截至 2021 年上半年，浙江省开放的有效数据集总数达到 7638 个，其中无条件开放的数据集提供了下载与 API 接口等多种获取途径，受限开放的数据集约 2131 个；全省无条件开放的数据集容量将近 6 亿条，单个数据集平均容量超过 11 万条，均在全国领先；浙江省开放的数据集覆盖所有常见主题，近 9 成政府部门都已参与数据开放工作并提供了数据；平台提供的所有开放数据集都满足可机读格式与非专属格式的标准，并提供超过 20 项元数据，为数据提供了丰富的说明。在利用促进上，浙江在全国率先采用省级主办、地级市分赛区参与的模式举办数据开放创新应用大赛，通过省级向城市赋能，扩大赛事的影响力，提高赛事的组织能力，并充分调动了城市的积极性。通过省市的合作，浙江省产生了较多的有效成果，其具有质量较高、形式多元、利用者来源多样等特色。

**经验启示**

　　浙江省政府数据开放的成功经验：重视制度赋能，保障工作的深入推进；省市平台整合，完善基础功能；强调数据治理，提高数据质量；省市合理分工，合力促进利用。

■ **本章知识结构图**

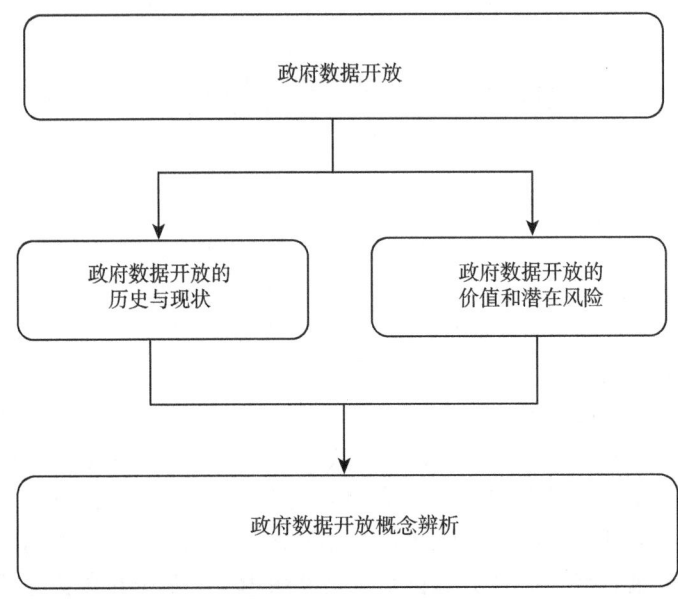

数据开放已成为在数据时代促进数字经济和数字社会发展的重要驱动力,政府在日常管理和服务过程中采集和储存了大量与公众民生息息相关的公共数据,因此政府机关往往掌握着一国最丰富的数据资源,无论是在数据的数量、质量还是种类上均占优势。提升公共数据资源利用率,加快政府数据开放已是全球趋势。2015 年国务院印发的《促进大数据发展行动纲要》首次明确提出要建成国家政府数据统一开放平台;2021 年《中华人民共和国国民经济和社会发展第十四个五年规划和 2035 年远景目标纲要》提出,要加强公共数据开放共享,扩大基础公共信息数据安全有序开放,优先推动企业登记监管、卫生、交通、气象等高价值数据集向社会开放。截至 2021 年 4 月底,我国已有 174 个省级和城市的地方政府上线了数据开放平台,其中省级平台 18 个(含省和自治区,不包括直辖市和港澳台地区),城市平台 156 个(含直辖市、副省级与地级行政区)。目前我国的政府数据开放还存在着高质量、高价值数据未得到充分开放,已开放数据也未得到有效利用等问题,因此,认真学习并了解政府数据开放的起源与现状、数据开放的意义和风险,以及辨析数据开放的概念十分必要。

# 第一节 政府数据开放的历史与现状

## 一、政府数据开放的起源

### (一)开放政府与数据开放

政府数据开放与开放政府运动密切相关,更确切地说,政府数据开放是开放政府运动发展到新阶段的产物。20 世纪五六十年代,一股政府改革的浪潮席卷世界,其中就包括开放会议（open meeting）和信息自由（freedom of information）法案在各国的广泛推行。这类法律又被称作"阳光法律"，旨在建立一种透明、参与和负责的政府文化，其中较有代表性的法案包括1966年英国出台的《富尔顿报告》和美国颁布的《信息自由法案》。

近年来，随着政府数字化水平的不断提升，政府不再仅仅以纸质文件的方式生成和保存信息，而是越来越多地以电子化的形式采集和储存结构化的数据。数据是一手的原始记录，未经加工与解读，不具有明确意义，而信息是经过连接、加工或解读之后被赋予了意义的数据[1]。信息可供公众阅读，而数据不仅能被阅读，还能被开发利用。与此同时，公众对政府信息公开的要求也已不仅限于获知文件形式的信息，而是希望能获得政府数据并进行自由利用。传统方式的政府信息公开已无法满足公众需求，亟须拓展和深化，政府数据开放也由此登场。

（二）从开放源代码到开放数据

从印刷术到互联网，信息技术的进步始终伴随着政府自身的转型发展，近年来的开源（开放源代码）软件运动即开源运动也与政府数据开放密切相关。1998年，受理查德·斯托尔曼（Richard Stallman）发起的自由软件运动（FSM①）的影响，埃里克·雷蒙德（Eric Raymond）等发起了开源倡议（OSI②）。开放软件源代码作为一种新的软件开发方法，利用分布式同行评议和流程透明的力量，可使软件开发更优质、更可靠、更灵活和更省钱，并防止委托方被供应商剥削和套牢[2]。埃里克·雷蒙德把传统大型软件公司的开发模式形容为艰难而缓慢的大教堂建造过程，认为它采用了严密的管理方式和封闭的集中式结构，却在创新度、生产力和缺陷控制方面落后于开源软件的集市模式。与大教堂模式不同，集市模式是一种并行的、对等的、扁平化的开发结构，其参与者大多是来自互联网的志愿者，结构松散，参与者来去自由，它看起来像是一个乱糟糟的集市，却取得了令人惊叹的成功[3]。开源的操作系统Linux和网页服务器Apache就是开源运动的成果。

得益于开源运动的成功，人们认识到了开放作为一种高效组织模式的巨大潜力，从而为开放文化在其他领域的广泛扩散打下了基础。这种开放文化也对政府治理方式造成了深刻影响，Web2.0概念的首创者蒂姆·奥莱利（Tim O'Reilly）就认为，埃里克·雷蒙德关于大教堂与集市的比喻也适用于政府治理[4]。在开源运动的影响下，开放政府的理念也超越了信息公开和知情权的范畴，而更加强调在开放数据基础上的参与和协作。政府开放数据给社会，供其进行增值开发和协作创新，这正是政府数据开放的核心目标。开源运动的效用追求与开放政府的协作精神融汇并流，成为政府数据开放的重要源泉。

（三）大数据建立在开放数据的基础上

进入大数据时代，人类获取、管理和利用数据的能力空前提升，社会各界对数据的价值越发重视，希望政府开放数据的呼声也日益高涨。大数据技术的发展一方面为政府数据的生成、开放和利用创造了更好的条件，另一方面，政府数据开放也将进一步推动大数据

---

① FSM：free software movement。
② OSI：open source initiative。

的发展。大数据发展需要整合和利用各种来源的数据，而政府数据是其中不可或缺的重要组成部分。

政府部门在履职过程中生成、获取和保存了大量基础性、关键性的数据资源，是一个国家最重要的数据保有者。在不涉及国家秘密、商业秘密、个人隐私的前提下，把政府数据开放给社会进行融合利用，将有力促进大数据发展。可以说，没有数据开放就没有大数据，大数据建立在开放数据的基础上。

## 二、全球政府数据开放现状

自2009年美国联邦政府数据开放平台上线运行以来，政府数据开放在许多国家和地区迅速推进。其中既包括美国、英国、加拿大等发达国家，也包括巴西、印度、中国等发展中国家。另外，政府数据开放运动也得到了一些国际组织的关注和支持，针对政府数据开放的评估项目和研究报告不断涌现。

### （一）全球政府数据开放的兴起

2009年1月21日，奥巴马在就职的第一天即签署了《透明和开放政府备忘录》（Memorandum on Transparency and Open Government），其中就包括政府数据开放方面的内容，该备忘录揭开了美国政府数据开放的大幕[5]。同年，白宫又发布了具有开创性的《开放政府指令》（Open Government Directive），要求联邦行政部门和机构采取切实的行动来落实总统备忘录中确立的透明（transparency）、参与（participation）和协作（collaboration）三大基本原则。为实现开放政府的目标，该指令要求各行政部门和机构采取以下措施：第一，在线开放政府信息，要求各政府机构深化政府信息公开，将政府信息以开放格式在线开放，开放格式是指数据不受平台的制约、可机读、对公众开放，并对其再利用不设限制；第二，提高政府信息质量，各机构领导人应该确保信息遵循联邦预算管理局的指导规范；第三，建立开放政府文化并将其制度化，要求部门高层领导将透明、参与和协作的基本原则融入部门的日常工作当中去；第四，打造能推动开放政府的政策框架，不断出现的新技术为政府和公民提供了一种新的沟通方式，需要及时调整政策来充分利用新技术推动开放政府。

2009年5月21日，美国联邦政府数据开放平台（data.gov）上线运行，成为世界上第一个国家级政府数据开放平台。该网站使得公民可自由检索并获取联邦政府数据，是美国开放政府计划中最重要的一项成果，各联邦政府机构都需要向该平台提供数据[6]。时至今日，美国联邦政府数据开放平台已经从一个中央元数据目录转型为数据汇集中心，前者是指每个机构只能向平台逐个提交数据集，而后者则会每天自动汇集来自各部门的数据集。美国联邦政府数据开放平台应用开源技术来运行网站，运用全面知识档案网络（Comprehensive Knowledge Archive Network，CKAN）来开发数据目录。开源技术允许来自全球的开发者输入代码，并使用这些代码，而这也有利于州、市、县三级目录更好地整合。

继美国之后，政府数据开放运动在其他国家也蓬勃发展。2010年1月，英国政府数据开放平台（data.gov.uk）上线运行，开放的数据涵盖交通、健康、教育、国防、政府支出、商业与经济等12个领域。该平台同样应用了CKAN开源技术来运行数据目录，它最初是由开放知识基金会（Open Knowledge Foundation）创建，致力于使开放内容和数据更容易被发现、分享和再利用。2011年3月，加拿大政府数据开放门户也上线运行。欧盟委员会则于2010年11月提出"开放数据战略"，并于2012年上线欧盟开放数据门户。

一些发展中国家也陆续参与到政府数据开放的队列之中。巴西建立了国家级的政府数据开放平台（dados.gov.br），并在2011年成为开放数据伙伴关系的八大创始国之一。为了推动政府数据开放的进程，巴西政府在数据开放的组织机构、开放流程、数据标准等相关方面制定了一系列完善的政策和法规。政策法规先行成为巴西推进政府数据开放的亮点[7]。2014年，巴西在7804号法案中提出要建立《开放数据法》，在规划部建立公共数据管理委员会，负责编制《公共行政开放数据手册》，并规定为国际组织提供网络应用接口和结构化的开放数据。另外，巴西的政府数据开放还特别注重吸纳社会公众参与。2012年巴西召开了第一次全国透明度和社会控制会议，参会者来自巴西所有州和联邦区的2750个城市，会议动员了近100万巴西人，直接参与会议的人数超过15万[7]。

印度也在2012年建立了政府数据开放平台（data.gov.in），该平台致力于提升政府运作的透明化和政府数据的创新性运用，也采用开源的形式，包含四个主要模块：一是数据管理系统，主要用于推动不同政府部门建立数据目录以实现部门数据在网站前台开放；二是内容管理系统，主要用于管理和更新平台上的不同功能和内容类型；三是访客关系管理，主要用于实现访客反馈；四是交流社区，用于实现用户之间的互动及观点分享[8]。

（二）全球政府数据开放的现状与挑战

随着越来越多的国家加入到政府数据开放的行列之中，一些针对政府数据开放的国际评估项目也不断涌现，这些评估项目的结果展示了国际政府数据开放的发展现状和面临的挑战。

1. 联合国电子政府调查：政府数据开放与可持续发展

自2014年起，《联合国电子政府调查报告》（United Nations E-Government Survey）将政府数据开放纳入评估范围内。2020年的调查显示[9]，拥有政府数据开放门户的国家数量从2014年的46个（约24%）已跃升至2020年的153个（约80%）。同时，在接受调查的成员国中，约59%的国家制定了政府数据开放政策，62%的国家拥有元数据或数据字典，57%的国家接受公众对新数据集的请求，52%的国家提供了帮助公众利用开放政府数据的指导，49%的国家开展了宣传活动。可见，世界各国对政府数据开放的重视程度越来越高。然而，报告也特别提出，在153个拥有数据开放门户的国家中，只有114个国家制定了政府数据开放政策。

《联合国电子政府调查报告》不仅对全球各国的政府数据开放实践进行了整体性评估，同时也将政府数据开放与可持续发展目标有机结合起来，为各国政府数据开放的深入发展提供了一个可持续性的愿景[10]。例如，通过提供与健康服务有关的数据帮助人们快速获得健康护理设施，更好地应对传染病，这类数据包括健康服务设施的数量、位置、是否占用、传染病分布情况等。妇女行动移动联盟作为一个遍布全球70个国家的项目，为新妈妈提供关于如何获取当地健康服务的必要信息，减少了怀孕并发症和儿童死亡率，同时这个联盟还组建了跨领域的团队来收集临床记录、个人自评报告、电话调查、入学数据和政府诊所数据。

《联合国电子政府调查报告》也指出[9]，仅仅关注政府数据开放利用可能带来的好处而忽视相关的风险是不对的。政府数据开放面临着诸多挑战：从政府内部来看，主要包括数据领导力的不足、数据基础设施薄弱、缺乏资源和专门知识、数据质量差、数据差异和安全等问题；对公众和非政府组织来说，主要包括数据隐私、伦理、数据可用性、数据应用背后的技术以及数据政策知识的缺乏等问题。

2. 开放数据晴雨表：数据开放的范围、质量和持续性

开放数据晴雨表（Open Data Barometer）由万维网基金会（World Wide Web Foundation）和开放数据研究院（Open Data Institute）合作完成，致力于评估开放数据的全球发展情况。开放数据晴雨表主要从准备度（readiness）、执行度（implementation）和产生的影响（emerging impact）三个方面对各国、各地区的政府数据开放实践进行评估[11]。其中，准备度是指各国、各地区开放数据需具备的各方面条件，执行度是指各国、各地区开放数据的执行情况，产生的影响是指开放数据给商业、政治和社会带来的影响。

2018年的开放数据晴雨表对全球在政府数据开放领域中处于领导地位的30个国家进行了评估[12]。结果显示，加拿大、英国、澳大利亚、法国和韩国依次名列前五位。报告指出，政府数据开放有助于优化政府资源的利用，提升透明度、问责制和参与度，扩大公共决策的包容性，并产生积极的经济效果。评估认为，政府数据开放目前存在的主要问题有：政府数据开放的总体进程缓慢，部分国家甚至出现了倒退；多数政府将数据开放作为边缘项目，而未嵌入整个政府的运行；政府与社会的合作尚需加强，尤其是长期稳定的合作十分缺乏。报告提出，应将数据开放作为一种治理方式，并从三个方面给出政策建议：一是落实默认开放的原则，二是建设和整合数据基础设施，三是有目的地开放数据以满足实际需求。

3. 全球开放数据指数：数据可查找性、可再利用性与开放授权

全球开放数据指数报告发现，当前政府数据开放主要存在以下三个问题[13]：一是数据很难找到，甚至找不到，数据可检索性是释放数据潜力的前提，很多国家的政府部门以不同的方式和不同的渠道发布数据，并且有不同的授权协议和格式。二是数据不易被真正利用，政府常常发布非机读格式的数据，且数据质量参差不齐，使数据变得难以被再利用。三是开放授权提供不足，且缺失标准。很多政府部门没有提供开放授权，使开发者对数据再利用的可能性感到困惑。一些政府部门制定了独立的授权协议文本，尽管其中有一些符合开放的定义，但大多数并不符合。报告建议，通过加强对话和沟通开拓一条开放数据的路径，包括充分考虑政府数据开放的各个利益相关者，在数据开放的各个阶段增加沟通和可持续参与，并为数据发布者和利用者提供更有针对性的反馈。

总体而言，全球政府数据开放在不到十年的时间内取得了显著成果和进展，已经从萌芽阶段进入了快速发展阶段，但仍有很多方面需要不断完善和提升，各国政府数据开放依然任重而道远。

## 三、中国政府数据开放现状

中国的政府数据开放始于地方政府层面的主动探索。2012年6月，上海市政府数据服务网（datashanghai.gov.cn）上线运行，标志着中国也加入到全球政府数据开放实践的潮流

之中。随后，北京、无锡、武汉、青岛等城市也陆续推出各自的政府数据开放平台。截至2021年4月底，我国已有174个省级和城市的地方政府上线了数据开放平台。

2015年国务院印发的《促进大数据发展行动纲要》要求稳步推动公共数据资源开放，首次提出要建成国家统一政府数据开放平台。2017年中央全面深化改革领导小组第三十二次会议审议通过了《关于推进公共信息资源开放的若干意见》，要求着力推进重点领域公共信息资源开放，释放经济价值和社会效应。2017年贵阳市颁布了《贵阳市政府数据共享开放条例》，从数据采集汇聚、数据共享、数据开放、保障与监督、法律责任等方面对数据共享开放相关工作做出了规定，这是我国在政府数据开放地方立法方面的首次尝试。2019年上海市颁布了《上海市公共数据开放暂行办法》，从基本原则、开放机制、平台建设、数据利用、多元开放、监督保障、法律责任等方面进行了规范，这是我国首部针对公共数据开放的地方政府规章。2020年浙江省颁布了《浙江省公共数据开放与安全管理暂行办法》，主要确立了数据开放、数据利用、数据安全、监督管理、法律责任等方面的基本规范，这是我国首部省域公共数据开放与安全管理立法。2021年《中华人民共和国国民经济和社会发展第十四个五年规划和2035年远景目标纲要》提出，要加强公共数据开放共享，扩大基础公共信息数据安全有序开放，优先推动企业登记监管、卫生、交通、气象等高价值数据集向社会开放。

近年来，我国政府数据开放工作取得了显著进展，一些先进地区已对标国际一流水平，并形成相互学习和赶超的态势。但总体而言，我国政府数据开放尚处于起步阶段，仍存在以下问题：一是开放利用不充分，表现在数据开放平台覆盖率不足，开放数据的数量少、容量低、颗粒度粗、质量低、被利用程度低；二是开放利用不平衡，表现在开放平台数量、开放数据集数量和容量的地区分布不平衡，数据开放方式不平衡，数据开放主题和部门分布不平衡，开放数据利用水平地区分布不平衡，以及开放数据利用主体和利用成果分布不平衡；三是开放利用不协同，表现在开放平台跨层级、跨地域不联通，开放数据的内容与标准跨层级、跨地域不一致，数据利用成果跨地域不协同；四是开放利用不可持续，表现在数据开放平台的运营服务不稳定、数据更新不及时、数据利用促进活动未实现常态化，以及数据开放方与利用方之间未形成价值共创闭环。

尽管存在以上不足，我国政府数据开放仍然潜力巨大。随着国家数据开放平台的推出，我们相信会有更多地方政府数据开放平台不断涌现，中国政府数据开放正从起步阶段走向快速发展阶段。

## 第二节 政府数据开放的价值和潜在风险

### 一、政府数据开放的价值

数据作为底层的原材料，开放之后被社会开发成各种应用，这些应用又能带来一系列的经济价值、社会价值和政治价值（图5-1）。因此，政府数据开放本身并不是目的，通过数据开放创造公共价值才是根本目的[14]。

图 5-1 数据开放释放公共价值

大数据的融合利用需要来自政府、企业、社会组织和公众等多方面的数据,而政府掌握的数据是其中不可或缺的一部分[1]。在大数据时代,数据成为一种基础设施[15],就像道路基础设施能帮助我们到达目的地那样,数据基础设施能帮助我们做出更好的决定[16]。

(一) 经济价值

首先,政府数据开放能够创造经济价值。麦肯锡咨询公司的相关研究显示,开放政府数据能够带来巨大的经济价值,创造新的商业模式,提高生产效率和商品服务质量,助力教育、运输、消费品、电力、石油和天然气、医疗保健及消费金融等 7 个领域产生每年 3 万亿美元到 5 万亿美元的经济价值,而消费者的获益甚至要比企业更大[17]。在英国,伦敦交通管理局委托的一份报告也显示,2012 年伦敦的乘客由于获得了更好的信息服务而节省的时间价值在 1500 万英镑到 5800 万英镑之间。而普华永道会计师事务所的一项研究则预估,英国的开放数据比赛系列活动(open data challenge series)的投资回报率高达 10 倍,即每投入 1 英镑,在 3 年内可以获得 10 英镑的收益回报[18]。经济合作与发展组织发布的报告也指出,数据免费开放所带来的额外收益远超过政府出售数据所获得的收益[19]。

政府数据开放能为商贸发展注入能量,并使能量在不同主体间传递。例如,市值近百亿美元的在线房产交易公司 Zillow,创建了一个供房屋业主、买方、中介、出租方、承租方等发现和分享房产房贷信息的平台。整个平台建立在一个数据库的基础之上,这个数据库拥有超过 1.1 亿处美国房产的数据。美国政府开放的土地交易记录、房屋交易记录、房屋整修记录、社区治安状况等数据也被整合进这个平台,其还建立了更为合理的房屋估值模型[20]。

估值 10 亿美元的气候公司(Climate Corporation)的主打产品全气候保险,可以在系统预测有恶劣天气时自动赔付农民的损失而不需要农民举证,而这一产品的基础就是美国政府免费开放的 60 年农作物收成数据、超过 100 万个气象监测站的气象数据以及 14 太字节的土壤质量数据[20]。

开放数据还可被用来检验创新创意的可行性、发现潜在市场、减少因缺少标准化数据而额外付出的应用开发时间[21]。推进器健康公司(Propeller Health)就受益于美国疾病控制和预防中心开放的数据。这家公司开发出了一种基于 GPS 技术的追踪器,用来监测哮喘患者吸入器的使用情况。追踪器采集到的信息被传输到一个中央数据库,用于识别个人、群体和总体人口的使用规律,然后这家公司再把这些信息与美国疾病控制和预防中心开放的有关哮喘激发环境因素的数据相整合,从而帮助医生制订更个性化的治疗方案和预防计划[22]。然而,需要强调的是,创业者对于开放数据的应用并不一定都受经济价值驱动,也未必就一定会产生经济价值,至少在创业的早期阶段是如此[23]。

(二) 社会价值

开放数据还能创造社会价值,提升公众生活品质、公共服务质量、整体福利水平和公众满意度[24]。

首先,开放数据拓展了市民获取信息和知识的渠道,缓解了知识的不对称,提供了共享的知识基础和信息来源,使人们可以携手发现更多的客观规律[25],并对数据进行增值利用进而产生效益[26]。

其次,政府数据开放还能转变公共行政的运行模式,节省开支,提升服务质量和公私部门间的合作,推动公共部门以数据为中心并赋权于民,产生创新性服务。根据凯捷咨询公司(Capgemini)对欧洲数据门户(European data portal)做的研究,到2020年,开放数据将使欧盟28个成员国的公共行政成本降低17亿欧元。近年来,世界各地涌现出了许多利用政府开放数据创造公共价值和社会效益的创新应用。例如,上海青悦环保(上海闵行区青悦环保信息技术服务中心)是一家利用环境数据来推动环境保护的民间组织,它们将政府发布的环境数据与基础地理数据相结合,开发出危险地图,根据用户定位显示周边的危险化学品、固体废弃物污染、水源污染等危险因素。上海青悦环保还整合了各级各地区政府公开的原始环境数据,向社会提供空气质量、水质、污染源排放等环境数据的下载及API接口[27]。

作为一种赋能型的基础设施[28],开放数据赋予了市民参与解决社会问题的能力,市民不再只是服务的消费者,还成为提供服务的合作者。过去,由政府单方面提供的公共服务由于受到技术与资源的限制,只能考虑大多数人的基本需求,而在开放数据的助力下,更多组织和个人能够参与到开发和提供公共服务的过程中,从而更好地关注和满足少数人的个性化需求。例如,美国"编程马拉松①"(hackathon)创新活动中一个叫作Hackcessible的创新应用,就利用政府开放的数据设计出一个能够显示道路上的障碍物和海拔高差的地图,从而帮助使用轮椅或拐杖的残障人士设计更加便捷易行的路线,也可帮助其他腿脚不便的人避开市区内的大斜坡和高地[29]。

(三) 政治价值

有效的治理需要政民之间的不断沟通、互动和协作,政府数据开放有利于提升个人和组织参与公共政策和公共事务的能力,使公民能够参与讨论、表达需求,并能利用以可机读格式开放的政府数据来开发新的互动技术、应用和平台,从而更加方便和有效地向政府提供有价值的信息和智慧,进而影响公共决策的过程[30]。

---

① 编程马拉松,又译为黑客松,又称黑客日(hack day)、黑客节(hackfest)或编程节(codefest)。编程马拉松是一种活动。在该活动中,电脑程序员以及其他与软件发展相关的人员,如图形设计师、界面设计师与项目经理,相聚在一起,以紧密合作的形式去进行某项软件项目。编程马拉松的灵魂是合作地编写程序和应用。编程马拉松的时长一般在几天到一周不等。编程马拉松的精髓在于:很多人在一段特定的时间内相聚在一起,以他们想要的方式去做他们想做的事情——整个编程的过程几乎没有任何限制或者方向。

政府数据开放还有助于加强问责,增强政府透明度,提升政府公共决策水平,提高社会对政府的信任度[31],并减少腐败的发生。Budeshi 是乌干达提供公共采购和预算信息的一个网站,旨在打击腐败和提高公共预算的有效性。这个网站使用了乌干达能源、石油和矿产开发部以及交通部的采购和预算数据,这些数据以可机读格式提供,使用户可以与数据进行交互并进行比较[32]。治理和公共问责中心是一个致力于提升巴基斯坦公共问责和善治水平的社会组织,通过利用巴基斯坦各地区的教育预算数据、白沙瓦地区的市政预算数据以及开伯尔-帕赫图赫瓦地区的教育、卫生、警察和法律数据,这个中心可向公民通报关键的治理问题,从而提升了国家对公民意见的回应水平[32]。

(四)其他方面的价值

政府技术研究中心构建了一个政府数据开放公共价值分析框架,除了以上提到的价值外,还列出了其他一些公共价值,如战略价值和理想价值,前者是指对个人或群体的经济或政治优势、机遇、目标、创新与资源等方面价值,而后者是指对信仰、精神或民族认同的影响[33]。

## 二、政府数据开放的潜在风险

政府数据开放既能创造巨大的公共价值,也能带来潜在风险,主要包括以下几个方面:一是开放数据本身有可能泄漏国家秘密、商业机密和个人隐私;二是开放数据被关联分析后可能涉及国家安全、商业机密和个人隐私;三是开放数据被误用或滥用会损害公共利益和第三方利益;四是开放数据出现质量问题会对数据利用者和社会造成损失。

开放政府数据不能涉及国家安全、商业机密和个人隐私的数据,否则不但不会增进公共利益,还会损害公共利益。然而,对于政府部门而言,由于缺少组织保障、专业人才和严密的管理流程,在数据集筛选和准备过程中,有时候并不能准确判断和决定哪些数据应该开放,哪些数据不应该开放。而且,由于政府部门经常将信息系统建设和运维工作外包,政府工作人员对储存在外包信息系统中的开放数据并不熟悉[34],造成政府数据开放的安全性要求与政府部门的专业性能力之间存在一定程度的不匹配,从而将一些本不应该开放的数据在无意中被开放出来。另外,外部的技术公司尽管在技术能力上优于政府部门,却并不熟悉公共管理的运作过程,这也增加了将本不该开放的数据开放出来的风险。

不同数据集被关联分析后能带来单一数据集无法发现的洞察力,体现数据集的规模效应,但不同数据集之间的关联分析却可能产生风险,即使每个单个的数据集并不涉及国家安全、商业机密和个人隐私,这说明这种风险更具隐蔽性和不可控性。一些政府部门对此表示担忧:"数据交叉分析……其中的关联,有时候是政府没有办法控制的""不要以为做了技术处理就判断不出某些具体单位的具体信息了,关联分析就可以得出"[35]。

另外,由于开放政府数据能被任何人获取和利用,很难预知数据用户对于开放数据的利用目的和利用方式,因此存在被误用和滥用的风险,进而损害公共利益和第三方利益。其中,数据被误用与数据利用者的利用能力和数据安全意识等有关,往往是无心之举;而数据被滥用则与数据利用者的不合理或不合法的使用意图有关,是刻意为之。数据被误用和滥用的风险往往是政府部门在开放数据集之前难以预计的。例如,开放街上摄像头的位置和角度的数据可能被犯罪分子所利用,而房地产公司也可能利用房产所有权的数据来骚扰业主[34]。

数据质量主要体现在数据的准确性、完整性、时效性、相关性、一致性、可靠性、适用性等方面[36]，优质的开放数据能够帮助数据用户达成预期目标，反之，则可能带来损失和负面影响。例如，未经确认或验证的数据，或用错误方法采集到的低质量数据可能会带来错误的发现，进而严重影响决策和政策制定[37]。另外，部门之间的职能交叉也容易带来数据重叠或数据打架的问题，不同部门可能会开放涉及相同字段但内容不一致的数据集，给数据消费者和合作者带来困惑和风险[35]。

### 三、政府数据开放的参与方和利益相关者

政府数据和你我他都可能相关，在整个过程中涉及多个利益相关者，包括数据提供者、数据利用者和社会公众等。

#### （一）政府数据的提供者

在大数据时代，政府部门生成、采集和保存了大量与公众的生产生活息息相关的数据，是一个国家最主要的数据保有者[38]。因此，政府是数据的提供者，是政府数据开放的起点。

2017年12月6日，李克强总理在国务院常务会议上强调："各地区各部门一定要明确，政务数据服务是政府应该提供的公共服务。"①政府数据是行政机关在履行职责过程中制作或者获取的，其经费来自公共财政和纳税人，产权上归全社会所有，本质上属于公共资源。在不违反法规政策和不损害公共利益的情况下，将政府数据向社会免费开放，供其利用和开发，实际上是政府向社会提供的一种公共服务[38]，从而将原本取之于民的数据放之于民、为民所用。

#### （二）政府数据的利用者

数据本身并没有价值，只有被利用后才具有价值[31]。数据利用者对开放数据进行分析和开发，然后供社会公众使用，实际上成为数据提供者与社会公众之间的桥梁。

数据利用者可来自企业和非政府组织，如学者、记者、编程者和普通公民[39]。纽约市的大应用（Big Apps）数据创新竞赛就吸引了包括设计师、开发者、学者、创业者和其他纽约市民参与。同样，上海开放数据应用大赛（Shanghai Open Data Apps，SODA）参赛者的职业背景分布也十分广泛，包括了数据分析师、软件工程师、产品经理、设计师、管理咨询师、职业经理人、大学教师、公务员、在校学生、自由职业者等[40]。

按照利用先后顺序，政府数据利用者可分为一手用户和二手用户[41]。不同类型利用者的利用方式也各不相同。Davies（戴维斯）总结了公民使用政府数据的五个用途。

（1）用于事实，即以单个数字或值的形式来获知事实。

（2）用于信息，即将数据转换成可视化形式。

（3）用于界面，即开发新的界面，以互动方式获取数据，并建立一个或更多数据集的聚合，如地图混搭应用和交互式网站。

（4）用于数据，即分享被扩大、整合或处理过的数据。

---

① 《李克强：力争让群众企业办事像"网购"一样方便》，http://www.gov.cn/xinwen/2017-12/08/content_5245361.htm，2017-12-08。

（5）用于服务，即以自动服务的方式在"场景背后"使用数据[42]。

根据开放政府数据利用程度的差别，还可将政府数据利用者细分为数据聚合者（aggregator）、数据开发者（developer）、数据增值者（enricher）和数据赋能者（enabler）[43]。此外，不同类型的数据利用者的数据利用能力也各不相同，如果开放数据的利用者仅局限于受过良好教育的商业群体，开放数据有可能会进一步加大数字鸿沟[31]。

需要强调的是，政府部门自身也可通过政府数据开放而受益[44]。过去只有通过政府部门间的数据共享才能获得的数据现在也可通过数据开放来间接实现[34]。政府部门可通过开放政府数据平台获取来自其他部门的数据，并将这些数据与本部门的数据进行整合利用。

### （三）政府数据的用户和合作者

社会公众是开放政府数据的用户和合作者[45]。数据利用者获取政府数据后开发出各种数据产品和服务供社会公众使用，社会公众一方面可以使用这些产品和服务，另一方面又可通过这些产品和服务参与社会事务、解决公共问题。同时，消费者还能将应用体验反馈给数据利用者，引导数据利用者更好地开发数据。

## 四、数据开放是一个生态体系

政府数据从被开放、被利用到产生创新应用是一个动态循环的过程。政府作为数据的供给侧向社会开放数据，数据利用者作为需求端对政府开放出来的数据进行利用，并将其开发的创新应用服务于社会公众。社会公众则作为消费者和合作者获得服务，参与社会协同，并向数据利用者反馈使用体验，引导数据利用者更好地开发数据。同时，政府开放数据的利用者也可向政府提出新的数据需求，进一步推动政府开放数据。

通过这一过程，政府部门不必再由自己生产（produce）全部的公共服务，而是可以通过与数据利用者的合作提供（provide）公共服务，在解决问题和创造价值的同时还能节省财政资金。由此，政府部门与数据利用者之间实际上形成了一种合作伙伴关系，共同为社会公众服务；而数据利用者与社会公众之间也是一种相互依赖的关系，前者开发的应用服务于后者，后者则成为前者的用户；数据利用者则成为政府和社会公众之间的中介。在这个生态系统中，政府部门、数据利用者和社会公众之间既有分工，又有合作，形成一种合作众创的关系。

苹果公司的应用商店——苹果店（App Store）中有几百万个应用供用户下载，但这些应用绝大多数都不是苹果公司自己开发的，苹果公司所做的是搭建平台、吸引应用的开发者和维护生态系统的秩序。同理，政府部门通过开放数据，也可以建立起一个"政府店"（government store，Gov Store），让各种社会主体在平台上利用政府开放数据来开发创新应用。

在过去的模式下，政府提供公共服务的方式就像一台自动售货机，完全依靠自身的力量来提供公共服务，虽然投入了大量的人力、物力和财力，但服务的数量和质量却不尽如人意，甚至还经常卡壳，造成公众的不满。而在数据开放、合作众创的模式下，政府的主要作用不再是生产服务，而是成为一个平台的组织者和赋能者，召集各方在平台上利用开放数据进行协作生产。这样，政府就从自动售货机模式下的生产者转型为一个购物中心的管理者，其主要职责是维持平台运转、激发平台活力,并界定规则、管理秩序和营造环境。

数据是一种基础设施,政府是一个平台。正如 Web2.0 和政府即平台概念的首创者蒂姆·奥莱利所言[46],在互联网时代,"市民从没像今天这样互相连接起来,并具备技能和热情来解决他们遇到的问题",政府应该建立一个开放的平台让政府内外部的人都能进行创新,从而打造一个集市,让社区成员互相交换商品和服务。

## 第三节 政府数据开放概念辨析

### 一、政府数据开放的定义

2007 年 12 月,30 位开放数据倡导者聚集在美国加利福尼亚州,首次提出了政府数据开放的 8 项基本原则[47]:第一,完整的(complete),除非涉及国家安全、商业机密、个人隐私或其他特别限制,所有的政府数据都应开放,以开放为原则,不开放为例外。第二,一手的(primary),开放从源头采集到的一手数据,尽可能保持数据的高颗粒度,而不是开放被修改或加工过的数据。第三,及时的(timely),数据尽可能以最快速度发布以保持数据的价值。第四,可获取的(accessible),尽可能地拓宽开放数据的用户范围和利用目的。第五,可机读的(machine-readable),对数据进行合理的结构化处理,使之可被计算机自动处理。第六,非歧视性的(non-discriminatory),数据对所有人都平等开放,无须登记。第七,非专属的(non-proprietary),数据以非专属格式存在,从而使任何实体都不能独占和排他。第八,免授权的(license-free),数据不受版权、专利、商标或贸易秘密规则的约束,除非有合理的隐私、安全和特别限制。

《联合国电子政府调查报告》将开放政府数据定义为"主动在网上公开政府信息,使任何人都能不受限制地获取、再利用和再分发"[10]。而根据世界银行的定义,开放数据是"能被任何人出于任何目的不受限制地进行自由利用、再利用和分发,并最大程度保持其原始出处和开放性的数据"[48]。开放定义(open definition)指出开放意味着任何人都可以出于任何目的自由地访问、使用、修改和共享数据[49]。开放性应具备两个维度的特性:一为技术性开放,即数据应为可机读、非专属性的电子格式,从而能被任何人使用通用、免费的软件获取和利用。数据还应被置于公共服务器上供公众获取,不设密码和防火墙。二为法律性开放,即这些数据必须被置于公共领域,或处于自由利用条款下,受到最低程度的限制[48]。

2010 年,WWW 的发明人、语义网和关联数据的创建者和倡导者蒂姆·伯纳斯-李(Tim Berners-Lee)提出了一个开放数据五星标准[50]:一星是指基于开放授权在网络上开放数据,用户可以查看、搜索、存储和修改数据,还可以与任何人分享这些数据,但对数据格式不做要求,可能采用 PDF、JPEG 等格式;二星是指以可机读、结构化格式开放数据,如 EXCEL 电子表格的形式,但不包括表格的图像扫描件;三星是指在满足二星标准的基础上,以非专属开放格式开放数据,如采用 CSV 格式而不是 EXCEL 格式,使用户不需要使用专属的、付费的软件就可以分析数据;四星是指在满足以上要求的基础上,采用 W3C 开放标准的数据(如 RDF 和 SPARQL 格式),为每一个数据集设置固定的 URL(uniform resource locator,

统一资源定位符）链接，便于使用者发现和链接到数据集的具体位置；五星是指在满足以上要求的基础上，借助 W3C 标准和关联数据原则，使数据之间实现关联，提供数据的背景。

2015 年，八国集团（Group of Eight，G8）共同签署的《开放数据宪章》将开放数据界定为具备必要的技术和法律特性，从而能被任何人在任何时间和地点进行自由利用、再利用和分发电子数据。该宪章还提出了政府数据开放所应遵循的六大原则[51]：①默认开放（open by default），政府应该开放除涉及国家安全、商业机密以及个人隐私之外的所有数据，对于不开放的数据必须说明不能开放的理由；②及时和全面（timely and comprehensive），政府应最大可能开放原始的、未经修改过的数据，这是实现数据价值的关键；③可获取和可利用（accessible and usable），确保数据可被机器读取，容易被发现和利用；④可比较和互操作性（comparable and interoperable），数据具有一种乘数效应（multiplier effect），获取的数据质量越高越有助于用户之间进行数据交流，进而更有利于数据实现其价值，所以采用通用的数据标准至关重要；⑤致力于改善治理和公民参与（for improved governance and citizen engagement），开放数据能够使公民更好地了解官员和政治家在干什么，这种透明度的提升有利于提高公共服务的质量并使政府更加负责；⑥致力于包容性发展和创新（for inclusive development and innovation），开放数据有利于促进包容性的经济发展，有利于提高农业生产效率，应对气候变化，让创业者获益。

纽约大学治理实验室（The Governance Lab）对国际上具有代表性的十一个研究机构、评估机构、政府部门和咨询公司界定的开放数据定义进行梳理后发现，被提及最多的开放数据标准包括免费、公开提供、非排他性、可利用结构、开放授权和可再利用等方面的要求[52]。

在默认开放之外，目标驱动的开放（publish with purpose）模式也引起越来越多的注意。在开放数据政策实验室（Open Data Policy Lab）区分的三次开放数据浪潮中，依申请开放是第一次浪潮的路径，默认开放是第二次浪潮的路径，而目标驱动的开放则是第三次浪潮的路径[53]。乌克兰等国家的实践则在公共采购、药品消费、司法透明度、学生择校等领域显示出以问题为中心开放数据的潜力[54]。

我国对政府数据开放的政策要求也与国际标准相符。2017 年 2 月，中央全面深化改革领导小组第三十二次会议审议通过的《关于推进公共信息资源开放的若干意见》指出，要保证开放数据的完整性、准确性、原始性、机器可读性、非歧视性、及时性，方便公众在线检索、获取和利用。2017 年 5 月，国务院办公厅印发的《政务信息系统整合共享实施方案》指出，要向社会开放政府部门和公共企事业单位的原始性、可机器读取、可供社会化再利用的数据集。2018 年 1 月，互联网信息办公室、国家发展和改革委员会以及工业和信息化部联合印发的《公共信息资源开放试点工作方案》也要求试点地区研究制定公共信息资源开放技术规范，明确开放数据的完整性、机器可读性、格式通用性等要求。

## 二、政府数据开放和政府信息公开

政府数据开放和政府信息公开都是开放政府理念的实践，而政府数据开放是政府信息公开在数据时代的深入发展，将政府信息公开在深度和广度上都提升到了新的阶段[38]。

在开放的内容上，政府信息公开侧重于信息层面的公开，公开的对象主要是文本形式的文件或是经过归总分析后的统计报告，政府数据开放则将开放的层面推进到了数据层[55]。数据是一手的原始记录，未经加工与解读，不具有明确意义，而信息已经过分析加工被赋予特定意义[56]，数据比信息具有更大的再利用和分析空间（图5-2）。

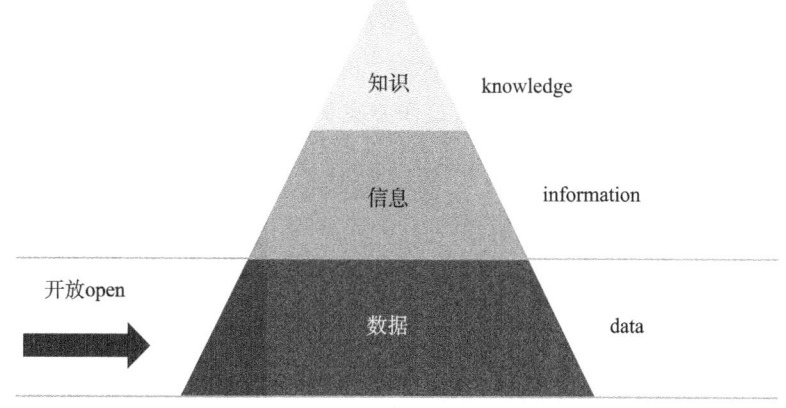

图 5-2　数据与信息

伴随着互联网信息技术的发展，社会对信息公开的期望和定义发生了变化，与收到一大堆纸质文件相比，公众更期待获得电子的、可机读格式的数据，以便于进行决策和分析[57]。目前，在各国的数据开放实践中，数据通常是以结构化的、可机读的、电子化的数据集形式开放。数据集是指由数据组成的集合，通常以表格形式出现。

在目的上，政府信息公开的首要目标是保障公众的知情权、提高政府透明度，更侧重于其政治和行政意义，信息公开是政府的一种责任；而政府数据开放强调赋予社会利用政府数据的权利，更侧重于其经济与社会价值，开放数据本质上是政府提供的一项公共服务。

在推行过程中，政府信息公开的重心在政府，政府公开信息后即已基本完成目标，而政府数据开放则要同时关注政府和利用者两方，以及两者之间的互动[13]，不仅要推动政府数据开放，还要推动数据的有效利用和价值创造。

### 三、政府数据开放和公共数据开放

政府数据有狭义和广义之分。狭义上的政府数据仅指由各级政府部门在依法履行职责过程中制作或者获取的，以一定形式记录、保存的各类数据资源。而根据《开放数据宪章》中的定义，广义上的政府数据不仅包括国家、区域和地方政府、国际政府组织以及广义的公共部门所掌握的数据，还包括外部机构为政府所创建的数据，以及掌握在外部机构手中但与政府项目和服务相关、并具有重大公共利益的数据（如采掘行业数据和交通基础设施数据等）[51]。为了保证所有这些由政府生成和为了政府而生成的数据具有默认开放属性，政府应在委托服务合同中列入相关条款，保证这些服务项目可能产生的新数据或对原有数据修正后生成的数据产权归政府所有，然后再将这些数据开放出来[51]。

广义的政府数据也可被称为公共数据。公共数据不仅包括政府数据，还包括政府部门以外的公共事业部门的信息和数据，如图书馆、档案馆等所收集、整理或者保管的信息[58]。此外，国有和私有企业受政府委托得到公共财政支持所创建的数据，以及掌握在这些企业手中但与政府相关、具有重大公共利益的数据也属于公共数据，应向社会开放。中央全面深化改革领导小组 2017 年 2 月审议通过的 《关于推进公共信息资源开放的若干意见》和 2018 年 1 月互联网信息办公室、国家发展和改革委员会以及工业和信息化部联合印发的《公共信息资源开放试点工作方案》也都使用了公共，而非政府来界定信息资源开放的最终范围。

## 四、数据产品不等同于数据开放

### （一）政府统计报告

统计报告是一种应用文章，运用统计资料和统计分析方法，以数字与文字相结合的方式，表现所研究的事物的本质和规律性。例如，图 5-3 中政府发布的统计公报就是关于 2020 年国民经济和社会发展情况的统计报告。由于统计报告是对原始数据进行加工、归总和分析后所产生的一种数据产品，并没有开放原始的、一手的数据，其被再次利用的可能性和价值都较低，所以并不是真正的数据开放。

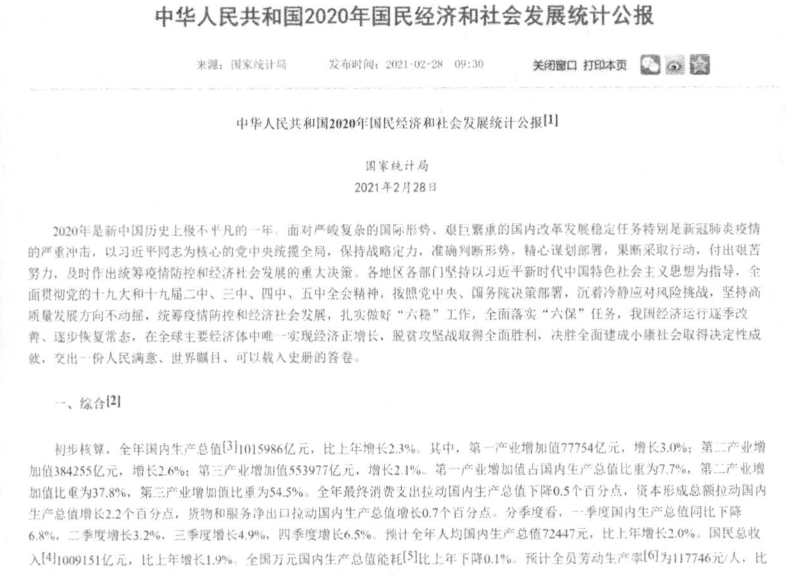
中华人民共和国2020年国民经济和社会发展统计公报

来源：国家统计局　　发布时间：2021-02-28　09:30　　关闭窗口　打印本页

中华人民共和国2020年国民经济和社会发展统计公报[1]

国家统计局

2021年2月28日

2020年是新中国历史上极不平凡的一年。面对严峻复杂的国际形势、艰巨繁重的国内改革发展稳定任务特别是新冠肺炎疫情的严重冲击，以习近平同志为核心的党中央统揽全局，保持战略定力，准确判断形势，精心谋划部署，果断采取行动，付出艰苦努力，及时作出统筹疫情防控和经济社会发展的重大决策。各地区各部门坚持以习近平新时代中国特色社会主义思想为指导，全面贯彻党的十九大和十九届二中、三中、四中、五中全会精神，按照党中央、国务院决策部署，沉着冷静应对风险挑战，坚持高质量发展方向不动摇，统筹疫情防控和经济社会发展，扎实做好“六稳”工作，全面落实“六保”任务，我国经济运行逐季改善、逐步恢复常态，在全球主要经济体中唯一实现经济正增长，脱贫攻坚战取得全面胜利，决胜全面建成小康社会取得决定性成就，交出一份人民满意、世界瞩目、可以载入史册的答卷。

一、综合[2]

初步核算，全年国内生产总值[3]1015986亿元，比上年增长2.3%。其中，第一产业增加值77754亿元，增长3.0%；第二产业增加值384255亿元，增长2.6%；第三产业增加值553977亿元，增长2.1%。第一产业增加值占国内生产总值比重为7.7%，第二产业增加值比重为37.8%，第三产业增加值比重为54.5%。全年最终消费支出拉动国内生产总值下降0.5个百分点，资本形成总额拉动国内生产总值增长2.2个百分点，货物和服务净出口拉动国内生产总值增长0.7个百分点。分季度看，一季度国内生产总值同比下降6.8%，二季度增长3.2%，三季度增长4.9%，四季度增长6.5%。预计全年人均国内生产总值72447元，比上年增长2.0%。国民总收入[4]1009151亿元，比上年增长1.9%。全国万元国内生产总值能耗[5]比上年下降0.1%。预计全员劳动生产率[6]为117746元/人，比

图 5-3　2020 年国民经济和社会发展统计公报[59]

### （二）政府数据可视化

数据可视化是一种数据的视觉表现形式，借助图形化手段直观、清晰、形象、有效地传达与沟通信息，其本质是一种以概要形式抽提出来的信息（图 5-4）。政府数据可视化是对政府所掌握的原始数据进行加工而形成的一种数据产品，用户并未获取可视化呈现背后的原始数据，也无法对数据进行再次利用。因此，数据可视化也不等同于数据开放。

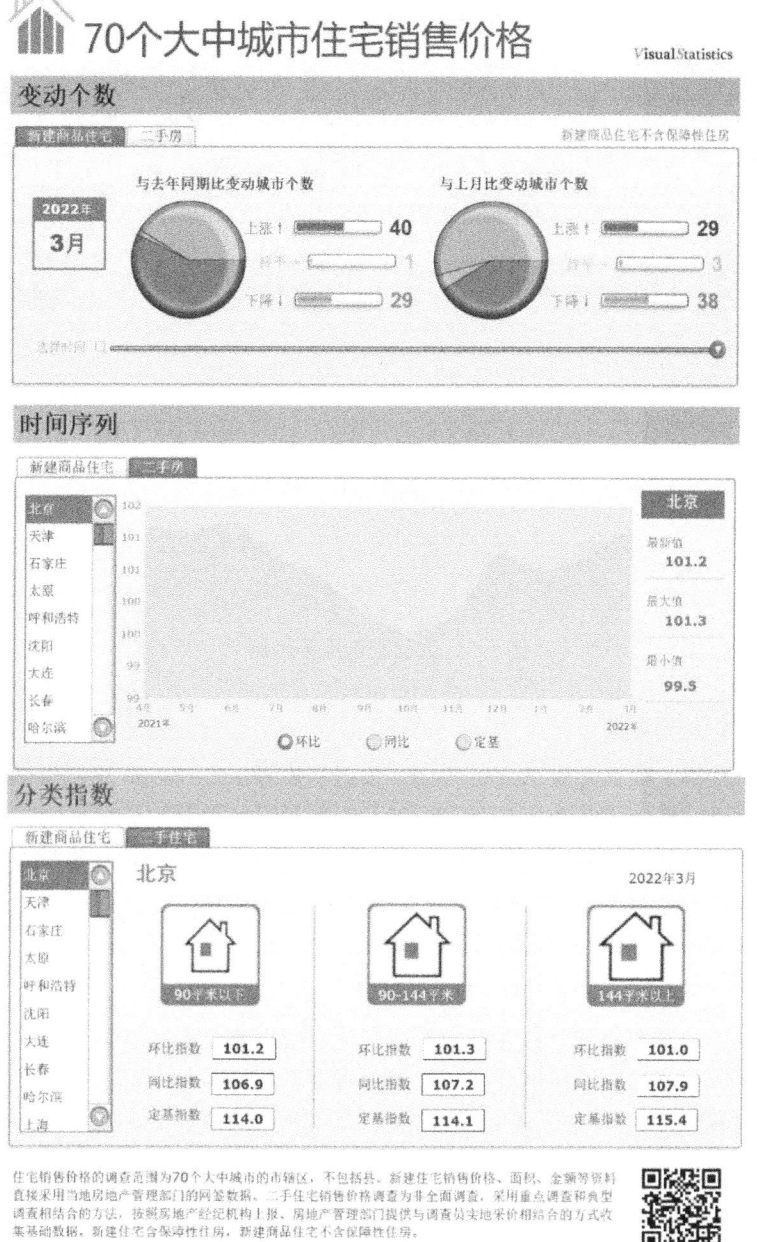

图 5-4 数据可视化示例[60]

(三)政府数据查询服务

数据查询服务是指通过某种检索界面让用户输入一定的查询条件后获得相应的匹配结果(图 5-5)。政府提供的数据查询服务虽然能够让用户获得部分数据内容,但用户不能下载全部数据进行再利用。因此,政府数据查询服务实际上是一种基于政府数据所提供的服务,而非完整的、原始数据的开放。

图 5-5 数据查询服务示例[61]

**（四）政府数据应用**

数据应用是基于数据开发的服务应用，数据利用者虽能得到应用提供的数据服务，却不能对获得的原始数据进行再次利用。那些由政府利用所掌握的数据自行开发的应用并不等同于政府数据开放。以上这些政府数据产品和应用由于也会发布和提供一些数据，因而经常被误认为是数据开放。实际情况是，在这些产品和应用上，政府并没有向社会开放政府数据供其进行开发利用。

政府数据既可以供政府自身进行内部利用，也可以开放给社会进行外部利用，而这些由政府自行制作和开发的统计报告、数据可视化、数据查询服务，以及数据应用都属于前者，所以，这些由政府自行利用自己所掌握的数据开发的数据产品和服务应用，并不等同于真正的数据开放。

## 本 章 小 结

随着信息技术的不断提升，传统的政务公开方式已经不能满足公众的需求，亟须进行扩展和深化，政府数据开放也由此产生并迅速席卷全球。数据开放作为大数据的基础，对形成协同的社会治理模式，获得经济价值、社会价值和政治价值，以及用社会的智慧解决政府解决不了的问题有着重大的意义。在数据开放这不到十年的时间内，国际政府数据开放已经取得了显著的成果和进展，但仍然存在数据难找到、不易被利用、开放授权不足等一系列的挑战，而我国政府的数据开放刚刚起步，虽然已有赶超国际的势头，但仍然存在着开放范围局限、分布不均匀、数据集不符合标准、重视程度不足、机制有待完善等一系列问题，仍有很大的提升空间。与此同时，数据开放也存在着泄露国家秘密、商业机密和个人隐私以及数据被误用与滥用的风险。

关 键 名 词

政府数据开放 公共数据 信息公开

思 考 题

1. 政府数据开放与传统政务开放有什么区别?
2. 政府数据开放的发展历程经历了哪几个阶段?
3. 如何避免政府数据开放中的数据被误用与滥用问题?
4. 如何优化我国政府数据开放工作?

本 章 实 训

一、实训目的

1. 熟悉并掌握政府数据开放的内涵及其发展历史和现状。
2. 培养学生对我国政府数据开放现状的理论思考和分析的能力。
3. 能够依据政府数据开放的问题和风险思考我国数据开放存在的障碍和顾虑。

二、实训内容

（一）实训资料

以上海市政府数据开放案例的讨论为基础，进一步收集、补充上海市数据开放的政策安排及实践相关的资料，结合国务院有关数据开放的制度设计，梳理其数据开放的经验与启示。

（二）具体任务

以上海市政府数据开放建设为例思考以下问题。

1. 上海市政府数据开放的推进得益于哪些因素？这些因素是如何发挥作用的？这些因素的作用是决定性的吗？
2. 上海市政府数据开放中遇到了哪些障碍？上海市是如何克服这些障碍的？是通过技术创新还是制度创新？两者的关系和定位如何？
3. 尝试为上海市后续的数据开放工作提出合理的建议。

（三）任务要求

1. 进一步收集、补充上海市数据开放政策安排及实践资料。
2. 梳理上海市数据开放的经验与启示。
3. 深入解读由国务院印发的《促进大数据发展行动纲要》和《中华人民共和国国民经济和社会发展第十四个五年规划和2035年远景目标纲要》中的相关内容。

三、实训组织

1. 指导教师明确实训目的、任务和评价标准。

2. 班级成员分若干小组，每组4～6人。实行组长负责制，成员合理分工、团结协作，专人负责活动记录和资料整理。

3. 各小组分别组织理论知识、相关文献的学习和讨论（可参考延伸阅读的内容），自行安排调研和资料收集，讨论、分析和按项目要求写出书面报告。

4. 各小组在班级进行PPT演示，汇报观点并讨论、交流。

### 四、实训步骤

1. 指导教师布置任务，指出实训要点、难点和注意事项。

2. 分组并选出小组组长，组员进行分工，讨论和制定工作流程与执行方案，报请教师指导、同意后执行。

3. 小组成员集体学习、讨论理论知识和相关文献，分工收集和整理上海市数据开放的背景资料。

4. 各小组组织讨论，按实训任务要求形成、归纳要点，完成书面报告。

5. 在班级各小组演示完成之后，指导教师进行点评和总结，并布置延伸阅读。

### 延 伸 阅 读

（1）郑磊. 开放的数林：政府数据开放的中国故事[M]. 上海：上海人民出版社, 2018.
（2）涂子沛, 郑磊. 善数者成：大数据改变中国[M]. 北京：人民邮电出版社, 2019.
（3）迈尔–舍恩伯格, 库克耶. 大数据时代[M]. 盛杨燕, 周涛, 译. 杭州：浙江人民出版社, 2012.

# 参 考 文 献

[1] 郑磊. 开放政府数据研究：概念辨析、关键因素及其互动关系[J]. 中国行政管理, 2015(11): 13-18.

[2] Open Source Initiative. About the open source initiative[EB/OL]. https://opensource.org/about[2021-09-08].

[3] 雷蒙德. 大教堂与集市[M]. 卫剑钒, 译. 北京：机械工业出版社, 2014.

[4] 贾开. 从"开源软件"到"开放政府"：互联网影响下的政府治理变革[J]. 经济社会体制比较, 2016(2): 104-112.

[5] The White House. About open government[EB/OL]. https://obamawhitehouse.archives.gov/open/about[2021-09-08].

[6] 陆建英, 郑磊, Dawes S S. 美国的政府数据开放：历史、进展与启示[J]. 电子政务, 2013(6): 26-32.

[7] 何乃东, 黄如花. 巴西政府数据开放的特点及对我国的启示[J]. 图书与情报, 2017(1): 37-44.

[8] Open Government Data (OGD) Platform India. About Open Government Data (OGD) Platform India[EB/OL]. https://data.gov.in/about-us[2021-09-08].

[9] Department of Economic and Social Affairs. United Nations e-government survey 2020[R]. 2020.

[10] Department of Economic and Social Affairs. United Nations e-government survey 2016[R]. 2016.

[11] World Wide Web Foundation. The open data barometer[EB/OL]. https://opendatabarometer.org/barometer/[2021-09-25].

[12] Open Data Barometer. Report-From promise to progress [EB/OL]. https://opendatabarometer.org/leadersedition/report/[2021-09-25].

[13] Global Open Data Index. Insights[EB/OL]. https://index.okfn.org/insights/[2021-09-25].

[14] Sayogo D S, Pardo T A. Exploring the Motive for Data Publication in Open Data Initiative: Linking Intention to Action[R]. Maui, Hawaii: 2012 45th Hawaii International Conference on System Sciences, 2012.

[15] Open Data Institute. Principles for strengthening our data infrastructure[EB/OL]. https://theodi.org/article/principles-for-strengthening-our-data-infrastructure[2021-09-08].

[16] Open Data Institute. Data is critical national infrastructure - let's make it open and secure[EB/OL]. https://theodi.org/article/data-is-critical-national-infrastructure-lets-make-it-open-and-secure[2021-09-08].

[17] Manyika J, Chui M, Farrell D, et al. Open data: unlocking innovation and performance with liquid information[EB/OL]. https://www.mckinsey.com/business-functions/digital-mckinsey/our-insights/open-data-unlocking-innovation-and-performance-with-liquid-information[2021-09-08].

[18] Tennison J, Hardinges J. The economic impact of open data: what do we already know? [EB/OL]. https://medium.com/@ODIHQ/the-economic-impact-of-open-data-what-do-we-already-know-1a119c1958a0 [2021-09-08].

[19] Annex B. Reaping the benefits of cloud computing, Web 2.0 and open data: OECD country experiences [C]//OECD. Denmark: Efficient E-Government for Smarter Public Service Delivery. Paris: OECD Publishing, 2010: 225-238.

[20] 高丰. 开放数据：概念、现状与机遇[J]. 大数据, 2015, 1(2): 9-18.

[21] Lakomaa E, Kallberg J. Open data as a foundation for innovation: the enabling effect of free public sector information for entrepreneurs[J]. IEEE Access, 2013, 1: 558-563.

[22] Chui M, Farrell D, Jackson K. How government can promote open data and help unleash over $3 trillion in economic value[EB/OL]. https://www.mckinsey.com/~/media/mckinsey/industries/public%20and%20social%20sector/our%20insights/how%20government%20can%20promote%20open%20data/how_govt_can_promote_open_data_and_help_unleash_over_$3_trillion_in_economic_value.pdf[2018-05-13].

[23] Susha I, Grönlund Å, Janssen M. Driving factors of service innovation using open government data: an exploratory study of entrepreneurs in two countries[J]. Information Polity, 2015, 20(1): 19-34.

[24] Pereira G V, Macadar M A, Luciano E M, et al. Delivering public value through open government data initiatives in a smart city context[J]. Information Systems Frontiers, 2017, 19(2): 213-229.

[25] Bartenberger M, Grubmüller-Régent V. The enabling effects of open government data on collaborative governance in smart city contexts[J]. JeDEM - eJournal of eDemocracy and Open Government, 2014, 6(1): 36-48.

[26] 杨东谋, 罗晋, 王慧茹, 等. 政府开放数据与信息增值：中国台湾地区的经验与启示[J]. 图书情报工作, 2013, 57(10): 63-69.

[27] 上海青悦环保[EB/OL]. http://www.epmap.org/[2021-09-08].

[28] Bedini I, Farazi F, Leoni D, et al. Open government data: fostering innovation[J]. JeDEM - eJournal of eDemocracy and Open Government, 2014, 6(9): 69-79.

[29] Soper T. App that helps people in wheelchairs plan travel routes wins first place at civic hackathon[EB/OL]. https://www.geekwire.com/2015/app-that-helps-people-in-wheelchairs-plan-travel-routes-wins-first-place-at-civic-hackathon/[2021-11-03].

[30] Kassen M. A promising phenomenon of open data: a case study of the Chicago open data project[J]. Government Information Quarterly, 2013, 30(4): 508-513.

[31] Janssen M, Charalabidis Y, Zuiderwijk A. Benefits, adoption barriers and myths of open data and open government[J]. Information Systems Management, 2012, 29(4): 258-268.

[32] The World Bank. World Bank support for open data: 2012-2017 (english)[EB/OL]. http://documents.worldbank.org/curated/en/760871509531665876/World-Bank-support-for-open-data-2012-2017[2021-11-

02].

[33] Center for Technology in Government. Open government and public value: conceptualizing a portfolio assessment tool[EB/OL]. http://www.ctg.albany.edu/media/pubs/pdfs/PVAT_ConceptualizingtheTool.pdf [2021-11-02].

[34] Yang T M, Lo J, Shiang J. To open or not to open? Determinants of open government data[J]. Journal of Information Science, 2015, 41(5): 596-612.

[35] 刘新萍，孙文平，郑磊. 政府数据开放的潜在风险与对策研究——以上海市为例[J]. 电子政务, 2017(9): 22-29.

[36] TechTarget. Data quality[EB/OL]. https://searchdatamanagement.techtarget.com/definition/data-quality [2021-09-08].

[37] Bertot J C, 郑磊, 徐慧娜, 等. 大数据与开放数据的政策框架：问题、政策与建议[J]. 电子政务, 2014(1): 6-14.

[38] 郑磊. 开放政府数据的价值创造机理：生态系统的视角[J]. 电子政务, 2015(7): 2-7.

[39] Graves A, Hendler J. Visualization tools for open government data[C]//Mellouli S, Luna-Reyes L F, Zhang J. Proceedings of the 14th Annual International Conference on Digital Government Research. New York: Association for Computing Machinery, 2013: 136-145.

[40] 上海开放数据创新应用大赛促创新转型[EB/OL]. http://district.ce.cn/zg/201510/12/t20151012_6679124.shtml[2015-10-12].

[41] Helbig N, Cresswell A M, Burke G B, et al. The dynamics of opening government data[R]. 2012.

[42] Davies T. Open data, democracy and public sector reform : a look at open government data use from data. gov. uk[R]. 2010.

[43] The World Bank. Open data for economic growth[EB/OL]. http://www.worldbank.org/content/dam/Worldbank/document/Open-Data-for-Economic-Growth.pdf[2018-06-06].

[44] Wang H J, Lo J. Adoption of open government data among government agencies[J]. Government Information Quarterly , 2016, 33(1): 80-88.

[45] Dawes S S, Vidissova L, Parkhimovich O. Planning and designing open government data program: an ecosystem approach[J]. Government Information Quarterly, 2016, 33(1): 15-27.

[46] O'Reilly T. Government as a platform[EB/OL]. https://www.mitpressjournals.org/doi/pdf/10.1162/INOV_a_00056[2021-09-08].

[47] The 2007 Workshop. Open Government Data Principles[EB/OL]. https://public.resource.org/8_principles.html[2018-05-04].

[48] The World Bank. Open data essentials[EB/OL]. http://opendatatoolkit.worldbank.org/en/essentials.html [2021-09-08].

[49] The Open Knowledge Foundation Definition. The open definition[EB/OL]. https://opendefinition.org [2021-09-08].

[50] Ontotext. What is five-star linked open data? [EB/OL]. https://ontotext.com/knowledgehub/fundamentals/five-star-linked-open-data[2021-09-08].

[51] Open Data Chapter. Principles[EB/OL]. https://opendatacharter.net/principles[2021-09-08].

[52] The Gov Lab. Open data definitions – what's in a name?[EB/OL]. http://odimpact.org/resources.html [2021-09-08].

[53] Open Data Policy Lab. Third wave of open data[EB/OL]. https://opendatapolicylab.Org/third-wave-of-open-data/[2021-09-23].

[54] Open Data Institute. Publishing data with purpose in Serbia[EB/OL]. https://theodi.org/article/publishing-data-with-purpose-in-serbia/[2021-09-23].

[55] 付熙雯, 郑磊. 政府数据开放国内研究综述[J]. 电子政务, 2013(6): 8-15.

[56] Bellinger G, Castro D, Mills A. Data, information, knowledge, and wisdom[EB/OL]. http://www.systems-

thinking.org/dikw/dikw.htm[2021-09-08].

[57] Open source. What is open government?[EB/OL]. https://opensource.com/resources/open-government [2021-09-08].

[58] 华海英. 公共部门信息增值利用的若干概念辨析[J]. 图书情报工作, 2012, 56(2): 14-18.

[59] 国家统计局. 中华人民共和国 2020 年国民经济和社会发展统计公报[EB/OL]. http://www.stats.gov.cn/tjsj/zxfb/202102/t20210227_1814154.html[2021-09-08].

[60] 国家数据网[EB/OL]. https://data.stats.gov.cn/swf.htm?m=turnto&id=436[2022-04-20].

[61] 国家药品监督管理局[EB/OL]. https://www.nmpa.gov.cn/datasearch/home-index.html[2022-12-01].

# 第六章　政府数据治理

■ **引例：上海市政府数据治理体系**

近年来，信息网络迅猛发展，正潜移默化地改变着人们的生产生活、社会经济运行的方方面面。随着5G、云计算、物联网、区块链等应用的不断深化，《中华人民共和国国民经济和社会发展第十四个五年规划和2035年远景目标纲要》明确提出，要将数字技术广泛应用于政府管理服务，推动政府治理流程再造和模式优化，不断提高决策科学性和服务效率。这是国家对信息时代做出的明确回应。

2021年上海市人民政府办公厅印发的《2021年上海市公共数据治理与应用重点工作计划》（简称《计划》）明确提出，推进城市数字化转型，全面支撑政务服务"一网通办"和城市运行"一网统管"，更好地服务经济社会发展。《计划》指出，应着力打造"数源工程""亮数工程""聚数工程""联邦数据治理"四大重点工程；拓展数据归集面，提升数据质量，提升公共数据治理能力；深化全市公共数据按需共享，加强"两页"数据赋能，丰富数据驾驶舱，推进公共数据共享开放和开发利用；优化数据治理模型、丰富应用场景，深化综合库、主题库建设与应用；加强制度建设和数据运营管理，保障重点工作有序运营，做深自然人、法人、空间地理三大综合库以及公共信用、经济社会发展等主题库，深化全市公共数据资产化管理，推动数据资源要素化转型，健全数据治理体系，提升数据治理能力，推动形成全市数据治理一体化格局。

数据井喷的时代已经到来，数据是互联网时代极具价值的核心资产，把握大数据时代的内部规律、充分利用信息技术优化政府治理，对于提高治理能力与服务水平、推动产业数字化转型具有重要意义。

**经验启示**

处于大数据时代，数字政府是"数字中国"建设的重要组成部分。上海市人民政府办公厅印发的《2021年上海市公共数据治理与应用重点工作计划》对于我国政府数据治理具有借鉴意义。政府数据治理要加强统筹规划、信息共享，消除"信息孤岛"；提升大数据集成，拓展数据归集面、提高数据质量；促进数据要素转型，优化数据治理模型；加强数据立法与制度建设，从而构建数据型政府新形态。

■ 本章知识结构图

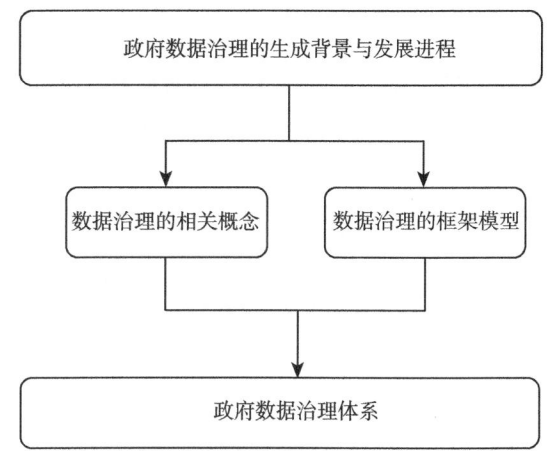

# 第一节  政府数据治理的生成背景与发展进程

## 一、政府数据治理的生成背景

### （一）数字经济蓬勃发展

随着 5G、云计算、物联网、区块链等技术的不断成熟，全球正面临着一场信息技术革命，数字时代已经到来。在此背景下，加快推动数字产业化与推进产业数字化转型、发展数字经济成为数字时代推动各国经济高质量发展的重要动力。《中华人民共和国国民经济和社会发展第十四个五年规划和 2035 年远景目标纲要》明确提出"打造数字经济新优势，加强关键数字技术创新应用"[1]。未来几年，世界各国也将从诸如信息、技术、人才等各个层面加强数字经济的建设、推动数字经济的发展。大数据赋予了传统经济新的活力，数字经济不断推动智能化与产业化融合，满足人民日益增长的美好生活需要。

目前，政府数据的资产价值已得到广泛认可。政府数据产品形态大规模向数字化和服务化延伸，政府与企业和社会之间的数据需求和信息交互不断被激活、数据资源开发形式不断拓展，政府信息服务所蕴含的巨大产业边界得以释放[2]。政府数据的公开对于我国数字经济的高质量发展具有重要的助力作用，但仍存在部分隐性问题。例如，数据孤岛依然存在、数据追踪存在困难、有关政府数据的相关权属关系并不明晰、数据市场监管及个人数据保护等相关制度尚未完善等。为此，我国亟须推动政府数据治理的发展，建立新型数据治理生态体系，推动政府数据价值的有效利用。

### （二）数据赋能人工智能

在互联网时代，数据、算法、算力是人工智能的重要组成元素。伴随着移动互联网的发展、物联网的逐渐普及，人类的沟通和交互日渐趋向零成本、零时差，这使随时随地收集数据成为可能；同时社交网站、电子邮件、搜索引擎、聊天工具等使人类建立连接的方式更加多样化、多维化，人类社会产生的数据也因此激增。此外，产业的数据化及技术的进步，让人类社会可被收集、记录的数据量发生爆炸性增长。数据激增使人工智能再次跃升成为可能。在人工智能领域中的深度学习的发展便是得益于大数据。数据作为人工智能的原始基石，当机器训练具有足够数量的样本，为智能提供的数据量越大，智能运行的效果则越佳。

人工智能分为三个发展阶段：计算智能、感知智能、认知智能。其中认知智能是未来人工智能发展的重要方向，更是推动数字化转型、经济高质量发展的重要力量。当数字化技术与智能化技术相结合时，使用者便可更加全面地认识数据的深层逻辑。正是基于人工智能的自然语言理解、知识图谱的数据交互分析技术[3]，以及诸如数据挖掘、深度学习等方法的运用为未来数据分析带来更大的帮助，赋能数据治理发展，使政府数据治理具有更重要的推动力，有利于构建数据型政府新形态，实现扁平化治理。

### （三）大数据推动数据资源管理

在大数据蓬勃发展的背景下，数据的重要性更加凸显，数据成为社会生产力发展的重要动力。信息技术的快速发展和广泛应用使大数据成为信息时代的战略资源，大数据的深度应用有利于解决民生、国家治理、国家安全以及国际竞争力等问题，推动国民经济发展。大数据所带来的种种变革已经潜移默化地引发了人们生产、生活以及思维方式等多方面的变化，用数据说话、用数据决策、用数据管理、用数据创新已经成为下一步社会治理体制改革的重要方向[4]。

然而，面对一个数据爆炸的时代，如果海量的数据存在数据冲突，难以确保数据质量、及时性等问题，那么其非但无法为业务赋能，反而可能会引发更多的挑战，低质量的数据也明显降低了政府的行政效能。为此，如何在复杂的网络环境下创新已有的政策框架与技术手段，使政府数据有效管理，实现政府数据资产保值增值已经成为政府必须面对的问题，政府需要集中在大数据、深度挖掘、物联网等领域，通过数据资源管理保障数据质量，提高治理能力与服务水平，推动产业数字化转型。

与此同时，在大数据的应用背景下，数据资源的管理具有诸多挑战，在本章我们将从数据治理入手，进一步探析在新信息时代政府数据治理的路径与方法。

## 二、政府数据治理的发展进程

近年来，大数据的蓬勃发展让社会各界普遍认识到数据资源的重要性，而政府大数据、政府数据开放、政府信息管理等概念的出现也让数据资源及其相关技术在政府治理中得到广泛应用，因此政府数据治理成为信息时代政府治理现代化的一个关键，建立完备的政府数据治理体系作为实现国家治理现代化的重要研究内容，是全球各国与地区探索的重要议题。例如，美国联邦政府面向数据开放和共享，从组织架构上任命首席数据官，在制度上设定数据互通规则、如何编目规范等，建立数据治理框架；英国政府通过加强数据基础架构，促进数据利用，升级公共服务能力以及打造智慧城市；澳大利亚国家档案馆设立数据治理与管理的整体版块，从业务、安全、法律、技术、语义等方面建立数据作为资产互通互信的规则，并通过组织架构与监督机制完备管理行动的落实[5]。

我国在政府数据治理方面的实践主要体现在主体、制度、设施三个方面。从主体维度来看，我国并未设置一个专门的总体的数据管理部门，主要由国家信息中心、互联网信息办公室、科学技术部等多个国家机关部门对信息管理的不同方面进行分工，围绕不同种类、不同维度的政府数据设置各部门相对应的职能，构成了职能不同但又互有交叉的多个部门合作管理的主体结构。从制度维度来看，我国先后出台了多个相关文件，从为政务信息化提出具体措施到要求推进数据资源开放共享再到明确政府信息公开、数据管理等具体要求，有关如何发展政府数据治理的政策内容正越来越完善。从设施维度来看，我国正在建设并不断发展政府数据平台：2018 年全国政务外网纵向贯通网络体系基本形成，实现全国省区市覆盖，接入国家政务部门单位 152 个。国家数据共享交换平台开始投入建设，积极与试点地区、部门的数据对接整合，目前已联结 72 个政务部门和 32 个省级政府，发布中央部门及地方共享目录约 57 万条。在 2019 年，全国一体化平台总枢纽——国家政务服务平台上线试运行，平台汇聚 31 个省（自治区、直辖市）和 40 多个国务院部门、280 余万项政务服务事项，已实现与地方部门平台互联互通。与此同时，国家公共数据开放平台也已提上日程，目标是实现对接 4 个中央部委、13 个省级、10 个副省级、59 个地级市的政府数据开放平台[5]，为政府数据的统一管理提供设施基础。

我国关于政府数据治理体系如何建设仍处于探索阶段，虽然取得一定的进展，却尚未形成完整的体系。例如，我国并未设置一个统一的数据管理机构，而是由数个相关部门协同管理，也没有关于政府数据治理的系统性的规则体系，在设施建设上也过于关注特定功能而忽略了联动性与不断适应技术发展的能力，导致我国政府数据治理在整体性、系统性与协调性方面都存在一定的问题。

## 第二节　数据治理的相关概念和框架模型

### 一、政府数据治理的相关概念

（一）数据与信息

数据（data）与信息（information）贯穿任何一个国家或者社会治理过程，也是研究数据治理知识体系的起点。数据是信息的载体，信息是有背景的数据，知识是呈现规律的信息[6]。数据是对客观世界记录、量化、分析、重组后再现的结果[7]。数据承载着国家或社会发展的各项信息，是社会有效运作的基础和前提[8]。

在小数据时代，政府收集的数据多为结构性数据，政府输出的数据是经过转化可以被企业、民众以及社会组织查询的信息；而在大数据时代，政府获取的数据结构更为多元，依托大数据的量化优势，利用大数据技术，对文字、音频、视频等半结构化或非结构化的数据进行抓取和深度挖掘，实现全方位、无障碍、无死角评估[9]，输出大量可参与计算的变量，实现信息生产向知识生产的转化。

（二）数据管理与信息管理

数据管理（data management）是对数据计划、政策、方案和实践的开发、执行和监督，以便能够控制、保护、交付和提高数据和信息资产的价值[10]。数据管理包含一系列业务职能，包括数据的采集、存储、分析处理、输出等；同时包含一套严格的管理规范和过程，用于确保业务职能得到有效履行；除此之外，数据管理还包含多个由业务领导和技术专家组成的管理团队，负责落实管理规范和过程，属于微观的、被动式的管理。

数据管理是信息管理（information management）的重要组成部分，相对于数据管理，信息管理更加宏观，泛指以网络信息技术为手段对信息资源进行计划、组织、领导和控制的各种社会活动[11]。

总体而言，信息管理的层次远远高于数据管理，数据管理是信息管理的基本层次和重要组成部分，涉及具体的数据业务活动过程和控制，以确保信息在数据层面是真实、准确、完整和安全的。

（三）数据治理与数据管理

1. 数据治理

20世纪80年代以来，随着IT治理的兴起，数据治理的概念首先被IBM等企业提出。数据治理是指通过制定相关政策与程序，来保证数据的准确性、可靠性、完整性和安全性[12]。从数据生命周期角度，数据治理被定义为一整套数据流程，以确保重要的数据资产能够在企业得到正式管理[11]。

当前，我国数据的采集和使用尚未走出部门化、碎片化和管控导向的局限，难以适应现代公共治理的需要，因此，打破数据壁垒、建立数据标准、打造共享融合的公共数据平台是必然趋势[9]。随着大数据、云计算、人工智能技术的蓬勃发展，数据治理为政府治理带来了新视角与新范式，继党的十八届三中全会首次提出推进国家治理体系和治理能力现代化的全面深化改革总目标之后，我国大力推进政府部门数据共享、公共资源开放，进而完善数据治理。

国际数据管理协会（DAMA①）将数据治理界定为对数据自然管理行使权利的活动集合[10]。国际数据治理研究所（DGI②）提出，数据治理是指数据相关事务的决策和权限的行使。具体来讲，数据治理是处理信息和实施决策的一个责任体系[13]。不难看出，数据治理的概念中包含组织体系、决策权、责任体系、人员和信息管理的实施方法等要素，其中尤其强调在数据相关事宜的管理基础上，做出相应的决策和实施的行动[7]。

2. 数据治理与数据管理的关系

数据管理强调对数据集合自身内容的具体管理，它是基于整个数据生命周期的管理，包括收集、组织、描述、共享和保存数据，属于被动式管理。数据治理是对数据管理的高级规划和控制，数据治理贯穿数据管理的全过程，更注重战略规划、组织以及后续绩效评估和监管等，强调"决定如何做出决定"（decide how to decide）[7]。数据管理是确保通过数据治理制定的政策和实践能有效地帮助数据相关工作开展的一系列活动[14]。而数据治理是组织进一步利用获取的数据，承担数据责任，突破技术困境，从而完善数据管理的能力。

不难看出，数据管理是数据治理的子功能和展开治理工作的前提。数据治理是基于数据管理所采取的决策行为，是研究数据运用技术、数据管理规范与标准和数据管理组织结

---

① DAMA：Data Management Association。
② DGI：Data Governance Institute。

构的一种体系。数据管理与数据治理密不可分。

（四）数据治理与大数据治理

1. 大数据治理

大数据是近年来才兴起的一个新学科，作为它的一个分支，大数据治理更是一个崭新的研究领域。大数据是指超出传统数据处理软件能力范围的规模巨大且复杂的数据集。大数据之大，不仅限于体量大（volumes）、品种多（variety）、速度快（velocity）、真实性强（veracity）和价值高（value）等特质；它还包括范围大（scope）、结构复杂（structure）、存储量大（storage）、策略性强（strategy）和灵魂性（spirit）等特质。其中"5V"体现的主要是优势和机遇，"5S"展现的更多是难题和挑战[15]。大数据治理是广义信息治理计划的一部分，通过协调多个职能部门的目标来制定与大数据优化、隐私和货币化相关的政策。

随着社交媒体、物联网等技术的兴起，数据体量正以指数级的速度迅猛增长。大数据本质上也是数据，是数据存在和发展的一个新阶段。传统意义上，政府数据来源于政府、企业及各种组织汇报的未经加工的结构性数据，基于这些数据所做出的决策具有滞后性与片面性。在大数据时代，政府通过门户网站、各种社交媒体、网络、智能化终端与传统数据等多元渠道收集政府治理相关的数据，其中数据的质量将直接影响数据治理的效益。

大数据治理的范围子框架共包含六个主要决策领域：战略、组织、大数据质量、大数据生命周期、大数据安全隐私与规范、大数据架构。

在大数据时代，政府作为社会管理的主体，掌握了大量的基础数据，通过应用大数据分析技术，以数据集中和共享为途径，推动技术融合、业务融合、数据融合，打通数据壁垒，统一接入数据共享大平台，构建政府数据共享体系，实现跨层级、跨地域、跨系统、跨部门、跨业务的协同管理和服务[16]。

在大数据治理背景下，政府决策模式呈现非线性化、去中心化、上下互通的特点。大数据技术使政策决策的覆盖面更广泛，能在征集各方主体需求的基础上统筹制定目标战略，在评估各方主体核心利益和关键诉求的基础上制订并筛选出各方满意且效益最大化的决策方案[9]。

2. 数据治理与大数据治理的关系

如表 6-1 所示，大数据本质上也是数据，是数据存在和发展的一个新阶段。以此类推，大数据治理本质上也是数据治理，是数据治理发展的一个新阶段。因此，数据治理的方法论（如治理的原则、过程、框架和成熟度模型等）大部分也适用于大数据治理。

表 6-1　大数据治理与数据治理的概念与关系[17]

| 类别 | | 要点 |
| --- | --- | --- |
| 概念 | 大数据治理 | • 大数据治理是广义数据和信息治理计划的一部分；<br>• 大数据治理制定与大数据优化、隐私和货币化相关的政策；<br>• 大数据治理需要协调好多个职能部门的目标和利益；<br>• 大数据治理是对组织的大数据管理和利用进行评估、指导和监督的体系框架；<br>• 大数据治理通过制定战略方针、建立组织架构、明确职责分工等，实现大数据的风险可控、安全合规、绩效提升和价值创造，并提供不断创新的大数据服务 |

续表

| 类别 | | 要点 |
|---|---|---|
| 概念 | 数据治理 | • 从决策的角度,数据治理是指"决定如何作决定",这意味着数据治理必须回答数据相关事务的决策过程中所遇到的问题,即为什么、什么时间、在哪些领域、由谁做决策,以及应该做哪些决策;<br>• 从具体活动的角度,数据治理是指评估数据利益相关者的需求、条件和选择,以达成一致的数据资源管理的目标,通过优先排序和决策机制来设定数据管理职能的发展方向,然后根据方向和目标来监督数据资源的绩效与合规;<br>• 数据治理的业务职能是评估、指导和监督;<br>• 数据治理的核心是数据资产管理的决策权分配和职责分工;<br>• 数据治理需要明确组织架构、控制、政策和过程,并制定相关规则和规范;<br>• 数据治理应遵循标准的、成熟的、获得广泛认可的过程,并且严格遵守相关规范 |
| 关系 | 大数据治理与数据治理 | • 大数据治理本质上也是数据治理,是数据治理发展的一个新阶段;<br>• 数据治理的方法论同样也适用于大数据治理,考虑到大数据的特殊性,需要在某些方面做适当调整;<br>• 服务创新是大数据治理与数据治理最显著的区别;<br>• 与数据治理相比,隐私保护在大数据治理中变得更加重要和富有挑战性;<br>• 将大数据纳入数据治理总体框架中,实现组织架构的改进与升级;<br>• 大数据的质量管理与传统数据治理计划中的质量管理有很大区别;<br>• 大数据治理需要制定特殊的规则来管理大数据的生命周期,以降低法律风险和 IT 开销;<br>• 大数据与现有元数据库的集成是大数据治理成败的关键因素之一 |

数字治理和大数据治理的本质区别是其拥有不同的治理对象,即数据和大数据。由于二者本质上都属于治理,所以治理对象的关系决定了如表 6-1 所示的关系。

(五)政府数据治理的含义和特征

1. 政府数据治理的含义

政府数据治理,就是以治理的思维方式改进传统政府信息管理,综合运用数据管理法律制度、人员组织、技术方法以及流程标准等手段,对政府采集的数据进行全面管理,以确保政府数据资产的保值增值,推动政府数据从公共资产转化为现实的经济社会价值[11]。

互联网是当今社会公共空间的重要组成部分,从信息内容以及技术和方法的演进轨迹判断,政府数据治理概念的出现,并不是简单替代政府信息管理,而是数字化时代政府信息管理的纵深发展与精细化体现。

首先,高效的政府数据治理是数据驱动型行政的保障,当前政府数据管理更需要从全局出发,加强政府数据资源的统筹规划,建立跨地域、跨部门的开放式数据共享体系,形成政府、社会与市场三者之间开放包容的数据治理新格局。

其次,明晰的政府数据治理是数据驱动型经济的基石。政府数据产品形态大规模向数字化和服务化延伸,不仅激活了政府与企业和社会之间的数据需求和信息交互,而且数据资源开发形式也扩充了多种价值实现方式,释放了政府信息服务的巨大产业边界,对数字经济的各个层面都起到了辐射作用。

最后,全面的政府数据治理引领数据驱动型社会。数据量激增给社会带来深刻变革,极大地提高了公民的数据意识和数字感知能力,赋予公众全新的个体权利,改变与重塑了社会形态,培育与促进治理主体的多元化,为社会创造更高价值带来了契机。在政府数据治理的背景中,完善高质量的公共数据保障机制和精准快速的数据回应机制是必然要求,也是时代所趋。

2. 政府数据治理的特征

数据在治理现代化、经济高质量发展、民生服务等领域的应用场景不断拓展,逐步成为驱动数字政府、数字社会以及数字经济加快建设的核心力量[18]。尽管政府数据治理和社会治理深度融合,促进了数据间的高度关联和激活碰撞,但也带来了大量冗杂的数据资源和应用脱节等种种不确定性问题,为政府与企业和社会的内外融合带来了机遇与挑战。这种从封闭走向开放的系统模式的转变正在重构政府数据管理方式,它打破了原有的政府主导的数据管理方式,建立起政府与社会协同治理的新模式,却对政府政策决策能力以及监管执行能力提出了新的挑战。与此同时,不同数据源的融合和汇集亟须数据标准的统一或重新转化,需要对原有数据库重新规划设计。此外,政府数据治理中应当避免"一刀切"的管理方法,重视多样化用户群体的需求,精准推送数据运用方案,根据数据分类分级系统设定不同级别用户的访问权限,健全完善相应的法律法规,建立起符合政府数据治理生态一体化信息管理制度以及基于信任的数据开发利用文化、数据安全追责机制等[11]。

现阶段我国政府经济社会的数据大部分掌握在政府部门手中,政府数据治理不同于传统的政府治理范式,其更加注重精准治理、整体治理、线上线下融合治理以及多元治理[19]。

其一,政策决策精准化。传统的政府决策往往基于过去事实与知识经验的积累,具有很强的主观和经验主义色彩。政府数据治理依托于大数据分析与文本信息处理技术,实时分析检测,用量化与实证的方法寻找事物之间的相互关系,推动管理决策由经验决策走向数据决策。

其二,治理方式的一体化。从小数据到大数据与全数据,政府通过分析和记录将一切社会现象进行量化,利用大数据技术对文字、音频、视频等半结构化、非结构化数据进行抓取、深度挖掘,实现治理行为的全景留痕和数据化[9]。以一体化的数据治理方式替代条块分割、各自为政的信息管理方式,以政府数据全生命周期管理为核心,避免数据管理的碎片化和分割化。

其三,服务流程的精简化。依托物联网、云计算、人工智能及区块链技术,通过引导部门数据由内部职能划分向合作共享转化,将多站式、碎片化的服务优化为一站式共享服务。通过将人工智能嵌入政府数据治理,将数据治理的边界由传统线下治理延伸至网络空间治理,也促使数据治理呈现出组织结构扁平化、业务系统化、数据融合化等特征,真正地实现政府数据治理由线下治理向"线上+线下"融合治理转变[19]。

其四,治理主体的多元化。在传统治理模式中,政府是单一的管理者,社会公众只能被动地接受政府管理,不仅缺少反馈的渠道,存在严重的信息不对称现象,更无法参与政府决策和管理过程中发挥与展现群众的智慧。政府数据治理突破了传统治理模式的封闭性,为公众参与政府治理提供了平台,推动政府治理模式由单一封闭向多元开放的治理模式转变。

## 二、政府数据治理的框架模型

政府数据治理具有复杂性、多维度、多元化等特点，因此应从多视角、多层次构建数据治理框架和模型，区分其中各类要素及其关系，以便深入理解政府数据治理。

数据治理框架，是为了完成数据治理的任务，将数据的主体、对象和过程及其之间相互的关系（如在何种情况下、由谁使用哪些数据，采用何种方法、采取何种行动进行数据使用）用图形、文字和正式规则表示出来的要素关系及逻辑次序。从数据治理框架的概念中可以看出，数据治理框架的构成要素主要包括治理主体、治理对象以及治理过程等几大部分[20]。

在国外已有的数据治理框架模型中，较为成熟的是国际数据治理研究所数据治理框架，以及国际数据管理协会数据治理框架。国际数据治理研究所数据治理框架包括规则与协同工作规范、人员与组织架构、过程三大部分及十个子部分。该模型的特点是将治理流程融入模型之中，以流程箭头的形式标识治理顺序。此外，该模型条理清晰、重点突出，回归研究问题的本质，回答了5W（why、what、who、when、how）问题。国际数据管理协会数据治理框架由两个子模型构成：数据管理功能与环境要素，该模型的核心意义在于解决数据管理功能与环境要素之间的匹配问题[21]。

上述两种模型因其全面性和逻辑性，被研究人员广泛借鉴和引用。但数据治理框架模型的实际应用不能忽略所处国家社会的差异和行业的特征，下文将着重介绍两类由国内学者提出的针对政府数据治理的框架模型。

### （一）基于数据共享的政府数据治理框架

#### 1. CGCS[①] 数据治理框架

政府作为国家统治和社会管理机关，其组织结构、组织目标以及制度限制、社会影响与企业有巨大差异，因此政府数据治理和企业数据治理也存在诸多不同。庞大复杂的机构组成和多元的任务目标意味着政府数据治理应满足统筹兼顾、协调统一的要求，在具体层面即表现为对数据共享的重点关注，尤其是跨部门之间的数据共享和开放。此外，由于政府部门数据多涉及公民隐私、公共安全和城市管理等，具有数量大、种类多、范围广的特点，因此政府数据治理还应满足安全性高的要求。国内学者针对政府数据治理的特殊性，提出了中国政府跨部门政府数据治理框架——CGCS数据治理框架[22]。如图6-1所示，该框架由政府数据治理主体、政府数据治理战略目标、规范与标准、关注范围、过程及方法与技术六个部分组成。

##### 1）政府数据治理主体

政府数据治理主体包含数据治理委员会、数据治理办公室、数据治理需求调研组、数据治理平台建设组和数据治理其他相关利益部门。

数据治理委员会负责数据治理战略目标的制定以及规范和标准的审核，为跨部门的协同治理和数据共享提供统一规划。数据治理办公室是数据治理实施的核心，负责规范和标准的制定、具体活动的实施，以及角色和活动之间的协调沟通，并向数据治理委员会汇报工作进展，监督数据治理需求调研组和数据治理平台建设组的工作[22]。利益相关部门指提

---

① CGCS：China Government Cross-Sectoral。

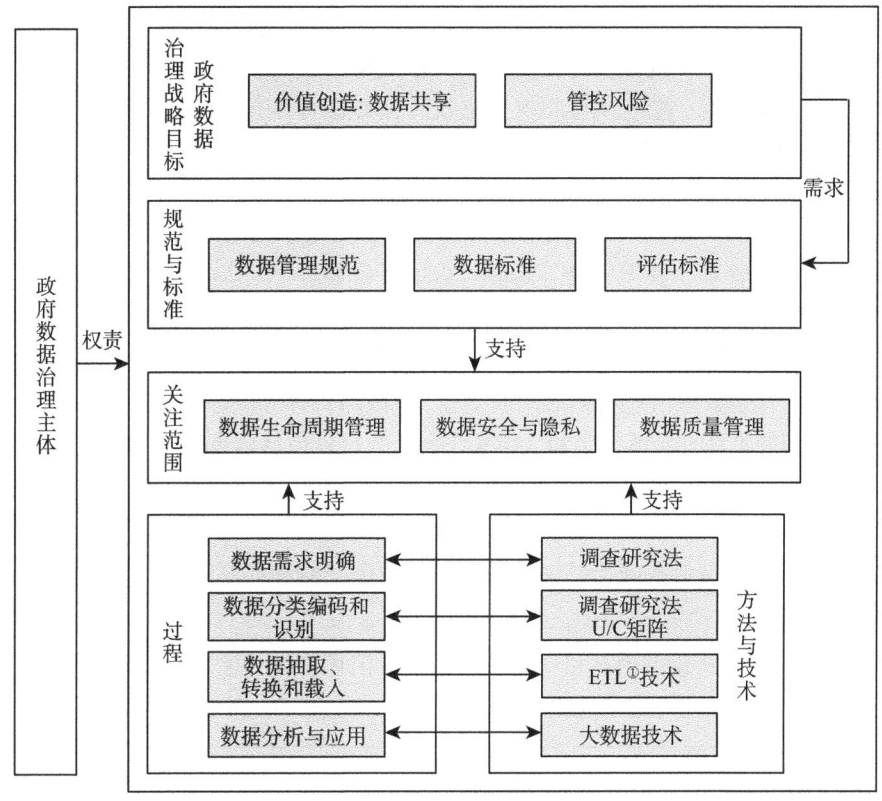

图 6-1 CGCS 数据治理框架[22]

供数据和使用数据的部门,按照"谁主管,谁提供,谁负责"的原则,提供部门需要及时维护和更新的数据,保障数据的质量;按照"谁经手,谁使用,谁管理,谁负责"的原则,使用部门应该根据履行职责的需要依法依规使用数据[23]。数据治理需求调研组负责对各部门的数据需求进行调研,便于整合有需要的数据。数据治理平台建设组一般由专家学者和技术人员组成,负责将跨部门的数据整合到统一的数据平台上。

2) 政府数据治理战略目标

政府数据治理战略目标决定了数据治理活动的方向和标准,主要可分为价值创造和管控风险两大目标。价值创造即通过数据治理活动带来利益或提高效率,如提高决策准确度、提供更高效的公共服务等,而数据共享既是实现上述目标的手段,也是数据治理的目标之一。通过数据共享实现跨部门协同联动,打破"数字孤岛",实现"让数据跑腿",从而不断提高政府治理水平和服务效率。管控风险则意味着通过数据共享,及时传递信息和发现问题;同时对于存在职能交叉的部门,也可以借助数据治理厘清权责边界,明确数据归属。

3) 规范与标准

为保障数据治理的成功实施和各部门间的数据共享,应制定数据治理规范和标准,提

---

① ETL:extract-transform-load,是将大量的原始数据提取(extract)、转换(transform)、加载(load)到目标存储数据仓库的过程。

高数据的可用性和权威性。数据管理规范方面，可以按照数据的全生命周期展开管理，包括数据的采集规范、组织规范、存储规范、共享规范与安全规范；数据标准方面，可以参考国家标准及地方标准，结合实际情况建立统一的数据标准体系；评估标准方面，应包括对数据质量的评估和对数据治理成熟度的评估[22]。

4）关注范围

关注范围是指政府数据治理的重点关注领域，是影响数据治理成效的重要因素，主要包括数据生命周期管理、数据安全与隐私、数据质量管理[22]。其中，数据质量管理要求数据具有完整性、真实性、准确性、有效性和一致性，从而保证使用数据时的安全、高效。

5）过程及方法与技术

数据治理过程是数据治理具体活动的实施，是战略目标和关注范围的落地实践，并且需要一套科学合理的方法和技术来支撑。CGCS 框架的过程包括数据需求明确、数据分类编码和识别、数据抽取、转换和载入以及数据的分析和应用五个子过程，在各个子过程中需要采用相应的方法或技术[22]。其中，数据分类编码直接影响数据共享交换的质量和效率，数据识别则以数据分类结果为基础，二者共同为后期数据交换和共享工作的开展提供便利。

2. 政府大数据治理框架

政府大数据治理框架由治理目标、治理主体、治理客体、治理活动和治理工具 5 个关键要素和 15 个要素构成，这些通用要素之间的关系如图 6-2 所示。

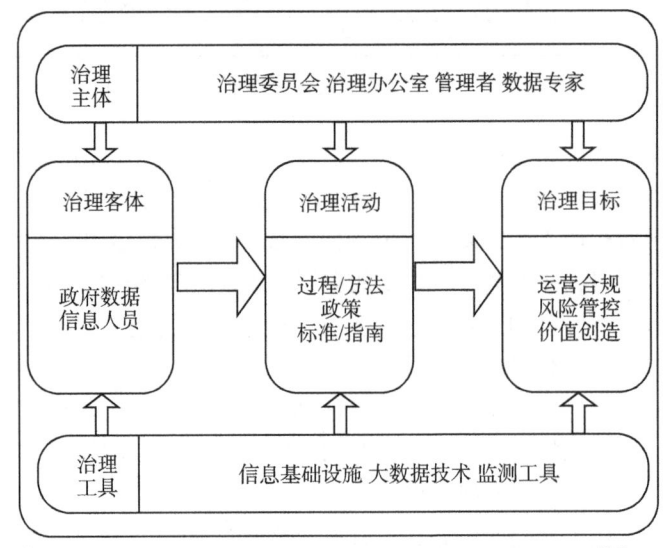

图 6-2　政府大数据治理体系构成通用要素框架模型[24]

治理目标是治理活动的战略方向、活动指南和控制标准；治理主体是治理活动的决策者、组织者、协调者、操作者和参谋者；治理客体是治理活动的实施对象，即政府数据和信息人员；治理活动是核心要素，是政府大数据治理的实施过程和方法，政策标准/指南是对治理活动的规范和约束；治理工具是治理活动的物质基础和技术支撑，大数据技术主要涉及数据采集、存储、分析、处理、可视化、流通等技术方法，监测工具主要指审计和报告工具，具体包括 IT 审计方法、大数据审计方法与技术、远程审计技术、安全审计技术等[24]。

此外，还有国内学者提出了更为具体的政府大数据治理应用框架。如图 6-3 所示，该分析框架以数据源为出发点，通过数据汇集和数据分析环节，在大数据平台有效利用数据，实现数据的利用价值，最后达到提升政府治理能力的目的，同时，使社会自治与管理能力得到提升[25]。

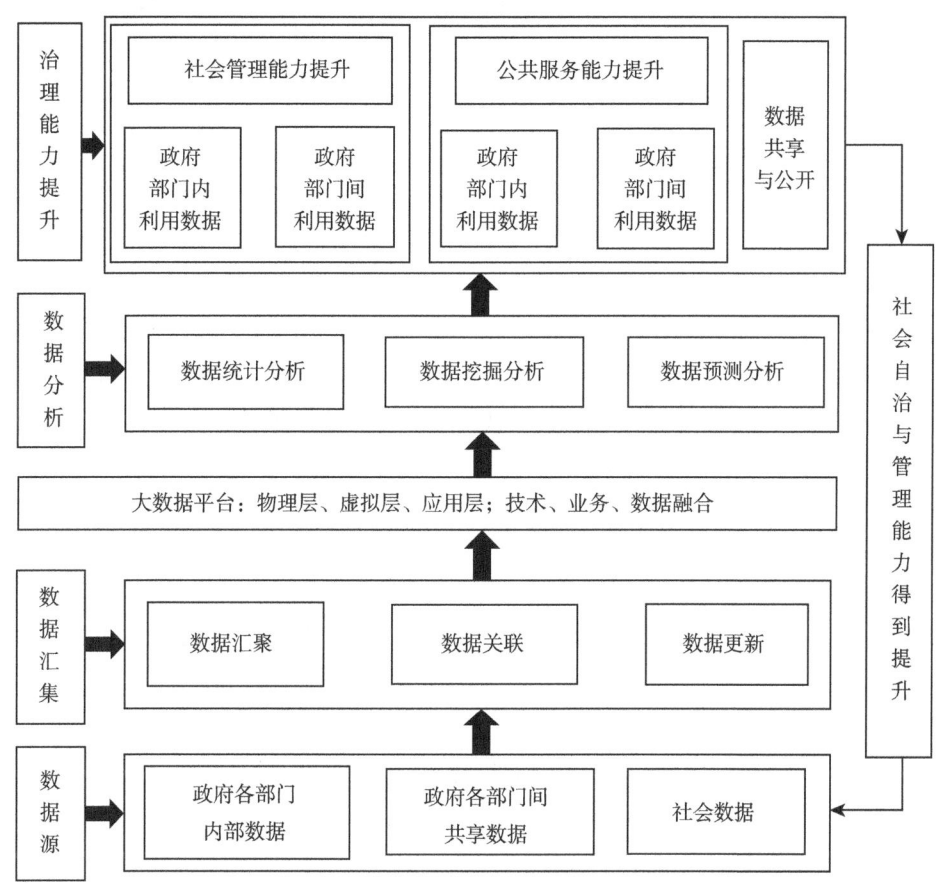

图 6-3　政府大数据治理应用框架[25]

（二）基于价值链的政府数据治理模型

在政府数据治理中，公共价值嵌套于政府数据治理全过程之中，是政府数据治理的核心所在，决定着政府数据治理的走向。因此，政府数据治理是工具理性和价值理性的有机结合体。从表面看，政府数据治理体现为政府对数据资源进行规范使用、合理开发和有序管理的过程；从深层次看，政府数据治理则是政府回应社会需求、确保公共产品有效供给的公共价值创生过程[8]。由此，可以引入哈佛大学迈克尔·波特教授（Michael E. Porter）提出的价值链理论。波特认为对于任何企业而言，创造价值是企业各项管理活动的终极目标，且企业的价值创造并不是某个单独环节能够完成的，而是设计、采购、生产、销售、服务、开发等多个环节有机整合的动态过程。围绕价值创造，企业各项活动可分为基本活动和辅助活动，同样，政府数据治理价值链也由基本活动和辅助活动构成。如图 6-4 所示，公共价值促生构成了政府数据治理的中心，政府数据治理的目的就在于有效挖掘政府所掌握的数据资源，以推进政府数据治理公共价值的实现[8]。

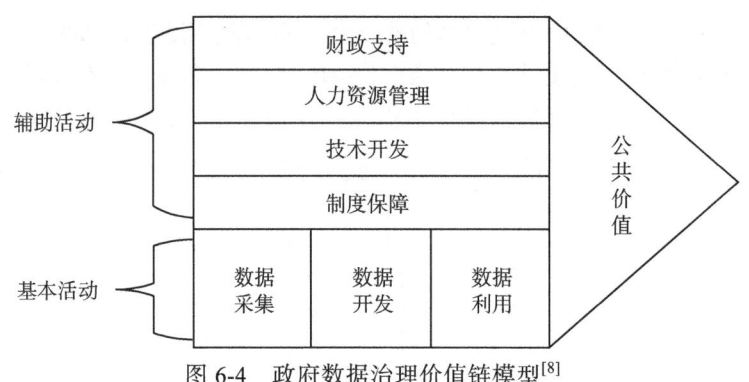

图 6-4 政府数据治理价值链模型[8]

1. 基本活动

基本活动是指在政府数据治理过程中不可缺少的实质性活动。基于数据管理流程，政府数据治理价值链中的基本活动主要包括数据采集、数据开发和数据利用三个环节。其中，数据采集是政府数据治理的基础与源头；数据开发是政府数据治理的关键；数据利用是政府数据治理的归宿[8]。

2. 辅助活动

辅助活动是协助基本活动以实现数据公共价值最大化的各项活动的总和。辅助活动虽不直接创造公共价值，但却对整个数据治理过程的公共价值促生具有重要的支持作用。政府数据治理价值链中的辅助活动主要包括财政支持、人力资源管理、技术开发和制度保障四方面内容[8]。

## 第三节　政府数据治理体系

### 一、政府数据治理的价值目标和思维

在《中华人民共和国国民经济和社会发展第十四个五年规划和2035年远景目标纲要》中，"加快数字化发展　建设数字中国"成为"十四五"的重要目标，其中建立健全数据要素市场规则成为营造良好数字生态的一环。数据治理作为政府推动数据要素市场流动、支撑数字化社会建设、构建网络空间命运共同体的重要抓手，应把数据治理的价值目标与国家社会发展的规划与目标紧密相连。而政府数据治理的价值目标应是保证公共数据安全、提高数据利用效率、维护个人数据权益。为实现政府数据治理的价值目标，政府应秉持开放透明、公平公正、流动有序、整体协同的思维进行数据治理。

数据治理作为推动国家治理体系与治理能力现代化的重要手段与目标，其价值观不仅应体现国家治国理政的总价值观，更应结合数据流动与开发的自身特征。数据治理的治理活动主要表现在三个方面：一是政府部门对公共数据的治理活动；二是政府部门对市场中流动数据的治理活动；三是政府部门对公民个人数据的治理活动[26]。而数据治理的价值目标则可依据此三项治理活动展开。保证公共数据的安全即政府在公开、存储、收集、传递、加工设计社会公共利益或来源于公共社会运行的数据时，第一要务是应保证公共数据的安

全，包括防止公共数据中敏感机密信息的泄露而导致的危害社会安全、保证数据在存储过程中的完整性、保证数据分析与计算技术的稳定性等。而公共数据的升值分析主体不仅是政府部门，更有市场与研究机构，所以保护公共数据安全不仅需要政府加强自身制度建设与技术体系完善，也需要对数据进行分类分级，按照对国家安全的影响度进行分类管控[27]，分级控制风险，规范其他市场主体的数据使用行为，保证数据安全。提高数据的利用效率即保证提高政府的管理效率，更好地洞悉数据背后的社会问题与预测发展方向；促进企业科学决策，挖掘潜在市场价值，把握经济新增长点，推动市场资源配置与供需对接；同时便捷个人生活世界，推动个人社会交往，提供更加高效的个性化服务。所以，数据治理要具有时效性，同时促进其流动，充分挖掘数据背后的经济价值与社会价值，提高社会经济效益。在个人数据层面，应该尊重个人的权益，应考虑到对个人数据的开发与分析可以具有的潜在的商业价值是一种无形的财产，公民理应具有处置权与使用权，同时，个人数据还关系到个人隐私和人格尊严[28]，个人不应被贴上数据标签，尤其是在人工智能时代下，人工智能更需要尊重人类的自由与人格[29]。

若要实现数据治理的价值目标，则需要秉持开放透明、公平公正、流动有序、整体协同的治理思维。开放透明要求政府将公共数据取之于民用之于民，在将公共数据"脱敏"后向社会公开，以推动数据的升值进而创造社会经济价值，推动数据开放，让更多企业、机构与个人有途径获得公共数据进而激发其对数据的高效利用。公平公正要求政府维护合理的数据利用与保护规则制度，营造良好的数字生态环境，规范数据巨头公司的数据垄断行为与数据霸权行为[30]，防止其打压中小企业的发展，维护个人的数据权益，抑制其诱导需求与数据裹挟的逐利倾向。流动有序要求推动数据共享与数据交易，首先是应明晰数据交易的主体与对象，确定交易资格；其次是制定统一的质量标准，保证数据的真实性、合法性；最后是加强数据交易监管，制定相关的行业准则[31]。整体协同要求政府对数据的治理责任是不仅要管好、用好自己的数据，也要善于用治理工具引导政府、市场和社会数据资源在经济社会发展中产生更大效益，采取系统、多元、联动的思维进行数据治理[32]。

## 二、政府数据治理的规章制度

政府数据治理是数据治理在政府领域中的应用，需要解决政务数据归集、数据资源建设、数据共享和数据应用等各种问题，以及保障数据安全。实际上，数据治理的概念兴起于企业的数据治理部门。而政府数据治理是从体系层面建立一套完善的数据标准和规范，统一数据资产管理，统一数据调度，保证数据可控、可用、可信的工程。同时，以数据运营的方式，从政务数据和社会数据中提升社会效益和经济效益，为数字政府和智慧城市的建设提供可信、可用的数据支撑。政府数据治理伴随着政务信息化、数字化建设浪潮，逐步演变成数字政府和新型智慧城市建设的必要和必需的手段，并为政务服务、城市治理、经济发展等领域提供公共数据。

政府数据治理包括数据资源管理以及由此采取的各项行动[7]。相比传统的政府数据管理，政府数据治理主张民众、企业和社会等多元主体的共同参与，而在此之中，政府在数据治理过程中仍居于主导地位[33]。在当代，行政事务中的事实因素与价值因素已无法进行完全的分离[34]。任何政府管理活动在追求技术理性的同时，都不可忽视价值在管理中的嵌入[8]。对于政府而言，公共性是其管理活动开展、管理模式嬗变的价值基础[35]，其管理绩效的合法性需要由其体现的公共价值决定[36]。政府数据治理的主要特征包括：信息基础设施建设广泛提升、打破信息共享的非技术性壁垒、防范系统性数据泄露风险、与民众数据需求的充分对接等[37]。

进入21世纪以来，信息和通信技术日臻成熟，世界各国政府的行政改革也面临更加复杂的政治、经济与社会环境的考验。随着服务型政府的推进，电子化政府在世界范围内的建设已初具规模，而数字治理亦逐渐扩展到城市治理领域，智慧整合城市资源与电子政府互联共通，催生出智慧城市的发展战略。

在我国，数据治理可以分为五个层面：法律层面、政策层面、技术平台层面、管理层面和体制层面。五个层面共同作用，分别建设并共同发展，构成了我国数据治理的规章制度与管理体系。

在法律层面，法律法规为政府数据治理工作提供了基础和保障，且法律保障除了规范政府治理的工作，更是对数据权利的主体进行权利保护的依据。法律保护是政府数据治理的法治保障。美国联邦政府有长期的治理传统，在19世纪就已经有比较早期的法律、法规出现，其后又逐步补充完善。从总体上看，保护（安全）与开放是贯穿美国数据治理政策的两大主线[38]。政府的数据治理，首先需要做的就是"将网络平台技术引导向正确方向，即引导向社会正义和重建经济合理性（rationality）的方向"[39]。在数据治理的过程中，法律保障能让政府的数据治理工作公开化、透明化以贯彻服务宗旨，让数据主体的权利维护有章可循、有法可依，从而在治理过程中捍卫公平正义[26]。

在政策层面，政府数据治理的相关政策有助于政府相关战略的实施和部署，有助于落实国家相关大政方针，为大数据时代政府数据治理的进一步发展奠定基础。美国联邦政府数据治理经过多年探索发展，首先形成了一整套数据（信息）资源存储、保护、利用和开放的治理体系[38]。英国政府在数据治理领域也有一套完整的政策体系和治理结构。早期，英国政府将绩效、透明和责任作为政府数据治理的重点任务，通过数据保护、数据开放和信息公开推动政府的透明度议程，监督提升政府工作的绩效和责任。2010年以后，数据治理政策领域开始由内向外拓展，法案和政策的制定遵循国际通用标准和规则，加强数据基础设施建设，确保数据能够跨境流动和再利用，有效支撑数字经济的发展[40]。而针对我国情况，刘彬芳等提出大数据时代我国政府数据治理政策之间的联动不显著、相互之间缺乏协同、政策间联系较少，总体而言，国家有关大数据治理的政策较为零散，没有形成统一规划，难以对大数据治理形成良好的指导规范作用。在未来，我国政策需要注重大数据治理的顶层设计（宏观）、加强大数据治理基础设施建设体系研究并保持大数据治理的多样性（中观），同时重视大数据治理对隐私安全和数据安全的保护（微观）[41]。

在技术平台层面，中国数据治理实践将主数据、数据标准、数据质量、元数据等几部分功能统一集成数据资源管理平台，并作定制化开发和一站式数据管理，提高用户体验，但由于平台多为软件开发商按项目方式开发，导致产品化程度不高、客户投资有一定程度的重复。技术平台为促进政府数据治理能力中的共享机制提供能力和保障。政府数据共享要求技术提供极高要求的保障，即使在各单位配合下，数据共享交换仍然效果有限，根本原因是以上架构要求的人工参与度非常高，相应的数据的实时性非常差。数据开放共享平台的技术服务层不断创新，方可针对政府数据治理的技术提供共享交换的坚实基础，其中则包括数据共享交换系统对社会公众的无条件开放，对大数据产业链企业的契约式开放，对政府部门之间数据的相互共享交换[42]。而在技术提供基础和创新保障后，与之对应的管理能力也需要相应的强化。

在管理层面，数据治理的实践更符合中国特点，强调数据标准建设（如数据元素和参考数据），以及行业性数据标准广泛制定（如金融、电子政务、公安、税务等）。与主数据管理相比，数据标准可覆盖交易数据；强调指标管理，数据标准管理和指标管理在国外数据治理体系中未单独成一部分，而是分别归入主数据管理和业务元数据管理。在管理层面中，协同机制也被纳入政府数据治理的规章制度进行考量。在现阶段，我国的政府数据治理协同仍有许多不足，其中包括治理理念协同不足、治理目标协同不足、治理主体协同不足、治理客体协同不足和治理工具协同不足[43]。而在未来的发展路径中，只有加强治理理念协同、治理目标协同、治理主体协同、治理客体协同和治理工具协同的全面协同机制发展，才能从更坚实和多元的层次建立开放政府数据治理的管理机制，完善和发展我国政府数据治理能力。

在体制层面，数据治理对依系统、业务条线的纵向数据管控的推动力、执行力强，效果较好。体制创新为政府数据治理提供了系统化的制约与保障，对所有治理层面进行了综合化的集约整合。

在中国政府开展的数据治理规章制度建设中，"互联网+政务服务"、电子政务、数字政府等都是其中的重要部分，表6-2罗列了近些年中国颁布的与数字治理相关的政策文件及要点。

表6-2 中国颁布的与数字治理相关的政策文件及要点

| 时间 | 政策文件名称 | 相关要点 |
| --- | --- | --- |
| 2013.02 | 《基于云计算的电子政务公共平台顶层设计指南》 | 开展基于云计算的电子政务公共平台顶层设计，积极推动云计算模式在电子政务中的应用，提高基础设施资源利用率，为减少重复浪费、避免各自为政和信息孤岛创建新的技术支撑体系，全面提升电子政务服务能力和水平 |
| 2015.07 | 《关于运用大数据加强对市场主体服务和监管的若干意见》 | 一是提高政府运用大数据能力；二是推动简政放权和政府职能转变；三是提高政府服务水平和监管效率；四是促进政府监管和社会监督有机结合 |
| 2015.07 | 《关于积极推进"互联网+"行动的指导意见》 | 加快互联网与政府公共服务体系的深度融合，推动公共数据资源开放，促进公共服务创新供给和服务资源整合，构建面向公众的一体化在线公共服务体系；利用大数据分析手段，提升各级政府的社会治理能力 |
| 2015.08 | 《促进大数据发展行动纲要》 | 大力推动政府部门数据共享；稳步推动公共数据资源开放，加快建设国家政府数据统一开放平台；统筹规划大数据基础设施建设；推动政府治理精准化；推进商事服务便捷化；促进安全保障高效化 |

续表

| 时间 | 政策文件名称 | 相关要点 |
| --- | --- | --- |
| 2016.07 | 《国家信息化发展战略纲要》 | 深化电子政务，推进国家治理现代化。完善一体化公共服务体系，推动电子政务服务向基层延伸 |
| 2016.09 | 《关于加快推进"互联网+政务服务"工作的指导意见》 | 2020年底前，建成覆盖全国的整体联动、部门协同、省级统筹、一网办理的"互联网+政务服务"体系，大幅提升政务服务智慧化水平 |
| 2016.12 | 《关于印发"互联网+政务服务"技术体系建设指南的通知》 | 以服务驱动和技术支撑为主线，围绕"互联网+政务服务"业务支撑体系、基础平台体系、关键保障技术、评价考核体系等方面，提出了优化政务服务供给的信息化解决路径和操作方法 |
| 2017.01 | 《"互联网+政务服务"技术体系建设指南》 | 以服务驱动和技术支撑为主线，提出了优化网上政务服务的解决路径和操作方法 |
| 2017.05 | 《政务信息系统整合共享实施方案》 | 加快推进政务信息系统整合共享的"十件大事"；加大机制体制保障和监督落实力度，其中，要求提升国家统一电子政务网络支撑能力，完善国家电子政务外网，健全管理体制机制 |
| 2017.05 | 《国务院办公厅关于印发政府网站发展指引的通知》 | 要求政府网站做好文件资料、政务动态、数据开放、数据发布等相关信息发布，以及对政策文件、突发事件等进行解读回应，还要提供在线预约、在线申报、在线咨询等功能，以及搭建统一的互动交流平台 |
| 2017.07 | 《"十三五"国家政务信息化工程建设规划》 | 基本形成满足国家治理体系与治理能力现代化要求的政务信息化体系，构建形成大平台共享、大数据善治、大系统共治的顶层架构，建成全国一体化的国家大数据中心 |
| 2018.05 | 《关于深入推进审批服务便民化的指导意见》 | 群众办事较多的69个事项实现自助填表；将"一门式一网式"政务服务延伸到网上办事大厅、自助服务终端、12345热线，形成网上办事为主、实体办事为辅、自助办事为补的政府服务新格局 |
| 2018.06 | 《进一步深化"互联网+政务服务"推进政务服务"一网、一门、一次"改革实施方案》 | 加快构建全国一体化网上政务服务体系，推进跨层级、跨地域、跨系统、跨部门、跨业务的协同管理和服务，推动企业和群众办事线上"一网通办"（一网），线下"只进一扇门"（一门），现场办理"最多跑一次"（一次） |
| 2018.07 | 《国务院关于加快推进全国一体化在线政务服务平台建设的指导意见》 | 各级政务服务平台原则上统一依托国家电子政务外网构建，拓展国家电子政务外网覆盖范围，推动各地区和国务院有关部门非涉密业务专网与电子政务外网对接整合 |
| 2018.11 | 《政府网站集约化试点工作方案》 | 提出"提供一体化服务"要求，各地区政务服务平台要与本地区政府门户网站和集约化平台互联融通。推动政务信息数据资源向"两微一端"等延伸拓展，通过政务新媒体更好传播党和政府声音，提供多渠道、便利化的"掌上服务" |

续表

| 时间 | 政策文件名称 | 相关要点 |
| --- | --- | --- |
| 2019.04 | 《国务院关于在线政务服务的若干规定》 | 加快建设全国一体化在线政务服务平台，推进各地区、各部门政务服务平台规范化、标准化、集约化建设和互联互通，促进政务服务跨地区、跨部门、跨层级数据共享和业务协同，并依托一体化在线平台推进政务服务线上线下深度融合 |
| 2019.04 | 《中华人民共和国政府信息公开条例》 | 为了保障公民、法人和其他组织依法获取政府信息，提高政府工作的透明度，建设法治政府，充分发挥政府信息对人民群众生产、生活和经济社会活动的服务作用，制定本条例 |
| 2020.09 | 《国务院办公厅关于加快推进政务服务"跨省通办"的指导意见》 | 推动个人服务高频事项、企业生产经营高频事项"跨省通办"，鼓励区域"跨省通办"先行探索和"省内通办"拓展深化，深化"全程网办"，拓展"异地代收代办"，优化"多地联办"等 |
| 2021.08 | 《法治政府建设实施纲要（2021—2025年）》 | 加快推进信息化平台建设，加快推进政务数据有序共享。建立健全政务数据共享协调机制，构建全国一体化政务大数据体系，深入推进"互联网+"监管执法 |

从颁布的文件可以发现，中国数字治理领域的核心主题涉及四个方面：一是技术建设，二是规范标准，三是信息化，四是顶层设计。数字治理相关的政策不断细化与深化，从最初的顶层设计演变到当前较多的行动指南，各地方政府也颁布了相应的政策文件与行动规划，数字治理正在不断落实落地。

为了深入推进数字治理，推动数字治理制度化进程，同样也为了更加高效、规范、法治化地开展数字治理战略，各地政府出台了实施战略或行动计划，出台了数字治理相关领域的管理办法、工作条例、标准规范或是工作指导意见。而国家层面也出台了相应的政策法规，2021年6月通过的《中华人民共和国数据安全法》对数字治理中的关键环节的数据安全制定了相关的法律规定，旨在规范数据处理活动，保障数据安全，促进数据开发利用，保护个人、组织的合法权益，维护国家主权、安全和发展利益。《中华人民共和国数据安全法》是维护数据安全，坚持总体国家安全观，建立健全数据安全治理体系，提高数据安全保障能力规则体系重要的一部分。包括《中华人民共和国个人信息保护法（草案）》向社会各界公开征求意见，内容包括总则、个人信息处理规则、个人信息跨境提供的规则、个人在个人信息处理活动中的权利、个人信息处理者的义务、履行个人信息保护职责的部门等，再加之已出台的《中华人民共和国网络安全法》等，可见国家把数字空间以及公民的数字权利已纳入法治治理范围，从法律层面为数字治理构建制度体系。

各地方政府对数字治理制度体系的构建也各有探索，并颁布了许多行政条例，涉及的领域包括电子政务外网管理、政务数据资源共享、政务平台管理、政务云管理、数据安全、电子证照管理、数据开放、政务公开等。各地方政府根据地区数字治理现状与国家的制度体系安排，构建地区的数字治理体系。

## 三、政府数据治理的治理结构

近年来,各地方政府对数字治理的关注度不断提高,数字治理相关政策不断落实,政府机构伴随着数字社会的到来也正在不断改革。2015年9月,国务院印发的《促进大数据发展行动纲要》明确"将大数据作为提升政府治理能力的重要手段"。2018年国务院公布机构改革方案,赋予省级及以下机构更多自主组建独立数据治理机构的权力[44]。各地方政府对数据治理机构的组建正在如火如荼地加速进行。截至2021年5月,境内各省已建成地市级以上数据治理机构百余个,其中省级机构18个、省会及副省级机构29个,各省内至少建成了1个独立的数据治理机构,部分省份建立了包括省级、省会(或副省级)、地级市在内的多级管理机构[44]。

具体来看,根据政府数据治理机构的隶属关系,政府数据治理机构可以分为政府组成部门、政府直属机构、政府部门管理机构三类[45]。

作为政府组成部门的政府数据治理机构较多出现在省级以下城市,这一类型的数据治理机构直接作为政府的工作部门管理数据资源和信息化工作进程,推动数字治理发展。杭州市数据资源管理局、合肥市数据资源局、贵阳市大数据发展管理局、佛山市政务服务数据管理局、黔南布依族苗族自治州大数据发展管理局等数据治理机构都属于政府工作部门。

第二类政府直属机构既包括了作为政府直属机构的数据治理机构,也包括了作为政府直属事业单位的数据治理机构。经历了新一轮的机构改革后,许多省份将数据治理机构设置为省政府直属机构以统筹全省数据资源,指导相关设施体系的建设,加快推进政府数字治理的进程,山东省大数据局、安徽省数据资源管理局、重庆市大数据应用发展管理局等数据治理机构都属于政府直属机构;而在副省级和地级市中,数据治理机构则多属于政府直属事业单位,为全市信息化工作提供技术支持和保障,兰州市大数据社会服务管理局、铜仁市大数据发展管理局、大连市大数据中心、湖州市大数据管理中心等数据治理机构都是市政府直属事业单位。

作为政府部门管理机构的数据治理机构则都有其所隶属的部门,协调相关部门进行信息化建设方面的技术性、辅助性和事务性工作,提供技术支持与服务。如图6-5所示,广州市政务服务数据管理局、厦门市信息中心、南宁市信息网络管理中心等数据治理机构属于政府部门管理机构,此类型的数据治理机构的隶属部门比较多样化,包括政府办公室(厅)、经济和信息化委员会(局)、工业和信息化部(局)、发展和改革委员会、互联网信息办公室、政府信息化办公室、智慧办等。

政府数据治理机构的组建可以分为两种模式:第一种模式是直接组建新部门或为原部门加挂牌子,赋予该部门数据治理的相关职能,成为相对独立的政府数据治理机构;第二种模式则是在政府办公室(厅)、经济和信息化委员会(局)、工业和信息化部(局)等部门的数据治理相关职能的基础上进行重组整合,划入新的政府数据治理机构中,这种模式组建的数据治理机构往往涉及跨部门的协调,应尽可能赋予其一定的综合协调能力[45]。

除此之外,各国政府也在积极探索政府数据治理政策,许多国家已经逐步发展并组建了相对稳定且高效的政府数据治理结构,这些都可以为我国政府数据治理发展提供有价值的参考。例如,英国政府设置了专门机构负责协调所有政府部门、民间组织、私营部门、

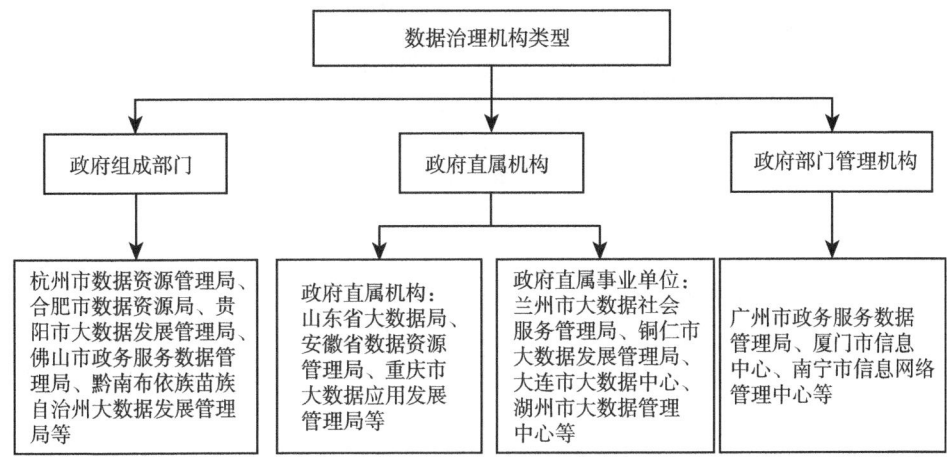

图 6-5 政府数据治理机构的类型（依据机构的隶属关系划分）

工作小组等多边机构参与推进数据治理，组建了专业咨询委员会和指导小组，建立独立审查机制，为政策、标准的制定和执行提供智力支持和意见反馈，形成了与数据治理政策相匹配的、较为清晰的、以直接服务于首相的行政机构为核心的治理结构[41]。美国政府虽然并未系统性地提出数据治理概念，在联邦或中央层面也未有专司数据或信息的行政部门，但是其拥有的保护（安全）与开放两大贯穿美国数据治理政策的主线，形成了以隶属总统行政办公室并负有联邦预算建议和评估职责的管理预算办公室（OMB[①]）为中枢、重要数据（信息）部门为重要支点、直接服务于总统的行政部门为核心机构的治理结构[39]。

## 本 章 小 结

近年来，大数据的蓬勃发展使政府数据治理成为政府治理现代化的关键，建立完备的政府数据治理体系成为实现国家治理现代化的基础。我国政府数据治理实践主要体现在主体、制度、设施三个方面，仍处于探索阶段，尚未形成完整的体系。当前政府数据治理和社会治理深度融合，促进了数据间的高度关联和激活碰撞，但也带来了大量冗杂的数据资源和应用脱节等种种不确定性问题，为政府数据治理带来了机遇与挑战。我国政府数据治理机构的组建可以分为两种模式：第一种模式是赋予独立部门数据治理的相关职能，使之成为相对独立的政府数据治理机构；第二种模式则是将已有部门的数据治理相关职能重组整合，划入新的政府数据治理机构中。各国政府积极探索政府数据治理政策与完善政府数据治理结构的实践，为我国政府数据治理发展提供了有价值的参考。

## 关 键 名 词

大数据 数据管理 信息管理 数据治理 大数据治理 政府数据治理 政府数据治理体系

## 思 考 题

1. 数据与信息最根本的区别是什么？

---

① OMB：Office of Management and Budget。

2. 数据的共享整合方式是怎样的？它们不同的特征分别是什么？
3. 政府数据治理中最重要的要素是什么？政府该如何提升数据治理能力？
4. 请列举 2~3 个大数据带动数据治理转型和发展的实例。

## 本 章 实 训

### 一、实训目的

1. 熟悉并掌握政府数据治理的概念、发展进程和现状。
2. 培养学生对政府数据治理现状的思考和分析的能力。
3. 能够依据政府数据治理实践中遇到的问题思考我国政府数据治理发展的路径。

### 二、实训内容

（一）实训资料

以大数据技术助力上海市政府数据治理发展的案例分析为基础，进一步收集、补充上海市在数据治理方面的政策安排及实践相关的资料，结合国务院有关数据治理的制度设计，梳理其数据治理的经验与启示。

（二）具体任务

以上海市政府数据治理的发展为基础思考以下问题。
1. 上海市政府数据治理的发展得益于哪些因素？这些因素是如何发挥作用的？
2. 上海市政府数据治理的发展中遇到了哪些障碍？上海市是如何克服这些障碍的？是通过技术创新还是制度创新？两者的关系和定位如何？
3. 尝试为上海市后续的政府数据治理工作提出合理的建议。

（三）任务要求

1. 进一步收集、补充上海市数据治理政策安排及实践资料。
2. 梳理上海市数据治理的经验与启示。
3. 深入解读《促进大数据发展行动纲要》和《"十三五"国家政务信息化工程建设规划》等相关政策文件中的重要内容。

### 三、实训组织

1. 指导教师明确实训目的、任务和评价标准。
2. 班级成员分若干小组，每组 4~6 人。实行组长负责制，成员合理分工、团结协作，专人负责活动记录和资料整理。
3. 各小组分别组织理论知识、相关文献的学习和讨论（可参考延伸阅读的内容），自行安排调研和资料收集，讨论、分析和按项目要求写出书面报告。
4. 各小组在班级进行 PPT 演示，汇报观点并讨论、交流。

### 四、实训步骤

1. 指导教师布置任务，指出实训要点、难点和注意事项。

2. 分组并选出小组组长，组员进行分工，讨论和制定工作流程与执行方案，报请教师指导、同意后执行。

3. 小组成员集体学习、讨论理论知识和相关文献，分工收集和整理上海市数据治理的相关资料。

4. 各小组组织讨论，按实训任务要求形成、归纳要点，完成书面报告。

5. 在班级各小组演示完成之后，指导教师进行点评和总结，并布置延伸阅读。

## 延 伸 阅 读

（1）夏义堃. 政府数据治理的国际经验与启示[J]. 信息资源管理学报, 2018, 8(3): 64-72, 101.

（2）安小米, 许济沧, 黄婕, 等. 政府数据治理与利用能力研究：现状、问题与建议[J]. 图书情报知识, 2021, 38(5): 20-33.

（3）刘叶婷, 唐斯斯. 大数据对政府治理的影响及挑战[J]. 电子政务, 2014(6): 20-29.

（4）刘芮, 谭必勇. 数据驱动智慧服务：澳大利亚政府数据治理体系及其对我国的启示[J]. 电子政务, 2019(10): 68-80.

（5）丁波涛. 政府数据治理面临的挑战与对策——以上海为例的研究[J]. 情报理论与实践, 2019, 42(5): 41-45.

## 参 考 文 献

[1] 中华人民共和国国民经济和社会发展第十四个五年规划和 2035 年远景目标纲要[N]. 人民日报, 2021-03-13(1).

[2] 夏义堃. 试论政府数据治理的内涵、生成背景与主要问题[J]. 图书情报工作, 2018, 62(9): 21-27.

[3] 韩向东, 季献忠. 企业数字化转型八大发展趋势[J]. 管理会计研究, 2021, 4(Z1): 21-26, 101.

[4] 姜玉欣. 大数据驱动下社会治理面临的困境与策略选择[J]. 东岳论丛, 2020, 41(7): 156-162.

[5] 周文泓, 朱令俊. 我国政府数据治理的发展进程研究与展望：基于国家层面的分析[J]. 图书馆学研究, 2020(16): 57-63.

[6] 涂子沛. 大数据及其成因[J]. 科学与社会, 2014, 4(1): 14-26.

[7] 唐莹, 易昌良. 刍论政府数据治理模式的构建[J]. 理论导刊, 2018(7): 68-74.

[8] 郭斌, 蔡静雯. 基于价值链的政府数据治理：模型构建与实现路径[J]. 电子政务, 2020(2): 77-85.

[9] 胡海波, 娄策群. 数据开放环境下的政府数据治理：理论逻辑与实践指向[J]. 情报理论与实践, 2019, 42(7): 41-47.

[10] DAMA International. The DAMA Guide to the Data Management Body of Knowledge (DAMA-DMBOK)[M]. Westfield: Technics Publications, LLC, 2009.

[11] 夏义堃. 试论数据开放环境下的政府数据治理：概念框架与主要问题[J]. 图书情报知识, 2018(1): 95-104.

[12] SAP Insights. 什么是数据治理？[EB/OL]. https://www.sap.cn/insights/what-is-data-governance.html [2022-12-06].

[13] The Data Governance Institute (DGI). Definitions of data governance[EB/OL]. https://datagovernance.com/the-data-governance-basics/definitions-of-data-governance/[2022-12-05].

[14] Thomas G. The DGI data governance framework[EB/OL]. https://datagovernance.com/wp-content/uploads/2020/07/dgi_data_governance_framework.pdf[2022-12-05].

[15] 于跃, 王庆华. 大数据的特质及其安全和信用风险[J]. 行政论坛, 2016, 23(1): 83-88.

[16] 于会永. 运用大数据提升政府治理能力[N]. 吉林日报, 2017-12-27(10).

[17] 张绍华, 潘蓉, 宗宇伟. 大数据治理与服务[M]. 上海：上海科学技术出版社, 2016: 21-22.
[18] 2021中国城市数据治理工程白皮书[R].中国电子与清华大学数据治理工程联合课题组, 2021.
[19] 何振, 彭海艳. 人工智能背景下政府数据治理新挑战、新特征与新路径[J]. 湘潭大学学报(哲学社会科学版), 2021, 45(6): 82-88.
[20] 明欣, 安小米, 宋刚.智慧城市背景下的数据治理框架研究[J]. 电子政务, 2018, 38(11): 27-37.
[21] 刘桂锋, 钱锦琳, 卢章平.国外数据治理模型比较[J].图书馆论坛, 2018(11): 18-26.
[22] 左美云, 王配配.数据共享视角下跨部门政府数据治理框架构建[J].图书情报工作, 2020, 64(2): 116-123.
[23] 国务院.国务院关于印发政务信息资源共享管理暂行办法的通知[EB/OL]. http://www.gov.cn/zhengce/content/2016-09/19/content_5109486.htm [2022-01-26].
[24] 安小米, 白献阳, 洪学海.政府大数据治理体系构成要素研究——基于贵州省的案例分析[J].电子政务, 2019(2): 2-16.
[25] 向芳青, 张翊红. 政府实施大数据治理的应用框架构建[J]. 凯里学院学报, 2018, 36(2): 32-38.
[26] 杨嵘均.论政府数据治理的价值目标、权利归属及其法律保障[J]. 东南学术, 2021(4): 113-124.
[27] 许可.数据安全法：定位、立场与制度构造[J].经贸法律评论, 2019(3): 52-66.
[28] 程啸.论大数据时代的个人数据权利[J]. 中国社会科学, 2018(3): 102-122, 207-208.
[29] 朱琳, 周沐融, 杨千腾."革新"与"交融"：基于规范及准则的人工智能伦理生态圈的构建[J]. 电子政务, 2021(7): 80-90.
[30] Hancock M, Walport M, Sedwill M. Artificial intelligence: opportunities and implications for the future of decision making[R]. Government Office for Science of UK, 2017.
[31] 张敏,朱雪燕.我国大数据交易的立法思考[J]. 学习与实践, 2018(7): 60-70.
[32] 黄璜.转换政府数据治理思维[J]. 领导科学, 2018(9): 21.
[33] 苏玉娟.政府数据治理的五重系统特性探讨[J]. 理论探索, 2016(2): 71-75.
[34] 郭佳良.应对"棘手问题"：公共价值管理范式的源起及其方法论特征[J]. 中国行政管理, 2017(11): 111-117.
[35] 陈宝胜.公共管理模式嬗变中的价值理性和工具理性[J]. 江淮论坛, 2009(4): 73-78.
[36] 包国宪. 政府绩效管理学——以公共价值为基础的政府绩效治理理论与方法[M]. 北京：高等教育出版社, 2015.
[37] 陈琳. 精简、精准与智慧政府数据治理的三个重要内涵[J]. 国家治理, 2016(27): 28-39.
[38] 黄璜. 美国联邦政府数据治理：政策与结构[J]. 中国行政管理, 2017(8): 47-56.
[39] 斯蒂格勒, 陈明宽. 心智多样性与技术多样性：建立在理论计算机科学基础上的新经济的诸要素[J]. 国外社会科学前沿, 2021(1): 15-32.
[40] 李重照, 黄璜. 英国政府数据治理的政策与治理结构[J]. 电子政务, 2019(1): 20-31.
[41] 刘彬芳, 魏玮, 安小米. 大数据时代政府数据治理的政策分析[J]. 情报杂志, 2019, 38(1): 142-147, 141.
[42] 肖炯恩, 吴应良. 大数据背景下的政府数据治理：共享机制、管理机制研究[J]. 科技管理研究, 2018, 38(17): 188-194.
[43] 洪伟达, 马海群. 我国政府数据治理协同机制的对策研究[J]. 图书馆学研究, 2019(19): 49-55, 61.
[44] 冯轶. 完善政府数据治理机构 打造数据治理格局[J]. 中国信息界, 2021(3): 78-81.
[45] 黄璜、孙学智. 中国地方政府数据治理机构的初步研究：现状与模式[J]. 中国行政管理, 2018(12): 31-36.

# 第七章　数字政府一站式服务

■ **引例**：广东省一站式网上政务服务建设

2012 年以来，广东省按照全省统一规划设计、统一逻辑系统的原则，决定将省、市、县三级政府的所有行政审批和社会事务服务事项从申办到办结的全过程搬到互联网上进行，做到政务信息网上公开、投资项目网上审批、社会事务网上办理、公共资源网上交易、公共决策网上互动、政府效能网上监督。2018 年，广东省率先与国家一体化在线政务服务平台实现全面对接，以此为契机加强数据互通共享，强化网上政务服务供给，全力推动"一网通办"。2019 年，广东政务服务网全线升级，面向全省企业群众提供超过 13 491 个"一件事"主题集成服务，提供"一个指南一套表单"清晰指引。截至 2020 年 5 月，广东省本级行政许可类事项中的 99.76%实现全流程网上办理，承诺办理时限大幅压缩至 5.8 天，46.82%的申请当场或当天即可办结。截至 2020 年 5 月底，该网可办事项超过 14 万项，"最多跑一次"事项比例超过 98%，七成以上实现"零跑动"。

与此同时，广东省启用了手机版网上办事大厅，大力推广政务电子证照在全省通行和共享，发挥其在网上办事中的支撑作用，减少群众办事提交纸质证照和到现场次数，并在数字政务改革中持续优化"粤省事""粤商通""粤政易"3 个移动政务服务平台，进一步释放一体化政务服务平台的整体效能，将"一网通办"延伸到手机移动端，"指尖办事"在广东成为新常态。其中，"粤省事"聚焦民生服务，截至 2020 年 5 月已上线 1195 项服务，76 种个人电子证照，其中 988 项服务实现"零跑动"，105 项服务"最多跑一次"；实名注册用户数已突破 5600 万，平均每 2 个广东人就有 1 人使用，上线以来累计业务办理量超 9 亿件。"粤商通"则面向广东省 1200 万个商事主体，将企业开办、经营许可、报税缴税等 581 项重点高频事项集成到一个 App，方便企业一站式办事；集纳 20 种涉企常用电子证照，支持企业手机亮证和业务系统自动用证，实现更多事项"免证办"。此外，"粤政易"是广东省公职人员移动办公总入口，全省开通用户数已超 60 万人，接入应用 400 多项，使政府行政效能大大提升[1]。

**经验启示**

广东省一站式网上政务服务建设的成功经验：统一行政审批标准，推进网上办事无差异；加强数据互通共享；全力推动"一网通办"；统一业务指标，强化办事实效；持续优化移动政务服务平台；拓展人性化、个性化服务功能。

■ 本章知识结构图

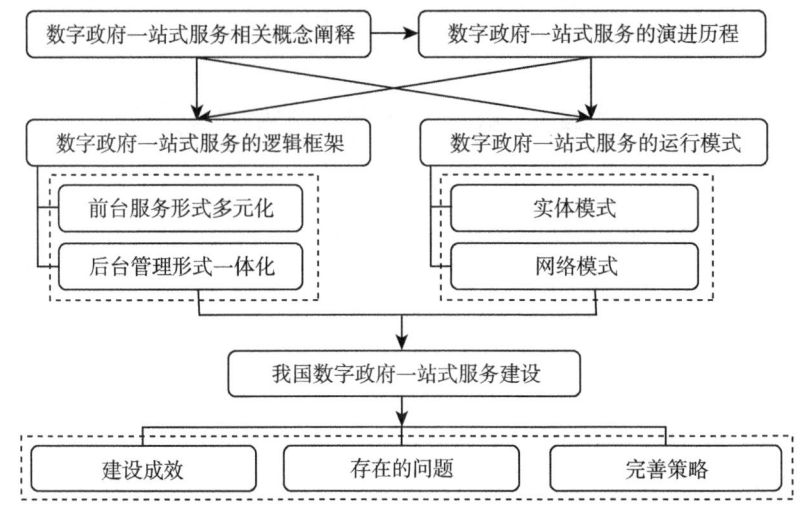

2018年以来，我国政府工作报告多次强调"一站式服务""互联网+政务服务""只进一扇门""最多跑一次""一网通办""一网通管""掌上政府"等内容，可见，数字政府一站式服务建设已成为我国政府工作的重点内容。2016年3月5日，李克强总理在全国两会《政府工作报告》中提到，大力推行"互联网+政务服务"，实现部门间数据共享，让居民和企业少跑腿、好办事、不添堵[2]。2016年4月19日，习近平在网络安全和信息化工作座谈会上的讲话中提及，加快推进电子政务，鼓励各级政府部门打破信息壁垒、提升服务效率，让百姓少跑腿、信息多跑路，解决办事难、办事慢、办事繁的问题[3]。我们不难看出，这几次关于数字政府建设的重要倡议都聚焦在了便民、惠民上。无论是"让居民和企业少跑腿、好办事、不添堵"，还是"让百姓少跑腿、信息多跑路，解决办事难、办事慢、办事繁的问题"均体现了"互联网+政务服务"的核心宗旨是提供便民优质服务；无论是"实现部门间数据共享"，还是"鼓励各级政府部门打破信息壁垒"都体现了当前数字政府建设的核心任务是数据资源整合。如果前者体现的是一站式服务中的前台一站式，后者体现的是后台一体化的话，那么，我们可以这样理解，"互联网+政务服务"创新实践集中体现在一站式服务建设上，同时这也是当前数字政府建设的重点内容。因此，认真学习和详细了解数字政府一站式服务是非常有必要的。

# 第一节 数字政府一站式服务相关概念阐释

## 一、一站式政府的内涵与特征

一站式服务（one-stop service）最早产生于20世纪30年代的商业领域，并于20世纪70年代开始应用于公共领域，目前已经成为提供优质高效服务的代名词。在英文中，one-stop的解释就是在一个地方可以购买到全部的商品或者获得全部的服务。在被引入公共领域时，这种服务机构有着有不同的称谓，如一站式商店（one-stop shop）、一站式中心

（one-stop center）等，但被更广泛认同的概念为一站式政府（one-stop government）。学界对一站式政府这一概念有着不同的理解和界定，大致归纳为以下几种观点。

（一）单一接触的政府：对服务行为的量化

此种观点认为，一站式政府为公民提供的所有公共服务都是通过政府与公民之间的单一接触（single contact）来完成的。该观点强调公共服务提供的一次性完成，不存在公民投入两次或两次以上的成本来获得一项公共服务的情况。例如，美国联邦基准联盟（Federal Benchmarking Consortium）认为，"在一站式模式下，所有客户的业务都可以通过一个单一的接触完成，无论是面对面还是通过电话、传真、互联网或其他手段。一站式模式下的客户不必四处搜寻、回拨或反复解释他们的处境。一站式服务体现出便捷性、可访问性和个性化等特征。"[4]该定义明晰了一站式服务途径的多样性特征，并提出了公民通过这些途径与政府单一接触进而获取服务的目标。例如，2016年底在我国浙江省首先进行的"最多跑一次"改革就是强调了单一接触这一内涵，它通过"一窗受理、集成服务、一次办结"的政务服务模式创新，让企业和群众只需接触一次政府，即可完成政务服务目标。因其在服务便民化方面成效显著，被作为典型经验之一向全国推广。

（二）单一站点的政府：对服务前台的认定

此种观点强调了公民获取政府服务的接入点的唯一性，即通过单一站点（single point）来获得公共服务，并不考虑公民与政府接触次数的多寡。例如，瑞士洛桑大学学者奥利维尔·格拉西（Olivier Glassey）将一站式政府理解为"一个行政服务的单一切入点（unique entry point）"[5]。玛丽娅·维默尔（Maria A. Wimmer）认为，一站式政府是在现行电子政府实践基础上的重要发展，它是指不同的公共部门提供电子服务和信息的单一站点（single point）。她还认为，构建一个一站式的电子化公共服务平台十分必要，这个平台就是国家一站式政府门户网站；并强调通过一站式政府门户网站建设，进而构建一个网上一站式政府（online one-stop government）。"网上一站式政府要求所有公共权力机构进行互联，并使客户（公民、民营企业或其他公共机构）能够通过一个单一的访问点获得公共服务，即使这些服务是由不同的公共权力机构或私营服务提供者提供的。"[6]维默尔将单一站点的站狭义化，单指政府门户网站，另外，她没有单纯地将公共服务的提供者定位为政府部门，而是认为应同时包括私营服务提供者，这对一站式服务的服务主体有了更深层次的认识。

（三）服务一体化的政府：对服务后台的诉求

前两种观点将一站式政府内涵界定的视角定位在政府提供服务的前台和入口，相比较而言，此种观点则从后台管理的角度对一站式政府的内涵加以界定，重点强调公共服务的一体化（integration）实现。一体化服务是指各服务要素之间形成有机统一体，而不是孤立和分散运行的。例如，赫伯特·库比切克（Herbert Kubicek）认为，一站式政府"是指从公民或公共服务的顾客的角度出发，实现公共服务的一体化提供"[7]。一体化提供公共服务的重点在于后台业务的协同与整合，而这种协同与整合又是在"以公民为中心"的视角下进行的，重点在于满足公民的需求。一站式政府通过打破政府部门之间的藩篱，消除"信息孤岛"和各自为政的局面，以流程为中心连接各业务相关部门，最大限度地将信息和服务等职能有机地整合起来，建立起协同办公的局面，使处于服务前台的公民感觉不到政府的边界。

### （四）全天候服务的政府：对服务质量的回应

迪亚（Dias C）认为，一站式政府是指"公民、企业和其他机构能够全天 24 小时在他们的家里、办公室里甚至在移动中通过单一入口获得一体化的公共服务，即使这些服务是由不同部门或机构提供的"[8]。在此定义中，不仅强调了前台入口的唯一性和后台服务的一体化，而且重点突出了公民获得服务的便利性——全天候与全方位的服务。

尽管以上观点从不同视角对一站式政府进行界定，但它们都体现着以下特征：① 公共服务是通过单一的入口或单一接触提供的；② 对后台的业务流程进行再造进而实现一体化的服务供给；③ 整个服务过程均以公民为中心展开，强调对公民需求的关注与回应；④ 服务主体不仅包括政府还应包括企业或第三部门提供者；⑤ 公民能够全天候和全方位获取政府服务等。另外，关于公共服务的范围，以上学者在内涵界定中并没有特别强调所有服务必须集中办理，而是认为同公民切身相关的事情，从简单的信息获取、信息咨询、投诉到复杂事项的办理都可以在一站式政府中集中办理，因为一站式政府的目的就是便民、为民和利民。

综上所述，从广义上讲，一站式政府是指在公民本位理念指导下，政府通过设置多种便于寻找的服务前台（实体的或虚拟的）和协调整合不同政府部门间的信息和服务，使其在与公民、企业或第三部门的单一接触中，便可为他们提供全方位、一体化和个性化服务的组织形态。从狭义角度而言，一站式政府是通过一站式政府门户网站为公民、企业或第三部门提供全方位、一体化和个性化公共服务的政府，或称为网上一站式政府[9]。

基于以上探讨，数字政府一站式服务是政府一站式服务的重要服务形式。数字政府主要通过网络或其他数字化设备向公民、企业或第三部门提供服务，而一站式政府除了采用以上途径以外，还通过建设实体的物理场所或安排具体人员来提供面对面的服务。不过未来数字政府的建设必然会涵盖实体服务机构的信息化建设工作，因此数字政府建设和一站式政府建设两者应使命相契合、步调相一致。

## 二、一站式服务与传统服务模式的区别

一站式服务是相对于传统服务模式而言的一种创新型模式，两者在很多方面都有着明显的区别（表 7-1）。

一站式服务所提供的集中性、一次性和一体化的服务方式与传统分散、机械的服务方式有着显著的区别。这些区别体现在：首先，一站式服务便于人们寻找到一个服务站点；其次，这个站点内提供的是多种服务而非一种服务；再次，服务不但被集中化，而且被集成化，即一些孤立的服务事项或附着在服务提供之上的各元素通过整体性改进而产生了集中性的联系，构成了一个有机整体；最后，服务往往是一次性提供的，尽管之前并非如此。对以上特征的理解有助于我们对一站式服务以及数字政府一站式服务概念的掌握。

表 7-1　一站式服务与传统服务模式的比较[10]

| 比较事项 | 传统服务模式 | 一站式服务 |
| --- | --- | --- |
| 政府理念 | 管制 | 服务 |
| 行政视角 | 以政府为中心 | 以公民为中心 |
| 生产模式 | 粗放式、模式化、批量化 | 集约式、个性化、多样化 |
| 工作时间 | 机械性、刚性 | 灵活性、弹性 |
| 服务前台 | 入口多元、形式单一 | 入口单一、形式多元 |
| 管理后台 | 专业化、碎片化 | 一体化、整体化 |
| 效率来源 | 体制效率（局部） | 技术效率、体制效率（总体） |
| 目标使命 | 关注目标、忽视使命 | 追随使命、强化目标 |
| 人员管理 | 制度管控下消极的权力下放 | 制度与技术合力监管下积极的权力赋予 |
| 信息状态 | 信息闭塞、神秘化 | 信息公开、透明化 |
| 创新精神 | 匮乏 | 丰富 |
| 作业方式 | 串联顺序 | 并联协同 |
| 服务主题 | 以行政职能为主的部门主题 | 以生活事件为主的公共主题 |

## 第二节　数字政府一站式服务的演进历程

一站式服务是政府从商业领域借鉴来的服务模式，意在为企业和公众提供更便捷的服务。20世纪30年代初，超市作为一种商店新形式在美国出现，为顾客提供种类繁多的商品，让顾客可以一步到位地购买到所有生活必需品，这是一站式服务理念的最初体现。如今仍有政务超市的提法。20世纪70年代初，一站式服务被引入公共领域，最初的表现形式是将分散在各职能部门的行政审批项目统一纳入一个实体大厅进行办理。目前，服务站点形式变得更加多元，除实体大厅外，还增加了政府网站、公共信息亭、移动设备等；服务内容也从审批事项办理逐步扩展至与公民生活相关的服务事项。从分散式服务供给到集中式服务供给再到逻辑集中式服务供给，这种转变提升了一站式服务的发展空间。

综合研究国内外一站式服务在公共领域的实践发展，可将其演进历程大致分为四个阶段。

### 一、自发产生阶段（1974~1979年）

一站式服务模式在公共部门的实践最早是在西欧国家中自发产生的。1974年，法国便存在一个被称为业务手续中心（Centres de Formalités des Entreprises，CFE）的政府服务中心，该中心负责办理企业开展新业务所需要的全部手续（共约15个行政手续）[5]。1975年前后，公民导向逐步在德国的公共行政中被重视起来，其目的是抵制和减少行政官僚现象，即向后来的服务导向发展。为实践服务理念，德国某些地方政府创制了公民中心（Bürgerhäuser），"它要在一个办公室里给予公民不同的服务，由此消除公文往来和时间耗费的现象，从而使公民受益"[11]。也是在20世纪70年代，瑞士的圣加仑市和美国IBM公司联合开发了具有一站式服务功能的市民办公室（The Citizen Offices）[12]，这也是政府最早利用信息技术进行的一站式服务实践探索。

从以上政府一站式服务实践来看，该发展阶段具有以下特点：一站式服务模式开始在公共部门出现；服务渠道较为单一，主要是物理场所型的一站式服务机构，不存在政府网站、信息亭、呼叫中心等服务渠道；服务功能比较单一，主要为企业办理行政审批手续，没有提供日常的公共服务项目；这一阶段的实践是零散的，体现在两个方面，一是实践国家少，主要为西方发达国家，二是实践政府部门少，并没有形成国家战略，而是由地方政府自发产生。另外，其实施需要很少的先进信息技术支持和组织结构重塑。

## 二、国家推动阶段（1979～1993 年）

1979 年 5 月，英国首相撒切尔夫人推动了在政府改革中影响深远的雷纳评审运动（Rayner Scrutiny Programme）。雷纳评审发现在英国行政活动中存在着众多的问题，除了存在行政成本过大、工作失误过多、无效行政活动等问题外，还存在着组织设置和工作程序不合理的现象，复杂的机构设置使公民寻求公共服务时必须在诸多的关口和环节间走迷宫，这严重影响到政府为公民提供服务的质量和效率。于是，英国政府做出了针对性的举措，"通过机构合并和重组以及政府各相关部门的'一站式服务'，为公民提供了极大的方便"[13]。自英国开展政府一站式服务实践以后，一站式服务模式在各国政府中被普遍采用并迅猛发展起来。

20 世纪 80 年代，一站式服务这一概念越来越流行，并且在世界范围内掀起了一股一站式风潮。例如，1981 年，韩国在财政部内设立了一站式服务办公室，即吸收工商、科技、税务、海关、司法等有关部门的代表实行联合办公[14]。我国政府一站式服务实践也始于 20 世纪 80 年代中期，当时东南沿海城市为了方便招商引资、改善投资环境而首先成立了为外商提供一步到位服务的行政机构。随着当时兴起的新公共管理理论的发展以及 20 世纪 90 年代西方发达国家掀起的政府再造运动的推进，企业管理模式和企业家精神在公共部门中广受推崇，一站式服务模式也得到了创新性的发展。1992 年，荷兰依靠联邦政府的资助在国内建设起四个政府服务中心（government service centers）试点。自此以后，荷兰联邦政府便追求明确的一站式政府战略，一直积极支持政府服务中心的建设。1996 年，"公共柜台 2000"（Overheidsloket 2000）计划开始在荷兰政府内全面推行，这项倡议的目标是按照需求模式创新公共服务提供方式，并资助了公民登记、福利和建设等领域的项目。1993 年以来，在芬兰，地方政府服务局（local government service bureau）成为公共管理改革的一个重要组成部分，这些服务局最终注定要完全成为芬兰提供大部分公共服务的整合点。在意大利，法律赋予了地方政府对商业执照完全控制的权力，但其前提是必须通过一个单一的窗口完成所有相关服务。因此，一站式政府建设已成为意大利政府强制性实施的方案。20 世纪 90 年代初，加拿大政府实施了以"公共服务 2000 年创议"（Public Service 2000）为标志的公务改革，其重点是在政府内建立集中的单一窗口服务系统。加拿大专家将这种公务一体化、公务与服务分开和服务一体化的机构称为"钻石机构"[15]。

综合分析以上政府一站式服务实践，可以看出该发展阶段具有以下特点：一站式政府建设逐步成为国家发展的战略，并得到国家的大力支持和强力推动；建设实践不再局限在西方发达国家,而是在世界范围内铺开,不少发展中国家也开始投入一站式服务实践;提供的服务项目逐渐增多,服务质量亦有所提高;一站式服务仍然仅在物理场所提供,涉及较少的信息技术的支持,同时在小范围内开展了一些部门机构的调整。

### 三、技术助力阶段(1993~1999年)

20世纪90年代初,互联网在信息集中和信息传播中的优势逐步体现,并迅速发展起来。相对于传统的传播媒介,互联网有一种功能上的集成性,可以看作一套传统媒介的组合,同时又具有传统媒介所不具备的传播特性。作为信息技术发展最成熟的国家之一,美国最先嗅到了网络技术之于政府管理的强大生命力,1993年,美国克林顿政府提出了创建"信息高速公路"的计划用以创造成本更少、运作更好的政府,并由此拉开了电子政府建设的序幕。2000年9月,美国政府开通了"第一政府"网站(www.firstgov.gov,2007年美国政府网站的网址改为www.usa.gov),旨在为公民提供多样化的一站式服务。直到今天,利用一站式政府门户网站为公民提供政府服务仍是数字政府一站式服务建设的重点内容。

信息技术能够向公民提供更加便捷的信息和公共服务,更加广泛灵活的服务方式,更加个性化且基于公民需求的而非行政便利的服务。于是,在美国之后全球范围内各国家借助信息技术提供公共服务的热潮由此展开。1994年初,加拿大亦提出了信息高速公路建设计划,当年便约有300个政府网站开始为公众提供一站式的政府信息及申办服务。自1994年起,英国、法国等欧盟国家也相继提出了电子政府建设计划,避免美国在全球信息资源占有上处于一家独大的状态。1999年,中国加入了全球电子政府建设队伍,积极推出了政府上网工程,将部分政府职能搬上了互联网。到了2002年,根据联合国公共经济与公共管理局和美国公共行政学会在当年共同开展的全球电子政务调查统计,联合国的190个成员国中已有169个国家拥有自己的政府网站,在不同程度上推进了电子政务建设[16]。可以说,电子政府建设的提出和发展热潮是社会发展和政府治理的必然要求。无论是主动地推进还是被动地接受这样一种崭新的治理模式,都在很大程度上改善了政府在公共服务方面的质量,并为政府和公众的常态化互动提供了保障。

这一时期的政府一站式服务实践具有以下特点:一站式服务改革引入了信息技术,技术层面的支撑使其有了更快的发展;不再单纯在物理场所中提供服务,出现了政府网站提供服务的网上一站式服务模式,然而,网站服务功能较低,性能仍不完善;在大力发展信息技术的同时,较少关注组织制度创新。实践的发展也推动了相关理论的创新,2000年以来,数字政务一站式服务这一研究领域开始被国外学者关注,并逐渐成为近几年国外学者研究的热点问题[17]。

### 四、组织重塑阶段(1999年至今)

20世纪90年代中后期,以英国为代表的西方各国在经历了二十多年的新公共管理改革运动后,开始了第二轮政府改革运动。1999年,布莱尔政府颁布的《政府管理现代化》白皮书中提出了整体政府实施的十年规划和具体政策建议。其中包括"比如,回应性公共服务的基本措施包括通过地方伙伴关系、一站式服务中心和其他方法强力排除协同工作的障碍；进行民意调查，收集公共服务需求信息，促进各部门合作，实行整合服务，满足多方需求。又如，提高公共服务质量的措施表现为：建立公共服务标准和新的公共服务协议，并通过跨部门的公共服务标准和协议，使各部门之间的'协同'工作得以实现，同时密切监视服务效能，对服务质量差的组织进行督察，对服务质量好的组织给予充分的自由，并使二者之间达到适度的平衡"[18]。由此可见，此次改革强调了组织重塑在提供公共服务过程中的重要性，其重点是从强调专业化分工的职能部门的各自为政向整体化的政府建设转变。"这一趋势不仅在英国、澳大利亚和新西兰这些被称为新公共管理改革先锋的盎格鲁–撒克逊国家非常明显，而且在其他并没有致力于推行新公共管理改革的国家也日益显现。"[19]整体政府的建设为数字政府一站式服务建设提供了组织整合性发展的理论支撑，使其发展模式从单纯重视信息技术的创新转向信息技术和组织制度共同建设。例如，2001 年以来，美国布什政府开启新的电子政府计划——"水银"计划，在克林顿政府期间开发的一系列项目的基础上重点开展了 25 个跨部门行动的基础设施建设与管理。2002 年，美国总统提议预算拨款 2000 万美元加强电子政府建设，2002 年至 2004 年间拨款增至 1 亿美元，用来开发跨政府部门协同在线活动[20]。

该发展阶段具有以下特点：随着政府理念由竞争政府向合作政府转变，组织层面的创新更为明显；服务项目供给的种类越来越丰富，数量越来越多，服务质量也有了质的提高；信息技术得到了组织制度的创新支持，更加有利于提高其为公民提供服务的效能。经过第四阶段的发展，一站式服务也有了质的提高。

整体来看，政府一站式服务的发展演进历经了四个进程（图 7-1），前一个进程为后一个进程的基础。其中存在四个最重要的发展要素，即需求、战略、技术和制度，每一个要素在不同的演进阶段中凸显出来，成为某一阶段中最重要的要素。一般而言，一站式服务模式成熟度越高，四种发展要素共存的可能性越大。需要说明的是，并不是所有的国家在特定的历史时间和空间中都拥有相同的发展进度，如有些国家直接将一站式政府建设定位为国家战略加以推动，略过了自发产生阶段；另有国家至今仍未重视一站式政府建设。

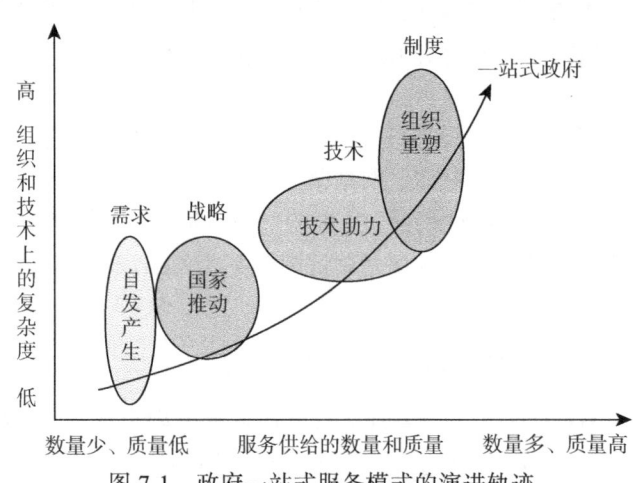

图 7-1 政府一站式服务模式的演进轨迹

## 第三节　数字政府一站式服务的逻辑框架

数字政府一站式服务通过"前台-后台"的功能设置以及前台与后台的双向互动来实现服务供给。这种逻辑框架突出体现了政府工作重心的转移，即由以政府自身为中心的管制向以公民为中心的服务的转移。具体而言，一站式服务的前台在提供必须提供的静态的公共服务信息的同时，还要针对个性化的公民服务请求提供多元化的动态的公共服务形式，即前台还要承担公民请求的接收以及服务结果的提供等职责；而后台，则需要在各个政府部门管理形式规范化、标准化的基础上，实现其业务管理形式的一体化，以使各部门既分工负责，又协同一致地完成服务请求的处理和反馈工作。

### 一、前台服务形式多元化

服务是一个需求-供给的双向过程，只有知其所需，才能为其所供。政府服务首先要强调对公民的关注，政府应该从公民的视角出发，充分了解他们的需求。公民对多元化前台服务形式的需求是十分明显的。对此，各国政府也积极拓展前台服务的形式为公民提供更让人满意的服务。

随着电子政务建设的不断发展，人们越来越关注利用政府门户网站等虚拟形式来提供一站式服务。虚拟前台的设置在最大程度上减少了公民与政府工作人员之间的面对面接触，不仅能够避免不友好的政府工作人员的"脸难看"和"事难办"的问题，还可以为公民提供更加便捷、高效的办事环境，因此，虚拟前台形式相比实体前台（一站式服务大厅）具有很多服务优势。尽管如此，这并不意味着实体前台的必然消失。

总之，一站式服务的前台的设置必须是多元的，通过多种渠道为所有公民提供公共服务，这是对政府民主与公平的必然要求。前台服务形式可概括为"多元前台，单一接触；多层前台，一体服务"。图7-2展示了一站式服务的前台服务形式。

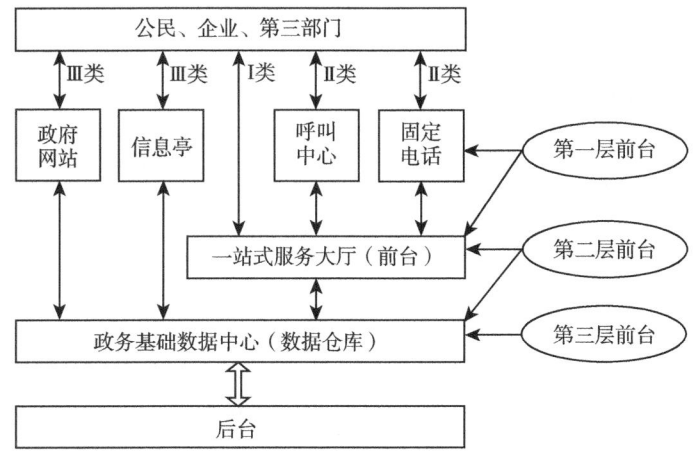

图7-2　一站式服务的前台服务形式

## （一）"多元前台，单一接触"的服务形式

"多元前台"是指公民与政府具有多种交互的渠道，例如，面对面接触的一站式服务大厅模式，能够通过固定电话沟通的政府热线、呼叫中心，此外还有政府网站、政务 App、政务微信、政务微博、政务头条号、政务短视频、24 小时自助服务终端等。随着人工智能技术的不断发展，在提供服务的过程中，人工智能既具有人的温度又具有机器的速度，因此"人工智能+政务服务"模式将会快速进入政民互动领域。"单一接触"是指公民一次性接触以上任何一个前台入口都可以获得服务。

## （二）"多层前台，一体服务"的服务形式

第一层前台是与公民直接接触的前台，其中包括了第I、II、III类交互模式；第二层前台和第三层前台都是相对的概念，即相对于第II类交互（政府热线、呼叫中心等半接触形式）来讲，第I类交互（一站式服务大厅等全接触形式）为第二层前台；相对于第III类交互（政府网站、政务新媒体等无接触形式）来讲，政务基础数据中心（数据仓库）为第二层前台；相对于第II类交互（政府热线、呼叫中心等半接触形式）来讲，政务基础数据中心（数据仓库）为第三层前台，即一站式服务大厅工作人员仍然需要基于政务基础数据中心来开展服务。这样便构建起一个全面信息化了的多元化前台服务形式。

## 二、后台管理形式一体化

相对于逐渐扩大化、多元化的前台，一站式政府的后台在逐渐缩小化、一体化，趋于"大前台，小后台"的服务模式。后台是处理具体服务事项的位置，这个位置可能是实体的也可能是虚拟的，可能有人的参与也可能是系统自动作业，可能被集中在一个物理位置（一站式服务大厅）也可能被逻辑集中在各政府部门。后台是与公民隔离的，是对公民屏蔽的，然而，公民却也能通过数字化手段监视后台的一举一动，如此看来，后台又是向公民公开的，是对公民透明的。如果希望很好地将信息和服务进行集成、综合并统一在后台办理，就需要改变传统的以职能为中心的、分散化的管理模式进而创设一体化的后台管理模式（图 7-3）。

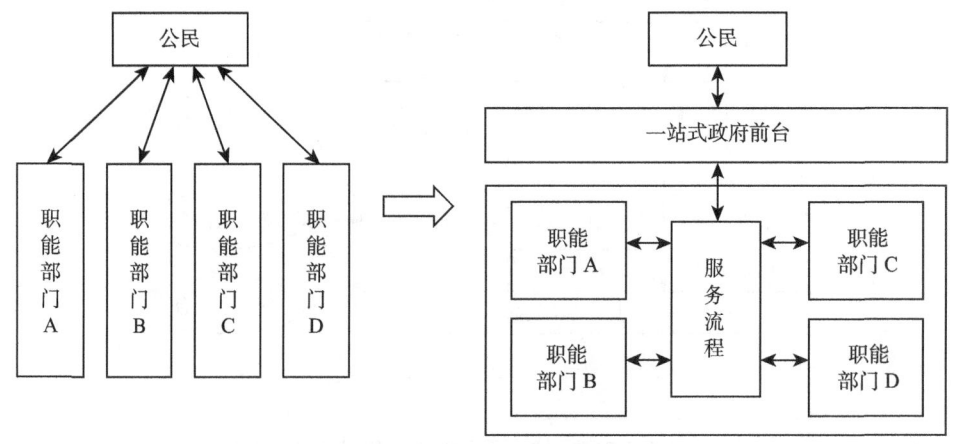

图 7-3　从分散化管理模式到一体化后台管理模式

传统政府服务模式下，整个服务流程是分散的、凌乱的，需要公民将这些流程链条加以梳理，并按照链条上的各个环节逐个遍访责任部门来获取服务。因此，在此种模式下，职能部门是静的，固定在某一处等候公民来访，而公民是动的，奔波在各职能部门之间。这种管理模式是基于官本位理念而设置的。在一体化后台管理模式下，服务流程不再由公民梳理和规整，而由一站式服务的后台进行梳理和整合。在此过程中，后台最大限度地将各服务要素整合起来，使之成为一条流程线。这种服务要素的整合，是一种化合，而不是简单的汇合和集合。化合是一个由多到一的过程，由散到整的过程，其发生的是质的转变而非量的积累。为了让服务流程更加顺畅，职能部门将自己的服务任务按照服务流程的自然顺序进行组装，服务流程的各个环节模块是标准的、固定的、定制的，各职能部门只需要处理自己负责的那部分模块即可，这个过程可以是同时进行的，最后在数字化平台上对这些模块进行统一组装，从而形成一个完整的服务，一体化地提供给公民。

尽管一站式服务强调服务的集中和整合，但一味地将组织机构合并和组织规模扩大化并不能起到很好的效果。服务功能的整合和组织机构的一体化，不能简单地理解为部门的合并和规模的扩大。另外，一站式服务实体形式具有自身的局限。并不是所有的服务项目都要纳入实体机构中办理，其实这种全部集中办理既不可能实现，也没有必要实现。一站式服务大厅的规模是由服务数量、服务类型和组织交易成本等众多因素决定的。因此，政府需要按照不同的服务类型来考虑其向一站式服务大厅集中的程度。

## 第四节 数字政府一站式服务的运行模式

一站式服务的运行模式包括基于实体的运行模式（简称实体模式）和基于网络的运行模式（简称网络模式）两种。事实上，这两种运行模式是依据关键要素偏重来划分的，并非实体模式就不需要网络设施和信息技术的支撑，也不是所有的网络模式都只需纯粹的虚拟政府提供支持。当然，相比较而言，实体模式更强调在现有政府结构体系之上增设特定的实体服务机构，以此作为开展一站式服务的中心节点；而网络模式则更强调在网络系统支持下完成现实政府的组织结构调整和政务流程再造的工作。这两种模式在现实实践中都存在，不好断定某一个是不是另一个的高级阶段，因为不同政府可以根据不同的行政环境选取更适合自己的运行模式进行建设。不可否认的是，如果运行模式实施有序，两种路径应该都可以实现一站式政府的建设目标。

### 一、实体模式

一站式服务在公共部门的最初实践便主要是建立集中提供服务的实体一站式服务机构，但由于没有信息技术的支撑，其发展前景曾一度黯淡，直到20世纪90年代，随着网络技术的产生发展，得到技术支持的实体一站式服务机构再一次焕发生机，并成为当今各国家提供一站式服务的主要模式。然而，实体一站式服务机构还远没有达到一站式服务的要求，在理想情况下，它应基于信息技术的支持形成实体模式（图7-4）。

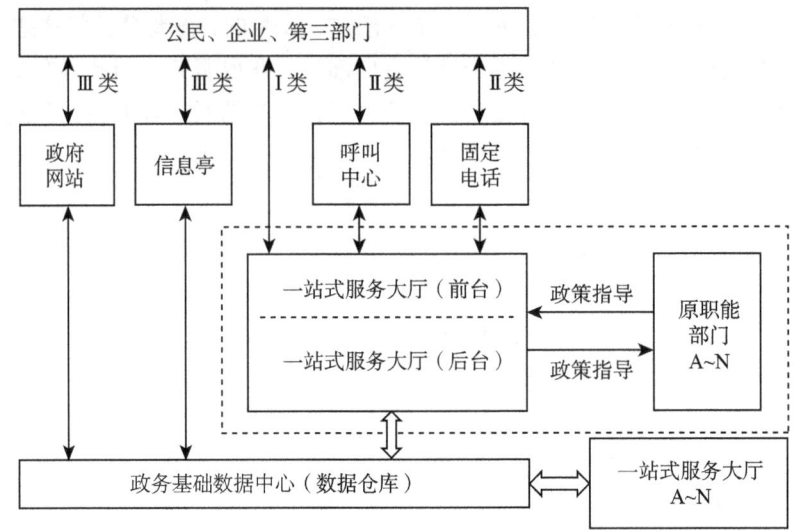

图 7-4 基于实体的运行模式

（一）实体模式的关键特征

实体模式的关键特征主要体现在以下方面。

（1）存在多个集中提供信息和处理服务事项的物理场所——一站式服务大厅。一站式服务大厅具有独立的执行权力来办理服务事项。这是一种将后台前移的设置，原来的服务后台在各职能部门，现在将服务职能集中并前移到一个前台办理。

（2）就服务职能而言，尽管一站式服务大厅有很多优点，但因为一站式服务大厅不可能集中所有的服务职能，因此其他的服务职能还应该选择通过网络模式来提供。

（3）就组织结构而言，一站式服务大厅具有扁平化的组织结构。领导者可以直接与大厅工作人员进行互动。

（4）政务流程的梳理和再造在一站式服务大厅的后台进行。

（二）实体模式的要素关系

1. 一站式服务大厅同原职能部门的关系

一站式服务大厅是在既有政府机构体系之外单独设立的政府部门，同原职能部门之间是同一层级关系。两者的主要区别是所承担的职能不同，其中原职能部门主要负责政策的制定和对政策执行情况的监督，而一站式服务大厅则主要是对政策的执行，同时，原职能部门为一站式服务大厅提供政策指导。另外，原职能部门将服务窗口移植到一站式服务大厅内，这种移植并不是直接的平移，而是经过了职能总体规划和组织结构调整的植入。凡是进入一站式服务大厅的服务事项，原职能部门不再进行相关服务的办理。

这种一站式服务体系强调将政策制定与政策执行分开运行，但并不提倡两者的彻底隔离。因为"在所有的社会中，制订行动方案的官员越远离执行这些行动方案的责任，他们越有可能制订出宏大的计划。计划与执行之间的距离越大，获得的反馈越少。"[21]所以，政策制定需要有执行者的参与，这种参与仅限于提供政策建议。由此来看，一站式服务大厅的工作人员有向决策部门提供政策建议的义务。

2. 一站式服务大厅同其他前台的关系

公民可以通过多元化的前台服务形式与政府进行交互。其中，第I类交互（面对面）和第II类交互（语音或视频）中的信息或服务可以直接通过一站式服务中心前台的窗口工作人员获得。第III类交互（政府网站、信息亭等）中的信息或服务可以通过直接接触政务基础数据中心（数据仓库）获得，如果需要人员参与提供，则可由政务基础数据中心将相关数据转移到一站式服务中心前台的窗口工作人员。另外，一站式服务大厅是其他前台服务形式的基础和后台；其他前台服务形式又是一站式服务大厅功能的延伸和拓展；它们之间互相补充、相互依存，共同构筑起为公民提供服务的载体。

3. 一站式服务大厅的前台与后台的关系

作为一站式服务前台之一的一站式服务大厅又可以分为前台和后台，并且两者同在一个物理场所内办公。其中，前台除了负责接待到中心办事的公民外，还负责处理来自电话、视频和网络等一些公民的服务请求，后台则负责复杂事项的办理。后台的管理形式是一体化的，而此处的一体化有两层含义：第一，后台的信息和服务的办事流程是一体化的；第二，后台存在于同一个实体服务大厅之中，在这个意义上也可认为其是一体化的。尽管前台与后台距离很近（在一个建筑物内），但它们同样要以网络作为中介进行沟通，因为服务事项没有纸质文件的办理，完全通过电子文档在网络中运行。

（三）实体模式的优缺点

1. 实体模式的优点

首先，一站式服务大厅是单独设立的一个具有独立执行权的政府机构，其中人事权、财政权等全部纳入大厅内行使，便于统一协调和管理。其次，一站式服务大厅的工作人员由大厅自主选拔和调配，具有组织归属感，同时能够比较容易地塑造组织文化。最后，工作人员经过严格的培训，具有多种业务能力（通才），能够接待每一位前来访问的公民，因此，在不同窗口相互分担工作量方面具有较大的灵活性。

2. 实体模式的缺点

首先，一站式服务中心不能将所有的业务全部集中在内办理。其次，因为需要人事权、财政权等方面的重新配置，将职能部门的既有行政权力进行剥离并纳入大厅进行管理，所以一站式服务大厅建设涉及多方面的改革，面临着更多的困难。"通向愿景目标的道路上横亘着诸如体制、组织、利益等多方面的顽固障碍，需要政府帮助解决。"[22]改革中不可避免的利益再分配和再调整问题必然会触及职能部门的既得利益，从而造成职能部门对改革的消极应对，以及其与一站式服务机构之间关系僵持或权力争夺的不利局面。由此来看，一站式政府建设困难重重，其中那些分管不同行政程序的职能部门便是较大的阻力之一。最后，需要对一站式服务大厅的工作人员进行额外的教育和培训。

## 二、网络模式

网络模式是在不改变政府的实体形态的情况下，通过网络技术对政府部门之间的运行关系进行改变（图7-5）。

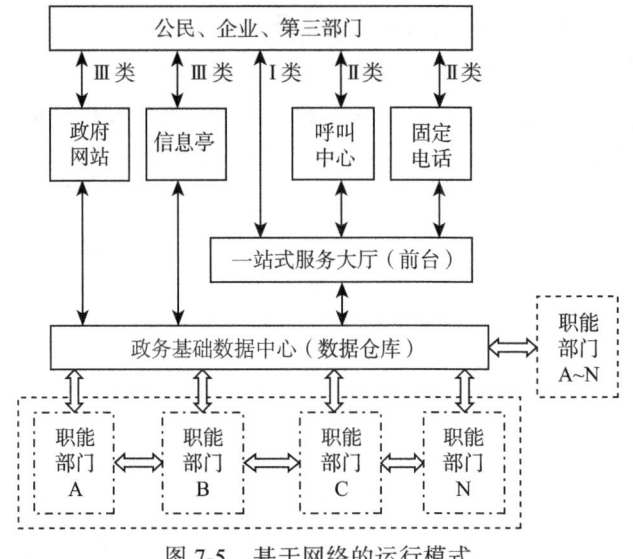

图 7-5 基于网络的运行模式

（一）网络模式的关键特征

网络模式的关键特征主要表现在以下方面。

（1）不改变现实政府的实体形态，依靠网络将各职能部门进行互联，打破部门与部门之间的壁垒，实现各部门之间的信息资源共享和整合（图7-5中虚线部分为再造后的后台在政务基础数据中心的映射）。网络的触角可以延伸到任何一个计算机节点，这使一站式服务体系中的后台是否在一个物理场所内集中变得不再重要，而重要的是后台的权力在前台的集中或者是一种权力投射。

（2）就服务职能而言，因为不涉及人员调配和组织规模等问题，网络模式能够在网络系统平台上提供比一站式服务大厅更全面的服务职能。当信息技术继续发展到一定程度，一站式服务大厅仍然存在，但是其职能发生了变化，它不再是后台，而成为前台或者准前台，在现场可以办理一切事情，只不过和后台是用网络相连的。

（3）就组织结构而言，通过网络技术塑造扁平化的组织结构。

（4）政务流程依靠信息技术和网络技术在各职能部门之间进行梳理和整合。

（二）网络模式的要素关系

1. 政府职能部门之间的关系

政府职能部门之间是一种逻辑集中的关系。逻辑集中即没有经过物理实体的变动而仅在虚拟环境下的互联和集中。政府职能部门在物理位置上是分散的，然而它们被网络连接到了一起，信息资源实现了共享和整合。各职能部门向政务基础数据中心更新数据信息，政务基础数据中心再将相关的信息分配给需要的部门，于是形成了互联互通的局面。

2. 政府职能部门与前台的关系

政府职能部门是网络模式的后台，它们同前台之间并没有直接的业务联系，而是通过政务基础数据中心与前台互联。政务基础数据中心将任务在各部门间统一调配，因此政务基础数据中心是有着强大协调能力的数据站点。公民直接访问的是政府基础数据中心所链接的各政府网站、信息亭以及一站式服务大厅的工作人员等，通过政府基础数据中心来调用各职能部门的服务信息。

（三）网络模式的优缺点

1. 网络模式的优点

首先，不需要对人事权、财政权进行重新分配，减少了对一站式服务大厅进行权力剥离的冲突，相对容易实现；其次，在办理服务项目的数量方面比以实体为载体的一站式服务体系更具有优势；最后，原职能部门工作人员不需要进行额外的教育和培训，但需要对一站式服务大厅的前台工作人员进行培训。

2. 网络模式的缺点

首先，需要更先进的技术支持，如果政务基础数据中心的协调能力欠缺，将导致整个服务流程的混乱和无序。其次，因为各职能部门中的组织传统、管理习惯以及思想意识都互不相同，所以很难建设协调一致的组织文化。最后，各职能部门前期独立的信息系统建设可能会带来较大的沉没成本和路径依赖。

某些情况下，无比有更具有优势。有并不一定是好的和对的。有些政府部门建立了信息系统，然而系统是支离破碎的，整合起来十分困难，可能会导致资金、技术等方面的缺乏，更重要的是缺乏改造的信心和决心。人们常常被已投入的物质和资金拖住了改革进程，形成了路径依赖和沉没成本。相对而言，在另一些区域，政府可以为新的信息技术尝试规划蓝图，在此基础上进行建设能够更好地反映各方面的意愿，较快地实现目标。

## 第五节　我国数字政府一站式服务建设

### 一、建设成效

中国政府一站式服务建设，最初也是由需求驱动的。20世纪80年代，随着改革开放的步伐加快，我国东南沿海地区成为投资的热土。为了能够更快速地为投资企业提供审批服务，沿海地区一些政府开始探索这种在一个场地便集中完成所有审批手续的服务方式。从20世纪80年代中期到90年代末期，这个阶段是中国政府一站式服务的自发产生阶段，主要体现在少部分政府为了应对投资审批之需而自发开展的公共服务模式创新。

1998年，我国第一个严格意义上的政府网站——青岛政府信息公众网建设完成；1999年初，我国正式启动政府上网工程，旨在通过这种技术创新方式推进和优化公共服务供给。主要做法是，尽可能地将政府职能搬上国际互联网，通过政府网站的方式直联和服务广大民众，也由此开启了政府网站建设的快速发展的道路。而到了2015年底，国务院发布的全国政府网站普查报告显示，我国的政府网站总数已高达84 094个。因为政府网站中存在大量的不更新、不维护和无服务的"僵尸网站"，所以国务院强调要精简政府网站，以便提供更有针对性的服务。由中国互联网络信息中心发布的第47次《中国互联网络发展状况统计报告》（2020年）显示，截至2020年12月，我国政府网站（包括政府门户网站和部门网站）数量降到了 14 444 个，几年来政府网站数量削减了近 7 万个。即使这样，网站数量也是十分惊人的。

大致在同一时间，1999 年初，我国第一个真正意义上提供综合性服务的行政服务中心在浙江省金华市成立。自此，行政服务中心成为行政审批制度改革和"放管服"改革的试验场所和前沿阵地。依据国务院办公厅发布的《全国综合性实体政务大厅普查报告》（2017 年），截至 2017 年 4 月，全国县级以上地方各级人民政府共设立政务大厅 3058 个，覆盖率为 94.3%。此外，乡镇（街道）共设立便民服务中心 38 513 个，覆盖率达到 96.8%。由此可见，我国基本实现了行政服务中心在基层政府的全覆盖。

随着电子政务建设的不断推进，相关投入也在不断增加。据智研数据中心统计，2015 年我国电子政务市场规模超过 2000 亿元，复合增长率高于同期 GDP 增速。在高投入的背景下，一站式服务成效已有所显现，在办事效率、办事流程整合以及服务态度方面都有了较大的提高。

在 2015 年初的全国两会上，我国提出了"互联网+"行动计划，尽管最初"互联网+"的提出主要是为了提升工业互联网和智能制造能力，但却在各个行业发展中蔚然成风。紧接着 2016 年全国两会上提出大力推进"互联网+政务服务"，着力推动跨部门业务协同，实现部门间数据共享，而后国务院印发了《关于加快推进"互联网+政务服务"工作的指导意见》，构建一体化政务服务平台成为重要任务。由此我国一站式政府建设进入到了一个新的阶段。在此阶段中，行政服务中心等线下服务方式，同政府热线、政府网站、政务新媒体（政务微信、政务微博、政务 App 组成的政务服务"两微一端"）、政务短视频和"人工智能+政务服务"等形式一起组成统一的政务服务平台（表 7-2）。

表 7-2 政务服务的互动类型及服务深度

| 互动类型 | 沟通途径 | 信息公开 | 办事服务 | 公众参与 |
| --- | --- | --- | --- | --- |
| Ⅰ类 | 政务服务大厅 | ★★ | ★★★★★ | ★★★★ |
| Ⅱ类 | 政府热线 | ★★ | ★★ | ★★★★★ |
| Ⅲ类 | 政府网站 | ★★★★★ | ★★★★ | ★★★★ |
| | 政务 App | ★★ | ★★★★ | ★ |
| | 政务微博 | ★★★★ | ★ | ★★★★ |
| | 政务微信 | ★★★ | ★★ | ★ |
| | 市民网页 | ★★ | ★★★★ | ★ |
| | 公共信息亭 | ★★ | ★★★★ | |
| | 政务短视频 | ★★★★★ | ★ | ★★★★ |
| Ⅳ类 | "人工智能+政务服务" | ★★★★ | ★★★★ | ★★★★ |

近年来，中国数字政府一站式服务建设成绩斐然。联合国经济和社会事务部发布的《2020 联合国电子政务调查报告》显示，中国在联合国 193 个会员国的电子政务发展成熟度中排名第 45 位，达到全球电子政务发展较高的水平（图 7-6）。从图 7-6 中还可以看出，

我国的电子政务发展并不是一帆风顺的,在全球电子政务发展成熟度排名中是有起伏的。自 1999 年开始推进政府上网工程算起到 2005 年,我国各地投入了大量的资金建设电子政务基础设施和软件系统,推动了我国电子政务发展排名稳步上升;然而,重建设而轻应用和"信息孤岛"等问题比较突出,高投入并没有带来应有的高效益,所以 2008 年后排名出现了一些下滑的情况。2012 年以后,中央政府更加重视并强调电子政务的顶层设计,从国家层面推进一站式政府建设、一体化在线政务服务平台建设和"互联网+政务服务"等改革举措,再次稳步提升了我国在全球电子政务发展成熟度中的位次。

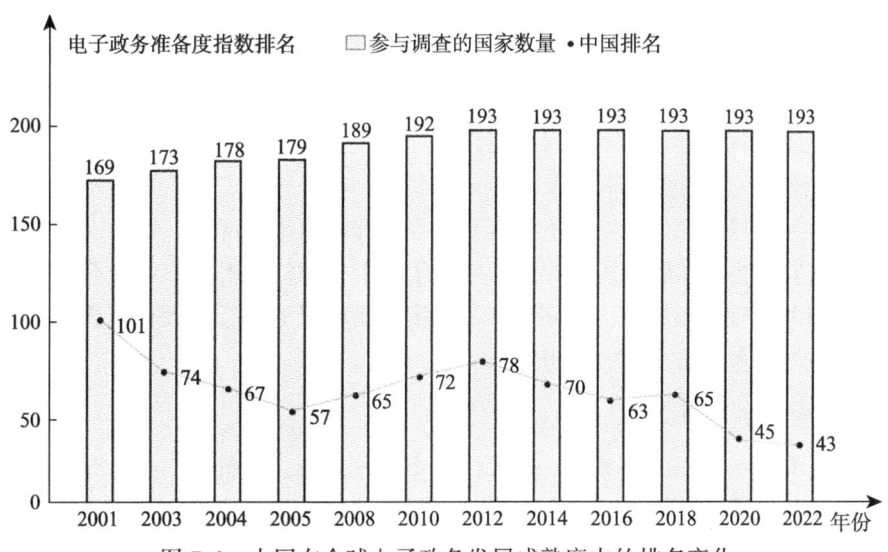

图 7-6　中国在全球电子政务发展成熟度中的排名变化

资料来源：作者自制,参见历年《联合国电子政府调查报告》,https://publicadministration.un.org/en/Research/UN-e-Government-Surveys

未来,随着人工智能技术的不断发展,人工智能在政务服务领域的应用也会更加广泛和多样化,"人工智能+政务服务"会成为继"互联网+政务服务"之后又一个重要的发展目标。政府将依托大数据、人工智能、区块链等新一代数字技术为民众和企业提供更加个性化和人性化的政务服务。

## 二、存在的问题

考虑到公众的需求和政府服务供给方面的均衡性,数字政府一站式服务在发展过程中仍然存在一些问题。

（一）基层政府网站合格率和使用率仍有待提升

2015 年的全国政府网站普查显示,网站总体合格率为 90.8%,其中政府门户网站的合格率远高于其他单一职能部门网站,基层网站的问题较大。尽管自 2016 年以来我国政府网站数量被大幅削减,很大程度上剔除了表现不佳的"僵尸网站",但一些基层政府网站使用率不高的问题仍然存在。政府网站本应是政府网络问政、政民沟通的绝佳渠道,但是政府迫于网络舆论开放环境的压力往往谨言慎行,甚至无所表达。整体来看,无论是政府端还是公众端，在线办事和在线参与的活跃度都不强。

### （二）行政服务中心信息化未完成

因办公场地有限，行政服务中心不能将所有的业务全部集中在内办理，另涉及权力结构重新配置，使其和政府网站之间未能有效整合，进而导致了公共服务供给"两张皮"的状态，而这一问题恰恰需要"互联网+实体大厅服务"的新理念来解决。诚然，网络一站式并非完全优于实体一站式，网络一站式发展也不是为了取代实体一站式，两者相互支撑、互为补充。

### （三）前台服务集成不到位

地方政府为了能够促进"掌上政府"建设，充分利用移动互联网优势积极推进移动政务服务建设。在此背景下，很多政府部门设计和开发了政务 App，以供办事企业和公众下载使用。其间还存在一些强制下载政务 App 的情况。本来一站式服务的最大优势就是让群众少跑腿、信息多跑路，公众办事不用再到处寻找和访问政府部门，然而，众多部门政务 App 的下载安装，便将以前的线下找部门变成了线上找部门，困扰公众的不清楚从哪里获得服务的问题并没有得到解决。最好的解决方案便是将服务进行最大化集成，以流程为中心、以提供主题服务的方式方便公众办事。

### （四）后台数据共享困难

由于缺乏有效的数据共享机制，跨部门数据共享系统并未打通。在实行垂直管理的系统里，由于数据系统并未打通，国家层面的一些数据并未开放、难以获取。例如，一个项目立项招标的过程需要使用三个系统，同样一个工作可能需要登录不同的系统来完成。因为系统之间没有办法进行数据共享，项目已经立项了，但系统之间数据没有打通，需要通过其他部门协调才能看到相关信息。此外，由于数据处理标准不统一，且数据供需关系不明确，部门间与部门内部都存在数据壁垒。即使打通数据系统，也难以将海量数据有效融合起来使用，准确地挖掘分析其背后的价值。

面对当前行政服务中心和政府网站数量庞大、质量不精的发展状态，亟须政府公共服务供给更精细、质量更高，以满足公众的服务需求。以前，公众并不熟悉在线服务这一新事物，所以政府提供了大量的基础设施来引领和刺激公众获取在线服务的动力，现在公众普遍接受了网络，但是政府在线公共服务供给种类和质量却满足不了公众的需求。所以须从提高服务供给质量出发，对一站式服务进行供给侧改革，改变传统政务服务所采用的粗放式、模式化和批量化的生产模式，迎来一站式服务倡导的集约式、个性化和多样化生产模式。

## 三、完善策略

一站式服务是一种"前台-后台"服务模式，其中，前台服务形式应是多元化的，可以让公众选择任何一种形式同政府交互来获得服务；后台管理模式应是一体化的，可以让公众通过与政府一次性的接触便能够获得所需的服务。完善一站式公共服务模式，需要从优化前台服务和改进后台管理两个方面入手。

## （一）增设服务渠道，优化前台服务功能

### 1. 政府网站内容最大化集成，适当减少网站数量

政府网站不宜过多，过多的网站加重了公众查询和获取信息的负担；网站应该强调服务的集成性，这是一站式服务的精髓所在。美国将在线项目集中在联邦网站上；英国早在2007年就已经对政府网站进行了瘦身，削减了90%以上的网站。我国可借鉴英美两国政府网站的管理经验，进一步控制网站数量，优化网站功能，方便公众获取一站式服务。

### 2. 优化政府门户网站的服务功能

目前，政府门户网站依然是最重要的服务供给渠道。首先，网页内容应体现对用户群体的包容性。针对不同的用户群体应该开发不同的网页类型，如语言的分类网页、特殊人群网页等。其次，以生活事件为服务主题对服务项目进行科学分类。一站式政府门户网站要最大化地集成针对特定客户、特定时间的生活活动的公共服务。最后，重视个人网页的开发利用。个人专属网页提供个性化服务，并尽可能将服务集成整合在个人网页上。

### 3. 开辟更为灵活的移动政务渠道

移动互联网正改变着信息获取途径和服务供给的内容及方式。我国网民数量庞大且在移动端使用活跃，政府应注重选择移动互联入口作为服务终端。例如，当前政务微信公众号数量增长迅速，未来移动的服务型政府将在微信平台上构建。

### 4. 加快公共信息亭的安置和投放

具有自助服务功能的公共信息亭可直接向客户提供互动服务，其中包括货币支付、公共信息获取、打印扫描、事项办理等功能。因为自助服务机具有安置容易、便于寻找（主要设置在人群聚集的公共场所）、使用方便（尽量采用简单方便的操作控制界面）等特点，所以，此类服务模式也将拥有更大的发展空间。

### 5. 面对不同问题，选取不同服务前台

目前，服务前台呈现多元化状态，既包括实体的政务大厅，有线电话、广播、电视等旧媒体，还包括有网络的公共信息亭、政府网站、移动电话等新媒体，还有微博、微信等自媒体办事平台。前台服务形式的多元化直接带来了如何对前台统一协调的困扰。根据办事业务复杂度及流程模糊性的不同，可以做出以下选择（图7-7）：面对既明确又简单的事情，应优选公共信息亭、24小时自助服务终端及自媒体（政务App）等自助办事方式；

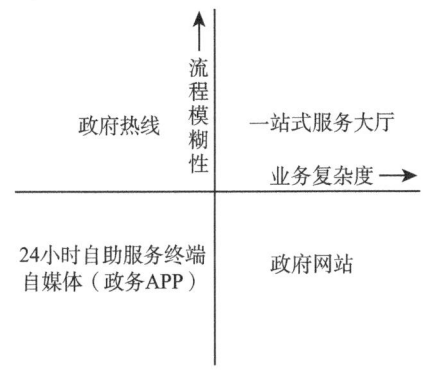

图7-7 前台服务形式的选择

面对明确但复杂的事情，政府网站是优选的交流途径；面对模糊但简单的事情，采用政府热线等旧媒体方式沟通更佳；面对既模糊又复杂的事情，面对面交流的一站式服务大厅是最优的选择[23]。

### （二）推进制度和技术创新，增进后台管理协同性

在一站式服务打造过程中，制度创新先于技术创新或技术创新先于制度创新都是比较常见的做法，但两种做法均存在一定的弊端。如果制度创新先于技术创新，即先推行政组织重塑和政务流程再造，在此基础上进行信息化建设。此做法易使政府在前期开展的组织重塑或流程再造因得不到技术创新的支持而进展缓慢甚至彻底失败，往往成为一种将各职能部门窗口在一个物理场所集中办理的集中式政府。我国很多行政服务中心建设就存在信息化程度不足的问题，从而发展成为一厅式政府。只有逐步加快行政服务中心的信息化建设才能够真正提供一站式服务。而如果技术创新先于制度创新，即先进行单一部门的信息化建设，然后在制度创新的推动下，实现纵向层级之间和横向部门之间的信息共享和服务集成。信息化建设中，政府部门没有顾及技术服务的标准化问题，无法与其他部门互联互通，于是形成了一个个的"信息孤岛"。这就需要制度创新进一步跟进，通过组织与流程的再造变革，建立层级之间和部门之间的互联互动，从而实现一体化协同办理。然而，因为技术标准不能统一，后续制度创新的尝试在技术的阻碍下变得更加困难。

因此，技术创新与制度创新应同步进行，在两者协力推动下实现一站式服务。如若要达到一站式服务的一次性办理和一体化服务等特征，仅仅依靠前台窗口的集中是不够的，更重要的是实现服务事项在后台的整合与集成。以一站式服务对时间的节省为例，信息技术能够缩短业务流程节点之间的传输时间，唯有理顺了内部的管理才能使节点间的快捷传输真正发挥作用。

"互联网+"最初是互联网在制造业中的作用提升，而今，互联网在消费领域的发展和结合远远超过了在生产领域的发展。"互联网+政务服务"是一种新的探索，是"互联网+"行动计划的拓展领域，即从制造业和传统产业转向了政府领域。这一转型，体现的是数字政府的建设进入了一个新的阶段。

## 本 章 小 结

为满足公民日益增长的服务需求，我国在着力推进服务型政府建设。因能够负载服务型政府所倡导的公民本位、权利本位和社会本位的服务理念，一站式服务已成为承接服务型政府建设的政府服务供给的主导模式。数字政府一站式服务通过"前台-后台"的功能设置以及前台与后台的双向互动来实现服务供给，这种逻辑框架突出体现了政府工作重心的转移，即由以政府自身为中心的管制向以公民为中心的服务的转移。一站式服务的实体模式和网络模式各有优劣，不同政府可以根据不同的行政环境选取更适合自己的运行模式进行建设。当前，我国亟须改变传统政务服务所采用的粗放式、模式化和批量化的生产模式，积极推进一站式服务倡导的集约式、个性化和多样化生产模式。通过优化前台的服务功能以及增进后台管理的协同性来改进数字政府一站式服务建设。

## 关 键 名 词

一站式服务 公共服务 "前台-后台"服务 实体一站式 网络一站式

## 思 考 题

1. 一站式服务与传统服务模式有什么区别？
2. 一站式服务在公共部门的发展经历了哪些阶段？
3. 如何理解网上办事大厅与行政服务中心的关系和定位？
4. 数字政府一站式服务的不同运行模式各有什么优缺点？
5. 怎样优化我国一站式服务前台的服务功能？

## 本 章 实 训

### 一、实训目的

1. 熟悉并掌握一站式服务、一站式政府的内涵以及数字政府一站式服务的运行模式和逻辑框架。
2. 培养学生对我国数字政府一站式服务发展现状的理论思考分析能力。
3. 能够依据数字政府一站式服务的逻辑框架思考各职能部门的后台协同办公存在的障碍。

### 二、实训内容

（一）实训资料

以佛山市推行"一门式一网式"政务服务改革案例讨论为基础，进一步收集、补充佛山市后续的改革以及配套政策建设，并梳理佛山市改革的经验与启示。在此基础上，深入解读国务院办公厅转发的《推进"互联网+政务服务"开展信息惠民试点实施方案》的内容。

（二）具体任务

以佛山市数字政府一站式服务建设为例思考以下问题。

1. 讨论佛山市在改革传统服务模式过程中遇到了哪些困难？
2. 如何解决这些困难？是通过技术创新还是制度创新来解决，两者的关系及定位如何？
3 尝试为佛山市后续的一站式服务改革提供配套政策建议。

（三）任务要求

1. 进一步收集、补充佛山市后续的一站式服务改革以及配套政策建设。
2. 梳理佛山市数字政府一站式服务改革的经验与启示。
3. 深入解读国务院办公厅转发的《推进"互联网+政务服务"开展信息惠民试点实施方案》。

## 三、实训组织

1. 指导教师明确实训目的、任务和评价标准。
2. 班级成员分若干小组，每组 4~6 人。实行组长负责制，成员合理分工、团结协作，专人负责活动记录和资料整理。
3. 各小组分别组织理论知识、相关文献的学习和讨论（可参考延伸阅读的内容），自行安排调研和资料收集，讨论、分析和按项目要求写出书面报告。
4. 各小组在班级进行 PPT 演示，汇报观点并讨论、交流。

## 四、实训步骤

1. 指导教师布置任务，指出实训要点、难点和注意事项。
2. 分组并选出小组组长，组员进行分工，讨论和制定工作流程与执行方案，报请教师指导、同意后执行。
3. 小组成员集体学习、讨论理论知识和相关文献，分工收集和整理佛山后续改革的背景资料。
4. 各小组组织讨论，按实训任务要求形成、归纳要点，完成书面报告。
5. 在班级各小组演示完成之后，指导教师进行点评和总结。

## 延 伸 阅 读

（1）庄莉娜，萨顿，费奥多罗维奇. 业务流程与信息技术[M]. 毛尧飞，施英，译. 北京：清华大学出版社，2006.
（2）查德威克. 互联网政治学：国家、公民与新传播技术[M]. 任孟山，译. 北京：华夏出版社，2010.
（3）刘红波. 一站式政府研究：以公共服务为视角[M]. 广州：华南理工大学出版社，2021.

# 参 考 文 献

[1] 肖文舸. 广东网上政务服务能力蝉联全国第一 五项指数名列前茅[N]. 南方日报，2020-05-27(A13).
[2] 李克强作的政府工作报告(摘登)[N]. 人民日报，2016-03-06(2).
[3] 习近平. 在网络安全和信息化工作座谈会上的讲话[N]. 人民日报，2016-04-26(2).
[4] Federal Benchmarking Consortium. Serving the American public: best practices in one-stop customer service[EB/OL]. https://govinfo.library.unt.edu/npr/library/papers/benchmrk/onestp.html[2021-11-08].
[5] Glassey O. Developing a one-stop government data model[J]. Government Information Quarterly, 2004, 21(2): 156-169.
[6] Wimmer M A. Integrated service modelling for online one-stop government[J]. Electronic Markets, 2002, 12(3): 149-156.
[7] Kubicek H, Hagen M. One-stop-government in Europe: an overview[EB/OL]. https://www.researchgate.net/publication/253447324_One-stop-government_in_Europe_An_Overview[2021-11-08].
[8] Dias G P, Rafael J A. A simple model and a distributed architecture for realizing one-stop e-government [J]. Electronic Commerce Research and Applications, 2007, 6(1): 81-90.
[9] 刘红波. 一站式政府的概念解析与角色定位[J]. 电子政务，2012(8): 67-78.
[10] 刘红波. 一站式政府研究：以公共服务为视角[D]. 吉林大学，2011.

[11] 沃尔曼. 德国地方政府[M]. 陈伟, 等译. 北京: 北京大学出版社, 2005.
[12] 段龙飞. 我国行政服务中心建设[M]. 武汉: 武汉大学出版社, 2007.
[13] 曹现强. 当代英国公共服务改革研究[M]. 济南: 山东人民出版社, 2009.
[14] 曹世功, 刘淑芳. 亚洲"四小龙"吸引投资政策的新变化[J]. 亚太经济, 1987, (5): 1-4, 18.
[15] 陈振明. 政府再造——西方"新公共管理运动"述评[M]. 北京: 中国人民大学出版社, 2003.
[16] Ronaghan S A. Benchmarking e-government: a global perspective—assessing the rogress of the UN member states[R]. United Nations Division for Public Economics and Public Adminstration, ASPA, 2002.
[17] 李阳晖, 罗贤春. 国外电子政务服务研究综述[J]. 公共管理学报, 2008(4): 116-121, 128.
[18] 张立荣, 曾维和. 当代西方"整体政府"公共服务模式及其借鉴[J]. 中国行政管理, 2008 (7): 108-111.
[19] Christensen T, L(ae)greid P, 张丽娜, 等. 后新公共管理改革——作为一种新趋势的整体政府[J]. 中国行政管理, 2006(9): 83-90.
[20] 芳汀, 董丽, 陈曦. 美国的官僚制改革和电子政府: 一个制度的视角[J]. 吉林大学社会科学学报, 2010, 50(5): 37-42.
[21] 唐斯. 官僚制内幕[M]. 郭小聪, 等译. 北京: 中国人民大学出版社, 2006: 233.
[22] 张锐昕, 刘红波. 地方政府行政审批制度改革中的政策选择——以吉林省政务大厅为例[J]. 东疆学刊, 2011, 28(2): 78-82.
[23] 刘红波. 一站式服务需做好供给侧改革[N]. 学习时报, 2016-03-28(5).

# 第八章 "互联网+政务服务"

■ 引例:"互联网+政务服务"十堰模式

近几年来,湖北省十堰市与时俱进,充分运用"互联网+"思维进行城市建设,在多方面取得突破性进展,为各地"互联网+"持续落地树立了参照范本。其中,"互联网+金融"建成"三平台、一中心"(包括了融e购、融e联、融e行、网络融资中心),一张中国工商银行卡实现了水电费、学杂费、交通违章费等的便捷支付;"互联网+环保"实现了环境监察、机动车监管、环保审批、环境举报等的一站式管理,蹚出了环保新路子;"互联网+交管服务"实现了公众随时查看交通路况并在移动端办理各类机动车业务;"互联网+行政审批"实现了无纸化办公,精简了审批事项,下放了审批权限,优化了公共服务流程;"互联网+税务"营造税收新格局,打造出税收共治新品牌;"互联网+农业"强力推进城市"菜篮子"工程,为传统农产品批发市场插上了腾飞的翅膀。

**经验启示**

十堰市通过对思维观念、体制机制和模式方式的全面变革,实现了"互联网+各行各业"的创新转变,丰富了政务服务创新与政务服务产品创新方式,营造出崭新的城市发展面貌。研讨十堰市"互联网+"案例,有助于我们深刻理解"互联网+政务服务"的理论和实践意义。

**本章知识结构图**

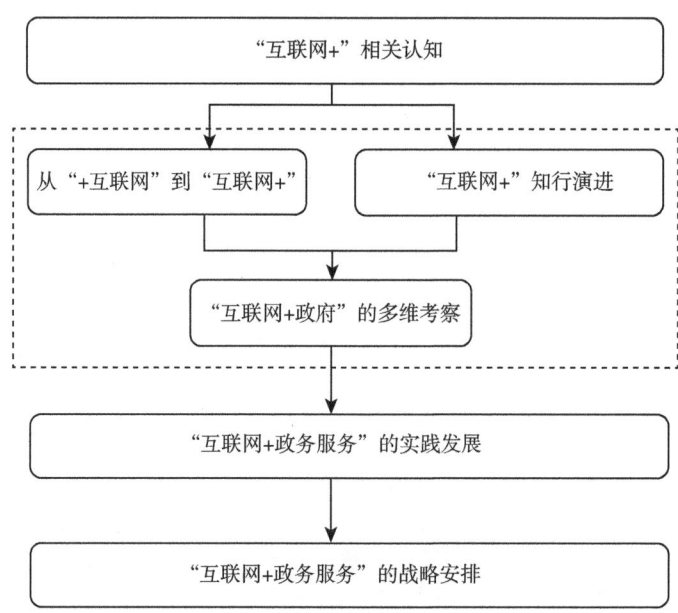

为了推进"互联网+政府"及其政务服务建设,政府首先要理解"互联网+""互联网+政府""互联网+政务服务"的含义,其次要了解"互联网+政务服务"的实践发展情况,最后要掌握国家对"互联网+政务服务"的战略安排,这样才能为推进国家"互联网+"战略落地实施提供依据和指引。

# 第一节 "互联网+"相关认知[1]

## 一、从"+互联网"到"互联网+"

### (一)互联网

互联网概念于1969年由美国军方首次提出。从技术本身来讲,它泛指"广域网、局域网及单机按照一定的通信协议组成的跨时空国际计算机网络"[2]。从实际应用而言,它"主要指以互联网为工具和手段来满足人类生产生活需求的各种服务及应用"[3]。无论是作为技术设施还是承载应用服务,互联网最初大多以工具和手段、软件和硬件设施的形式出现(相对于"互联网+"谓之"+互联网")。随着技术专家持续地将更多的甚至超大规模的计算、设备和空间部署在互联网上,互联网上的两个主角——电子政务和电子商务令互联网的价值凸显,使其成为不可忽视之存在。鉴于这一阶段政府或企业对互联网的应用大体上是在既有运作逻辑的基础之上,把互联网作为延伸传媒影响力、价值和功能的一种延伸型工具,即仅仅把互联网作为一种传播方式和手段,目的是发布信息、传播观点、宣传价值、推介优势以及提高知名度和影响力。因此,该阶段的创新仅限于技术层面的创新,从事相关活动的人们的思维观念、业务模式等并未发生实质性改变,"+互联网"并未引起除业内人士和相关研究者之外的过多关注。

### (二)互联网化

互联网化主要指企业或政府以互联网思维为指导,借助信息化手段和网络基础设施,对自身业务模式进行革新,从而将自己转型升级为互联网企业或互联网政府的过程。阿里巴巴、腾讯、百度等互联网企业在该阶段突破传统思维模式和行为方式的桎梏,进而成为对市场、用户、产品、企业价值链乃至商业生态系统进行改造的成功者。互联网化的根本性变化在于模式创新,只是企业的商业模式仍未突破以卖为主的思维,政府的管理和服务模式仍未超越以政务公开、政民互动为主的目标,即:企业的业务应用仍局限于消费领域,发展目标囿于拓宽业务范围、延伸业务链条和增加业务提供方式等方面;政府的具体应用仍只限于申请信息公开、相对集中审批、公共服务供给等领域,信息与服务供给的不包容、不彻底、不透明、不可及等问题一直未能得到有效解决,致使该阶段层次的互联网政府发展不可避免地会受到落后的思维观念、体制机制与模式方式的羁绊。

### (三)"互联网+"

"互联网+"是继"+互联网"的技术创新、互联网化的模式创新之后提出的新的理念,旨在追求生态创新。它更强调以用户为核心、以产品(包括公共产品)质量为目标的互联网思维被普遍接受,强调以大数据、云计算、物联网为主体的新一代互联网技术得到广泛应用,强调社会公众对"互联网+"的接纳度与参与度获得全面提高,强调各行各业通过合作分工共建共享互联网环境和资源。它对企业乃至产业发展的效用表现在:推进互联网由消费领域向生产领域拓展,使"互联网广泛融入生产制造全过程、全产业链和产品全生命周期,催生一批新技术、新业态和新模式,成为引领产业转型升级的重要驱动力"[4]。它对政府改革的明确要求是:政府必须对自身的思维观念、体制机制和模式方式进行彻底的变革,在保证自身能够适应时代发展和科技进步带来的全新多变的行政环境的前提下,为"互联网+各行各业"营造良好的生存发展环境。

(四)"互联网+"与"+互联网"、互联网化的区别

1. 对于互联网的认知不同

"互联网+"把互联网视为基础环境,是构造整个社会生态环境的重要构体。"+互联网"和互联网化主要以互联网为工具手段或业务载体,视其为电子政务或电子商务的系统平台,因而未在改变原有的社会生态和利益格局方面有更多思考。

2. 对于"+"的认知不同

在采取行动的能动性和追求方面,"互联网+"是各行各业主动追求与互联网连接和融合,旨在构建一种新的生态。"+互联网"和互联网化是相对被动地利用互联网改造工具手段和业务模式,主要目的是增加产品数量和提高产品质量。

3. 对于创新的认知不同

在为适应互联网环境做的创新方面,"互联网+"按照互联网的逻辑和法则进行适应性的脱胎换骨式创新。"+互联网"和互联网化主要利用互联网平台推销产品和服务,改革力度和程度都相当有限。

4. 对于管理的认知不同

在创新管理模式方面,"互联网+"采取"互联网+传统某行业/领域=互联网某行业/领域"模式,被认为是"对于互联网从肤浅到深刻的一种应用范式的重大转型"。"+互联网"和互联网化只是采取了"传统行业/领域+互联网=传统行业/领域"模式。

由上述四点可知,从"+互联网"的技术创新、互联网化的模式创新到"互联网+"的生态创新,是互联网由浅层至深层、从局部到全面改变人们的思维模式和行为方式的过程,是各行各业不断创新业务手段、改良业务模式和改善产品供给生态的过程,也应成为政府与各行各业由分工合作进展到合作分工之后共商发展、共谋未来的探索过程。鉴于人们有关"互联网+"的思维观念、认知水平等直接影响他们对待"互联网+"的态度和行动(热情拥抱、消极观望抑或怀疑拖延),也在很大程度上影响着实施"互联网+"战略的范围、程度和进展,为了更好地引导人们积极、主动地参与到"互联网+"行动中来,对"互联网+"的含义予以正确理解并形成广泛共识是非常必要的。

## 二、"互联网+"知行演进

既有研究成果对"互联网+"含义的理解多有分歧,描述不尽相同,按照认知程度递进的顺序可将之依次归纳为技术说、商业说、形态说、生态说,并伴有不同程度的相关实践。

技术说，将"互联网+"视为一种技术扩散过程，即"是指以互联网为主的一整套信息技术（包括移动互联网、云计算、大数据、物联网等配套技术）在经济、社会生活各部门的扩散、应用，并不断释放出数据流动性的过程"[5]。所强调的是技术特点和技术实现，是技术主动向各行各业扩散，而不是各行各业主动与互联网连接融合。相关实践表明，实现"互联网+"需要具备两个重要条件："一是信息基础设施的广泛安装，二是为适应信息的广泛流动、分享、使用的组织和制度创新[5]"。这两个条件皆为必要条件、不可或缺，且都需要政府持续投入和引导推动，否则，信息技术的扩散、应用以及数据的流动、释放根本无从保障，这也成为"互联网+政府"必要性、合理性之缘由。认识到这些，有助于政府在"互联网+"中主动扮演和积极承担引导者、支撑者与推动者的角色和职责，并在其中发挥重要作用。

商业说，将"互联网+"理解为一种商务活动和商业模式，即"是构建互联网化组织、创造性地使用互联网工具，以推动企业和产业更有效率的商务活动"[6]，或"互联网发展的新形态，是集移动通信网络与技术、大数据、物联网、云计算、智能化等一系列创新信息技术于一体的新商业模式和体系"[7]。其中，构建互联网化组织是首要条件，创造性地使用互联网工具是方法手段，推动企业和产业更有效率的商务活动是主要目的。虽然这两种解读综合起来能比较完整地阐释"互联网+商业"，但因其视角限于局部，连接与融合领域相对狭窄，仅从商业层面上解读"互联网+"显然有失全面。

形态说，认为"互联网+"是一种新的经济形态，即"是互联网广泛应用于生产和服务各领域，实现智能化生产和服务、泛在化互联，提供个性化产品，最终表现为虚拟化企业的新的经济发展形态"[8]，或"就是要充分发挥互联网在生产要素配置中的优化和集成作用，把互联网的创新成果与经济社会各领域深度融合，产生化学反应、放大效应，大力提升实体经济的创新力和生产力，形成更广泛的以互联网为基础设施和实现工具的经济发展新形态"[9]。其中，深度融合是关键要素，指的是打破明显的行业界限，从专业化分工走向合作分工，实现跨界融合；产生化学反应是核心内容，强调由应用主体（而不是工具）创造出新的发展模式和产品业态；"互联网+经济社会各领域"即"互联网+各行各业"，是指互联网与各行各业连接和融合，各行各业借助互联网实现连接与整合。相关实践表明，只有"互联网+经济社会各领域"深度融合并产生化学反应，才能"充分发挥我国互联网的规模优势和应用优势，推动互联网由消费领域向生产领域拓展，加速提升产业发展水平，增强各行业创新能力，构筑经济社会发展新优势和新动能"[10]，进而实现从消费互联走向产业互联以及形成经济发展新形态的目的。这种理解是站在国家层面和社会高度看待和理解"互联网+"，偏重其带来的创新动力、发展机遇和经济成果。稍有缺憾的是，它对"互联网+"如何改变人们的行为方式、思维过程，能带给各行各业怎样的蜕变以及构建怎样的生态构体未有相应的阐释。

生态说，认为"'互联网+'是以互联网平台为基础，利用信息通信技术与各行业的跨界融合，推动产业转型升级，并不断创造出新产品、新业务与新模式，构建连接一切的新生态"[11]。其中，信息通信技术是工具手段，借此各行各业有了跨界融合的可能；互联网平台是关键要素，借此跨界融合有了可行空间；新产品、新业务、新模式是核心内容，借此谋求共同利益的各方得以创新合作;"+"即跨界融合,旨在构建连接一切的新生态。这一新生态将是智能性的、实在性的生态,"将使我们从信息空间虚拟世界移动到智能空间的物理世界"[12],因此也能为各行各业谋求更好的生存发展以及为"大众创业、万众创新"提供"一个无所不在的、总是运行的、总是可用的"[12]有益生态,应将之作为社会生态环境的重要构体来建设。

上述四种代表性学说,反映了学术界和实践界对于互联网的理解日渐多元并日趋深刻。政府一方面可从技术说、商业说、形态说和生态说多层面理解"互联网+"的含义,另一方面也可从多个角度多方面把握"互联网+"的含义。如:从社会角度,将"互联网+社会"看作一种生命体、一个自由动态的网络场域,通过利用互联网思维和互联网技术重新整合社会的各种资源,使互联网社会中的一切虚拟的人与人、人与物、物与物之间的互动关系与交往行为及其过程和结果借此悉数承载和依规呈现,以改善社会关系和社会交往方式,妥善解决社会矛盾。从企业角度,将"互联网+企业"视为以互联网平台为载体的企业主体,利用信息技术手段有效组织并利用其各个要素(包括人、财、物、数据和信息等),与企业的生产、经营、管理的过程紧密融合,实现企业的持续发展和融合创新。从政府角度,将"互联网+政府"理解为政府为适应各行各业利用互联网进行跨界融合的趋势和满足各行各业协同发展的需求,主动进行内驱式改革,为更好地引导、支撑和推动"互联网+各行各业"提供基础条件。

### 三、"互联网+政府"的多维考察

从行政管理视角看"互联网+政府"。在内容上,先是技术的连接和融合,继而是思维、观念、政策、人才、服务的连接和融合;在主体上,先是互联网组织与互联网的连接和融合,继而是各传统行业与互联网的连接和融合以及各传统行业相互之间的连接和融合(上述主体更多地指向经济领域),现在是政府与互联网的连接和融合以及政府与各行各业之间的连接和融合(说明主体正在转向社会领域);在趋势上,先是产品和服务的融合,继而是思想、政策、人才等的融合,未来将会有更多部分被囊括其中。由此,"互联网+"既是传统组织创新的切入点,也是传统行业发展的突破口,未来更会构成有益于各行各业共生共荣的良好生态。

从中外经验和实践轨迹看"互联网+政府"。从"互联网+政务"起步,对现有政务活动进行"互联网+"式的革新完善,既包括对其目标、范围、内容和过程的厘定,也包括对其数据资源、业务流程、组织结构和运行机制的重组和优化,从而使政府能更好地适应"互联网+"新生态并满足依托其生存和发展的各行各业的新需求,唯有如此,才有可能真正促成"政府+各行各业"。进一步地,"政府+各行各业"意味着政府借助互联网实现与各行各业的无缝对接、实时互动和紧密合作,即实现互联互通前提下的高度融合与合作分工基础上的自主互赖。基于此,"互联网+政府"应指政府全面应用"互联网+"发展成果,在政府内部实现互联互通、资源共享、跨部门合作和进行思维观念、体制机制、方式方法革新的基础上,将政府面向各行各业和社会公众履行的职能及其所需的资源整合在互联网上,以更好地提供成本更低、效用更佳的管理和服务。

从电子政府范畴看"互联网+政府"。其本质是电子政府构建在新的发展阶段的目标追求,既包括政府与互联网的融合,也包括政府与各行各业的融合。其中,"互联网+"是基础设施,是融合环境,是创新要素;政府是上层建筑,是引航舵手,是支撑主体,是改革重点。正因为各地为"互联网+政府"准备的技术基础条件不足和管理基础条件滞后的现实境况一时难以扭转,政府才需要担负起互联网时代赋予的责任和使命,为政府工作人员和社会公众增加信心和动力,引领各行各业合作共建可持续的、和谐的互联网生态。中央政府及时启动"互联网+",力推各行各业从技术创新、模式创新向生态创新挺进,就是其勇于承担使命和责任的体现,其底气和勇气在于中国是世界上最大的互联网应用国家,具有最强的制造能力,拥有最强的电子消费能力,与他国相比具备较强的比较优势、很好的跨界环境和较小的融合阻力;其信念与信心源于政府与各行各业基于互联网的广泛合作与合理分工能够创造全新的公共产品体验和公共服务价值。

## 第二节 "互联网+政务服务"的实践发展

### 一、政府事务与政务服务

（一）概念释义

政府事务是指与政府组织有关的一切事务活动,它既包括政府组织内部关系的处理活动,也包括政府与外部组织联系的建立活动。其主要目的一方面是为了维持政府日常的活动需要,另一方面是为了建立和维护良好的政府外事关系,开展积极的双向沟通和公关活动。

随着市场经济的快速发展,政府事务的范围也逐渐扩大,主要有：政府政策的制定与发布;行政审批事项的开展;政府项目外包;城市基础设施的建立与完善;提供教育、福利和就业机会等服务;招商引资;政府间关系以及政府与社会关系的建立与维护;保护国家领土和边界安全等。

政务服务是指各行政部门不以营利为目的,根据法律法规为公民、企业及其他社会组织提供相关业务工作。政务服务同机关服务一样,都是政府事务的一部分,其主要职责是建立和维护政府与外部组织的联系,例如：办理有关许可证书、政府信息的公开、行政审批等。

"互联网+政务服务"是随着"互联网+"认知演进过程而逐渐丰富起来的。互联网日益渗透到人们的日常生活中,政务服务内容的广度和深度也被充分扩展。从服务层面看,"互联网+政务服务"是信息环境下政务服务发展的新形态。政务系统的属性依然是政务,而面向政府组织外部提供的是服务,服务必须以用户需求为导向。这种变化不仅意味着服务工具的更新,同时也引发服务工作的根本性变革。通过战略目标、方案设计、流程管理、服务控制等层面的全面提升,促进服务效率和服务质量的整体提高。

（二）政务服务创新类型

理解政务服务创新类型,首先要了解产品、服务、服务产品和政务服务产品的概念及特征（表8-1）。

产品既包括有形的实体产品,也包括无形的服务,还包括抽象的组织、权利等。由于公共部门不同于服务业、制造业,其产品具有自身的特殊性及复杂性。本章涉及的产品创新仅仅包括有形的产品创新和无形的服务创新。产品创新是指对旧产品的改进或重新创造

表 8-1 产品、服务、服务产品和政务服务产品的概念及特征

| | 概念 | 特征 |
| --- | --- | --- |
| 产品 | 为了满足人类需求而提供给市场的任何东西,既包括被制造的有形的商品,也包括无形的服务、组织、体验、观念、信息甚至权利等 | 强调将输入转化为输出过程的最终产出,是过程的结果 |
| 服务 | 为了满足其他人需求的一系列活动 | 服务是无形的,通常需要借助有形产品进行生产 |
| 服务产品 | 生产者在劳动环境中借助生产工具创造的能被消费者购买及消费的无形产品 | 强调提供服务产生的结果。同时,服务劳动者提供的服务劳动必须具有效用,能够形成特定的使用价值 |
| 政务服务产品 | 政府为了满足公众需求而提供的具有效用的公共服务 | 这些服务具有无形性,能够被公众购买及使用 |

新的产品。产品创新包括有形产品创新和服务创新。有形产品创新就是指改善产品或创造新产品;服务创新是指思路的转变、技术的升级或者服务方式的改进,使用户获得全新的体验或者全新的信息。

政务服务产品创新具体包括三种类型。第一,政务类信息通信技术产品创新。这类产品主要是基于信息技术的发展而为公共部门提供的现代化管理工具,其创新是指管理工具的更新或者开发全新的管理工具,如"城市大脑"、"一屏"天下、数据铁笼等。第二,政务服务创新。这类创新是为了满足经济快速发展而衍生出的全新需求,如为了应对新冠疫情对人类社会的冲击,中国倡导人类命运共同体理念,并向世界提供了新冠疫苗这一全球性公共产品。第三,政务类产品采购方式创新。之所以将其划分为第三类,是因为这是在新的时代背景下,政府为了更有效地提供政务产品和政务服务而选择与私人部门合作的一项创新性举措。

有形政务产品创新和政务服务创新有很大不同。第一,在创新程度上,政务产品创新更加注重新技术要素重要作用的发挥,通常产品设计具有一定的标准和规格。而政务服务创新更加关注政务服务传递系统的整体优化,其更多地代表一种新理念的落实,很少有确定的标准。第二,在创新进程上,研发投入水平会显著影响政务产品创新,且产品需经过前期测试和调试后方可投入使用。而政务服务创新受研发投入的影响比较小,开发周期较短,需要经过实践验证其合理性。第三,在创新扩散速度上,政务产品的客观实在性使其易于被顾客接受和操作,创新扩散速度较快。而政务服务创新的抽象性使其很难被解释和比较,受顾客主观因素影响大,创新扩散速度比较慢。

(三)"互联网+政务服务"的由来

2016 年 2 月,李克强总理在考察智慧宁夏综合展示中心时提出,要充分运用"互联网+"让政府服务变得更"聪明"。①同年 3 月 5 日,李克强总理又在《政府工作报告》中进一步阐述,大力推行"互联网+政务服务",实现部门间数据共享,让居民和企业少跑腿、好办事、不添堵[13]。"互联网+"战略行动不仅是技术、物理层面的接入与关联,更是理念、

---

① 《李克强考察智慧宁夏中心:充分运用"互联网+"让政府服务变得更"聪明"》,http://www.gov.cn/guowuyuan/2016-02/02/content_5038544.htm,2016-02-02。

体制、管理等层面的更新与变革。"互联网+政务服务"促进管理型政府向服务型政府转变,使政府随时随地为群众提供服务成为可能。2016年12月20日,国务院办公厅印发《"互联网+政务服务"技术体系建设指南》,为各地区"互联网+政务服务"建设提供了指导标准。

## 二、总体要求与工作内容

推进"互联网+政务服务",使各地区各部门贯彻落实党中央、国务院决策部署,是把简政放权、放管结合、优化服务改革推向纵深的关键环节,对加快转变政府职能、提高政府服务效率和透明度、便利群众办事创业、进一步激发市场活力和社会创造力具有重要意义[14]。

### (一)工作进展与建设成效

党的十八大以来,以习近平同志为核心的党中央高度重视以信息化推进国家治理体系和治理能力现代化,强调要加快推动电子政务,打通信息壁垒,构建全流程一体化在线服务平台,助力建设人民满意的服务型政府。国务院将"互联网+政务服务"作为深化"放管服"改革的关键环节,专门印发文件,做出全面部署。一些部门和地方积极探索,深入推进"互联网+政务服务",加强信息共享,优化政务流程,一批堵点难点问题得到初步解决,服务创新典型不断涌现,引领政务服务创新改革不断取得新成效。

党的十九大以来,以习近平同志为核心的党中央对决胜全面建成小康社会、开启全面建设社会主义现代化国家新征程做出了全面部署,强调以习近平新时代中国特色社会主义思想为指导,牢固树立和贯彻落实新发展理念,按照建设法治政府、创新政府、廉洁政府和服务型政府的要求,优化服务流程,创新服务方式,推进数据共享,打通"信息孤岛",推行公开透明服务,降低制度性交易成本,持续改善营商环境,深入推进"大众创业、万众创新",最大程度利企便民,让企业和群众少跑腿、好办事、不添堵,共享"互联网+政务服务"发展成果。

自《关于加快推进"互联网+政务服务"工作的指导意见》《"互联网+政务服务"技术体系建设指南》《进一步深化"互联网+政务服务"推进政务服务"一网、一门、一次"改革实施方案》等系列文件印发以来,各级各部门进一步深化"放管服"改革,进一步推进"互联网+政务服务",加快构建全国一体化网上政务服务体系,推进跨层级、跨地域、跨系统、跨部门、跨业务的协同管理和服务,推动企业和群众办事线上"一网通办"(一网),线下"只进一扇门"(一门),现场办理"最多跑一次"(一次),探索出让企业和群众到政府办事像网购一样方便的创新模式[15]。

"互联网+政务服务"建设成效可以概括为四方面。一是需求导向、聚焦问题、分类施策。政府坚持以人民为中心的发展思想,聚焦企业和群众办事的难点、政务服务的堵点和痛点,因事制宜,对各类办事事项分别提出有针对性的推进方案,不断满足人民群众的需求。二是各级部门重点先行、总结经验、加快推广。各级部门选择与企业和群众生产生活关系最密切的重点领域和办理量大的高频事项,分阶段、分步骤推进,总结各地政务服务工作的成功经验和创新做法,加强成果复制和宣传推广,形成高效有序推进的局面。三是各地区整合共享、优化流程、创新服务。坚持联网通办是原则、孤网是例外,政务服务上网是原则、不上网是例外,加强政务信息资源跨层级、跨地域、跨系统、跨部门、跨业务互联互通和协同共享。运用互联网、大数据、人工智能等信息技术,通过技术创新和流程再造,增强综合服务能力,进一步提升政务服务效能。四是管理部门统筹推进、条块结合、上下联动。注重政府管理和服务的系统性、整体性,加强行业主管部门业务指导和政策支持,充分调动地方政府的积极性和主动性,加强制度衔接,有效整合各方资源,促进纵横协同、上下联动,构建一体化联合推进机制,提升协同服务能力和综合管理水平[15]。

(二)工作内容

1. 规范网上服务事项

各级政府及部门依据法定职能全面梳理行政机关、公共企事业单位直接面向社会公众提供的具体办事服务事项,编制政务服务事项目录,并通过本级政府门户网站集中公开发布,并实时更新、动态管理;实行政务服务事项编码管理,规范事项名称、条件、材料、流程、时限等,逐步做到同一事项、同一标准、同一编码,为实现信息共享和业务协同,提供无差异、均等化政务服务奠定基础。

2. 优化网上服务流程

各级政府及部门优化简化服务事项网上申请、受理、审查、决定、送达等流程,缩短办理时限,降低企业和群众办事成本。凡是能通过网络共享复用的材料,不得要求企业和群众重复提交;凡是能通过网络核验的信息,不得要求其他单位重复提供;凡是能实现网上办理的事项,不得要求必须现场办理。推进办事材料目录化、标准化、电子化,开展在线填报、在线提交和在线审查。建立网上预审机制,及时推送预审结果,对需要补正的材料一次性告知;积极推动电子证照、电子公文、电子签章等在政务服务中的应用,开展网上验证核对,避免重复提交材料和循环证明。涉及多个部门的事项实行一口受理、网上运转、并行办理、限时办结。建立公众参与机制,鼓励引导群众分享办事经验,开展满意度评价,不断研究改进工作。各级政府及部门要畅通互联网沟通渠道,充分了解社情民意,针对涉及公共利益等热点问题积极有效应对、深入解读政策、及时回应关切,提升政府公信力和治理能力。

3. 推进服务事项网上办理

凡与企业注册登记、年度报告、变更注销、项目投资、生产经营、商标专利、资质认定、税费办理、安全生产等密切相关的服务事项,以及与居民教育医疗、户籍户政、社会保障、劳动就业、住房保障等密切相关的服务事项,各级政府及部门推行网上受理、网上办理、网上反馈,做到政务服务事项"应上尽上、全程在线"。

4. 创新网上服务模式

各级政府及部门加快政务信息资源互认共享,推动服务事项跨地区远程办理、跨层级联动办理、跨部门协同办理,逐步形成全国一体化服务体系。开展政务服务大数据分析,把握和预判公众办事需求,提供智能化、个性化服务,变被动服务为主动服务。引入社会力量,积极利用第三方平台,开展预约查询、证照寄送以及在线支付等服务;依法有序开放网上政务服务资源和数据,鼓励公众、企业和社会机构开发利用,提供多样化、创新性的便民服务。

5. 全面公开服务信息

各级政府及各部门在政府门户网站和实体政务大厅,集中全面公开与政务服务事项相关的法律法规、政策文件、通知公告、办事指南、审查细则、常见问题、监督举报方式和网上可办理程度，以及行政审批涉及的中介服务事项清单、机构名录等信息，并实行动态调整，确保线上线下信息内容准确一致。规范和完善办事指南，列明依据条件、流程时限、收费标准、注意事项等；明确需提交材料的名称、依据、格式、份数、签名签章等要求，并提供规范表格、填写说明和示范文本。除办事指南中明确的条件外，各级政府及部门不得自行增加办事要求[14]。

（三）"互联网+政务服务"的信息汇聚

1. 以用户需求为中心

用户中心理念最初在工业界被提出，此后受到越来越多行业的关注和借鉴，并有效验证了其准确性。与企业类似，政务服务必须以用户需求为中心，这是由政府自身的性质和服务的属性决定的。政府作为非营利机构，存在的根本目的是为人民服务，为推动整个社会的前进而提供政务服务。政府应最大限度地从用户需求出发，创造最大的社会效益。随着网络技术的发展，"互联网+政务服务"越来越注重以用户需求为中心的服务理念和要求。以用户需求为中心不仅仅是一个口号，要落实到政务服务提供的全过程。"互联网+政务服务"作为一项政务流程，所面对的用户类型不同，其特点也呈现出显著差异。面向百姓用户时，以更均等的服务流程提供更节省、更便捷、质量更佳、内容更丰富的服务；面向企业用户时，以更公平的服务流程营造安全、有序、合理的市场环境；面向政府用户时，以更高效的服务流程促进信息共享、资源整合，建立政府和公众之间的良性互动关系[16]。

2. 对政务资源整合管理

政务资源整合管理包括两方面内容：一是面向社会的需求侧，二是面向政府内部的供给侧。

1) 需求侧

A. 用户访问——"我"

"我"是登录政务服务平台的访问者，可以是自然人或法人，分为注册用户和普通用户。注册用户是指通过网络采集自然人身份或法人登记信息，经审核验证确立政务服务主客体法律关系的访问者；普通用户是指未通过上述实名注册的访问者。

注册用户能够访问互联网政务服务门户网站，检索静态信息，进行在线咨询，并在专属用户空间查询申办事项的过程信息和历史信息，维护用户空间信息；普通用户只能访问政务服务门户网站，检索静态信息。

B. 信息资讯——"我要看"

信息资讯是"我"所能查阅或获得的政务服务信息，应包括静态信息和过程信息，通过各级互联网政务服务门户展现，政务服务信息应由政务服务管理平台推送产生。

静态信息是按照政务公开要求，依法公布的政务服务办理的相关资讯。

过程信息主要是由部门通过政务服务管理平台，以一定的形式，及时向"我"提供事项的受理、审查、结果等重要环节的资讯。

C. 信息检索——"我要查"

信息检索是互联网政务服务门户网站向"我"提供的查阅、搜索静态信息和过程信息的服务，应具备模糊检索、目录检索、全文检索等功能。可按照关键词搜索服务事项和办事指南，按照办件编号查询办事进度、信件回复情况等，能让"我"查得方便、看得明白。

D. 服务引导——"我要办"

服务引导是政务服务管理平台依据"我"的需求目标和筛选条件，对"我"需申办的事项进行初步定位，通过目标的进一步细化和筛选条件的增加，为"我"提供事项办理的部门、地点、主题等快捷的浏览入口和分类导航。

E. 咨询问答——"我要问"

咨询问答是互联网政务服务门户网站依据"我"的困惑和问题，为"我"提供人工客服与智能客服相结合的咨询服务，保证"我"在事前、事中、事后均可"有疑就问"，相关政务服务实施机构"有问必答""答必释惑"。

F. 监督评价——"我要评"

监督评价是互联网政务服务门户网站依据"我"的服务体验，为"我"提供帮助服务和评价渠道，保证"我"及时对政务服务过程进行投诉或评价，帮助政务服务实施机构纠错和优化服务。"我"的投诉或差评由政务服务实施机构通过政务服务管理平台及时办理，并通过政务服务门户网站向"我"反馈结果。

G. 个性化推送——"我的"

个性化推送实现以"我"为中心的服务资源聚合和个性化服务定制，通过大数据挖掘分析用户行为习惯，智能推送用户关注度高、与用户相关的信息，实现主动服务。

个性化推送包括一次性推送和长期推送。一次性推送是根据"我"的办事需求，推送相似案例办理经验、可比选的路径或其他众筹攻略等供其参考。长期推送是结合"我"的基本信息和办件足迹，推送相关业务资讯，与自然人相关的社会公共服务信息（水、电、气、公积金、交通违章等信息），与法人经营范围相匹配的经营许可和行业准入许可信息、相关扶持优惠政策等内容。

2）供给侧

A. 事项清单标准化

政务服务事项清单包括目录清单和实施清单。

目录清单是编制、法制等有关职能部门牵头编制的政务服务事项基本清单，清单要素包含事项名称、基本编码、设定依据、事项类型等要素。目录清单划分为国家级、省级、市级等层次。国家级目录清单全国范围通用，省级目录清单全省（自治区、直辖市）范围通用，市级目录清单全市范围通用。

实施清单是政务服务实施机构依据"三定"规定确定的职责分工，对目录清单中本机构的政务服务事项进行细化完善而形成的清单，清单要素包含事项名称、基本编码、设定依据、事项类型、实施编码、行使内容等36项全要素。实施清单是编制政务服务指南，进行政务服务事项管理和运行管理的基础。实施清单分为国家、省、地市、区县、乡镇等不同层级。

各地区在建立政府部门行政权力清单制度的基础上，进一步编制政务服务事项清单，依托本级政府门户网站发布,并纳入政务服务管理平台进行管理。国务院各部门参照本指南,推动本部门本系统政务服务事项清单编制,并依托中央政府门户网站发布。

B. 办事指南规范化

办事指南是为方便用户办事,在实施清单标准化基础上对政务服务事项的办理主体、依据、流程、材料、注意事项等内容所做的指导性说明,并规定办理政务服务事项的各方应共同遵守的规则。

a)办事指南要素

办事指南包括以下要素:事项名称、事项类型、设定依据、实施机构、法定办结时限、承诺办结时限、结果名称、结果样本、收费标准、收费依据、申请材料、办理流程、办理形式、审查标准、通办范围、预约办理、网上支付、物流快递、办理地点、办理时间、咨询电话、监督电话等。其中,申请材料应当有材料名称、材料类型、材料样本、电子表单、来源渠道、纸质材料份数和规格、填报须知、受理标准、是否需电子材料等信息,要求提供的申请材料须有相应的法律法规、规章及规范性文件作为依据,原则上不能有兜底性条款,并应体现合理性、必要性、适时性、完整性。此外,申请材料需提供样本。明确告知申请人要件材料的来源渠道(如需提供其他部门审批证件的,注明该证件的核发部门),对于中介机构或法定机构产生的要件材料,提供该类机构业务查询及联系方式。办理流程是指在政务服务办理过程中直接面向用户的外部流程,包括申请、材料补正、原件预审、缴费、物流、受理、办结、签收等环节,每个环节包含开始时间、结束时间、办理时长、申请人员、办事窗口等要素信息,作为办事过程信息需要在互联网政务服务门户向用户主动推送或接受查询;要求明确清晰地绘制出政务服务事项所涉及的法定程序和环节以及时限要求,并附以相应的文字说明,需要按照简化和缩短后的时限编制,并提供图像型或表格型格式文件。结果样本是指提供政务服务事项申请同意后形成的批文或证照等结果文书样本;样本采用安全通用的文件格式,如涉及企业或个人不宜公开的信息须作隐藏处理。

b)办事指南组织和展示发布

办事指南由政务服务实施机构依据政务服务事项清单标准化要求填写各项要素内容,政务服务管理平台按照既定的办事指南要素逐项生成,并通过互联网政务服务门户、移动终端、自助服务机、宣传手册等途径展示发布。政务服务实施机构应对同一政务服务事项编制统一的办事指南,鼓励同一层级和同一内容的办事指南标准化编制。

C. 审查工作细则化

为规范对外服务的实施,面向政务服务实施机构制定工作细则和流程规范等要求,须包括审查工作细则要素及其编制要求等内容(表 8-2)。

表 8-2 审查工作细则要素及其编制要求

| 规范序号 | 审查工作细则要素 | 审查工作细则编制要求 |
| --- | --- | --- |
| ① | 基本信息 | 基本信息应当有 10 项要素:事项名称、实施编码、实施机构、联办机构、服务对象、法定办结时限、承诺办结时限、咨询电话、监督电话、办理形式 |

续表

| 规范序号 | 审查工作细则要素 | 审查工作细则编制要求 |
| --- | --- | --- |
| ② | 政务服务人员 | 列出对从事本项政务服务的工作人员的资格要求，内容包括但不限于：法律、业务等方面的条件及资格限制；应具备相应的法律知识和专业技能，并接受过法律和相应的业务培训及考核；其他应具备的特殊要求。明确收件人、受理人、审查人、决定人、送件人等角色和人员（一个人可以多角色） |
| ③ | 业务流程 | 按照本项政务服务办事指南中的办理流程所确定的程序和时限要求，将办理流程中规定的步骤和环节，细化到实施机构内部办理的岗位，明确每一个岗位的岗位名称、工作职责、时限等 |
| ④ | 申请 | 列出申请编号、申请材料、申请接收、收件凭证送达等相关要求 |
| ⑤ | 受理 | 列出受理审核、补正材料、受理决定、审查方式确定和收件转办等相关要求 |
| ⑥ | 审查 | 列出所需采用的审查方式和要求。所列的审查方式应按简化流程、提高效率的原则。审查方式主要包括：书面审查；实地核查；招标与拍卖；检验、检测、检疫、鉴定、考试、考核；专家评审；技术审查；听证；听取利害关系人意见；集体审查；法律、法规或规章规定的其他审查方式 |
| ⑦ | 决定 | 根据审查人提出的审查意见，由决定人决定是否批准申请人的申请。能够由受理人当场进行审查和做出决定的事项，受理人应当场做出决定。审查人在完成书面审查后能够当场做出决定的事项，审查人应当场做出决定。经书面审查并依据检验、检测、检疫、鉴定结果即可认定设备、设施、产品、物品是否符合技术标准、技术规范的事项，审查人应当场做出决定。经书面审查并完成实地核查、招标、拍卖、考试、考核、专家评审、技术审查、听证、听取利害关系人意见中的任一种方式审查的事项，由审查人签署意见，由决定人做出决定。完成集体审查的事项，由决定人做出决定 |
| ⑧ | 证件制作与送达 | 列出证件的类型、名称和内容、岗位职责和权限、制作、送达方式和时限、无法送达的处理、文书、材料归档的内容、要求和时限等。属于并联审批的，证件可以由并联审批各实施机构分别送达申请人，或者统一由综合窗口或牵头实施机构送达申请人 |
| ⑨ | 决定公开 | 列出决定公开的方式、岗位职责和权限、公开内容、时限、文书等内容 |
| ⑩ | 收费 | 对于收费的事项，应列出收费环节、收费项目、收费依据、收费标准、减免收费的情形，以及缴费的时间、地点；属于不收费的事项，应列明本事项不收费等内容 |
| ⑪ | 咨询 | 政务服务人员有义务准确、可靠地答复申请人的疑问。列出岗位职责和权限、途径、工作程序和回复时限。可提供窗口咨询、电话咨询、网上咨询、信函咨询等方式。并应列出咨询时间和回复时间 |

D. 业务办理协同化

业务办理协同化是指以申请人的目标需求为导向，两个或两个以上部门或地区通过系统、数据、人员相互协同的方式，实现政务服务业务跨部门、跨区域、跨层级办理。重点关注以下几种业务：自然人与法人证照异地办理、社会保险关系转移接续，投资项目多评合一、多图联审、商事登记证照联合办理等跨部门协同办理，以及按照自然人和法人的需求程度，能并行办理的业务尽量并行办理。

跨部门业务办理协同化的要求包括：一个收发窗口、一张告知清单、一个流转平台。明确牵头部门与协办部门，牵头部门负责建立协同流程，制定申请材料清单，控制办理时限；协办部门相应调整工作流程配合业务协同办理。

跨区域业务办理协同化的要求包括：一套共享数据、一个受理标准。跨区域业务协同办理由共同的上级政务服务管理机构牵头协调，相关区域政务服务管理机构和涉及的政务服务实施机构共同配合，统一数据接口、受理标准和服务规范。

政府着眼于信息惠民和信息惠企，围绕身份证异地办理、医保异地接续、跨区域市场准入协同、跨区域公平交易执法协同、跨区域消费维权合作等方面，健全完善相关技术标准和跨地区互认共享标准，推动跨地区业务协同。

E. 事项管理动态化

中央政府要求各地区各部门要建立权责清晰的分级负责机制和动态管理机制。主要包括以下内容。

a）清单动态管理

根据法律法规、机构和职能调整变动情况等，及时调整目录清单和实施清单。目录清单由编制、法制等部门负责调整，实施清单由各政府服务实施机构根据目录清单变动作相应调整，要求建立全省（自治区、直辖市）统一事项管理数据库的地区，其事项清单按照"谁编制、谁维护"的原则进行动态调整。事项调整的申请审核流程与清单编制的申请审核流程相同，仍由相关部门按照各自职责权限在同一平台上操作维护，形成实时更新的基础数据。

b）办理流程动态管理

政务服务事项办理流程动态管理，是指对办理流程各环节和各环节要素信息进行调整的过程。各级政务服务实施机构对事项办理环节及其要素信息有调整需求的，应向同级政务服务管理机构提出申请，经审核同意后调整。

c）办事指南动态管理（对外）

根据目录清单和实施清单的调整，各地区各部门及时对相关事项的办事指南要素进行调整，对于新增事项须及时编制办事指南。依据简政放权、放管结合、优化服务改革的新要求、新举措，同步对相关事项的办事指南要素进行调整。

d）审查工作细则动态管理（对内）

根据清单的动态调整、办事指南的动态调整，各地区各部门须及时对所涉及事项的审查工作细则进行动态调整。定期或不定期地对已办结件进行分析研究，不断完善审查工作细则，改进服务方式和手段，简化流程，缩短时限，提升用户体验。

e）协同业务动态管理

协同业务动态管理是指当协同办理业务的实施机构及相关事项发生变动时，政务服务管理机构会同相关政务服务实施机构及时进行相应调整的过程，分为主动动态管理和被动动态管理两种情形。其中，主动动态管理，是指根据自然人、法人的需求变化而对已有的业务协同方式进行优化改进的过程；被动动态管理，是指协同办理的政务服务事项相关要素，如事项设定依据、实施机构、行使层级、申请材料等发生改变，协同业务必须做出相应改变的过程。协同业务动态管理由政务服务事项发生变动的实施机构向业务协同牵头方提交业务调整要求，牵头方征求其他协办方意见，确定业务调整方案，报政务服务管理机构审定后实施调整。

3. 实现供需均衡

"互联网+政务服务"以用户需求为中心提供服务，科学有效地整合政务资源，其根本目的是实现服务需要与服务供给的均衡，避免公共服务供不应求、供大于求等现象的发生，减少资源浪费，促进政府部门和整个社会的健康发展。判断政务服务是否达到供需均衡的标准，应满足以下三点。

1）对政府而言，提升服务效率

从微观角度看，政府能够以尽可能少的服务投入获得尽可能多的产出，各政务服务部门充分发挥部门效能；从宏观角度看，"互联网+政务服务"将实现资源在社会各生产部门的有效配置和优化组合。

2）对社会而言，效益突出

"互联网+政务服务"要充分体现服务产出与社会需要间的契合度，不仅包括经济效益，还包括社会效益和生态效益等。

3）对公众而言，最大限度实现公平

"互联网+政务服务"能够合理分配社会成员之间的利益和权利。从广义上说，这种平等包括经济、政治和法律等各个方面的平等。

提高服务效率是促进社会效益、实现公民平等的前提。公民平等是服务效率提升、增加社会效益的保障，三者之间相互促进、相互联系，共同增强政府效能，维护社会秩序的健康有序，从而促进整个社会的发展变革。

## 第三节 "互联网+政务服务"的战略安排

### 一、"互联网+政务服务"的平台建设

2016年，国务院出台的《关于加快推进"互联网+政务服务"工作的指导意见》提出，2017年底前，各省（自治区、直辖市）人民政府、国务院有关部门建成一体化网上政务服务平台；2020年底前，建成覆盖全国的整体联动、部门协同、省级统筹、一网办理的"互联网+政务服务"体系。2018年，国务院又出台了《关于加快推进全国一体化在线政务服务平台建设的指导意见》。在此过程中，从浙江省的"最多跑一次"、江苏省的"不见面审批（服务）"、山东省的"一次办好"到福建省的"一趟不用跑"和"最多跑一趟"等，地方政府政务服务平台在不断探索创新[17]。

全国一体化在线政务服务平台由国家政务服务平台、国务院有关部门政务服务平台和各地区政务服务平台组成。国家政务服务平台联通各省（自治区、直辖市）和国务院有关部门政务服务平台，为各地区和国务院有关部门提供高效的政务服务。国务院有关部门政务服务平台依托国家政务服务平台的公共支撑系统，通过国家政务服务平台与各地区和国务院有关部门政务服务平台互联互通、数据共享、业务协同。各地区政务服务平台通过整合本地区各类办事服务平台，实现网上政务服务省、市、县、乡镇（街道）、村（社区）

全覆盖，依托国家政务服务平台办理跨地区、跨部门、跨层级的政务服务业务[18]。

（一）工作原则

在推进全国一体化在线政务服务平台的建设过程中，政府坚持强化顶层设计、强化整体联动、强化规范管理，完善统筹协调工作机制，充分利用各类资源，协同共建，不断提升建设集约化、服务便利化水平；坚持推动线上线下政务服务深度融合，以数据共享为核心，推动面向市场主体和群众的政务服务事项公开、政务服务数据共享；坚持优化政务服务流程，聚焦需要反复跑、窗口排队长的事项和"进多站、跑多网"等问题，创新服务方式，简化业务流程，提高政务服务效率；坚持以点带面，以试点示范破解难题、总结做法，分布推进、逐步完善，推动在全国一体化在线政务服务平台建设方面不断创新。

2018年底前，国家政务服务平台主体功能建设基本完成，在部分地区进行试点运行，为全面构建全国一体化在线政务服务平台奠定基础；2019年底前，国家政务服务平台上线运行，建立标准规范体系、安全保障体系以及运营管理体系，全国一体化在线政务服务平台框架初步形成；2020年底前，国家政务服务平台功能进一步强化，保障体系以及运营体系不断完善，全国一体化在线政务服务平台基本建成；2022年底前，以国家政务服务平台为总枢纽的全国一体化在线政务服务平台更加完善，除法律法规另有规定或涉及国家秘密等外，政务服务事项全部纳入平台办理，全面实现"一网通办"[18]。

通过强有力的工作推进和协调机制，精心组织，上下协同，集中攻关，着力解决民众关心的热点难点问题，从"线下跑""分头办"向"网上办""协同办"转变，全面推进"一网通办"，为激发市场活力和社会创造力、建设人民满意的服务型政府提供有力支撑。

（二）工作内容

1. 政务服务一体化建设

政府建设国家政务服务平台事项库，与各地区和国务院有关部门政务服务事项库联通，建立全国联动的政务服务事项动态管理机制，逐步实现各区域、各层级、各渠道发布的政务服务事项数据同源、同步更新，推动实现事项处理流程的规范化、标准化。通过流程优化、系统整合、数据共享、业务协同，业务办理实现审批更简、监管更强、服务更优，更多政务服务事项实现"一窗受理、一次办成"，为推动尽快实现企业开办时间再减一半、项目审批时间再砍一半、凡是没有法律法规依据的证明一律取消等改革目标提供有力支撑。线上线下政务服务的深度融合也是建设全国一体化在线政务服务平台的关键途径，做到线上线下一套服务标准、一个办理平台，提高办事材料线上线下共享复用水平。加强对各级政务服务平台移动端的日常监管，强化注册认证、安全检测、安全加固、应用下载和使用推广等规范管理；充分发挥"两微一端"等政务新媒体优势，同时积极利用第三方平台不断拓展政务服务渠道，提升政务服务便利化水平。

2. 公共支撑一体化建设

依托国家电子政务外网，各级政务服务平台通过部署在互联网上的政务服务门户提供服务，推动各地区和国务院有关部门非涉密业务专网与电子政务外网对接整合，同时统一利用国家政务服务平台认证能力，按照标准建设完善可信凭证和单点登录系统，解决企业和群众办事在不同地区和部门平台重复注册验证等问题，实现"一次认证、全网通办"。按照国家电子证照业务技术规范制作和管理电子证照，上报电子证照目录数据，切实解决企业和群众办事提交材料、证明多等问题。国家政务服务平台充分利用国家人口、法人、信用、地理信息等基础资源库，对接国务院部门垂直业务办理系统，满足政务服务数据共享需求，简化共享数据申请使用流程，满足各地区和国务院有关部门政务服务数据需求。

3. 综合保障一体化建设

各级政府部门落实《中华人民共和国网络安全法》和信息安全等级保护制度等信息网络安全相关法律法规和政策性文件，加强国家关键基础设施安全防护，明确各级政务服务平台网络安全管理机构，落实安全管理主体责任，建立健全安全管理和保密审查制度，加强安全规划、安全建设、安全测评等保障。同时，各级政府加强政务服务平台标准规范宣传培训、应用推广和贯彻实施，总结推广平台建设经验做法和应用案例，定期对标准规范进行应用评估和修订完善，以标准化促进平台建设一体化、政务服务规范化。政府及各部门不断创新平台运营服务模式，充分发挥社会机构运营优势，建立健全运营服务社会化机制，形成配备合理、稳定可持续的运营服务力量，并按照"统一规划、分级建设、分级办理"原则，形成上下覆盖、部门联动、标准统一的政务服务咨询投诉体系，畅通网上咨询投诉渠道，及时回应和推动解决政务服务中的热点难点问题。依托国家政务服务平台网上评估系统，各级政府建立政务服务评估指标体系，加强对各地区和国务院有关部门政务服务平台的在线评估；同时，将各级政务服务平台网络安全工作情况纳入评估指标体系，督促做好网络安全防护工作。

## 二、"互联网+政务服务"的若干规定

为使政务服务更加规范化、标准化，国务院出台了《国务院关于在线政务服务的若干规定》，为民众提供更加公平高效的政务服务，并负责牵头推进国家政务服务平台建设，推动建设全国一体化在线政务服务平台标准规范体系、安全保障体系和运营管理体系[19]。

**第一条** 为了全面提升政务服务规范化、便利化水平，为企业和群众（以下称行政相对人）提供高效、便捷的政务服务，优化营商环境，制定本规定。

**第二条** 国家加快建设全国一体化在线政务服务平台（以下简称一体化在线平台），推进各地区、各部门政务服务平台规范化、标准化、集约化建设和互联互通，推动实现政务服务事项全国标准统一、全流程网上办理，促进政务服务跨地区、跨部门、跨层级数据共享和业务协同，并依托一体化在线平台推进政务服务线上线下深度融合。

一体化在线平台由国家政务服务平台、国务院有关部门政务服务平台和各地区政务服务平台组成。

**第三条** 国务院办公厅负责牵头推进国家政务服务平台建设，推动建设一体化在线平台标准规范体系、安全保障体系和运营管理体系。

省、自治区、直辖市人民政府和国务院有关部门负责本地区、本部门政务服务平台建设、安全保障和运营管理，做好与国家政务服务平台对接工作。

**第四条** 除法律、法规另有规定或者涉及国家秘密等情形外，政务服务事项应当按照

国务院确定的步骤,纳入一体化在线平台办理。

政务服务事项包括行政权力事项和公共服务事项。

**第五条** 国家政务服务平台基于自然人身份信息、法人单位信息等资源,建设全国统一身份认证系统,为各地区、各部门政务服务平台提供统一身份认证服务,实现一次认证、全网通办。

**第六条** 行政机关和其他负有政务服务职责的机构(以下统称政务服务机构)应当按照规范化、标准化要求编制办事指南,明确政务服务事项的受理条件、办事材料、办理流程等信息。办事指南应当在政务服务平台公布。

**第七条** 行政相对人在线办理政务服务事项,应当提交真实、有效的办事材料;政务服务机构通过数据共享能够获得的信息,不得要求行政相对人另行提供。

政务服务机构不得将行政相对人提交的办事材料用于与政务服务无关的用途。

**第八条** 政务服务中使用的符合《中华人民共和国电子签名法》规定条件的可靠的电子签名,与手写签名或者盖章具有同等法律效力。

**第九条** 国家建立权威、规范、可信的统一电子印章系统。国务院有关部门、地方人民政府及其有关部门使用国家统一电子印章系统制发的电子印章。

电子印章与实物印章具有同等法律效力,加盖电子印章的电子材料合法有效。

**第十条** 国家建立电子证照共享服务系统,实现电子证照跨地区、跨部门共享和全国范围内互信互认。

国务院有关部门、地方人民政府及其有关部门按照电子证照国家标准、技术规范制作和管理电子证照,电子证照采用标准版式文档格式。

电子证照与纸质证照具有同等法律效力。

**第十一条** 除法律、行政法规另有规定外,电子证照和加盖电子印章的电子材料可以作为办理政务服务事项的依据。

**第十二条** 政务服务机构应当对履行职责过程中形成的电子文件进行规范管理,按照档案管理要求及时以电子形式归档并向档案部门移交。除法律、行政法规另有规定外,电子文件不再以纸质形式归档和移交。

符合档案管理要求的电子档案与纸质档案具有同等法律效力。

**第十三条** 电子签名、电子印章、电子证照以及政务服务数据安全涉及电子认证、密码应用的,按照法律、行政法规和国家有关规定执行。

**第十四条** 政务服务机构及其工作人员泄露、出售或者非法向他人提供履行职责过程中知悉的个人信息、隐私和商业秘密,或者不依法履行职责、玩忽职守、滥用职权、徇私舞弊的,依法追究法律责任。

**第十五条** 本规定下列用语的含义:

(一)电子签名,是指数据电文中以电子形式所含、所附用于识别签名人身份并表明签名人认可其中内容的数据。

(二)电子印章,是指基于可信密码技术生成身份标识,以电子数据图形表现的印章。

(三)电子证照,是指由计算机等电子设备形成、传输和存储的证件、执照等电子文件。

(四)电子档案,是指具有凭证、查考和保存价值并归档保存的电子文件。

**第十六条** 本规定自公布之日起施行。

《国务院关于在线政务服务的若干规定》中强调了要推动实现政务服务事项全国标准统一、全流程网上办理。政务服务事项的全国标准统一，有助于明确政务服务事项的基准，进而做到相同情况相同对待，不同情况不同处理；通过全流程网上办理，政府为民众提供更加便捷的服务，"让数据多跑路，让群众少跑腿"，促进政务服务跨地区、跨部门、跨层级数据共享，提高政务服务效率和质量，提升政务服务供给能力[20]，并依托一体化在线平台推进政务服务线上线下深度融合。另外，除法律、法规另有规定或者涉及国家秘密等情形外，政务服务事项应当按照国务院确定的步骤，纳入一体化在线平台办理，政务服务机构编制办事指南，明确政务服务事项的受理条件、办事材料、办理流程等信息，这有助于实现公权力的自我约束和行政相对人的正当期待。政务服务机构应当对履行职责过程中形成的电子文件进行规范管理，按照档案管理要求及时以电子形式归档并向档案部门移交。除法律、行政法规另有规定外，电子文件不再以纸质形式归档和移交，以简化政务服务平台一体化建设的最后环节。电子证照作为具有法律效力和行政效力的专业性、凭证类电子文件，日益成为市场主体和公民活动办事的主要电子凭证，是支撑政府服务运行的重要基础数据。承认电子证照与纸质证照具有同等法律效力，有助于政务信息资源的共享与整合，有助于避免群众和企业办事重复提交证明材料，为电子文件单套制管理全面扫清了障碍[21]。

## 三、"互联网+政务服务"的指导意见[22]

近年来，党中央、国务院陆续出台审批服务便民化、"互联网+政务服务"、优化营商环境等一系列政策文件，全国一体化政务服务平台初步建成并发挥作用，政务服务"一网通办"深入推进，各地区各部门积极开展政务服务改革探索和创新实践，政务服务便捷度和群众获得感显著提升。但在民众异地办事方面仍存在一些难点问题，为进一步优化政务服务流程，国务院办公厅就政务服务建设提出了指导意见。

（一）工作原则

按照党中央、国务院决策部署，坚持以人民为中心的发展思想，坚持新发展理念，适应统筹推进疫情防控和经济社会发展形势要求，聚焦企业和群众普遍关切的异地办事事项，围绕保障改善民生、促进就业创业和便利企业跨地区生产经营，推动政务服务绩效由企业和群众评判。在优化再造业务流程方面，各级政府强化业务协同，打破地域阻隔和部门壁垒，促进条块联通和上下联动，优化服务方式，丰富办事渠道，大力推进政务服务"跨省通办"减时间、减环节、减材料、减跑动，实现企业和群众异地办事"马上办、网上办、就近办、一地办"，同时加强政务服务"跨省通办"业务流程改革后的事中事后监管，防止出现监管真空，推行"互联网+监管"和信用监管，确保事有人管、责有人负。

（二）工作内容

1. 优化业务模式

各地区推动社会保障卡申领、异地就医登记备案和结算、养老保险关系转移接续、户口迁移、住房公积金转移接续、就业创业、婚姻登记、生育登记等事项加快实现"跨省通办"，此举有利于群众异地办事，提升人民群众获得感。除此之外，政府推动企业等各类市场主体登记注册和涉企经营许可等事项"跨省通办",简化优化各类跨地区投资项目审批、工程建设项目审批等流程手续,可以提升跨区域政务服务水平,激发市场主体活力,进而推动更多政务服务事项"省内通办"。有关行业主管部门要加强对本行业承担公共服务职能企事业单位的指导、监督,鼓励将有需求、有条件的服务事项纳入"跨省通办"范围。

2. 加强服务支撑

国务院各部门要按照全国一体化政务服务平台统一标准和要求,建设完善"跨省通办"相关业务系统,与国家政务服务平台全面对接、深度融合,并通过全国一体化政务服务平台,加快推动本部门垂直业务系统与地方政务服务平台互联互通、协同办理,面向各级政府部门提供跨区域查询和在线核验服务。依托全国一体化政务服务平台统一受理"跨省通办"数据共享需求并提供服务,加强数据共享运行监测,提升数据质量和协同效率,保障数据的及时性、准确性和安全性。结合推进政务服务"跨省通办",将更多直接关系企业和群众办事、应用频次高的数据纳入共享范围,依法有序推进政务数据向公证处等公共服务机构共享。提升政务服务事项标准化程度,基于国家政务服务平台政务服务事项基本目录,持续推进名称、编码、依据、类型等基本要素"四级四同",完善业务分类、办理层级、前置环节等业务要素,推动事项办理规范化运行,实现同一事项在不同地域无差别受理、同标准办理。依托全国一体化政务服务平台,各地区推动政务服务大厅和政务服务平台对接融合,为企业和群众提供线上线下多样化办事渠道,满足不同群体的差异化需求。

3. 保障措施建设

国务院办公厅负责全国政务服务"跨省通办"的统筹协调,组织编制并发布全国高频政务服务"跨省通办"事项清单,建立工作台账,明确责任单位、时间表、路线图,协调解决有关重大问题。针对政务服务"跨省通办"后可能出现的新情况新问题,各级政府及时调整完善监管政策。在数据共享方面,各地区各政府注重保护国家秘密、商业秘密和个人隐私,防止信息滥用或泄露。对改革措施不到位、工作落实不到位、企业和群众反映问题仍然突出的相关部门,给予通报批评等处理,在此基础上统筹推进政务服务"跨省通办"的"好差评"工作,完善评价规则,加强评价结果运用,改进提升政务服务质量。

## 本 章 小 结

中国在利用互联网方面相继走过"+互联网"、互联网化阶段,现正在向"互联网+"迈进,数字政府也因应形势和需求由推动政府上网、推行电子政务进展到了推进"互联网+政务服务"时期。数字政府的理想愿景,就是要朝向建设法治政府、责任政府、民主政府、诚信政府、创新政府、服务型政府的目标,在网上构建适应"互联网+"经济形态和社会生态的智慧政府,达成政府内部关系协调以及政府与各行业和社会公众等外部关系改善,以促成政府改革向纵深发展,促进"互联网+"真正落地实施。为了实现"互联网+"宏伟蓝图,"互联网+政府"亟须为"互联网+各行各业"做好示范和引领,为此,数字政府需要从推进"互联网+政务服务"实践发展和战略安排做起,为推进国家"互联网+"战略实施提供依据和指引。

## 关 键 名 词

"+互联网" 互联网化 "互联网+" 政府事务 政务服务 "互联网+政府"
"互联网+政务服务" 全国一体化在线政务服务平台

## 思 考 题

1. 从"+互联网"、互联网化到"互联网+",三者的主要创新点各自表现在哪个方面?
2. 如何多维度理解"互联网+政府"?
3. "互联网+政务服务"的含义是什么?
4. 政务服务产品创新、有形政务产品创新、政务服务创新之间有何区别和联系?
5. 如何具体落实"互联网+政务服务"建设?
6. 试述全国一体化在线政务服务平台的具体组成。

## 本 章 实 训

### 一、实训目的

1. 熟悉并掌握政府"互联网+政务服务"创新管理的具体操作。
2. 培养学生对政务平台建设现状的分析能力。

### 二、实训内容

(一)实训资料

以湖北省十堰市"互联网+"案例讨论为基础,进一步收集、补充各项"互联网+政务服务"的背景信息、具体措施以及建设完善之后城市的变化。在此基础上,调查和整理其中一项政务服务——"互联网+行政审批"的相关资料。

(二)具体任务

以湖北省十堰市"互联网+行政审批"为例思考以下问题。

1. 了解"互联网+行政审批"政策的实施需要哪些条件。
2. 探讨该市"互联网+行政审批"的具体举措。
3. 讨论在这项政务服务创新过程中,都分别引入了哪些类型的创新实践。该项措施颁布后,对整个行政系统产生了何种影响。
4. 思考是否还有其他创新途径可以采用,如何实施。

(三)任务要求

1. 了解"互联网+政务服务"创新需要的条件。
2. 理清"互联网+政务服务"创新管理的具体形式。
3. 分析"互联网+政务服务"创新途径的多样性。

### 三、实训组织

1. 指导教师明确实训目的、任务和评价标准。

2. 班级成员分若干小组，每组 4～6 人。实行组长负责制，成员合理分工、团结协作，专人负责活动和资料整理。

3. 各小组分别组织理论知识、相关文献的学习和讨论（可参考延伸阅读的内容），自行安排调研和资料收集，讨论、分析和按项目要求写出书面报告。

4. 各小组在班级进行 PPT 演示，汇报观点并讨论、交流。

四、实训步骤

1. 指导教师布置任务，指出实训要点、难点和注意事项。

2. 分组并选举组长，成员分工，讨论和制定工作流程与执行方案，报请教师指导、同意后执行。

3. 小组成员集体学习、讨论理论知识和相关文献，分工收集和整理案例背景资料。

4. 各小组组织讨论，按实训任务要求形成、归纳要点，完成书面报告。

5. 班级演示之后，指导教师点评和总结。

## 延 伸 阅 读

（1）诺维克.维基政府：运用互联网技术提高政府管理能力[M]. 李忠军，于卉芹，李晶，译. 北京：新华出版社，2010.

（2）古普塔，库马，布哈特塔卡亚. 政府在线：机遇和挑战[M]. 李红兰，张相林，林峰，译. 北京：北京大学出版社，2007.

## 参 考 文 献

[1] 张锐昕，张昊，李荣峰. "互联网+"与政府的应对[J]. 吉林大学社会科学学报，2018，58(4)：140-149.
[2] 上海社会科学院信息所. 信息安全辞典[M]. 上海：上海辞书出版社，2013.
[3] 杜娟，王峰. 互联网的内涵、服务体系及对制造业的作用路径[J]. 电信科学，2016，32(1)：98-104.
[4] 工业和信息化部关于印发贯彻落实《国务院关于积极推进"互联网+"行动的指导意见》行动计划（2015—2018 年）的通知[EB/OL]. http://www.mofcom.gov.cn/article/b/g/201603/20160301271450.shtml[2016-03-09].
[5] 阿里研究院. 互联网+：从 IT 到 DT[M]. 北京：机械工业出版社，2015.
[6] 陈灿，等. 互联网+：跨界与融合[M]. 北京：机械工业出版社，2015.
[7] 王娟. "互联网+"的多维模式研究与分析[J]. 无线互联科技，2015(8)：46-47.
[8] 徐赞. "互联网+"：新融合、新机遇、新引擎[J]. 电信技术，2015(4)：6-9.
[9] 国家发展改革委办公厅关于做好制定"互联网+"行动计划有关工作的通知（发改办高技〔2015〕610 号）[Z]. 2015 年 3 月 16 日.
[10] 国务院关于积极推进"互联网+"行动的指导意见[EB/OL]. http://www.gov.cn/zhengce/content/2015-07/04/content_10002.htm[2015-07-04].
[11] 马化腾. 关于以"互联网+"为驱动推进我国经济社会创新发展的建议[J]. 中国科技产业，2016(3)：38-39.
[12] 库罗斯，罗斯. 计算机网络：自顶向下方法[M]. 陈鸣，译，北京：机械工业出版社，2014.
[13] 李勇. "互联网+政务服务"：政府自我革新的中国路径[N]. 光明日报，2016-04-04(7).
[14] 国务院关于加快推进"互联网+政务服务"工作的指导意见[EB/OL]. http://www.gov.cn/zhengce/

content/2016-09/29/content_5113369.htm[2016-09-25].

[15] 国务院办公厅关于印发进一步深化"互联网+政务服务"推进政务服务"一网、一门、一次"改革实施方案的通知[EB/OL]. http://www.gov.cn/zhengce/content/2018-06/22/content_5300516.htm[2018-06-10].

[16] 王卫国, 等. 电子政务系统[M]. 北京: 科学出版社, 2007.

[17] 魏志荣, 赵兴华. "互联网+政务服务"创新扩散的事件史分析——以省级一体化网上政务服务平台建设为例[J]. 湖北社会科学, 2021(1): 37-46.

[18] 国务院关于加快推进全国一体化在线政务服务平台建设的指导意见[EB/OL]. http://www.gov.cn/zhengce/content/2018-07/31/content_5310797.htm[2018-07-25].

[19] 国务院关于在线政务服务的若干规定[EB/OL]. http://www.gov.cn/zhengce/content/2019-04/30/content_5387879.htm[2019-04-26].

[20] 徐晓林, 明承瀚, 陈涛. 数字政府环境下政务服务数据共享研究[J]. 行政论坛, 2018, 25(1): 50-59.

[21] 毕建新, 李东, 刘开强. 在线政务服务视角的电子文件管理对策研究——基于《国务院关于在线政务服务的若干规定》的分析[J]. 档案学研究, 2020(2): 112-116.

[22] 国务院办公厅关于加快推进政务服务"跨省通办"的指导意见[EB/OL]. http://www.gov.cn/zhengce/content/2020-09/29/content_5548125.htm?trs=1[2020-09-24].

# 第九章　电子政务文化建设

■ **引例：凉山州电子政务还需跨越"习惯鸿沟"**

凉山州电子政务大厅按"一库两网三平台"的规划进行建设。其"一库"是指建立在全州行政审批电子监察基础上的全州统一标准数据库；"两网"是指充分依托电子政务外网和互联网，形成"互联网业务受理，外网业务办理"的运行模式；"三平台"是指应用平台、展示平台及管理平台。建设凉山州本级电子政务大厅和各县市电子政务大厅，只购置软硬件设备就花费近 400 万元。某主管领导说重金打造的凉山州电子政务大厅完全实现了互联网终端、移动终端与政务服务中心的互通，极大地方便了办事群众。

凉山州电子政务大厅自开通以来，在网上进行了"您对凉山州电子政务大厅最关注的内容或功能是什么"的调查，投票者把 38% 的票投给了"能够在线通过即时聊天工具进行咨询"，32% 的票投给了"能够在线直接提交申请，在线填写申请表格等材料供政务中心窗口预审核"，25% 的票投给了"能够在线查看办事指南，了解办事需要的申请材料、办理流程、办理时限等信息"。网上调查说明，95% 的投票者把电子政务大厅定位为咨询或预审，鲜有人真正想通过这一平台完全实现在家或在办公室办理业务。"要让凉山大部分群众迅速迈过习惯这道坎不容易。"某领导评价说。凉山州政务服务中心正着手一项针对各部门、各单位、各企业和普通群众的电子政务使用规范、基础知识的培训和宣传，"希望办事群众早日享受到电子政务之便"。

资料来源：《凉山州电子政务还需跨越"习惯鸿沟"》，http://www.e-gov.org.cn/article-134699.html，2012 年 10 月 18 日。

**经验启示**

电子政务要跨越"习惯鸿沟"，既需要网络、技术、数据库和平台的支撑，也需要物质、制度、行为和精神的支撑，为此要研究并进行电子政务文化建设。

**本章知识结构图**

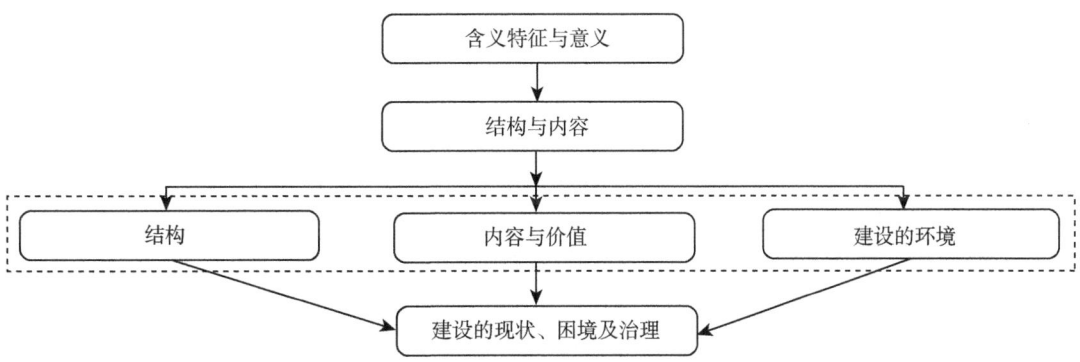

电子政务文化具有特定内容，体现出独特价值，这与电子政务文化的特殊结构及环境条件密切相关。越是在电子政务发展的繁荣期，越需要响应电子政务文化诉求，加强电子政务文化建设，以确保其发挥出应有价值和指导作用。

## 第一节 电子政务文化的含义特征与意义

### 一、电子政务文化的含义特征

#### （一）电子政务文化的含义

当一种技术或者业务模式长期存在并渗透到人们生产生活的各个领域之中，并能深刻影响人们的意识和行为模式时，这种技术或者业务模式就具备了某种文化特性，会反过来深刻地影响技术或者业务模式的发展状态。电子政务文化是在政务部门广泛和深入应用电子政务之后逐步形成的一套特定的运行体系，包括电子政务开发建设和运维过程中所创造的精神财富及其物质载体，以及与之相适应的制度形态和行为习惯。电子政务文化与电子政务系统良性互动，并强烈地作用于电子政务系统以及行政人员对电子政务的认知、情感态度和价值取向等方面，成为行政文化在网络信息时代的最新发展形态。换句话说，电子政务环境下的行政文化创新，即是当代行政文化的生动表现，电子政务文化是行政文化的新的发展阶段和新的内容形式。

从文化的构成视角看，电子政务文化的结构和内容分别对应于文化的四个结构层次：物质文化、制度文化、行为文化和精神文化。从文化的发展过程看，只有当电子政务文化逐步形成具有自身特征的一种精神文化、稳定的认知结构和一致的价值取向时，我们才可以说电子政务文化正式形成和确立下来了。物质文化、制度文化和行为文化是形成精神文化的必要组成部分和积累传承沃土。从唯物论角度看，物质文化、制度文化和行为文化是精神文化的前提和物质准备，但精神文化一旦出现就会积极反作用于前三者，加快或者阻碍前三者的发展进程。

#### （二）电子政务文化的特征

电子政务文化是由多种文化交汇融合衍生出的新的文化形态。从其存在领域和内容构成看，电子政务文化主要是由技术文化、行政文化以及网络文化融合而成。电子政务文化作为集大成者，除了具有这三种文化的基本特征之外，还具有其独特之处。

1. 承载主体多元性

承载主体多元性是由电子政务活动过程的多元主体的复杂性、协作性决定的。一个完整的电子政务活动涉及党委、人民代表大会、政府、政治协商会议等多元主体，而且多元主体的职责分工、素质能力、责任目标各不相同，没有这些主体的积极建设和良性互动，就没有电子政务文化。

2. 表现强度差异性

电子政务是政务部门提供公共信息和公共服务的一种有效形式，正在逐步建设和完善。但是，受各级政务部门电子政务发展的差异性、参与者素质能力的差异性以及实际政务活动的多样性的影响，电子政务文化在各级政务部门中的实际表现会有很大的不同，不可能出现理想中的强度均衡和一致性状态。

3. 框架结构稳定性

电子政务文化的出现和稳定发展，形成了自身的稳定框架和层次分明的结构，明确了自身在整个文化图谱中的加持定位，也为不断丰富自身内容提供了积累和传承的界线和叠加增长的区域。

4. 内容形式发展性

"文化的特点是积累与传承，叠加增长"[1]。电子政务文化内容本身具有创新性的内在特质；它又是多种文化元素交汇融合的产物，决定了它相应地具有包容性；此外，它的内容与形式处在不断发展变化中，决定了它的组成元素必然是与时俱进的。

5. 社会影响促进性

电子政务文化是一种积极的文化形式，必将对现有的技术文化、行政文化、网络文化等产生积极的影响，也将对革新社会文化起到积极的促进作用，尽管其培育尚需等待时日，但其积极向上的影响力、为广大公众接受并乐见其成的引导力体现了信息时代文化的精髓和内涵。

## 二、电子政务文化的生成背景

### （一）电子政务渐趋成为主导性行政模式

电子政务和电子政务文化是相辅相成的关系。一方面，电子政务需以电子政务文化为指导进行建设；另一方面电子政务建设中出现的问题以及进行的管理创新能推动电子政务文化的发展。电子政务文化的生成背景与电子政务的发展历程有着千丝万缕的关系。目前，电子政务已经贯穿并渗透到各级政务部门业务活动的各个方面和层面，逐渐成为行政的主流，其发展需要重构行政文化、催生电子政务文化，以更好地发挥电子政务的潜能。

### （二）相关文化创新进程明显加快

随着信息技术的发展，文化增添了新的内容——网络文化开始出现并繁荣发展，推动着电子政务文化的加速生成与创新发展。从技术文化视角看，电子政务文化与技术文化是交叉的关系，在电子政务层面的技术文化都属于电子政务文化的范畴，技术文化在网络技术领域的每一个创新，都会加快电子政务文化的发展脚步。从行政文化视角看，电子政务文化是行政文化在网络技术时代的创新发展，电子政务文化的孕育根本上来自行政文化的创新转型。从网络文化视角看，电子政务文化与网络文化也是交叉的关系，两者存在重合的部分。电子政务文化是政务部门运用现代信息技术对其管理模式进行再造的结果，而网络文化则是人们运用网络对其社会生活进行再造的结果。政务部门网站的建设不仅改变了其服务模式，同时也影响了公众的社会生活。因此，网络文化的创新和发展为电子政务文化的发展创设了一定的条件，行政文化的创新需求更为电子政务文化的生成与发展奠定了基础。

### （三）行政主客体行为亟待软约束规范

与所有的行政活动一样，电子政务是人的活动，不仅包含行政主体——各级政务部门行政人员的活动，同时也包括行政管理和公共服务的客体——社会公众的参与。因为人类的行为要受到非理性因素的影响，在电子政务的实现过程中不可避免地会出现一些问题，主要表现为政务人员行为不规范和服务意识薄弱、公众的参与意识不强、缺乏与之匹配的成熟制度、信息安全问题严重等。电子政务现在已经渐趋成为行政主流，要想更好地建设电子政务，必须严格规范行政主客体的行为[2]。

## 三、电子政务文化的建设意义

### （一）推动电子政务硬件完善与效能发挥

从电子政务的发展进程来看，每个阶段电子政务的发展都离不开电子政务文化的引导，电子政务文化对电子政务发展起着不可或缺的作用。在办公自动化建设阶段，政务部门主要是从物质层面建设电子政务文化，强调基础设施建设和技术的研发，并没有将重心放到公共服务上来。在政府上网和电子政务全面建设阶段，互联网经济快速发展，市场经济体制改革逐步深入，公众需求灵活、高效、便捷的政务服务，因此电子政务文化在继续完善物质文化的同时强调精神文化，主要追求效率型文化和服务型文化，并确定了电子政务的指导思想、目标、原则、框架以及未来的发展重点。这一时期精神文化的发展为电子政务建设指明了前进方向。在电子政务倒逼行政体制改革阶段，电子政务文化更多表现为制度文化，主要构建国家电子政务总体框架，推进规范化、标准化建设，建立健全相关法律法规，体现了法治型文化和流程型文化。制度型文化的完善也使电子政务建设走上有法可依的轨道。

不同时期的电子政务文化建设都要适应电子政务建设需求进行。如：在信息资源整合阶段，政务部门进行大部制改革，电子政务建设主要侧重政务公开、信息整合、应用协同，相应的电子政务文化建设就体现在实现物质文化、制度文化、行为文化和精神文化的有机结合，以期更好地指导电子政务自身建设。

### （二）促进行政人员服务意识与行政效率提高

电子政务已经成为加快行政管理体制改革和建设服务型政府的重要手段，实施电子政务是改革开放的需要，是建设服务型政府的基础工作。

党的十八大报告特别强调要按照建立中国特色社会主义行政体制目标，深入推进政企分开、政资分开、政事分开、政社分开，建设职能科学、结构优化、廉洁高效、人民满意的服务型政府。由于电子政务文化包含服务型的理念，行政人员的工作体现着服务的本质，加之电子政务文化建设潜移默化地影响着行政人员的服务意识，因此，电子政务成为摆脱原有的"政府本位"观念、建立"以公务为中心""人民至上"的服务理念的重要载体。

同时，电子政务文化也包含效率型文化。一方面，电子政务的实施打破了部门分割的状态，实现了资源共享，进而能大大地提高行政效率；另一方面，电子政务文化还要求政务人员实时在线处理业务，节省中介环节，能大大提高政务部门工作效率。因此，电子政务使效率型文化牢固扎根于政务人员心中，能时刻促使政务人员限时办结各种公众诉求、社会问题，极大地提高了公众满意度。

### （三）丰富行政文化内容，加快行政文化体系建设

纵观人类发展史，世界各个国家和民族因处于不同的发展阶段，具有不同的经济基础和政治制度，也就拥有不同性质、不同形态的思想文化。当代中国，社会主义文化是思想文化的主体力量，居于核心地位，其最大特质在于始终站在先进文化的潮头[3]。行政文化是社会主义文化的重要组成部分，是对行政实践起指导作用的文化，因此行政文化体系的建设十分关键。电子政务文化作为行政文化的重要组成部分，其自身的建设有助于行政文化的丰富与完善，具体体现在以下方面。

（1）电子政务文化是摆脱传统行政文化束缚的产物。电子政务是适应科层制的剧烈变革发展而来的，现阶段我国社会的官本位思想严重，尤其是行政人员的认识滞后，直接阻碍了电子政务的发展。电子政务在我国政务部门的应用程度和公众接受程度始终不高，很重要的一个原因就是受到官本位思想和官僚行政体制文化的制约[4]。电子政务文化的建设突破了官本位思想和官僚行政体制文化，摆脱了传统不良行政文化的束缚，真正体现了"以民为本"的服务理念。

（2）电子政务文化丰富了行政文化的内容。电子政务文化作为一种新兴的文化形式，具体包括服务型文化、民主型文化、透明型文化、法治性文化、效率型文化等，这些都是行政文化的重要组成部分。

（3）电子政务文化的发展加快了行政文化体系的建设。行政文化体系的建设，是一个各种文化不断积淀和过滤的过程。不管是不良传统行政文化的摒弃，还是现在行政文化即电子政务文化的丰富，都加速了行政文化体系的建设。

（4）电子政务文化的建设有利于行政文化的传播和推广。电子政务的核心任务之一是传播文化和信息资源以服务公众，即电子政务文化中服务型文化的体现。一方面，政务部门掌握社会绝大部分的信息资源，也必然决定了其主导着文化的传播和宣传；另一方面，电子政务又是信息和文化传播的新形势，更加具备效率性、公平性，因此电子政务文化的建设对文化的传播效力是传统方式无法比拟的。

### （四）促进网络文化的繁荣发展

电子政务文化与网络文化既有相似之处，又有不同之处。电子政务文化是现代信息技术对政务部门管理模式的全体系再造，网络文化则是对人们社会生活的再造，很显然，网络文化的含义要宽泛一些。但总的来说，这两种文化都是以信息技术为依托的，电子政务的不断进步也是网络和信息技术发展的重要体现，而网络技术的飞跃也必然促成电子政务和信息技术日益走向成熟。总之，电子政务文化和网络文化是信息技术在不同领域应用的反映与结果，无论哪一领域的发展都会相应地带动另一领域的繁荣。因此电子政务文化建设必然会推动网络文化繁荣发展。

### （五）引导社会文化创新进步

电子政务文化本身属于积极健康的文化，对社会的发展起正向推动作用。同时电子政务通过网络平台实现政务公开、信息共享、民主参与、提高效率、改善服务、整合流程等，这些都是对政务部门管理和服务运行模式的创新，作为其外在反映的电子政务文化必然体

现出同以往文化不同的特色即文化层面的创新。因此,从某种程度上,电子政务文化的发展会带动和引导社会文化的创新进步。

## 第二节 电子政务文化的结构与内容

### 一、电子政务文化的结构

电子政务文化具有特定的宏观与微观结构,也具有相应的具体内容。这是电子政务文化成为一种文化的标志,也是电子政务文化在文化图谱中的定位和具体展示。

(一)宏观结构

一种文化区别于其他文化,关键在于这种文化在整个文化图谱中要有明确的地位,并且具有区别于其他文化的明晰边界。从理论上看,电子政务文化必须明确与以下四类文化的关系。

1. 文化是电子政务文化的根和魂

从词源和语义上考察,西方文化一词是从拉丁语 culture 转化而来的,意指对土地的耕耘、加工和改良,后来引申为改造、完善人的内在世界,使其内涵和外延都变得更为广泛和丰富。到 19 世纪末,文化开始意指"一种物质上、知识上和精神上的整体生活方式"[5]。中西方文化具有以下几点共性:其一,文化是一种社会历史现象,每一个社会或者社会的每一个发展阶段都有与其相适应的文化,并随着社会物质生产的发展而发展。因此文化的定义只能在发展演变中掌握。其二,文化包含两种元素,显型元素和隐型元素,也指文化现象和文化精神。其三,文化可分为四个层面,分别是物质文化、制度文化、行为文化和精神文化。其四,文化的主体是人,文化是人创造的,但文化反过来也对人起着指导和教化的作用。

电子政务文化属于文化的范畴,文化是电子政务文化最深厚的根基,它也应该具有文化的上述共性。电子政务文化包括了一切属于文化形态的意识、观念、行为规范和心理、习惯等内容,是在一定历史时期和社会范畴里对各种具体文化的最大规约和包容,须与这个时代的总体文化状况相符合、相一致。

2. 行政文化是电子政务文化的基本归属和创新温床

行政文化的概念,目前在理论界尚缺乏清晰一致的认识,分歧主要集中在行政文化的内容和主体两个方面。其一,在行政文化内容方面,主要分歧是究竟要从广义文化的物质-制度-精神结构的哪些层面来确定文化学的学科对象。有的学者认为行政文化是一定行政组织中行政人员集体创造并公认的文化,是行政物质文化、行政制度文化和行政精神文化有机结合的整体;也有学者认为行政文化的内容包括物质、制度和精神三个方面;甚至有的学者认为行政文化就是指精神层面。其二,在行政文化主体方面,一些学者认为行政文化主体仅仅是作为行政行为主体的政务人员,而忽视了其他参与主体;也有学者将行政文化主体界定得相对宽泛,把参与客观行政体系及其运作过程的所有社会成员都看作行政文化的主体。行政文化概念的界定为电子政务文化提供了一些可以借鉴的元素。

首先，必须厘清电子政务文化的内容和主体，以免出现概念不清和认识误区的情况。电子政务文化的内容不仅包含物质和制度层面，也包含行为和精神层面，而电子政务文化的主体不仅是电子政务执行的主体，还是更为宽泛地参与客观电子政务体系及其运行过程的所有社会成员。

其次，必须弄清电子政务文化在行政文化体系中地位。电子政务文化是行政文化在信息时代的创新发展形式，是行政文化主动适应电子政务模式的文化创新。电子政务文化处在行政文化和技术文化的交集区域，依然归属行政文化范畴。行政文化塑造和规约了电子政务文化的特质、内容和价值，电子政务文化是适合中国特色行政生态的新文化，是行政管理理念的新变革，也是当代技术在政务实践领域展示的技术文化新形式。

3. 技术文化是电子政务文化的基础和前提

电子政务文化的基础和前提是技术文化，此外还包括物质文化、行为文化、精神文化等内容。明确技术文化的概念，才能丰富和正确理解电子政务文化的内涵。对于技术文化的研究，理论界主要有以下四种不同观点。

第一种观点认为技术和文化是对立的，并不存在技术文化这一概念。这种观点早在古希腊时期就存在，到了近代日趋加剧。例如，有的技术哲学家认为技术基本上是一种生物和本能的现象，而不是理论的或文化的成就。很显然，这种观点是与现代可持续发展的技术观相背离的。

第二种观点从文化的角度看技术，提出了技术文化论。有些学者认为应把技术归于文化之列，如把技术看成是文化中活生生的一部分以及把技术看成是一种文化技术，主张文化包括技术。这些论述在本质上把技术看成是文化中的一个组成部分，确定了技术在文化中的位置。

第三种观点从技术的角度看文化，提出了文化技术论，即认为文化的本质就是技术展现的过程和结果，文化具有技术的性质。在技术视野中的文化不仅是技术产生的源泉，同时也是技术活动的过程及结果，其文化层次结构不仅在形式上与技术相对应，而且在内容上也是相融的。

第四种观点认为技术文化是一体的，提出了技术文化一体论。包括技术-文化的概念及其相互作用下形成的技术-文化系统。

关于技术文化的理解，不能只从技术的角度看文化，要防止走向技术决定论或技术统治论的极端。同样，也不能仅仅从文化的角度看技术，更不能割裂技术和文化的关系。因此，技术文化一体论更能恰当地描述技术和文化的关系。同时技术文化与电子政务文化在许多方面存在相似之处：一方面，从电子政务的角度看文化，文化通过对电子政务进行认识和反映，在思维及行为方式上以电子政务的具体方式、程序、规范为基础，并凭借其衍生出来的一种适宜的运行或操作机制达到对电子政务发展方向和目标进行调控的效果；另一方面，从文化的角度看电子政务，电子政务也同样具有文化所包含的物质文化、制度文化、行为文化和精神文化等四层结构。

技术文化是特定文化指向层级，该层级文化具有典型的特殊领域文化结构特征，是具有稳定结构层和保护壳的特质文化。从内涵上讲，电子政务文化的发展是建立在技术文化的基础上的。技术文化是电子政务文化的根脉，没有技术文化提供的养分与支撑，电子政务文化就不能发挥其既有的功能。从外延上讲，技术文化与电子政务文化是交叉的关系，电子政务文化包涵一部分技术文化，但除了技术的诉求，电子政务文化还包含制度文化、行为文化、精神文化等内容。

4. 网络文化是电子政务文化的外延拓展和社会存在

网络文化是随着信息技术的发展而诞生的产物，网络文化的研究对电子政务文化范围的确定具有重要意义。国外一些学者关于网络文化的认知只局限于网络文化的特点和内容，忽视了最重要的网络文化技术支撑——计算机和因特网。我国一些学者则主要从技术支撑角度来定义网络文化，强调网络文化必须依托信息技术的应用才能产生。如有学者提出"网络文化是指以计算机和通信技术的融合为物质基础，以发送和接收信息为核心的一种崭新文化。这是一种与现实社会文化具有不同特点的文化"，也有国内学者认为网络文化是一种新的社会文化，网络的出现对人类社会生产方式、生活方式、通信方式、工作方式、决策方式、管理方式等各个方面都产生了深远的影响，有少数的学者从媒体文化的角度对网络文化进行了界定，还有学者认为网络文化是一种产业革命形成的新文化，是继农业革命、工业革命之后的一次全方位的产业变革。

电子政务文化同网络文化具有相似之处，即都是以信息技术为依托的，不同之处在于两者存在的场域和作用范围。从内涵上讲，电子政务文化的传播和发展是通过纵横交错的网络文化进行的，网络就相当于电子政务文化的神经，起到覆盖和联通的作用。从外延上讲，网络文化与电子政务文化也是交叉的关系，存在一部分共有的文化。

基于文化图谱的定位分析，电子政务文化在文化、行政文化宏观层次的地位得到确定，同时也确定了技术文化和网络文化与电子政务文化的特殊关系。电子政务文化不是独立存在的，是多种文化的交集和新衍生的产物。电子政务文化与文化、行政文化是从属的关系，文化是电子政务文化最深厚的根基，行政文化是电子政务文化的归属；而与技术文化和网络文化之间则是相互交叉、各具特征，其中，技术文化是电子政务文化的基本前提，网络文化则是电子政务文化的社会泛在和外延体现，概念间的包含关系如图9-1所示。

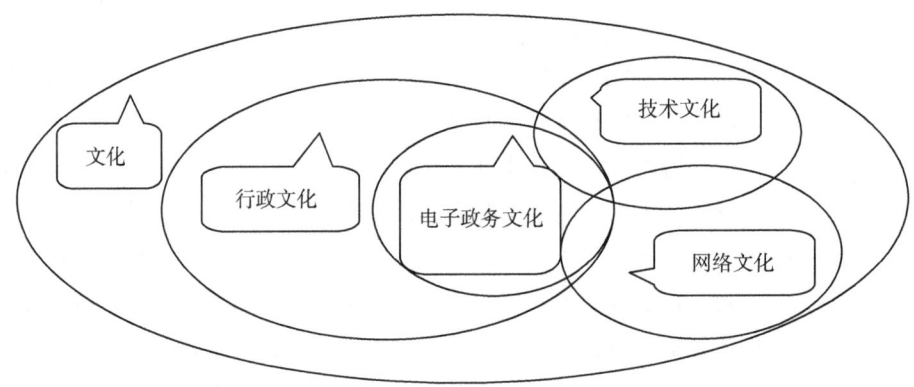

图 9-1　电子政务文化在文化图谱中的定位与包含关系

## （二）微观结构

电子政务文化微观结构是指电子政务文化内部的层次构成，也即电子政务文化具体包含的结构层次及其构成，这是电子政务文化最基本的内核，是区别于其他文化的具体表征。

### 1. 物质文化

物质文化是指在电子政务活动中，对必需的人才、信息、技术、设施等实体性物资的态度与心理反应。物质文化是支撑电子政务文化的基座，是其他三种文化的前提，没有物质文化，其他一切电子政务文化都是空谈；当然，精神文化、制度文化、行为文化分别对物质文化进行指导、规范和操作，也是对物质文化的主观反映。物质文化受到时代物质状况制约，具有明显的时代烙印。

### 2. 制度文化

制度文化是指通过法规政策规范和促进电子政务发展的意识、方式和理念等，其并未深入电子政务主体行为中，可见，电子政务制度文化是极其重要的，是相对于电子政务硬件建设的另一个主要领域，一旦该领域的建设和完善被广泛认同，并且成为自觉习惯和行为范式，电子政务制度文化就会真正体现出其价值。

### 3. 行为文化

行为文化是各个主体在参与电子政务建设、管理和接受服务的过程中，具体外化出的行为倾向和自觉行动。电子政务将成为未来主导的公共行政模式，各个主体参与电子政务活动必然在心理和行为等具体层面上展示出一些固化的行为模式和解决问题的行动方案，比如政务部门面向公众提供信息行为的主动性、有效性，公众参与政务服务的工具选择、路径倾向等。这些行为文化的内容和形式具体表现出电子政务文化的发展状况和实效。

### 4. 精神文化

精神文化是电子政务的核心价值观、理念、愿景等，支配电子政务活动主体的行为方式和价值选择，引导电子政务未来的发展走向，是电子政务文化的集中体现和最高层次。一般来说，具有什么样的电子政务文化，就会产生什么样的决策和行为结果，反过来，决策和行为结果会影响电子政务文化的形成和发展。精神文化对其他微观结构层次文化具有制约性，一旦形成稳定的精神文化，就标志着电子政务文化的成熟，必将对电子政务活动及其主体产生极大的影响和作用。

上述四种微观结构文化及其关系，可以通过树状结构表现出来，精神文化是树的顶部，引领其他文化发展；制度文化是树的主要躯干，稳固、有序和坚定地保护电子政务挺拔发展；行为文化是树的枝杈，纵横交错，不断探索新的领域，处处体现着电子政务文化；物质文化是树的根基，是电子政务的物质形态和文化前提。

## 二、电子政务文化的内容与价值

### （一）电子政务文化的内容

电子政务文化内容极其丰富，而且还会随着电子政务实践发展而推陈出新、丰富充实。结合电子政务文化微观结构，大体可以把电子政务文化内容作如下分类。

1. 物质文化

物质文化包括技术型文化、业务型文化。

1) 技术型文化

技术型文化加强了公共服务的规范性、科学性和严谨性。信息技术和网络不但拓展了人类的自身活动极限,而且能够极大地限制人治的不确定性,使基本行政业务能够在相对封闭的技术体系内运行,政务结果比较稳定和值得信赖。技术型文化要求政务活动相关主体要尊重技术特性,规范各环节责任人员岗位责任,最终形成各类人员各履其职、各司其责的行为取向和责任意识。

2) 业务型文化

业务型文化是电子政务的血液和最基本的要素。电子政务之所以不是技术躯壳,而是行政事务,就在于其通过业务流把政务部门有机衔接起来,真正实现跨部门协同。可以讲,没有业务流的电子政务只能是空洞的、没有活力的血管,而有业务流不处理,必然出现血栓。因此,政务人员必须逐渐形成高效处理各种业务流的理念和能力,并且把更多精力投入到本职核心业务上来,保障血管内业务流畅通。

2. 制度文化

制度文化包括法治型文化、流程型文化。

1) 法治型文化

法治型文化要求依靠法治维护电子政务自身权威,全面规约电子政务实践。首要的是建立起严密的法律制度体系,以确保电子政务有法可依;进而在理念和行动上达成如下共识:即电子政务都是处在严格的制度管理体系中的,任何违背制度规约的行为必须受到法律处置,任何政务活动中的推诿、延误和渎职等行为,都将受到法治追究,法治已成为政务人员在政务活动中普遍遵循的意识习惯。

2) 流程型文化

公共管理和公共服务事项等都有一套科学规范的流程,具有封闭性、客观性、任务处置顺序性等特征。依之,电子政务具有自身严谨的业务流程,各个业务单元是依据业务流程设计的,不能擅自篡改,如此可以规避政务流程中的随意性、人为性和无法查证性,进而有利于形成流程型文化。政务部门更加关注政务活动过程、组织流程再造,降低外部信息干扰和噪声侵袭,让公众满意等,这必将极大地改变传统政务处理模式的惯性思维和习惯,逐渐促使政务人员接受和创新流程型文化。

3. 行为文化

行为文化包括能力型文化、透明型文化、效率型文化。

1) 能力型文化

能力型文化包括政务管理或服务人员的综合素质适应性和公众运用电子政务的能力。

电子政务要求政务人员必须具备较高的技术能力和政务应变能力,时刻不忘提高自己的业务素质,政务对象也要具备基本的网络技术使用和操作能力,能够不断提升素质,以更好地适应电子政务需要。电子政务在管理和服务上的优势,促使各个参与主体不断提高技术能力、业务能力和适应能力,而且这是一个不间断的过程,能力型文化随着这个过程逐渐成为人们的思考和行为习惯并渐获广泛认同。

2）透明型文化

透明型文化就是要倡导政务公开、透明以及积极回应公众的监督诉求。电子政务使公共信息更加公开、透明，公众能够接触到透明的信息政策与服务，政务部门与公众可以在透明的平台上更好地研讨公共政策或解决公共问题。这就要求政务部门要改变传统封闭的内循环办公模式，建立透明、开放的政务信息处理模式。透明型文化会指引政务人员主动公开公共信息，主动寻求公众对重要决策进行监督，提高政务部门办事效率和廉洁办公程度。

3）效率型文化

效率性文化就是要建立起快捷及时的政务处理系统和简便易行的服务流程。电子政务要求政务部门组织结构更加合理，并在开放、民主和透明的业务流程中，提高公共管理效能和社会服务质量。效率成为电子政务存在和发展的重要支撑，促使电子政务活动主体牢固树立效率意识、效率观念，依托技术支持实现公共服务效率的最大化、最优化。

4. 精神文化

精神文化包括服务型文化、民主型文化和诚信型文化。

1）服务型文化

从内容到形式上，电子政务系统最本质的体现就是服务、服务精神和服务理念。电子政务是改善公共服务、提高公共服务水平和质量的重要平台。一方面电子政务本身就是服务技术和手段的创新，政务部门通过电子服务可以促进自身与公众互动，有效实现服务型政府；另一方面电子政务更好体现了以人为本的精神，公众权利在政务服务中得到了最大尊重和满足，政务人员也逐渐形成尊重和践行公民本位、以顾客为中心的意识。

2）民主型文化

电子政务具有传统行政模式不具备的即时性、互动性、全面性、真实性等特性。电子政务让政务部门的行为处在公众监督之下，公众的知情权、参与权、监督权、表达权等都能得到有效体现。因此，民主型文化成为电子政务文化的内在文化之一，更是电子政务文化的精神实质。

3）诚信型文化

诚信型文化要求政务部门塑造政务权威和诚信意识，建立诚信行政的思想。从哲学意义上，诚信既是一种世界观，又是一种社会价值观和道德观。诚信就是取信于民、团结人民的人文精神和道德信念。诚信型文化是电子政务文化不可或缺的组成部分，电子政务信息公开、办事承诺制度等都是诚信型文化的体现，对社会公众也具有积极的诚信召唤作用。

（二）电子政务文化的价值

电子政务文化是电子政务主体创造的，最终又通过电子政务主体及其活动体现出来，是行政系统的软组织，不仅可以塑造行政组织的形象，也可以规范和引导政务人员的行为，是行政组织及其政务人员的精神支柱，决定着电子政务主体的思维模式和行为模式，影响着电子政务目标的方向、性质和结构。

1. 规范和引导电子政务主体的行为

公共权力在其分配和行使的过程中很容易被人们用来谋取私利，而为了避免行政过程中权力滥用，需要制定一套行之有效的公共权力约束机制。完善的公共权力约束机制包括他律和自律，一方面需要行政客体及其他权力主体的监督和制约，另一方面也依赖公共权力主体自身的约束。电子政务文化包含的行政道德和行政伦理作为一种内在约束机制，可以规范电子政务主体的行为，引导电子政务主体在公共管理过程中做到公平公正、高效廉洁，以更好地履行公共责任。

2. 增强电子政务主体的凝聚力

组织的凝聚力是组织高效运作的保证。公共管理活动涉及社会管理的方方面面，具有广泛的社会性和复杂性。政务部门在进行管理和提供公共服务的过程中，不仅要通过法律制度对政务人员的行为进行约束和保障，还要强调组织文化。组织文化能够潜移默化地影响政务人员对组织目标的认同，使其朝着组织目标努力。在电子政务文化的影响下，行政组织的行政方式、组织制度和管理模式更容易得到认同，行政组织的凝聚力会大大提高。

3. 塑造政务部门良好形象

一个国家、组织或者人员有什么样的行政风气，往往受到文化背景和文化环境的制约。电子政务文化对政务部门言行的公平公正、高效廉洁起着至关重要的作用，能够在精神层次上引导良好行政风气的养成与发展，这在很大程度上影响公众对政务部门的认同和支持，有利于政务部门在社会公众心中树立良好的形象，获得社会公众的广泛支持。

### 三、电子政务文化建设的环境

电子政务文化建设的环境是指在行政管理领域里与电子政务构成有机联系的环境的总和，包括人类世界和自然世界中的各种因素。当前，我国的行政生态系统发生了巨大的变化，电子政务文化建设的环境也处在历史上的最好阶段。

（一）宏观环境

1. 经济环境

根据马克思主义的理论，经济基础决定上层建筑。电子政务文化作为政治上层建筑的一个重要组成部分，必然受到经济制度和经济发展水平的制约。肇始于20世纪90年代初的中国经济改革，改变了过去中央高度集权的计划经济体制，代之以市场为导向的经济体制，经济模式的转变给电子政务文化带来根本性的冲击。市场经济是法治经济，同时也是效能经济。它一方面要求电子政务主体把法治约束视为自身行为的基本准则，强调法的重要性，要求依法行政和依法监督；另一方面要求所有的社会活动都必须遵循效率原则。这些为法治型电子政务文化和效率型电子政务文化的建立提供了环境支持。

2. 政治环境

我国政治体制改革和行政体制改革过程就是行政文化不断变革的过程。党的十八大提出，按照建立中国特色社会主义行政体制目标，深入推进政企分开、政资分开、政事分开、政社分开，建设职能科学、结构优化、廉洁高效、人民满意的服务型政府。以政治民主化为核心的政治体制改革，要求党政逐步分开，实行行政权力层层下放，这必然打破传统的集权体制。因此，政务部门在以社会发展为导向，动员其社会力量发展经济的同时，也把公众和行政主体内部的政治资源挖掘出来。改革开放以来，我国行政文化由原来的集权原则向参与原则转化。政治体制和行政体制的改革给新型的、符合现代化建设需要的电子政务文化提供了生存土壤，推动着服务型电子政务文化的建设。

3. 社会环境

随着社会的进步，人民群众的参与意识逐步提升，广大人民群众开始利用法律赋予的权利维护自身的基本权益，积极参与政府监督，促进政务服务更加透明、高效地满足公民的需要。

改革开放以来，我国社会结构发生了深刻的变迁，组织结构也呈现出多样化的形态。多样化社会组织的崛起和壮大，不断改变着传统的国家与社会之间的稳态结构。社会组织的大量涌现，以及其广泛参与到社会治理中来，加快了政府的"放管服"进程，促使社会治理效能显著提升，也为电子政务文化建设创造了良好的社会基础。

4. 文化环境

改革开放带来制度的变迁，制度变迁又导致了社会结构的变化和社会阶层的分化，进而社会的多元化带来了文化的多元化。此外，各种外国文化思潮的涌入和中国经济的快速发展，带动了人们价值观念、思想态度、思维模式的变化，社会文化创新氛围逐渐改善，电子政务文化建设需求的外部文化环境也渐渐活跃起来。

（二）微观环境

环境是行政文化发展的外在推动力量，但外因只有转化为内因才能发挥作用。行政文化环境优化的内在动力来源于行政系统对社会环境的刺激所做出的反应，或者在预测到环境可能的变化方向时预先做出的有计划的自我调整，这些因素成为电子政务文化建设中的内在动力。

1. 行政思想的推陈出新

改革开放以来，随着经济政治体制改革的不断深入，我国的行政思想已从计划经济体制时代的计划统管、全能政府，转变为市场经济体制的适当分权、各显其能、民主参与、法治行政、责任行政。行政思想一旦确定，就会对行政体系产生更持久和深层次的影响，进而对新的行政主体、行政行为产生指导性作用，在新时期、新环境下促使行政体系构建新的行政制度和规范。如此，将会引起行政心理、行政规范、行政思想在行政实践中不断相互影响，并在相互作用中发展、演进，使整个行政思想朝着高效、开放、法治的方向发展，成为电子政务文化建设的内在动力。

2. 行政方法和手段的变化

快速发展的网络技术带来了公共行政手段、方式的革命性变革，从技术上催生了政治权力的分散化。一方面，政务电子化可以提高政务运作的透明度，促进政务公开。另一方面，政务网络化可以畅通公民参政通道，从而更新参政技术手段。比如，公众通过电子民意调查、电子公民投票、电子选举、电子邮件等方式进行利益表达，从而极大地推动了参与式电子政务文化的形成，成为推动服务型和效率型电子政务文化发展的技术力量。

3. 行政目标的重新定位

行政目标是行政活动的归依。不同的历史时期具有不同的行政目标。在管制型政府时期，行政的主要目标是维护社会的秩序。在管理型政府时期，行政的主要目标是提高行政效率,维护社会公平,提供公共产品,促进社会发展。在正在形成的服务型政府时期,行政的主要目标是在公民的共同参与下,提供公共服务,实现社会正义。可见,行政活动与行政目标直接相关。

4. 行政人员的新老更替

一般情况下,行政人员的新老更替过程也是行政文化的潜变过程。我国推行公务员制度为政务部门输送了大量的专业型、知识型人才。新的阅历、学识、价值观对于旧有的、将会被革除的行政文化而言具有明显的优势。另外,行政领导的更新与变动,也是行政人员变动的一个方面。行政领导在行政组织中的重要地位,决定了他对行政文化建设的影响和所起的作用。如以以人为本为价值观的行政领导者,其在实施行政领导活动的过程中,更多地表现为关心人、尊重人、培养人、发展人的风格特征。以以事为本为价值观的领导者,其在实施行政领导活动的过程中,更多地关注工作的进度效果,而往往忽视对人的关心。所有这一切都会带来行政价值观、行政心理和行政思维的变化,从而触动原有的行政文化,推进新型电子政务文化的发展。

## 第三节 电子政务文化建设的现状、困境及治理

### 一、电子政务文化建设的现状

#### (一)电子政务文化建设氛围已经形成

电子政务文化建设氛围是指相关主体所具备的对电子政务文化的认同感。电子政务文化建设需要依靠公务员的实施,公务员也是电子政务文化的载体。从目前的发展情况看,国内各政务部门的网络基础建设已初具规模,不同部门的局域网基本搭建完成,甚至有些地区已经形成了城域网的基本雏形。从具体应用效果看,政务内网和外网通过网络化沟通和信息共享提高了办公效率。电子政务这一新生事物不仅得到了公务员的价值认同并使其对之产生了不同程度的依赖心理,公务员已经初步具备了电子政务文化价值观。

#### (二)电子政务多主体互动初见成效

电子政务是双向的行政活动,政务部门根据公众需求,利用现代信息技术改进工作方式。在电子政务服务中,政务部门与公众都是庞大而独立的群体,公众是电子政务的受众群体也是被服务群体,政务部门是服务的提供者。电子政务在政务部门和社会公众之间建立便捷、流畅与有效的交互平台,从而构建政务部门和公众的良好互动关系。因此,电子政务文化建设需要充分了解公众的意愿,形成良好的互动协作关系。

随着信息技术的发展,移动办公和服务平台的日益丰富,我国社会公众充分享受着网络时代的便捷和高效率。2021年8月27日,中国互联网络信息中心在北京发布第48次《中国互联网络发展状况统计报告》,其中,截至2021年6月,我国网民规模达10.11亿人,较2020年12月增长2175万人,互联网普及率达71.6%。10亿用户接入互联网,形成了全球规模最大、应用渗透最强的数字社会,互联网应用和服务的广泛渗透构建起数字社会的新形态:8.88亿人看短视频、6.38亿人看直播,短视频、直播正在成为全民新的生活方

式；8.12亿人网购、4.69亿人叫外卖，人们的购物方式、餐饮方式发生了明显变化；3.25亿人用在线教育、2.39亿人用在线医疗[6]。社会公众逐渐成为电子政务文化建设的重要力量。公众通过网络论坛、博客、微博、电子邮件等方式表达民意、参政议政，从网络上获取时政信息，也从网络平台上获取各种服务，如医疗、保险、教育等。电子政务文化建设中，电子政务互动平台已初步建立，形成了如政务微博、信箱、热线等多种互动平台，社会公众或企业利用这些平台帮助自己，多主体互动已初见成效。

（三）电子政务制度框架初步形成

依法行政是建立法治型国家的基本原则，法规制度的建立为行政行为提供了方向性指导。电子政务制度文化建设既是电子政务文化建设的重要内容，又为其提供方向性指导。只有建立高水平的法律制度才能保证行政行为的合法化，保证电子政务文化建设的健康发展。

我国电子政务的立法模式以单行法、分散立法为主要形式，并分散于关于计算机系统、信息安全、电子签章等的单行法之中，如《中华人民共和国计算机信息系统安全保护条例》《计算机软件保护条例》《计算机信息系统保密管理暂行规定》《中华人民共和国计算机信息网络国际联网管理暂行规定》《互联网信息服务管理办法》《中华人民共和国电子签名法》《中华人民共和国政府信息公开条例》等。

各省区市结合本地实际也相继出台了政府门户网站管理、政务信息安全、政务信息化工程等方面的法规政策，将信息化建设推向了乡镇政府、街道办事处，从而使电子政务走上了普及化、部门化、行业化、规范化道路。如《湘潭市电子政务管理办法》《辽宁省公共安全视频图像信息系统管理办法》《天津市信息化促进条例》《江西省政务公开工作考核办法》《内蒙古自治区信息化促进办法》等，都表明我国电子政务相关法制度框架已初步形成。

我国电子政务相关法律制度建设在"十三五"时期、"十四五"初期迎来高峰，主要围绕"互联网+政务服务"、大数据以及政府信息公开条例的修订、个人隐私保护、禁止滥用个人大数据、公共数据安全等方面。我国电子政务法律体系日趋完备，为形成稳定且独特适宜的中国电子政务法律框架奠定坚实基础。

## 二、电子政务文化建设的困境

中国电子政务文化发展可能面临更多、更复杂的挑战。一方面中国电子政务发展不成熟，硬性技术支撑体系不完善，现有行政模式改革尚不到位，人员素质也难以与电子政务要求相匹配，不能为电子政务文化提供充分的实践支持；另一方面中国行政文化、传统文化以及社会其他类型文化与电子政务文化理念、内容和目标均有较大差距，在外部环境上束缚了电子政务文化。此外，电子政务文化自身也在不断地进行建构和解构，进行激烈的自适应性调整等。

（一）电子政务文化与既有相关文化的互促与较量

1. 电子政务文化与既有行政文化的整合

电子政务文化是在电子政务兴起后，逐渐形成和发展起来的新的行政文化。因此，从根本上说，是电子政务改变了原来的行政模式，进而电子政务文化改造了行政文化。行政文化是在传统行政模式基础上发展起来的文化形态，与传统行政是相适应的。中国电子政务发展是对传统行政结构、组织模式和运行方式的激烈变革，在这一过程中，必然会引发行政流程、行政观念的根本变化，以及新的文化观念、管理思维和行为方式的诸多变化，即行政文化也必然要顺应行政组织变革，逐渐发展出电子政务文化。行政文化是电子政务文化的母本、根据，这决定了在既有行政体制内，电子政务文化并非全部取代行政文化，而是对其改良、提升和与时俱进，即是一种整合关系。这种整合的进程必然伴随治理过程，也就必然发生诸多矛盾和问题。

2. 电子政务文化与传统社会文化弊端的较量

电子政务文化深深扎根于中国文化土壤中，反映在行政行为、人员观念和业务流程等各个方面。也就是说，实践电子政务文化的主体、客体和中介无不深刻地打上了时代文化、传统文化的烙印，当电子政务文化以一种革除时弊的内容展现出来时，由传统行为模式、观念和意识编织起来的屏障将会对电子政务文化造成巨大阻拦和破坏。中国改革开放已经超过 40 年，但是，改革开放意识、市场意识至今还在与保守思维、钝化思维作斗争。电子政务文化要想得到社会的认可和接受，也会遭受较长时期的怀疑、攻击甚至诋毁。经历了新旧文化的较量，电子政务文化才有可能逐步成为社会文化新风尚。

（二）电子政务文化与公务员认知和素质的冲突

1. 公务员既是电子政务文化开拓者又是抵制者的角色冲突

在电子政务引起的行政模式变革中，公务员是主要参与者和实践者，感受和体会也应该是最深刻的。在日常和突发事件的行政管理活动中，公务员会在顺应时势变化和消极抵制间徘徊、博弈，进行利益最大化选择。部分公务员会积极推动和践行电子政务文化内容，推广电子政务文化，同样，也会有部分公务员消极或者拒绝接受电子政务文化，主要是新的文化很可能改变既有的行政文化，进而改变利益格局。此外，在某种情形下，公务员自身可能同时扮演电子政务文化开创者和抵制者的同一体角色，这必然给电子政务文化全面替代传统行政文化带来诸多障碍。

2. 公务员认识到并不代表做得到的文化愿景与能力的冲突

从行政伦理角度看，公务员都应该是善政者，但并不排除其能力与愿景的差距造成的行政偏差问题。也就是常说的每个公务员都可能认识到某种行政行为应该为或不为，但是，在能力不济的情况下，难以实现行政目标。电子政务文化充满时代文化魅力，更具有某种独特气质，如技术文化、网络文化特征。每个公务员都可能会积极培养和实践电子政务文化，但并不是每个人都能在短期内掌握电子政务文化的真谛，领悟电子政务文化的内容，由此造成的能力与愿景冲突，有可能打击公务员学习和践行电子政务文化的信心。

（三）电子政务文化与传统行政模式的冲突

1. 电子政务文化直指传统行政模式弊端

一般来说，人们把科层制行政组织模式称为传统行政模式。随着社会变迁，科层制管理模式的弊端掩盖了其光辉，具体运行中出现的问题更是饱受诟病。新公共行政模式无论是理念还是组织设计并不能完全解决科层制痼疾，直到电子政务在理念和实践上进入各国公共行政领域，终于在最少的公务员和最佳的公共行政间找到了平衡点。电子政务文化是适应电子政务的一种新兴文化，是坚决排斥传统行政模式、坚决革除传统行政模式弊端的革命性文化。传统行政模式在组织结构设计上不但会不甘退出历史舞台，而且会利用结构优势，压制电子政务文化的形成和发展，这种斗争会一直持续到完全建立电子政务行政模式。

2. 电子政务文化与电子政务间会有一个调适整合过程

尽管电子政务文化是电子政务的产物，但其一旦产生，就具有相对独立性，并且对电子政务发展有直接的引导或者抑制作用。行政文化与行政模式的关系演进过程表明，电子政务文化与电子政务之间不会总是表现出相适应性，而一定会出现超前或者落后的矛盾阶段，两者的调适整合过程就是行政模式和行政文化发展的过程。毫无疑问，这两者的调试过程不会是一帆风顺的，应该引起重视，在电子政务文化发展之初，就使其与电子政务相适应，而非成为绊脚石。

（四）电子政务文化自组织冲突

电子政务文化具有内在的结构和系统，其形成过程也是电子政务文化自组织冲突和融合的过程。自组织理论清楚地表明，事务内部会在内在矛盾的作用下，使各个要素自发地进行有序重组，这也是事物内部斗争的结果。电子政务文化作为新生事物，除了面临激烈的外部环境束缚和竞争，也面临着来自内部的重组、排序和优化等问题。自组织进程决定了其自身发展快慢，更决定了未来在文化图谱中的地位和形态，自组织程度决定了与外部要素、环境冲突的结果和未来走势。

### 三、电子政务文化与治理

中国电子政务文化建设方兴未艾，理论内涵不断拓展，实践诉求日趋强烈。随着电子治理的兴起，电子政务文化日益受到关注，理论界和实践界逐渐意识到电子治理不应该仅仅是电子政务自身软硬件建设、优化和发展的问题，还应包括电子政务文化，或者说电子政务文化本身就是一种电子治理模式。因此，当前研究电子政务文化建设，并且以治理思想和路径促进中国电子政务文化发展成熟，具有十分重要的理论和现实意义[7]。

电子政务发展经历了从无到有再到壮大的迅猛发展过程，电子治理已经成为当今电子政务发展的更高表现形式。电子治理内涵不断丰富，实践价值日益突出，文化治理价值开始逐渐受到人们重视。电子治理与电子政务文化之间应有的内在逻辑也逐渐清晰，即要全面实现电子治理离不开电子政务文化建设，两者是内在统一的关系，当下优先进行电子政务文化发展，已经成为电子治理的当务之急。

（一）电子政务文化是一种治理观

电子政务已经成为一种新的公共治理平台。电子政务治理内涵规范的对象是电子政务，手段是电子民主和服务等，具体过程包括：政策制定和修改过程中的电子参与；电子协商,即公民、利益团体和公务员的交互作用过程;参与式互动,即公众有权及时获取政务信息并参与其中。可见,电子政务文化的内涵深刻包含了一种文化层面的治理,即如果没有社会参与和互动等文化观念或者意识形态的指引,将无法实现电子政务在制度层面的设计和工具层面的具体实施。

(二)电子政务文化的实践治理价值

电子政务治理的主要对象是电子政务,就应该包括电子政务文化,反过来,电子政务文化又具有重要的治理功能,开展电子政务治理一方面是在积极培育电子政务文化,同时又得益于电子政务文化的社会治理功能。

电子政务文化具有指导、约束、创新电子政务治理的价值。根据马克思主义的观点,物质决定意识,意识反作用于物质。电子政务文化属于意识范畴,必然对电子政务、电子政务治理产生作用,从而影响整个现代行政系统,并达到治理的目的[8]。

电子政务文化能够不断提升电子治理水平,改善治理效率。电子政务文化是电子政务治理的主要内容,也是积极有效的治理手段。电子政务治理主要是通过技术、制度设计来实现的,电子政务文化治理则表现为文化的渗透、引导和服务,能够超越一定的物质约束,实现较高水平的电子政务治理。

电子政务文化治理具有深远的社会价值和持续的影响力。电子政务文化能够广泛地影响治理主体的行为和思想,并产生持续久远的效果。文化治理则是直接解决治理主体的认知、思维和价值判断,对治理主体产生深远持续的行为影响。一旦治理主体形成稳定的电子政务文化,必然会产生与之匹配的电子政务行为乃至社会行为,这比物质和制度约束更具有改造意义。

(三)电子政务治理与电子政务文化关系的逻辑梳理

电子政务治理与电子政务文化之间具有内在逻辑关系,是电子政务文化治理的关键前提。中国电子政务文化治理不同于国外之处在于,电子政务文化一方面尚处在培育发展中,需要正确地发展和构建;另一方面电子政务文化要积极参与电子政务治理进程中,发挥文化的治理价值。这种双重任务决定了中国电子政务文化治理之难,也决定了电子政务文化治理的重大研究意义。

1. 电子政务治理内在地包涵电子政务文化治理

电子政务治理是以信息技术为中介、以服务为原则,提高公众参与政府治理乃至公共治理的程度,促进公众与电子政务系统互动的一系列行为。电子政务治理的内涵和现实需要,都要求其包括电子政务文化治理,仅仅强调电子政务治理既不全面,也不准确。电子政务治理与电子政务文化治理构成了电子治理的两翼——物质和精神之翼。两者相互作用,才能实现电子政务治理的目的。目前的关键是把电子政务文化治理纳入电子政务治理范畴,统筹电子政务治理与电子政务文化治理,而不是偏废一端。

2. 电子政务治理离不开电子政务文化治理

电子政务治理的核心在于电子参与、公众与公务员的交互行为等。行为的效率取决于治理主体、参与者文化的认知和自觉行动理念的强弱。电子政务文化发展的程度和被人们接受的程度,均能够通过治理行为充分展示出来。电子政务文化实践价值全面而深刻,对电子政务治理效果的影响毋庸置疑。如果偏执于电子政务治理，忽略电子政务文化参与，治理目的是很难达成的。因此，电子政务治理需要电子政务文化治理，以文化的力量实现更好的治理目标。

3. 电子政务文化是实现电子政务治理的重要路径

电子政务文化参与电子政务治理主要体现在两方面：电子政务文化培育过程和电子政务文化治理过程。电子政务深厚的实践土壤以及中国行政文化、社会文化的独特养分，形成了中国电子政务文化的内容和表现形式。这个过程本身包含了文化整合、文化构建和文化价值彰显等诸多内容，其表现就是在先进的电子政务文化指引下，建构起符合电子政务发展规律的制度、行为、思维融合体系，促进电子政务治理效果不断彰显。电子政务文化治理则是遵循事物否定之否定的发展逻辑，不断自我创新电子政务文化内容和形式，发挥文化的社会治理价值，改善电子政务行为和社会公众的态度、评价等，促进建立具有民主性、透明性、参与性的公共管理和社会管理理念，实现社会电子治理的目标。

## 本 章 小 结

电子政务文化的出现和发展不是偶然的，是多种因素交叉积累的结果。对电子政务文化的解读和建构，是为了不断丰富行政文化的内涵和外延，更好地促进电子政务的应用。电子政务文化的概念和体系的成熟，是对电子政务治理的重要推进。电子政务文化是新型行政文化，其孕育、发展和成熟有其自身的规律，需要我们以系统的思维，扎根中国电子政务实践沃土，不断提炼电子政务文化及其治理的价值，在电子政务的治理实践中充分发挥电子政务文化的功能、作用和力量，形成文化与实践共同促进的良好局面。电子政务文化治理需要采取科学有效措施，探索出一条具有中国特色的电子政务文化治理之路，以实现电子政务文化的全面发展与繁荣，进而实现习近平总书记在中国共产党第二十次全国代表大会上的报告中提出的到二〇三五年基本建成"文化强国"的目标。

## 关 键 名 词

文化　技术文化　网络文化　行政文化　电子政务文化　文化结构　文化治理

## 思 考 题

1. 文化、技术文化、网络文化如何界定？
2. 什么是电子政务文化？它有哪些特点？
3. 电子政务文化包括哪些具体内容？
4. 电子政务文化建设目前面临哪些具体问题？
5. 如何更好地实施电子政务文化建设？

## 本 章 实 训

### 一、实训目的

1. 了解国家和本省电子政务文化建设的相关举措。
2. 基本掌握电子政务文化不同内容的具体分类以及相关进程。

### 二、实训内容

（一）实训资料

收集国家或者省区市与电子政务文化相关的政策文件、具体行动和建设成效。

（二）具体任务

以我国电子政务文化发展历程为例思考以下问题。

1. 系统分析我国电子政务文化从起步至当前建设经历的基本阶段、主要任务和阶段成果。
2. 全面分析我国电子政务文化建设进程中每个阶段面临的主要问题以及发展策略。

（三）任务要求

1. 采取多种手段收集我国电子政务文化在各个时期的政策举措和主要行动。
2. 深入探讨我国电子政务文化分阶段建设的历史背景和依据并尝试勾勒出简易时间路线图。

### 三、实训组织

1. 指导教师清楚理解并具备实训组织能力，具有合适的任务分配方法以及评价标准。
2. 班级成员以 4~6 人为一组，实行组长负责制，分工协作完成实训活动的记录和资料整理工作。
3. 各小组分别组织理论知识、相关文献的学习和讨论（可参考延伸阅读的内容），自行安排调研和资料收集，讨论、分析和按项目要求写出书面报告。
4. 各小组在班级进行 PPT 演示，汇报观点并讨论、交流。

### 四、实训步骤

1. 指导教师布置任务，指出实训要点、难点和注意事项。
2. 分组并选举组长，成员分工，讨论和制定工作流程与执行方案，报请教师指导、同意后执行。
3. 小组成员集体学习、讨论理论知识和相关文献，分工收集和整理资料。
4. 各小组组织讨论，按实训任务要求形成、归纳要点，完成书面报告。
5. 班级演示之后，指导教师点评和总结。

## 延 伸 阅 读

（1）2018联合国电子政府调查报告(中文版). 联合国经济和社会事务部[R]. 2018.
（2）陈德权. 电子政务基础、框架与趋向[M]. 北京：清华大学出版社, 2016.

## 参 考 文 献

[1] 江小涓. 数字时代的技术与文化[J]. 中国社会科学, 2021(8): 4-34, 204.
[2] 邓崧. 电子政务价值评估[M]. 北京：人民出版社, 2008.
[3] 齐冰. 论中国特色社会主义文化的先进性特质[J]. 中国社会科学院研究生院学报, 2014(6): 103-107.
[4] 熊英. 我国电子政务发展的行政文化障碍分析[J]. 科技进步与对策, 2003, 20(15): 135-137.
[5] 韦森. 文化与制序：修订增补版 [M]. 上海：上海三联书店, 2020.
[6] CNNIC发布第48次《中国互联网络发展状况统计报告》[EB/OL]. http://www.cnnic.cn/n4/2022/0401/c136-5278.html[2021-09-23].
[7] 陈德权, 黄萌萌, 王爱茹. 中国电子政务文化治理的实施路径研究[J]. 电子政务, 2014(8): 46-51.
[8] 易昌良. 国家治理现代化进程中的行政文化建设与创新[J]. 经济研究参考, 2014(63): 55-61.

# 第十章　电子政务信息安全

■ 引例：多个日本政府部门因供应商被黑客攻击致敏感数据泄露

2021年5月，日本国土交通省及国家网络安全中心（NISC[①]）宣布，攻击者未授权访问了富士通 ProjectWEB 信息共享工具，并借此窃取到部分政府客户数据。ProjectWEB 是一个由富士通管理并运营的云平台，可提供项目管理、安全检查工具、质量保证、修订管理和进度监视工具，主要供企业及各类组织的项目经理与利益相关方高效交换信息。该软件已被日本各政府机构和几家主要的私人公司广泛使用。经 ProjectWEB 实现对政府系统的未授权访问之后，攻击者已经成功接触至少 76 000 个邮箱地址与大量专有信息，比如邮箱系统设定等信息。外泄的邮箱地址还涉及多个外部组织，包括专家委员会成员的个人电子邮箱。日本媒体还报道称，东京附近的成田机场也受到此事件影响。攻击者设法窃取到机场的空中交通管制数据、航班时刻表与商业运作信息。此外，未授权攻击者也拿到了部分日本外务省数据。日本国土、基础设施、交通与旅游部已经确认了事件的真实性，各方已经及时收到了提醒通知。针对本次事件，内阁秘书处下辖国家网络安全中心先后发布多份公告，警告使用富士通工具的各政府机构及关键基础设施组织立即开展自查，核对是否存在未授权访问及信息泄露迹象。富士通公司已经紧急叫停其 ProjectWEB 门户，同时全面调查此次事件的影响范围与发生原因[1]。

**经验启示**

在互联网时代，网络攻击已不仅仅是黑客追求特殊嗜好、挑战自我或挑战世界的个人游戏，还有可能是由恐怖组织、极端组织、犯罪团伙、黑客组织等形成的隐秘的、商业化的产业链，给国家政治安全、经济安全、社会安全等造成了极大危害。各国政府部门在推进数字政府建设中正在与互联网企业等组织展开密切合作，并日益依赖多元主体合作，需要合作各方共担风险，以应对信息安全中的不确定性。在已经与物理世界深度融合的数字世界里，每一位公民、每一类组织、每一个国家乃至整个世界都必须正视信息安全问题。中国需要努力践行习近平倡导的"要提高网络综合治理能力，形成党委领导、政府管理、企业履责、社会监督、网民自律等多主体参与，经济、法律、技术等多种手段相结合的综合治网格局"。[2]

---

① NISC：National Internet Security Center。

**本章知识结构图**

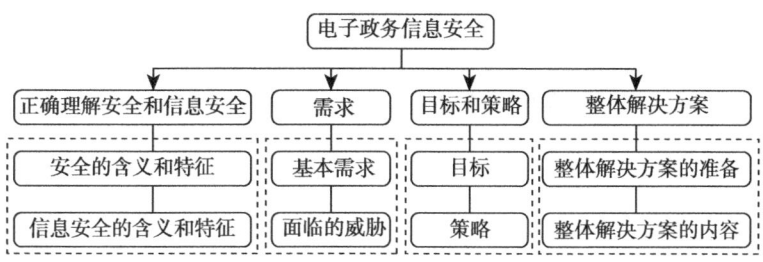

当今世界，安全问题已经成为世界性难题。数字政府面临着比以往任何时期都更加复杂难料的信息环境和数据形势。一方面，社会环境已等同于信息环境，正日益呈现出数字化、智能化和生态化态势，网络和信息技术的发展和应用在加速人类生产生活方式变迁、给社会带来根本性变革的同时，信息及其环境、主体、载体、内容、过程、后果的复杂性和不确定性也给政府在虚实时空履职带来前所未有的信息安全挑战。另一方面，各国面临的数据形势严峻，除了缘于国内海量数据的持续冲击之外，还缘于各国对数据权乃至数据主权的控制和争夺意愿，信息安全威胁主体构成的多元化和复杂化态势，以及信息安全风险因素的多样化和复合化趋势，信息安全问题已对世界和平乃至人类生存构成严重威胁。当前，攻击计算机、网络、网络上流动的信息甚至政府机关、工业基础设施等网络控制的实体设施的，不一定是传统上的国家、军队、政治集团，还有可能是恐怖组织、极端组织、犯罪团伙、黑客组织甚至个人[3]。电子政务信息安全既事关政务机关安全，又攸关企业安全、社会安全和公民个人安全，涉及国家安全的各个方面和各个层面，其作为国家安全的重要组成部分的重要性地位和战略性价值越发凸显。以习近平提出的"总体国家安全观"①统领电子政务信息安全及其体系建设，在理论上，就是要从整体着眼，在正确理解安全、信息安全概念的前提下，全面认识电子政务信息安全的风险因素及其应对策略，系统掌握电子政务信息安全整体解决方案；在实践中，就是要从具体入手，"推进国家安全体系和能力现代化，坚决维护国家安全和社会稳定"[4]。

## 第一节 正确理解安全和信息安全

2014年4月，习近平在中央国家安全委员会第一次会议上首次提出"总体国家安全观"①，强调从系统、全面、整体视角认识和把握国家安全问题。为贯彻落实总体国家安全观，我国国家安全体系进行了系列调整和重构，在2013年11月成立的中央国家安全委员会②的基础上，于2015年7月通过了新的《中华人民共和国国家安全法》，在将总体国家安全观具体落实到实践层面做出了重大努力。由此，总体国家安全观成为数字政府的核心理念，要求

---

① 《中央国家安全委员会第一次会议召开 习近平发表重要讲话》，http://www.gov.cn/xinwen/2014-04/15/content_2659641.htm，2014-04-15。

② 全称是中国共产党中央国家安全委员会，简称"国安委""中央国安委"，是中国共产党中央委员会下属机构。经由中国共产党第十八届中央委员会第三次全体会议提出，于2013年11月12日决定成立。中央国家安全委员会作为中共中央关于国家安全工作的决策和议事协调机构，主要职责是统筹协调涉及国家安全的重大事项和重要工作。

数字政府努力践行统筹政务信息发展与安全,并将之上升到总体国家安全高度。关注电子政务信息安全,不只要聚焦政府信息安全,还要聚焦其他政务机关信息安全;不只要涵盖信息建设及其管理的安全,还要涵盖信息基础设施、信息系统开发建设和运维的安全,以及建设主体、服务客体的安全,这些方面的发展都必须将安全建设列为重中之重。

## 一、安全的含义和特征

### (一)安全的含义

在我国古代,"安"和"全"是两个独立的词。对"安"字的最早定义——"安,定也"出自辞书之祖《尔雅》。"全"字的界定则从入从玉,《说文解字》将其解释为完美纯粹。"安全",即"无危则安,无缺则全"。《现代汉语词典》对安全的解释是:没有危险。安全所指对象是人,安全是人类生存和发展所需的必要状态和重要条件。

迄今为止,人类对安全(security)的含义理解多样,观点并未统一,总体归纳起来有两点:一是没有事故的状态;二是没有不可接受的事故发生风险的状态[5]。两类观点都认为安全是与事故、风险相对的一种状态。前者属于绝对安全观,后者属于相对安全观。相对而言,绝对安全观认为安全就是无事故、无危险、无损失发生的状态。例如,"安全是指人的身心免受外界因素影响的存在状态(或称健康条件)及其保障条件"[6];"安全,在客观的意义上,表明对所获得价值不存在威胁,在主观意义上,表明不存在这样的价值会受到攻击的恐惧"[7];"安全,主观上是指不存在担心外来攻击的恐惧感,客观上是指不存在外来攻击的状态或现实。"[8]绝对安全观是一种理想化的安全观,反映了人们对安全的美好愿望。相对安全观认为安全是一个相对的概念。比如,安全是"一定环境内,系统免受不可接受的风险的状态"[9];"安全是一定时空内理性人的身心免受外界危害的状态"[10];"安全是具有特定功能或属性的事物,在内部和外部因素及其相互作用下,足以保持其正常的、完好的状态,而免遭非期望损害的现象"[11];安全"是指秉持某种价值观的行为主体或组织,利用一系列手段和措施预防、遏止、排除各种消极的、不稳定的、破坏性的因素,使危害和动荡降至最低限度的状态。"[12]其中的理性人、不可接受的风险、非期望损害、最低限度都是相对的概念,既要相对法律、法规、社会价值取向的规定,又要相对客体的要求的满足,寻求的是变化中的动态的平衡。相对安全观是当下人们理解安全概念、思考安全问题和制订安全方案的主流观念。

安全的基本含义是免于危险的条件和感觉,以及确保此条件与感觉而进行的努力[13]。人类对安全的认知历程,经历了自发认识阶段(蒙昧无知,不能自觉地认识安全问题,只能使用零散的经验和伪科学的手段趋吉避祸)、局部认识阶段(能够认识局部发生的安全问题并采取专门的、零散的安全技术措施)、系统认识阶段(系统认识和整体考虑复杂系统的安全问题,采取系统化安全技术措施和安全管理手段)[14]、动态认识阶段(采取动态的安全系统工程技术措施,解决复杂联系的社会中随机发生的安全问题)。在这一系列发展过程中,人们在理性认知安全问题的基础上形成的客观判断是:风险是绝对存在的,绝对安全是不存在的。正确的安全观,就是既要承认人类对事故、风险、安全的认识是一个螺旋上升的过程,阶段性的最佳安全状态是可以实现的,又要承认人类对安全的认识是基于现实条件和特定目标的一种内在感受,不可避免地具有阶段性局限;既要认识到通过努力有可能无限趋近绝对安全状态,又要认识到可以通过把风险降低到最低限度或可容许的程度实现合理安全状态;既不能否认相对安全的价值,不顾客观实际过分强调绝对安全,也不能否认绝对安全的意义,降低安全目标和标准要求。

安全是一种价值、一种利益[13],很难对它进行精确度量。但是,安全是可以评估的,借助可接受的(事故发生)风险可以确定安全性。科学对待安全风险问题,就是要在事故、风险变化中反复地、由浅入深地实践、认识当下最佳安全平衡状态,寻求满足安全要素自身的安全性能与相互间的和谐统一,从而保障安全的阶段稳定性。

(二)安全的基本特征

安全是人类的基本需求。任何安全问题都不是局限于某一个体或组织的单纯问题,都有可能对其周围的人和物甚至环境产生不同的影响。如果把整个社会甚至整个世界看成一个巨系统的话,那么各个组织、每一个体就是这个巨系统的子系统或组成单元。每个组成单元或要素的安全协调是整个系统安全稳定运行的基础和保证,说明安全具有必要性、普遍性、社会性和系统性等特征。安全的社会性和系统性决定了安全的工程性。

安全的基本要素包括人、机、资源和环境,安全取决于要素的安全以及要素间关系(是由人在环境中通过机器使用资源而产生)的协调。它们之中任何一个环节失调都有可能对整体安全产生不良影响。由于影响因素多少、程度大小等难以精确测量,安全状态的存续方式必然带有随机性,安全因之具有多样性、全面性、多变性等特征。

安全的基本要素会因主体的安全要求、系统的安全特点、客体的安全目标、环境的安全结构的不同而各异,保障安全的条件、技术、时间、解决方案等是相对的,法律、法规、社会价值取向和评估标准也是相对的,即使人们考虑得再周全,也不可能做到绝对安全。作为安全管理的主体,人是安全管理的重点和难点,加之人与人之间的差异和自身的不稳定性,需要在健全法制、管理制度以及强化人员培训的基础上通过建立多样化的安全文化体系来满足安全管理需求,实现安全系统的可控性(包括人员可控、技术可控、产品可控、运行可控、制度可控以及应急处理和跟踪审计等多方面内容)。一个不可控的安全系统不但起不到真正的保护作用,反而可能是系统产生风险的根源。可见,安全具有复杂性、相对性、文化性、可控性等特征。

最后,安全需要资源投入,也会形成产出。一般情况下,对安全投入的资源越多,产出就会越多。但在实际工作中,对安全投入的资源并非越多越好,要依据保护目标的价值以及安全认识水平、安全技术水平和自身经济能力等来综合确定投入资源的多少,以保证安全投入和安全目标的平衡。从投入和产出两方面考量,安全表现出明显的经济性特征。

## 二、信息安全的含义和特征

信息的普遍性、共享性、增值性、可处理性和多效用性特性使其对人类具有特殊价值。作为一种重要资源,信息是任何组织、个体进行正常社会活动所不可或缺的。站在国家角度来看,信息安全涉及国家的根本利益和长治久安;对一个组织机构来说,信息安全关涉组织机构有序运转和持续发展,以政府为例,其管理和决策活动都是围绕着对信息的收集、分析、加工、处理、存储和传输等工作进行的;就个体而言,信息安全是保护个人机密信息及隐私的必然要求。由于电子政务应用涉及大量个人隐私、组织机密以及国家安全等内容,与整个国家、每一组织和每个公民的利益息息相关,因此,保证电子政务信息安全,不仅是保障政府管理和决策活动安全的要求,更是保障国家安全的要求。

信息安全有其自身的特点和规律,了解和掌握信息安全的发展历程,对正确理解信息安全概念进而有效解决信息安全问题非常必要。

(一)信息安全的含义

与信息一样,信息安全(information security[①])也是一个广泛、抽象和发展的概念。信息安全的发展演进,经历了通信保密阶段(现代密码体系——对称密码体系开始形成,重点关注信息的保密性,主要针对信息传输和存储的机密性,以防对信息的非授权访问)、计算机安全阶段(计算机病毒开始出现,互联网雏形形成,保证信息的可用性和完整性成为亟待解决的问题)、信息安全阶段(全球网络互联格局开始形成,互联网的匿名性和开放性带来新的安全挑战,用户身份鉴别、不可否认性、可跟踪性和可审计性等安全问题突出)、信息安全保障阶段(信息生存环境日趋严峻,强调基于整个信息保障体系为信息和信息系统提供动态的安全性保证,加强对信息安全事件和各种脆弱性的检测,以及提高应急反应能力和系统恢复能力)。2015年7月1日,第十二届全国人民代表大会常务委员会第十五次会议通过并开始施行的新的《中华人民共和国国家安全法》第二十五条规定"国家建设网络与信息安全保障体系,提升网络与信息安全保护能力,加强网络和信息技术的创新研究和开发应用,实现网络和信息核心技术、关键基础设施和重要领域信息系统及数据的安全可控;加强网络管理,防范、制止和依法惩治网络攻击、网络入侵、网络窃密、散布违法有害信息等网络违法犯罪行为,维护国家网络空间主权、安全和发展利益"。

由于在不同的发展阶段对信息安全有不同的认知,相应地就有了如表10-1所示的含义阐释,可见信息安全的内涵已从传统的保密性、可用性和完整性三个方面扩展到不可否认性、可跟踪性、可审计性、真实性、可核查性、可控性、可靠性、防抵赖性和可鉴别性等更多领域。

表10-1 信息安全的含义阐释

| 概念理解 | 出处 | 含义阐释 |
| --- | --- | --- |
| 计算机安全 | 国际标准化组织 | 为数据处理系统建立的安全保护,保护计算机硬件、软件和数据不因偶然和恶意遭到破坏、更改和泄露 |
| 计算机安全 | 中华人民共和国国家标准GB/T 25069—2010 | 采取适当措施保护数据和资源,使计算机系统免受偶然或恶意的修改、损害、访问、泄露等操作的危害 |

---

① 欧盟立法文件从最开始一直使用网络和信息安全(network and information security,NIS)的概念。

续表

| 概念理解 | 出处 | 含义阐释 |
|---|---|---|
| 信息安全 | 《美国联邦信息安全管理法案》（2002年） | 保护信息和信息系统不受未经授权的访问、使用、披露、破坏、修改或者销毁，以确保信息的完整性、保密性和可用性 |
| 网络和信息安全 | 欧盟法规 No 460/2004 | 网络或信息系统在一定的可信度下抵御突发事件、非法或恶意行为的能力，这些行为会危害其所存储或传输的数据的可用性、真实性、完整性以及保密性，危害通过这些网络和系统提供的或者可获得的相关服务 |
| 网络安全 | 《中华人民共和国网络安全法》（2016年） | 通过采取必要措施，防范对网络的攻击、侵入、干扰、破坏和非法使用以及意外事故，使网络处于稳定可靠运行的状态，以及保障网络数据的完整性、保密性、可用性的能力 |
| 信息安全 | 《信息安全、网络安全和隐私保护–信息安全管理体系–要求》ISO/IEC 27001：2022 | 保护信息的保密性、完整性、可用性及其他属性，如：真实性、可核查性、可控性、可靠性、防抵赖性 |
| 信息安全 | 《信息技术 安全技术 信息安全管理体系 概述和词汇》GB/T 29246—2017 或 ISO/IEC27000：2016 | 对信息的保密性、完整性和可用性的保持。另外，也可包括诸如真实性、可核查性、防抵赖性和可靠性等其他属性 |
| 信息安全保障 | 美国国防部《S-3600.1信息作战》指令（1995年） | 通过确保信息和信息系统的可用性、完整性、可鉴别性、保密性和防抵赖性来保护信息和信息系统的信息作战行动，包括综合利用保护、探测和响应能力恢复系统的功能 |
| 信息安全保障 | 美国国家安全局《信息保障技术框架（IATF 3.1）》（2002年） | 核心思想是纵深防御战略，就是采用一个多层次的、纵深的安全措施来保障用户信息及信息系统的安全。在纵深防御战略中，人、技术和操作是三个主要核心因素 |
| 信息安全保障 | 中华人民共和国国家标准 GB/T 31495.1—2015 | 对信息和信息系统的安全属性及功能、效率进行保障的一系列适当行为或过程 |

一般地，狭义的信息安全只涉及信息本身的安全，广义的信息安全则涉及信息、人、制度、系统和网络等诸多要素的安全。信息的安全是其根本问题、主要矛盾和重要因素；人的安全是指其主体的安全，被视为保证信息安全的内在决定性因素；制度的安全是指其法律（包括宪法和各种具体法规）、规章（包括政务部门制定的条例）、习惯、道德等管理手段的安全；系统和网络的安全是指其技术手段的安全。要素间关系是由人通过网络应用系统依据制度使用信息而产生，所以信息安全整体或总体信息安全，就应该由相关要素的安全有机组成，它们之间主次分明、相辅相成、缺一不可。任何一个要素的任何一个环节不安全，都有可能导致整体不安全。信息安全的任务，就是要采取技术的和管理的措施，使信息和信息系统免遭威胁或者将威胁带来的负面影响降到最低程度。

（二）信息安全的主要特征

信息安全与传统安全有着本质上的不同，除具有典型的非传统安全的特征[①]之外，主

---

[①] 非传统安全包括经济安全、金融安全、生态环境安全、信息安全、资源安全、恐怖主义、武器扩散、疾病蔓延、跨国犯罪、走私贩毒、非法移民、海盗、洗钱等，其特征包括跨国性、不确定性、转化性、动态性、主权性、协作性。

要存在威胁的多元性、攻防的非对称性、影响的广泛性等特征[15]。

1. 威胁的多元性

信息安全威胁是指对信息资源的机密性、完整性、不可否认性、可用性、可控性等发动的攻击或破坏，或非法使用造成的风险。传统威胁的一个显著特点是要与威胁的目标无限接近，信息安全威胁则是另外一种形态，任何个人或群体在任何时间、任何角落都可以发动攻击，且威胁的多元性明显，主要体现在主体多元（包括人和自然）、手段多元（包括传播、发布危害国家利益、侵蚀民族文化、煽动民族分裂、侮辱诽谤他人、宣扬暴力色情等信息的手段；通过木马、病毒等技术手段入侵他人或组织系统、侵害他人利益；通过社会工程攻击①手段发起的攻击等）、目标多元（包括政治诉求，经济利益，窃取政治、经济、军事情报，进行军事打击，颠覆国家政权等）等方面。

2. 攻防的非对称性

面对信息安全攻击，信息系统之所以体现出明显的脆弱性，源于攻防技术的非对称性和攻防成本的非对称性。

1）攻防技术的非对称性

构建一套完备的信息安全体系是一项复杂的系统工程，需要在全面评估安全风险的基础上制订比较完善的信息安全解决方案，从整体上解决信息安全的需求，因此涉及很多复杂的策略性和技术性问题。无论安全体系多么健全，采用的技术手段多么先进，由于技术本身的复杂性越来越高，以及技术自身避免不了的脆弱性和缺陷，人们都不得不接受安全体系存在缺陷和漏洞的现实。再加上开放的、本来就不安全的网络连接，更增加了安全体系的不确定性。但作为攻击者则完全是另外一种情况。攻击者往往是针对安全体系本身某一个或几个缺陷或漏洞发动攻击，一般性攻击的技术门槛很低。即使不是专业人员，不是很了解整个系统的结构，不太掌握程序设计，只要拥有简单的可以上网的设备或是一台移动终端，就可利用网上随处可以下载的攻击程序实施攻击。当然，专业的、具有强大组织背景和国家背景的攻击主体更是防不胜防。

2）攻防成本的非对称性

攻防技术的非对称性决定了攻防成本的非对称性。互联网的开放性、全球互联性，在增加网络攻击的隐蔽性和不确定性的同时，也使网络攻击投入成本低廉。一台简单的可以联网的设备或移动终端配合攻击程序就可以完成网络攻击。随着并行计算、云计算技术的日臻成熟，网上可资利用的各种类型的计算资源更为庞大，一个普通的个体在短时间内就能让花费大量人力、物力、财力建立起来的信息安全系统失效②，犯罪成本极低。即使针对高度复杂的卫星通信技术，攻击者用有限的投资也可以达到攻击目的。与攻击物理目标不同，网络攻击避免了与攻击目标物理上接近的困难，攻击可以从世界上任何地点发起，可以自动调动世界各地的网络资源对目标发起联合进攻，而且真正的攻击者往往可以通过各种技术手段隐藏其真实身份，要在有限的时间内准确跟踪、定位出攻击者难度很大。对

---

① 美国社会工程学家克里斯·海德纳吉（Chris Hadnagy）将社会工程攻击定义为：一个操纵他人采取特定行动的行为。该行动不一定符合目标人的最佳利益，其结果包括获得信息、取得访问权限或让目标采取特定的行动。

② 系统失效，是指因自然灾害、系统自身缺陷、误操作以及人为破坏而造成的信息系统不能按照原有逻辑正常工作的状态，一般分为物理失效和逻辑失效。

于某些大型网络攻击，需要跨部门、跨国家联合行动，配合难度很高。即使定位出攻击者，尤其是境外的攻击者，由于各国的法律约束差别很大，再加上法律对于网络攻击的定罪量刑普遍滞后，要想追究攻击者的法律责任，使其真正受到法律惩处也很困难。

3. 影响的广泛性

从网民数量上看，我国已是网络大国；从整体网络水平来看，我国并非网络强国。尤其是在信息安全领域，与发达国家相比我国还存在明显差距，面临的挑战越来越大。在现有技术和管理条件下，如何保证信息安全已成为关乎百姓生活质量、企业有序运转、军队作战指挥、政府高效服务和决策的国家战略问题。大数据时代的信息融合会贯通线上线下、跨越软件硬件、涵括人体物体，信息安全涉及的性质、时间、空间、内容、形态被重构，呈现出大联网、大集中、大流动和大渗透等新特征[16]，信息安全管理呈现出前所未有的复杂性、交织性、动态性和综合性[17]。面对国际形势日益复杂、全局性网络攻击与日俱增的境况，信息安全影响的范围越来越广泛。

信息安全是电子政务有效运作的必要前提，也是数字政府构建成功的重要保证，关系到国家的长治久安，需要特别重视并提高保障力度加以解决。

## 第二节　电子政务信息安全的需求

电子政务信息安全，主要是指保护政务信息资源不受侵犯，使其面临最小的风险和获得最大的利益。其宗旨是要在充分评估电子政务系统建设和实施过程中所面临的各种安全风险的基础上，最大限度地保护硬件、软件、信息和网络的安全，核心问题是保护信息安全，以确保政务部门在网上能够进行高效的服务和决策。电子政务信息安全的特殊性主要体现在：它既涉及政务部门安全，又涉及国家安全；既关涉技术安全，又关涉政治安全、经济安全、社会安全；既要求保密，又要求公开；既着重改善外部关系，以促进政民互动，引导经济和社会进程，又着眼部门间关系协调，以促进内部合理分工、相互制约与协调配合[18]；既要求公共职能履行与 Internet 互联，又要求核心业务管理与 Internet 隔离。因此，电子政务的不同安全域对信息安全的需求不同。本节将在介绍电子政务信息安全的基本需求之后从技术和管理两方面探讨电子政务信息安全面临的威胁。

**一、电子政务信息安全的基本需求**

电子政务信息安全的基本需求包括机密性、完整性和可用性，还包括不可否认性、可控性和真实性。

（一）机密性

机密性也称保密性。机密性要求信息不为非法用户所知、所用。在电子政务系统中，敏感、机密的信息或数据有可能在传输过程中被非法用户截取，因此要求系统应能防止信息的非授权泄露，即防止信息泄露给不应该拥有该信息的用户、实体或进程等。这就要求在技术上能够预防外界通过搭线和电磁泄漏等手段获取信息，能够通过对业务流量的分析获取有价值的情报或预防其他损害系统机密性的行为。通常要求采用信息加密技术来保证信息的机密性。

## （二）完整性

完整性是指未经授权不能对信息进行修改的特性，即信息在传送或存储过程中不能被截取或破坏（包括篡改、重放或延迟），或只有得到允许的人才能修改数据。系统中的软件和数据未经授权不得改变的特性，包括软件（程序）完整性和数据完整性两个方面，即系统中使用的软件未经授权不得删改，数据在存储和传输过程中必须保证不被修改、不遭破坏、不能丢失。当信息出现意外改变时，即是丧失了完整性。因此，需要从技术上预防随意生成、修改和删除信息等操作，同时还要防止在数据传输过程中出现信息丢失、重复以及次序上的错误等情况，以保证信息的可靠性。

## （三）可用性

可用性是软件或系统的最基本特性，是指被授权用户或实体可以进行访问并按规定要求使用信息或数据的特性，即当合法用户或实体需要访问软件或系统、信息或数据时能够被满足的特性。可用性与环境、网络、软件或系统以及信息或数据的安全、可靠、稳定等特性直接相关。

## （四）不可否认性

不可否认性是指证实行为已经发生的特性，以保证行为不可抵赖。不可否认性以身份确认为前提。只有在保证实体身份的基础上，才能做到实体行为的不可否认性，也才能实现对实体及其行为的跟踪、鉴别、核查或审计。不可否认性主要依靠数字签名技术实现。数字签名（也称电子签名）类似人的手写签名，在签名中包含难伪造的签名主体的个性信息。不可否认性是网络世界中信用保障的核心体现，因此，其依赖的电子签名技术受到世界各国的普遍重视，我国通过了《中华人民共和国电子签名法》，以确定电子签名在数字世界中的法律地位。

## （五）可控性

可控性是指对信息的内容、访问以及传播方式具有控制能力的一种特性。在电子政务系统中，要求能够在任何必要的情况下不受阻碍地实施对信息以及信息系统的操作行为的监控管理。

## （六）真实性

真实性，也叫准确性，是指信息反映和描述客观世界及其变化的准确程度。真实性要求信息如实反映客观事物的现状和变化，以便在指导和控制决策活动中真正发挥作用。信息真实性与信息价值紧密相连。信息的完整性是信息真实性的根本要求。

## 二、电子政务信息安全面临的威胁[19]

电子政务信息安全威胁是指对电子政务信息的机密性、完整性、可用性、不可否认性、可控性、真实性的破坏，或对其合法使用可能造成的风险，主要来自技术和管理两个方面。

### （一）技术风险

数字政府行使政府职能的特点易招致来自外部或内部的各种攻击，包括谋求经济利益的个人或群体、带有国家属性的工业间谍或情报机关、有强烈的政治目的的犯罪集团或恐怖组织，甚至有可能是国家的网络战部队的攻击。实施攻击的技术手段主要包括基于监听、截获、窃取、破译、业务流量分析、电磁信息提取等技术的被动攻击，以及基于修改、伪造、破坏、冒充、病毒扩散等技术的主动攻击。来自技术方面的安全风险主要包括物理安全风险、链路安全风险、网络安全风险、系统安全风险和应用安全风险五个方面。

1. 物理安全风险

物理安全涉及的风险主要包括：①对信息化基础设施的直接破坏，如切断通信电缆、损毁通信设备和存储设备。②对电子供应设施的破坏，如切断电源、电源故障、电压不稳、电力供应不足等，导致设备断电，造成信息的毁坏或丢失。③各种自然灾害（如水灾、火灾、地震、台风、雷电等）、物理设备（如计算机设备、网络设备、存储介质等）自身的老化和损坏等环境事故可能导致整个系统毁灭。④设备被盗、被毁造成数据丢失或信息泄露。⑤静电、强磁场、电磁辐射可能带来的破坏，如设备短路、存储介质毁坏等，可能造成数据信息毁坏、被窃取或偷阅。⑥报警系统的设计不足或故障可能造成误报或漏报。这些物理风险主要来自操作失误（如使用者错误格式化硬盘等）、人为的破坏和物理自然环境的恶化等。

2. 链路安全风险

入侵者可能在传输链路上利用搭线窃听等方式截获机密信息，再通过一些技术手段读出信息；或通过对信息流向、流量、通信频度和长度等参数的分析，推导出有用信息，如用户口令、账号等；或进行一些篡改来破坏数据的完整性。

3. 网络安全风险

网络的互联方式、规模、提供服务的方式、知名度以及对安全事故的准备情况等因素都会影响到网络安全风险及其程度。加之政务部门的政治、经济和资源特性，其信息资源受到关注的程度更高，使电子政务网络面临的安全威胁更为严重。

一般来说，网络安全涉及的风险主要包括：①非授权访问，是指没有预先经过同意就使用网络资源。如：有意避开系统访问控制机制，对网络资源进行违法操作；擅自扩大权限，越权访问信息；等等。②信息泄漏，是指敏感数据在有意或无意中被泄露或透露给某个非授权的人或实体。这种威胁主要来自诸如窃听、搭线或其他更加错综复杂的信息探测攻击。③破坏数据完整性，是指以非法手段窃得对数据的使用权，删除、修改、插入或重发某些重要信息，以取得有益于攻击者的响应；或恶意添加、修改数据损害数据的一致性，干扰用户的正常使用。④拒绝服务攻击，是指可以阻止用户对部分或全部系统的访问的行为。其实现方法通常是：通过向某个连接到局域网或者互联网的设备发送大量杂乱的或者无法控制的数据，不断对网络服务系统进行干扰，改变其正常的作业流程，执行无关程序，使系统响应减慢甚至瘫痪，从而影响用户的正常使用，甚至使合法用户被排斥而不能进入网络系统或不能得到相应的服务。更严重的是分布式拒绝服务攻击，这种攻击会危及多个设备或者主机的安全。⑤传播病毒，主要是指通过网络传播计算机病毒，其破坏性远大于单机系统，而且用户很难防范。假如内网的一个系统或一台设备被病毒感染，就有可能会影响同一网络上的其他系统甚至造成整个网络瘫痪。

4. 系统安全风险

操作系统以及底层支撑系统多来自国外公司。很多系统有漏洞和"后门"，即公司在各种软硬件中有意或无意间留下的特殊代码，通过这些代码可以获得软硬件设备的标识信息或操作系统特权控制的信息。如：英特尔公司曾在 Pentium Ⅲ 中设置过序列码功能，该功能留有自动传送计算机有关硬件方面信息的"后门"；微软公司的 Windows95 会悄悄地向微软发送用户计算机中的信息；Windows98 则会根据用户计算机的硬件配置情况生成一串与用户名和地址相关的硬件标识码——全球唯一的识别码，这个识别码会通过 Windows98 的注册程序自动传送到微软的网站上去，用以追踪一些电子文件作者的身份。即使用户已经指明不要这样操作，注册程序还是会在用户不知情的情况下将这些信息悄悄地发送给微软。类似情况都会不同程度地带来暴露身份和泄露机密的可能，从而对系统构成安全威胁。

5. 应用安全风险

电子政务应用系统是软件。软件既是重要的系统资源，是安全保护的对象，是安全控制的措施，又是危害安全的途径和手段，而且由于电子政务应用系统直接面向业务进行信息处理，其业务范围广泛、应用主体众多，涉及复杂的权限管理和业务责任等，应用系统极为复杂，程序量很大，设计失误的风险难免增多，加之还涉及软件开发人员的品行的可靠性问题，所以，软件本身具有脆弱性。如果考虑不周，或者受设计者本身的技术能力限制，则应用系统的各组成部分和整个网络，从系统集成、网络设计到计算机各个元器件、网络设备、安全专用设备、操作系统、网络协议、应用软件等，都有可能无意识地留下可供攻击者开发利用的一些特性，致使应用系统存在安全弱点或隐患，直接影响应用系统的使用效果。

应用安全主要是应用系统自身的安全和数据信息的安全。其内容包括：①合法性，包括对信息系统操作的合法性、信息系统用户身份的合法性；②规范性，是指在应用、操作和维护上必须遵守一定的安全技术规范；③安全性，是指信息系统和应用程序自身不能存在安全漏洞，应用过程中处理的各类信息不被泄露、篡改、假冒或抵赖等；④兼容性，是指硬件之间、软件之间或软硬件组合系统之间相互协调工作的程度。对应用系统来说，不同的信息系统或应用程序应该能够相互配合、稳定地工作在若干个操作系统之中，应该具有良好的信息交换能力。

电子政务面向全社会提供公共信息和公共服务，其应用系统的服务对象十分广泛，势必要求其应用系统运行具有可靠性、可控性和可跟踪性，即保证系统没有易招致攻击的漏洞或"后门"，管理部门对系统有足够的管控能力，对系统的运行能够实施有效跟踪、监测并能及时发现和解决问题。此外，还要求应用系统具有开放性，对网络中其他不同的应用系统具有良好的兼容性，并且应该是可扩充的，能够适应公众需求的不断变化。

（二）管理风险

研究表明：在以往的网络安全攻击事件中，约有 70% 来自网络内部的侵犯，说明信息安全问题绝大部分都是来自内部。内部安全管理组织不健全，管理制度不规范且缺乏可操作性，日常管理松懈，管理人员素质低，网络安全管理制度不健全或不能实施，这些都是造成攻击者频频得手的主要原因。此外，人们的安全意识薄弱、技术力量严重不足、安全制度执行不力等，会使怀有恶意的内部人员成为最难防范的敌人，造成最大的安全隐患。

来自内部的安全威胁主要有：内部人员故意泄露网络结构；安全管理员有意透露其用户名及口令；内部不怀好意的人员编写破坏程序在内网上传播；内部人员通过各种方式盗取他人的涉密信息并传播出去；内部操作人员因误操作引起的数据完整性破坏、数据泄露、信息系统或网络无法正常运行等。大多数技术安全措施，如防火墙、入侵者探测系统等旨在对付来自系统外部的攻击，对内部的攻击却束手无策，这是因为内部人员对系统的工作原理和脆弱之处非常了解，他们熟悉组织结构，得到了系统的充分信任，也知道系统如何针对他们的行为进行调查，他们可以利用系统本身的资源来对付系统。为此，除了需要制定一系列信息和信息系统的安全标准之外，还需要在设计技术安全措施的同时同步考虑管理安全措施的制定，后者对政务部门来说更为重要。

尽管电子政务管理安全问题已受到了极大的关注，但在实践中对其重视程度仍显不足。一些政务部门把自身网络运行管理的权责交给事业单位的技术人员甚至是公司的技术人员负责，对网络、系统、应用和信息方面的安全监督检查近乎空白，使政务网络运行在一种几乎不设防的状态下。还有一些政府部门在网络互联后仍采取单兵把守、分散作业的模式，或者内部没有明确的安全管理机构，或者即使有安全管理机构但各联网部门并没有统一的安全管理机构，这使得电子政务管理安全责任不清、主体不明，客观上造成具体的管理安全任务无法落实到人、到位的状况，真正遇到威胁、出现问题时没人管、没人负责。

电子政务信息安全是一个系统的概念，既包括由技术原因引起的安全隐患，也包括由管理原因引起的安全问题。因此仅仅依靠信息安全技术和产品是不可能达成有效的信息安全保障的。要全面解决电子政务信息安全问题，管理工作（包括组织和制度建设等）必须加强，这对保障电子政务信息安全整体至关重要，为此，制定有针对性的信息安全的策略是电子政务信息安全整体建设的基础和保障。

## 第三节 电子政务信息安全的目标和策略

电子政务信息安全是一个涉及环境、技术、设备、人、管理等多方面的复杂系统工程。但是，无论它有多么复杂，无非是要解决技术本身的安全问题和使用技术的人的安全问题。技术安全是基础，管理安全是核心，技术安全为管理安全服务，是实施管理安全的工具与保障。本节从技术和管理两方面探讨电子政务信息安全的目标和策略。

### 一、电子政务信息安全的目标

电子政务信息安全的目标是保护政务信息资源不受侵犯、面临最小的风险和获得最大的利益。分析电子政务信息安全风险，可以概括电子政务信息安全的目标，主要反映在技术安全和管理安全两方面。

（一）技术安全

技术安全是指人类在利用技术改造、控制自然而满足自己需要的过程中，避免自身利益受到威胁和侵害的客观的价值存在，其目的是实现人与技术的和谐共存[12]。一方面，技术已成为人与自然的核心因素，在社会生活中占据越来越重要的位置，也产生了越来越严重的安全问题。技术的存在和发展有可能对人与自然构成威胁,还存在着难以预料的不确定性风险。良好的技术安全体系应该包括保障、防御、监控和认证四个基本要素,涵盖防火墙技术、防病毒技术、入侵检测与漏洞扫描技术、认证与加密技术,以提高防护、检测、响应、恢复和对抗攻击的能力,保证数据的安全和系统的可用性。另一方面,必须提高核心技术的国产化和自主开发能力,同时对电子政务网络中使用的所有设备、软件进行严格的安全检测。

技术安全涉及以下概念。

(1)安全攻击:各种危害信息安全的行为。根据行为的特征又可分为主动攻击和被动攻击。主动攻击包括破坏基础设施、电磁干扰、蓄意备份未授权信息、删除或修改网站上的信息、在网上扩散病毒等行为;被动攻击包括对网站上的信息进行监听、截获、窃取、破译、业务流量分析和电磁信息提取等。

(2)安全机制:人们为了保证信息系统安全运行所采用的安全技术、方法以及措施。安全机制包括访问控制机制、数据加密机制、数字签名机制、PKI身份认证机制、病毒防治机制、数据备份与灾难恢复机制等,内容很多也很复杂,体现在系统建设的各个方面和各个阶段。在安全机制的基础上,可以针对系统实际特性调整实现策略。

(3)安全服务:可以提高数据或信息处理、传输安全性的服务。一项安全服务可能是几种安全机制的组合,比如,数字证书服务就是密钥加密、信息摘要和数字时间戳等多种技术的结合,来保证信息的完整性、真实性和不可否认性。

(4)安全系统:借助一种或多种安全服务或机制实现的操作平台或应用系统。

(二)管理安全

信息安全最大的隐患在于管理。管理安全主要是指通过提高管理者的安全意识,制定统一的安全管理规范以及相关的法律、法规、政策、制度和安全管理手段等,来堵塞各种安全管理漏洞,保障信息系统安全运行。

管理安全是电子政务整体信息安全的核心,它贯穿电子政务技术安全内容的各个方面,是安全技术发挥作用的保证。一般在构建安全系统时,容易只关注技术安全和设备安全而忽视管理安全,殊不知很多安全问题都和管理上的疏忽有关。在整个安全体系中,安全管理策略与安全技术密不可分,只有将两者有机结合、融为一体,才能有效地保证电子政务信息安全。

## 二、电子政务信息安全的策略

安全策略是指在一个特定的环境里,为保证提供一定级别的安全保护所必须遵守的规则。电子政务信息安全所必须遵守的规则包括坚持四项基本原则、开展五项具体工作。

四项基本原则包括:①安全分级原则。我国《信息系统安全等级保护实施指南》,要求根据政务信息的不同密级,还有信息系统受到破坏进而对公民、法人、其他组织的合法权益以及社会秩序、公共利益和国家安全造成损害的程度进行分级,采取不同等级的安全技术、安全产品、安全制度,实行等级保护(如自主保护级、指导保护级、监督保护级、强制保护级、专控保护级),并对涉及国家安全、社会秩序和公共利益的重要信息系统及其核心子系统进行重点保护。②同步建设原则。要求信息安全保障体系与信息系统运行在时间上重叠并步调一致。《中华人民共和国网络安全法》第三十三条规定：建设关键信息基础设施[①]应当确保其具有支持业务稳定、持续运行的性能，并保证安全技术措施同步规划、同步建设、同步使用。③多重防护原则。要求不同层次的政务系统采用不同的安全产品、安全技术和安全策略，利用多重安全结构、多道安全屏障动态调整保护策略，抵御技术和管理风险，把设施和活动都置于多重保护之下。④合法性原则。要求电子政务信息安全产品的研制、生产、销售和信息系统的建设，必须严格遵循国家信息安全管理方面的法律法规以及行业规范，同时还要结合各政务机关的特点制定切实有效、合法合规的管理策略和方法。

五项具体工作包括：①安全保障体系建设，内容涵盖安全管理策略规范、物理安全建设规范、网络安全规范、信息安全规范、数字证书管理规范、应用系统安全规范、系统管理规范、应急系统构建规范等。②安全与应用并行，要求将电子政务安全保障体系建设纳入电子政务总体建设规划中进行统一安排、统筹考虑，不过分强调各部门或业务的独立性。③信息安全体系建设，要求建立健全信息安全机制，保证满足电子政务信息安全的基本需求，确保电子政务系统用户身份安全认证，以及信息的安全处理、安全存储和安全传输。④支撑平台与安全产品选择，要求根据安全策略选择经国家权威部门检测通过的产品，在满足需要的前提下优先选择国产产品，以减少安全隐患。⑤技术产品安全评估和信息安全评估工作同时进行，并以此为基础，对政务信息进行严格分类，跟踪信息变化情况，明确各种信息的访问权限，合理调整信息加密强度。

电子政务信息安全遵循木桶原理，即一个木桶的容积取决于组成它的最短的一块木板，同理，电子政务信息安全强度与它最薄弱环节的安全强度相当。为此，针对电子政务信息安全的各种基本需求和各类安全威胁，合适的策略不能忽视以下任何一个环节。

（一）针对电子政务信息安全基本需求的策略

要保证电子政务信息安全的基本需求，须采取以下应对措施。

（1）使用加密机制，确保信息不暴露给未授权的实体或进程，即未授权者看不懂，以保证信息的机密性。

（2）使用数据完整性鉴别机制，保证只有得到授权的人才能修改数据，而其他人改不了，以保证信息的完整性。

（3）使用访问控制机制，阻止未授权用户进入网络，即非法用户进不来，以保证信息只提供给合法用户使用，实现信息的可用性。

（4）使用审计、监控、跟踪、防抵赖等安全机制，使攻击者、破坏者、抵赖者走不脱，并进一步对出现的安全问题提供调查依据和手段，实现信息安全的可审查性，从而保证信息的不可否认性。

（5）使用授权机制，实现对用户的权限控制，即不该拿走的拿不走，同时结合内容

---

[①] 关键信息基础设施包括公共通信和信息服务、能源、交通、水利、金融、公共服务、电子政务等重要行业和领域的信息基础设施。

审计机制,实现对网络资源及信息的可控性。

(6) 使用保障、防御、监控和认证等安全机制,尽可能地避免信息筛选中的人为臆断,防止信息加工处理中的失真,减少信息传输中的干扰和失误现象,确保信息假不了,从而保证信息的真实性。

由于电子政务信息的安全和共享是一对悖论,信息的安全性与可用性也是一对悖论,因此,在制订电子政务信息安全解决方案时,要充分考虑政务的特性和要求,将技术与管理有机结合,在进行安全评估的基础上确定合适的方案。

(二)针对电子政务信息安全威胁的策略

基于对电子政务系统可能遭受的各种安全风险的全面理解,电子政务建设各相关方对电子政务系统中的不同层次要采取针对性的安全策略。

1. 物理安全

为充分发挥电子政务系统的性能,确保系统及相关设施运行正常,对计算机及其附属设备、设施(包括机房建筑、供电电源、空调等)、环境以及其他媒体等要采取适当的安全措施,以保证物理设施的安全,这就是物理安全,也称实体安全。它主要包括三方面内容:①环境安全,即对系统所在环境的安全保护,如机房的安全技术要求、实体访问控制和灾难保护等;②设备安全,主要包括设备的防盗、防毁、防磁场、防静电、防电磁波辐射与干扰及电源保护等;③媒体安全,包括媒体数据的安全及媒体本身的安全。

为保证物理安全,一方面,可以通过建立备用系统、双机热备、故障隔离机制、电磁波干扰或屏蔽,以及机房的防火、防盗措施等,保障系统即使遭遇危机也能正常运转;另一方面,针对重要信息可能通过电磁辐射或线路干扰被泄露等问题,需要对主机房和重要信息的存储、收发部门进行必要的安全保护设计,如构建屏蔽室、采用辐射干扰机、采取防止电磁辐射泄露机密信息等措施,以防范或减少可能遭受的安全风险。

2. 链路安全

链路安全就是要求数据在链路上传输必须加密,即使信息在链路上被非法截获,明文信息也不会暴露,信息也不能被篡改。

3. 网络安全

网络安全是指利用网络安全检测、网络监控与入侵防范等手段,防止非法用户穿过系统的访问控制读取特权数据或对系统进行破坏。从技术的角度分析,网络安全包括技术防护和技术监督两个部分。相对而言,技术防护是一种主动的行为,其目标是降低或避免风险,主要依靠经过分析掌握的安全风险评估结果,针对已知的网络安全威胁采取主动防御。虽然看似主动行为,但在面对网络攻击时,防护却往往表现被动。技术监督则是当某一威胁不是一种可能,而是已经成为攻击现实的时候,如何通过技术手段发现这种攻击,并适时采取应对措施,以降低攻击所造成的损失的一种能力。当攻击真正发生时,系统的监督、检测以及快速反应机制更为重要。

4. 系统安全

系统安全通常是指网络操作系统、数据库系统以及其他底层支撑系统的安全,目的是建立一个可信的安全操作环境。为避免在核心技术方面受制于人,保证信息安全,国家必须重视具有民族自主知识产权的信息安全技术和产品的研发与应用，逐步从关键产品开始替代国外产品，尤其在重要领域及要害部门更应如此。

支撑系统的安全性除取决于系统产品自身的技术特性、产品特性及安全特性外，还与系统本身以及系统间的合理配置和合理选择有很大的关系。

5．应用安全

应用安全是指为保障应用系统功能的安全实现，提供包括风险分析、权限管理、访问控制、审计跟踪、备份与恢复等在内的一系列安全措施，以保护信息处理过程的安全。

6．管理安全

针对管理安全，可以采取安全评估、安全政策、安全标准、安全制度和安全审计等策略。

1）安全评估

安全评估是从政治、经济、技术等方面确定电子政务系统中信息安全的重要性，包括：不同的系统受到哪些不同的潜在威胁？威胁的严重程度如何？威胁将造成什么样的后果？怎样才能确定系统究竟需要什么样的安全措施？安全评估是决定制定何种安全标准以及采用怎样的安全技术和手段的前提。

2）安全政策

安全政策是在安全评估的基础上制定的。安全政策包括信息系统安全等级的分类、与安全等级相对应的安全措施的要求、对参与系统开发与运行的企业（特别是外企）的要求和约束、系统安全的审计、安全问题的报告制度和程序、紧急情况的处理和应急措施等。

3）安全标准

安全标准是在电子政务安全政策的指导下制定的具体针对每一个安全等级的信息系统的安全标准，包括硬件、软件、人员、系统的安全，运行的规范，数据和软件的备份，系统的物理安全，等等。安全标准研制内容包括涉密电子文档密级划分和标记格式、内容健康性等级划分与标记、内容敏感性等级划分与标记、密码算法标准、密码模块标准、密钥管理标准、PKI/CA 标准、PMI[①]标准、信息系统安全评估和信息安全产品测评标准、应急响应等级、保护目标等级、应急响应指标、电子证据恢复与提取、电子证据有效性界定、电子证据保护、身份标识与鉴别、数据库安全等级、操作系统安全等级、中间件安全等级、信息安全产品接口规范等。

4）安全制度

安全制度是指为保证系统的安全运转而建立的一套自上而下的安全组织机构及与管理有关的制度。

首先，建立安全组织机构。从国家层面，我国的安全组织机构主要有公安部、国家安全部、国家保密局、国家密码管理局等，它们各自负有相应的安全管理职能，既有分工，又有协作，齐抓共管，形成合力，是我国信息安全的组织保障。

其次，由于政务网络的特殊性和权威性要求，电子政务信息安全管理部门应根据管理

---

① PMI：privilege management infrastructure，授权管理基础设施。

原则和该系统所处理数据的保密性要求,加强安全制度的研究、制定和实施,明确建设的指导原则、部门和人员的相关职能与责任、信息的时效控制,制定相应的管理制度或采用相应的规范。需要制定的管理制度包括日常系统操作及维护制度、审计制度、文档管理制度、应急响应制度等;安全管理规范则包括人员安全管理规范、物理环境安全规范、网络安全规范、主机系统及操作系统安全规范、信息安全管理规范等。

安全管理制度建设应坚持多人负责制原则、任期有限制原则、职责分离原则等,在此基础上,还需要制定包括机房管理、网络管理、系统管理、设备管理、信息管理、应急处理、人员管理、技术资料管理等有关信息系统建设的规范。

5)安全审计

安全审计是对电子政务系统安全实施有效监控的重要手段。安全审计有两层含义:一是检查每一个电子政务系统的建设和运行状况,确保安全政策和安全标准得到落实。二是采用数据挖掘和数据仓库技术,利用安全设施或软件提供的审计跟踪功能,对使用何种系统资源、使用时间、如何使用以及由哪个用户使用等问题进行迅速审核,以便系统地识别问题,并且为事故处理提供一个完备的记录,以备事故发生后能够对历史数据实施有效的分析、处理和追溯,为追查已经发现的或可能产生的破坏性行为(如系统故障的确定、网络犯罪行为及泄密行为的追查等)提供有力的证据,实现在不同网络环境中终端对终端的监控和管理。此外,它还能通过对安全事件的不断收集、积累和分析,有选择性地对其中的某些站点或用户进行审计跟踪,在必要时通过多种途径向管理员发出警告或自动采取排错措施。

对电子政务网络的安全保护,可分为三个阶段来进行:事前、事中和事后。事前就是发现网络已经潜在的安全问题或者是潜在的弱点、隐患并加以弥补,用得比较多的产品是扫描系统;事中是对正在运行的系统采取保护措施,防止网络攻击,用得最多、最普遍、最成熟的是防火墙和入侵检测技术;而事后的取证,就必须用到审计系统。如果说防火墙是一道保护网络的重要关卡,那么网络安全审计则是在网络内部值勤的网上巡警。网络安全审计能够对网络进行动态实时监控,可通过寻找入侵和违规行为记录网络上发生的一切合法和非法访问,为用户提供取证手段。网络安全审计不但能够监视和控制来自外部的入侵,还能够监视来自内部人员的违规和破坏行动,它是评判一个系统是否真正安全的重要尺度。

由于网络自身的漏洞与各种威胁的增加,必须通过安全管理手段实现对系统审计信息的综合分析,不断在运行中调整安全策略,并完善安全设计,使安全策略更符合实际,安全设计更趋合理。

结合电子政务应用特点和重要性,在安全法律、法规、政策的支持与指导下,可以通过采用成熟、先进的安全技术产品,再辅以必要的安全管理措施,来制定合理的应对策略,对电子政务信息安全进行全局统一规划并制订信息安全整体解决方案,因为整体的安全强度越高,对信息的保护程度才能越强,否则,任何薄弱环节都可能导致整个安全体系的崩溃。

## 第四节 电子政务信息安全整体解决方案

在电子政务规划过程中，制定科学、合理的信息安全体系框架，明确信息安全需求，是极为重要的工作。在此基础上，充分考虑管理、技术等多方面因素，预先研究和制订电子政务总体解决方案，是电子政务工程得以顺利、有效实施的重要保障。

### 一、电子政务信息安全整体解决方案的准备

在电子政务信息安全整体解决方案制订的过程中，应该借助安全管理、安全技术、业务系统等多方面专家的力量，在充分分析政务目标、政务信息及信息系统的基础上，准备以下内容。

（1）制定安全体系的总体目标和最终目的。

（2）明确安全需求，以及安全威胁可能来自哪些方面，如何分类。

（3）厘定网络访问的区域边界、身份和地址的控制，决定对越界访问、越权访问、恶意入侵等非法访问或违法操作是否跟踪和记录，分析网络中存在哪些安全漏洞，确定系统资源的安全访问策略。

（4）设定严格的信息访问权限，明确网络中存在哪些应用系统，涉及哪些用户，用户的操作行为是否可控、可跟踪，用户身份是否真实、可靠。

（5）明确信息包括哪些类别，操作权限如何划分。

（6）明确哪些信息传输、存储需要进行加密，哪些操作需要签名。

（7）确定全局性的、局部性的病毒防御策略。

（8）制定网络出现安全问题时的应急预案。

### 二、电子政务信息安全整体解决方案的内容

电子政务采用政务内外网结构。在政务内网建立办公自动化系统，在政务外网建立公共服务系统。建设并应用好这两个系统，就能够达到全面履行基本职能的要求。根据电子政务网络的划分原则，电子政务信息安全问题可以相应地划分为政务内网安全、政务外网安全和数据交换安全。针对不同的网络类别应该采用不同的安全解决方案。

（一）政务内网安全

政务内网是一个完整的办公自动化环境，是整个政务信息化的信息基础，负载了大部分的政务信息和政务信息系统，所以，政务内网安全集中表现在应用系统的安全和数据信息的安全上，其安全隐患的产生一般有三方面的原因。

1. 应用系统自身的安全隐患

政务内网的应用系统一般都是软件企业根据政务部门需求开发的软件。要保证其安全，需要解决三个基础问题：①如何认证用户的身份；②如何对合法用户进行授权；③如何防止用户绕开应用系统非法访问数据。第一个问题通过身份认证系统来解决，第二个问

题通过权限管理来解决，第三个问题则通过数据加密来解决。

2. 绕开应用系统对数据进行直接访问的安全隐患

电子政务信息一般存放在数据库或文件系统中，需要通过应用系统对其进行操作。但是，应用系统安全并不等于数据安全。应用系统的安全只能保证用户不能通过应用系统对数据进行非法操作，但不能限制网络入侵者直接对数据文件或数据库进行非法访问。所以，保障电子政务信息安全，需要从系统层拓展到数据层。

3. 病毒对政务内网的应用系统和数据的安全隐患

病毒可能破坏应用系统、删除数据或是把数据发送到非法目的地，因此能给应用系统和数据带来毁灭性的灾难。针对此类安全隐患，安装防病毒软件、及时更新病毒库是非常必要的手段。但是，由于再完备的系统也有被病毒攻克的可能，所以，政务内网的管理人员在防病毒的同时也要注意应用系统和数据的备份，并保证备份文件和原文件的物理隔离，以使系统被病毒感染造成的损失降至最低限度。

针对上述三个安全隐患，政务内网主要采用的安全手段包括访问控制、应用系统安全手段和病毒防治三种。其中，访问控制通过对网络区域边界的划分、对访问身份和地址的控制来防止非法访问和越界访问；应用系统安全手段主要包括身份认证（用户名和密码的身份认证、数字证书认证）、权限管理（谁可以操作、谁不能操作的控制）以及数据信息加密/解密操作；网络病毒防治主要从"防""查""杀"三个环节入手，结合科学、严格的管理，建立综合病毒防治体系，形成管理和技术的多级联动，最大限度降低病毒的危害。

政务内网安全管理主要依靠机房的安全制度、服务器的安全审计制度、访问控制策略和网络服务器安全控制策略。

（二）政务外网安全

政务外网是政民间进行信息沟通的渠道。政务部门通过政务外网发布政务信息，公众利用政务外网进行网上信息查询、网上办事等。政务外网安全应能保证政务部门发布的信息不被篡改、公众提交的信息真实可靠，防止拒绝服务等的攻击，保障政务外网网站在各种攻击下保持稳定的服务。

网络攻击主要分为三类：探测式攻击、访问攻击和拒绝服务攻击。其中，探测式攻击实际上是信息采集活动，入侵者通过这种攻击收集网络数据，用于以后进一步攻击网络。探测器和扫描器等软件工具被用于了解网络资源情况，寻找目标网络、主机和应用中的潜在漏洞。访问攻击用于发现身份认证服务、文件传输协议功能等网络领域的漏洞，以访问电子邮件账号、数据库和其他保密信息。拒绝服务攻击已在第二节解释，此处不再赘述。

政务外网可以利用IDS、漏洞扫描、主机审查进行防攻击处理，并同时运用文件监控系统对网站进行监控。如果条件允许，可以利用防火墙隔离技术控制网站与互联网的直接连接以制约入侵者对网站的直接攻击。采用的安全技术主要包括：①提供网站主页防篡改、电子文档防伪功能的文件监控系统，用于防止对网站主页和电子文档的人为破坏、病毒入侵等任何形式的篡改。②利用基于网络的、主机的IDS，通过来源于网络的信息流、系统的审计日志的输入数据，分别监测网络、操作系统上的可疑行为，检测网段、主机上发生的入侵,并做出策略反应,帮助系统有效防范来自外部的网络攻击。③利用网络漏洞扫描器、主机漏洞扫描器,采用模拟攻击形式,对目标网络架构系统或网站、目标系统本地可能存在的已知安全漏洞进行逐项检查,从而做到有的放矢,及时修补漏洞。

政务外网安全管理主要依靠网络安全管理制度、信息发布登记制度和信息内容审核制度。

(三)数据交换安全

《计算机安全》杂志的主编迈克尔·博宾(Michael Bobbin)说过:"保证一个系统真正安全的途径只有一个:断开网络,这也许正在成为一个真正的网络安全解决方案。"

如何既能保证内部系统为外部系统提供公共服务,同时又能保证内部系统安全,并彻底解决"信息孤岛"的问题,是网络间数据交换要解决的主要问题。网络间数据交换,一方面要使不同的信息网络系统之间进行必要的互联互通,避免"信息孤岛";另一方面,也要在信息系统开放程度提高的同时进行重点防御,防止核心机密网遭受外部攻击,并严防内部人员误用、滥用以及违规违法行为。从安全角度来看,网络间数据交换需要一种能在保证重要网络与其他网络安全隔离的同时,实现高效、受控的数据交换的安全技术[20]。

由国家保密局发布、自 2000 年 1 月 1 日起施行的《计算机信息系统国际联网保密管理规定》第六条明确要求,"涉及国家秘密的计算机信息系统,不得直接或间接地与国际互联网或其它公共信息网络相联接,必须实行物理隔离"。该规定在互联网发展初期颇有前瞻性地提出了政府上网必须实行物理隔离,从而及时地把政府上网安全提升到了一个重要的高度,具有重大意义,并由此开发出安全隔离计算机、安全隔离卡等系列安全隔离产品。基于此,我国电子政务内网和外网得以采用完全意义上的内外网物理隔离。随着电子政务发展的不断深入,在其实际应用过程中内外网之间以及各系统之间的系统关联性越来越强,使对数据的实时与高效交换的需求变得越来越迫切和重要。在这种情况下,完全意义上的内外网数据的完全隔离不同程度地阻碍着电子政务的综合发展,于是,通过不断地分析、研究和探索,实现内外网之间数据交换的解决方案和产品开始出现。

传统的安全隔离与数据交换方案主要采用基于介质的离线交换来实现,交换主要以文件为交换单位,交换效率低,实时性差,人为干预过多,很多交换环节存在安全隐患,难以实现真正意义上的数据交换,因此,基于传统的安全隔离与数据交换技术是难以从根本上解决电子政务中安全隔离与数据交换之间的矛盾的。

20 世纪 90 年代中期,俄罗斯首先提出安全隔离网闸(gap)概念,又称物理隔离技术。之后,以色列研制成功了物理隔离卡,实现了网络之间的安全隔离与数据交换。其后,美国鲸鱼通信(Whale Communications)和以色列先锋(SpearHead)公司先后推出了 e-Gap 和 NetGap 产品,利用专用硬件实现了两个网络在不连通的情况下进行数据的安全交换和资源共享,从而使安全隔离技术从单纯实现网络隔离和禁止交换发展到安全隔离和可靠交换。

安全隔离网闸(也即安全隔离与数据交换系统)适用于任何结构的不同网络之间的安全隔离与数据交换。它是一种通过专用的软硬件系统,使两个或两个以上的网络在不连通的情况下实现安全数据传输和资源共享的技术。电子政务网络采用安全隔离网闸的核心,是在同一时刻内外网之间没有连接,处于物理隔离状态。安全隔离网闸采用独特的软硬件设计,在此基础上集成多种安全技术,能够显著提高内部用户网络的安全强度和数据交换效率,在确保安全性的同时,又解决了网络之间数据交换的困难,突破了为提高安全性造成的数据交换应用瓶颈,从根本上满足了数据实时交换和网络间安全的需求。

安全隔离网闸的工作原理是使用带有多种控制功能的固态开关读写介质,来连接两个独立的主机系统,模拟人工在两个隔离网络之间的数据交换。其本质在于:两个独立主机系统之间不存在直接连接(物理连接和逻辑连接),不存在依据 TCP/IP 的信息包转发,而只有格式化数据块的无协议"摆渡"。被隔离网络之间的数据传递采用完全的私有方式。

一般来讲,安全隔离网闸主要由三机系统——内网处理单元、外网处理单元、安全检查与处理单元三个部分组成。内网处理单元连接内网,外网处理单元连接外网。内网处理单元与外网处理单元不直接连接,而是通过安全检查与处理单元进行中继。安全检查与处理单元不是一个智能主机,而是一个独立的、具有电子开关的、互斥访问的共享存储器。两个网络通过分时、批量访问采用自主开发的链路级安全协议的安全检查与处理单元,使内外网的协议数据包必须先在交换存储设备"落地"(即在此处发生了中断),先将应用层数据还原、检查、重组,然后采用专用的安全协议转发到对应网机(内网机或外网机),再由该网机按标准的安全协议送到目标主机[20],从而实现两个网络之间的数据交换。这样,既从物理上隔离、阻断了具有潜在攻击可能的一切连接,又进行了强制内容检测,从而实现最高级别的安全[21]。安全隔离网闸的逻辑结构如图 10-1 所示。

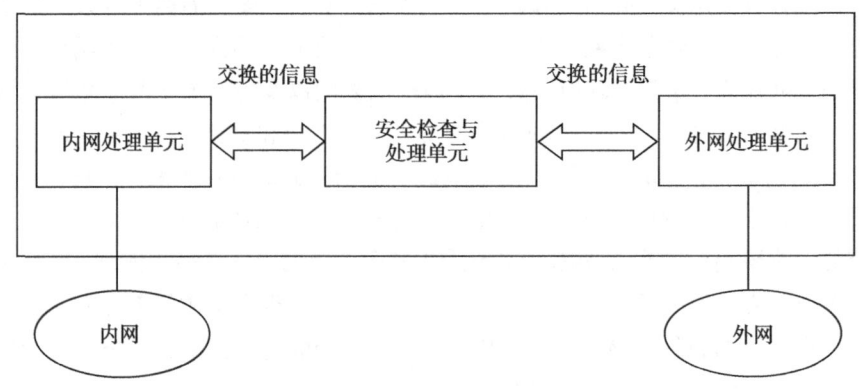

图 10-1 安全隔离网闸的逻辑结构图

1. 内网处理单元的主要功能

内网处理单元的主要功能是协议解析和应用代理。

(1)内网机接受用户发来的连接请求,将内网用户请求连接的基本信息传递到安全检查与处理单元,由其确认连接发起源为合法发起源之后,内网机便接受连接发起源发来的应用层数据并转发到安全检查与处理单元。

(2)将来自外网处理单元的应用层数据,经过安全检查与处理单元检查处理,再重组后转发给内网用户。

2. 安全检查与处理单元的主要功能

安全检查与处理单元的主要功能是安全保密检查和数据转发控制。

（1）安全保密检查。包括对有害代码、涉密信息内容、文件（或附件）类型和大小、地址等进行检查。

（2）数据转发控制。借助用户访问控制，以数据的方式，在预先建立的安全协议通道上转发符合安全策略的数据，丢弃不符合安全策略的数据。只有合法用户的特定数据交换活动才是被允许的，安全协议通道的建立、通信、断开都是基于严格的用户访问控制进行的，以此过滤并阻塞各种已知和未知的攻击，特别是很多基于应用的攻击，防范敏感数据的泄漏。

3. 外网处理单元的主要功能

外网处理单元的主要功能是协议解析、转发请求和病毒检查。

（1）将来自内网处理单元的应用层数据进行安全检查，重组后再转发给外网。

（2）对来自外网的数据进行计算机病毒检查。

（3）将来自外网的数据解析，取出应用层数据，以数据的方式（不直接或间接转发外网的 IP 数据包）发给安全检查与处理单元，再由它转发至内网机，直至连接发起源。

安全隔离网闸产品主要解决安全性和数据交换性能问题。其中，安全性是要利用专用隔离硬件确保任意时刻内外网链路断开，同时集成内核防护、协议转化、身份验证、访问控制、安全审计等，形成软硬一体化防护；数据交换性能则不单是要求传输效率和切换时间，更重要的是要求提供多种交换方式，以满足用户的应用需求。

基于安全隔离网闸的各类安全隔离和数据交换产品已在我国政务内外网之间得到广泛应用。如：政务内网和政务外网之间物理隔离，政务外网与互联网之间逻辑隔离，这两个系统既保持隔离又能够自动交换数据，以此来应对涉密系统与公开系统的关系问题。

电子政务信息安全是一个融合复杂管理和先进技术于一体的复合体，因此必须从管理和技术两方面采取有效策略，即要在严谨的信息安全需求分析和相关的安全风险评估的基础上，运用合理的安全技术和严密的管理措施，构建整体解决方案。鉴于电子政务信息安全是一项复杂的社会化系统工程，其整体解决方案的构建，还需建筑在对其进行周密考量、长远规划、总体布局的基础之上，既要以严格的法律规范为依据、以必要的组织机构为保证、以素质良好的人员队伍为根本，又要将安全原则和要求体现在政府制定的政策法规和规范制度之中，体现在人们的信息安全意识、对安全管理的重视程度，以及对管理原则理解的深度和执行的力度方面。唯有如此，才能保障电子政务信息安全，使之在为数字政府提供安全保障的同时，也为保障总体国家安全奠定基础。

## 本 章 小 结

以总体国家安全观统领电子政务信息安全体系建设，就是要在正确理解安全和信息安全概念的前提下，全面认识电子政务信息安全的风险因素及其应对策略，系统掌握电子政务信息安全整体解决方案——政务内外网结构的安全体系，推进国家安全体系和能力现代化，坚决维护国家安全和社会稳定。

## 关 键 名 词

安全 绝对安全观 相对安全观 信息安全 计算机安全 网络和信息安全 网络安全

信息安全保障 电子政务信息安全 信息安全需求 机密性 完整性 可用性 不可否认性 可控性 真实性 信息安全威胁 技术风险 物理安全风险 链路安全风险 网络安全风险 系统安全风险 应用安全风险 管理风险 技术安全 管理安全 安全攻击 安全机制 安全服务 安全系统 入侵检测系统（IDS） 政务内网安全 政务外网安全 数据交换安全 安全隔离网闸 电子政务信息安全整体解决方案

## 思 考 题

1. 简述安全的含义、特征和发展历程。
2. 简述信息安全的含义、特征和发展历程。
3. 如何理解安全的相对性？
4. 电子政务信息安全的基本需求是什么？
5. 电子政务信息安全面临的风险有哪些？
6. 简述电子政务信息安全的目标和原则。
7. 简述电子政务信息安全必须遵守的规则。
8. 针对电子政务信息安全基本需求的策略有哪些？
9. 针对电子政务信息安全威胁可采取哪些策略？
10. 请简要评述我国采取的电子政务信息安全整体解决方案。
11. 我们在介绍电子政务信息安全的宗旨时，谈到要"最大限度地保护硬件、软件、信息和网络的安全"，但是，由于保护信息安全的成本很高，在大多数情况下人们会考虑安全策略的经济和效率问题，而对不同的保护对象采取不同的等级保护，你认为这两者之间是否有矛盾？
12. 一般来说，技术或管理上的纰漏可能会导致电子政务信息安全面临威胁，但政治上的问题往往来自为了要达到某种政治目的而进行的信息刺探、网络攻击等行为，来自它的威胁更多地表现为一种动机，最终威胁电子政务信息安全的还是利用管理、技术上的漏洞。如果这样理解的话，你认为把"政治"单独列出并与"技术""管理"处于同一层面是否合适？如果你给出肯定性回答的话，你的理由是什么？

## 本 章 实 训

### 一、实训目的

1. 熟悉并掌握信息安全策略、机制、保证以及动机的内容及相互关系。
2. 能够依据信息安全体系框架，建立一个简单的信息安全体系。

### 二、实训内容

（一）实训材料

收集材料，了解我国机场安检的现状，在此基础上调查和整理出一份有关我国机场安检现状的调查材料。

## （二）具体任务

1. 实际考察一个机场的安检现状，整理出该机场与其他机场的对比材料。
2. 讨论所考察机场安检体系改造升级的必要性。
3. 制订出机场安检体系升级改造建议方案。

## 三、实训组织

1. 指导教师明确实训目的、任务和评价标准。
2. 班级成员分组，每组4~6人，实行组长负责制，成员合理分工、协作。
3. 各小组独立工作，制订出工作计划，每一份计划以书面材料提交。
4. 全班一起进行PPT演示，讲解计划、行动、方案。

## 四、实训步骤

1. 实训教师布置任务，明确实训要点、难点和注意事项。
2. 教师进行分组，小组自行选出组长，成员分工，讨论和制定工作流程，报请教师，教师同意后执行。
3. 小组成员共同收集相关材料，集体讨论、交流。
4. 小组所有成员到选定机场实地考察。
5. 按照实训要求，整理书面材料，形成汇报文档。
6. 指导教师点评总结。

## 延 伸 阅 读

（1）雷万云，等. 信息安全保卫战[M]. 北京：清华大学出版社，2013.
（2）徐国爱，彭俊好，张淼. 信息安全管理[M]. 北京：北京邮电大学出版社，2008.
（3）国家信息安全工程技术研究中心. 电子政务总体设计与技术实现[M]. 北京：电子工业出版社，2003.

# 参 考 文 献

[1] 黑客攻击来袭，多个日本政府部门的敏感数据泄露[EB/OL]. http://t.cn/A6VapQr6[2022-02-08].
[2] 习近平出席全国网络安全和信息化工作会议并发表重要讲话[EB/OL]. http://www.gov.cn/xinwen/2018-04/21/content_5284783.htm[2022-02-08].
[3] 周德旺，杨国辉. 增强网络防御能力 保卫网络边界安全——国防大学信息作战研究所所长周德旺大校谈网络线[J]. 新华文摘，2012(21): 138-141.
[4] 习近平. 高举中国特色社会主义伟大旗帜为全面建设社会主义现代化国家而团结奋斗——在中国共产党第二十次全国代表大会上的报告(2022年10月16日)[J]. 求是,2022(21):4-35.
[5] 傅贵. 傅贵教授解析"安全基本术语"[J]. 安全, 2018, 39(6): 1-4.
[6] 刘潜. 安全科学[J]. 劳动安全与健康, 1994(6): 14-17.
[7] 尹建华. "安全"概念之缺陷与修正[J]. 经济与社会发展, 2005(8): 32-34, 152.
[8] 李瑛. 多极化时代的安全观：从国家安全到世界安全[J]. 世界经济与政治, 1998(5): 42-44.
[9] 魏俊杰，王戈，刘明举. 安全的定义探析[J]. 中国安全科学学报, 2019, 29(6): 13-18.
[10] 吴超，杨冕，王秉. 科学层面的安全定义及其内涵、外延与推论[J]. 郑州大学学报(工学版), 2018,

39(3): 1-4, 28.
- [11] 毛海峰. 论"安全"及"安全性"的概念[J]. 中国安全科学学报, 2009, 19(4): 62-66.
- [12] 魏永忠. 论我国城市社会安全指数的预警等级与指标体系[J]. 中国行政管理, 2007(2): 89-94.
- [13] 冯伟娜, 王超. 哲学视野下的技术安全[J]. 经济研究导刊, 2010(7): 178-179.
- [14] 袁化临, 刘潜. 从系统安全到安全系统——安全工程专业技术人员应具备的知识结构和思维方法[J]. 工业安全卫生, 2000, (136): 58-64.
- [15] 沈昌祥, 左晓栋. 信息安全[M]. 杭州：浙江大学出版社, 2007.
- [16] 王世伟. 大数据时代信息安全的新挑战[N]. 社会科学报, 2013-09-04(1).
- [17] 杨启飞. 大数据时代国内信息安全研究：现状、趋势与反思[J]. 情报科学, 2021, 39(2): 178-184.
- [18] 张锐昕, 张昊, 李荣峰. "互联网+"与政府的应对[J]. 吉林大学社会科学学报, 2018, 58(4): 140-149.
- [19] 张锐昕. 电子政府与电子政务[M]. 北京：中国人民大学出版社, 2016.
- [20] 蔡林. 浅谈网络安全隔离与信息交换系统[J]. 计算机时代, 2004(8): 17-18.
- [21] 联想网御科技（北京）有限公司. 联想网御 SIS-3000 系列安全隔离与信息交换系统产品白皮书[EB/OL]. https://wenku.baidu.com/view/67ba8054473610661ed9ad51f01dc281e43a5643.html[2022-02-16].

# 第十一章　丹麦电子政府实践案例

■ **本章知识结构图**

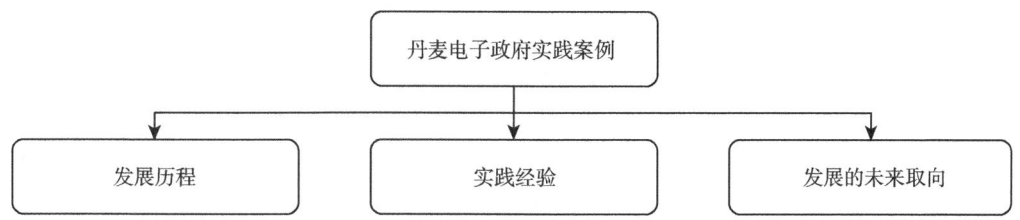

丹麦[①]以社会高度福利化为特色，数字化通信基础完善，互联网普及率高。根据欧盟委员会发布的"2018年数字化经济和社会指数"，丹麦数字化公共服务得分在欧盟成员国中排名第一[1]。即便如此，丹麦电子政府同样经历了长期的酝酿和建设过程，也走过不少曲折和弯路。无疑地，现代化改革对丹麦电子政府建设和发展产生了重要影响。

20世纪70年代，为走出经济发展低迷的状态，包括丹麦在内的西方国家在公共管理领域掀起了一波改革浪潮。20世纪80年代初，丹麦政府以现代化为改革口号，进行了分散管理权力、公共服务合同外包、推行公司化和私有化的新公共管理改革[2]。

耶尔（Jæger）和鲁弗格林（Löfgren）认为，丹麦行政管理改革与电子政府的建设一直是相辅相成的关系[3]。此次现代化改革与丹麦电子政府的初步形成关系密切。在公共部门推崇私人部门式的管理模式，追求经济、效率和效益，强调计算机是提高公共部门效率的重要工具；公司化和私有化的实践中，原有的公共数据处理中心和地方政府数据处理中心相继公司化，并向私人出售股权；引入竞争机制，建设计算机服务市场良性竞争环境，如公共数据处理中心和地方政府数据处理中心进入市场化采购序列与其他供应商一起参与竞争；继续分散公共管理权力，强化政府部门自主管理实践。这些新公共管理式的理念也进入到电子政府建设和发展中，成为当今丹麦电子政府管理的重要理念源泉。

现代化改革为各级政府带来了更大的财政决策自由度。新国家预算制度框架只要求分列预算大项，不再要求分列明细[2]。在计算机设备和服务采购管理方面，财政部管理司逐步放松控制并提高需经批准的采购金额起线[4]。此外，所有涉及公共预算的协商都需要由财政部组织进行[5]，为后来财政部在丹麦电子政府发展中担任重要角色埋下伏笔。但财政部并没有超越其他部委和地方政府的管理权力，国家委员会、内阁会议、议会内的委员会（特别是财政委员会）等都是工作协商的场所[6]，这种工作协调机制将继承到未来电子政府管理制度中。

在现代化改革之前的20世纪70年代的地方政府改革则为电子政府全面建设埋下伏

---

① 丹麦王国的自治领地法罗群岛和格陵兰岛高度自治，本案例讨论不涉及这两个地区。

笔。改革[①]后，地方政府对计算机服务的需求也相应增多。在计算机小型化、硬件设备价格下降等多重因素的作用下，丹麦公共部门开始装备计算机，架设局域网，建设工作环境。计算机设备的增加进一步弱化了公共部门对公共数据处理中心的需求，财政部无法像过去那样借以控制计算机设备及服务的管辖权，财政部管理司转而关注技术标准制定等领域的管理。

## 第一节　丹麦电子政府的发展历程

公共部门使用信息通信技术的历史同公共管理机构的存在历史一样长。如果我们只考虑新信息和通信技术在丹麦公共部门的应用，则可以从技术角度总结出丹麦电子政府发展已经经历的关键发展契机，第一是计算机的发明，第二是互联网技术的出现。此外，国际和国内经济、政治环境也为丹麦电子政府的发展增加了变数。

计算机时代的到来为公共部门提供了新的可用工具。丹麦公共部门初步接触早期计算机，并将其用于公共数据计算的时期对我们了解丹麦电子政府而言有着重要意义，因为它向我们清晰地展示了创新技术进入丹麦公共部门的路径及技术、理念与制度的互动范式。

世界第一台计算机 ENIAC 发明后，丹麦政府对计算机技术表现出了强烈兴趣，成为丹麦最早的计算机倡导者和使用者；而以 IBM 为代表的计算机制造商在丹麦推广计算机及其服务也不遗余力[4]。然而技术的创新并没有带来理念的全面变更："有人仍然质疑计算机的能力，拒绝在政府中应用计算机技术。"[7]此时，关于应用计算机是否有利于丹麦公共管理的争论围绕技术进行。在计算机展示出远胜于人工运算的优势后，质疑的声音才逐渐消失。

由于早期计算机的特殊性，丹麦政府只能以集中建立数据运算机构的形式服务有公共数据计算需求的公共部门。20 世纪 40 年代末至 50 年代，部分地方政府分别发起、建立的六个计算机运算中心（如哥本哈根市、奥胡斯市）成为辐射、服务其他地方政府的核心，其中的四个运算中心于 20 世纪 70 年代合并为地方政府数据处理中心（Kommunedata[②]）。1956 年，丹麦中央政府共有 12 个打孔卡片中心。1959 年，由财政部发起，经财政部和地方政府代表协商，成立了面向丹麦公共部门的公共数据处理中心（Datacentralen）[4]。自此，公共数据人工运算制度受计算机技术冲击，并逐渐被以公共数据处理中心和地方政府数据处理中心为核心组织的公共数据集中运算制度替代。但是，在公共部门应用计算机是丹麦崭新的课题，由谁管理、如何管理等制度性安排都需从头设计；同时，它又受路径依赖的影响。丹麦在公共管理领域有着分散管理的传统和共识，并总是以各种形式加以强化。实际上，丹麦的公共管理一直处于集中和分散管理模式的拉锯中，而早期计算机进入公共部门为管理模式的拉锯开辟了新战场。

---

① 改革前丹麦分为 86 个市和 1300 个教区。一些教区的规模太小，社会服务能力弱。改革后，丹麦整合成立了 14 个省（虽名为 county，但在行政层级中实际相当于中国的省）和 275 个市，市的规模与财政实力强于改革前。社会管理职能和财政负担逐渐从国家转移到省和市。

② Kommunedata，地方政府数据处理中心，简写 KMD，后来被私有化。

以财政部为代表的丹麦中央政府意图集中管理权限,行动如下:首先,掌握公共数据处理中心委员会主席人选的人事任免权;其次,规定加入中心的地方政府未经公共数据处理中心委员会批准不得使用其他计算机设备和运算服务;再次,规定未经财政部批准各管理机构不得私自租借和使用计算机;最后,进行机构改革以适应管理需求,在20世纪60年代建立了管理委员会,并于1970年正式建立管理司来强化对公共数据处理中心的控制。而地方政府则寻求强化自主管理权力,丹麦地方政府对中央政府主导建立的公共数据处理中心的服务的使用程度有限。一直到20世纪90年代初,地方政府数据处理中心都是丹麦地方政府数据系统和服务的主要提供者[4]。

20世纪90年代,ARPANET标准协议被新标准协议TCP/IP取代,标志着世界真正进入互联网时代[8]。丹麦公共部门使用新信息和通信技术成为不可阻挡的趋势,公共管理迎来革命性的变化。从公共部门初步接触新信息和通信技术,到逐步形成紧密的横向和纵深结合,再到现实和虚拟公共管理的一体化,丹麦电子政府经历了新技术的吸收和利用、理念体系的架构与完善、制度的变迁与巩固的建设过程。我们把这一过程中起主导作用的机构称为电子政府发展的主导机构。但主导机构并非管理机构。主导机构承担综合协调的职能,协调电子政府发展方向、战略、政策制定和政策执行与评估等工作。随着时间的推进,主导机构也开始负责直接管理某些方面(如重大IT基础架构的项目招标)的工作。当然,丹麦电子政府负责综合协调的主导机构并非一成不变,主导机构的变化与国际环境及国家社会经济发展状况相关,与丹麦的政党政治联系,与相应的中央政府机构改革有关。

## 一、研究和信息科技部主导时期(1994~2001年)

20世纪80年代到90年代初丹麦政府的一系列改革实现了扭转经济滞胀局面的目标。但在利好局面下,丹麦依然面临着诸如结构性失业的挑战[9]。1993年是一个关键节点,体现为政府债务、政府支出和税率都处于这一时期的高点[10]。同年,社会民主党领导的政党联盟赢得大选。既要维持福利制度,又要实现社会服务与财政负担之间的平衡,这是丹麦政府面临的基本课题,为此,丹麦选择进行"凯恩斯式"的结构改革。

政府的信息化是结构改革的议程之一,即通过创新技术和现代化管理手段为结构改革目标服务。新信息和通信技术作为政府可利用的工具之一,既要服务于经济发展的要求,又要服务于社会福利的有效供给。这是新公共管理理念与新信息和通信技术结合的土壤,也是丹麦开展信息化建设的重要原因。大选后新成立的研究和信息科技部成为20世纪90年代丹麦信息化社会建设的重要推动力量,研究和信息科技部负责通信政策的制定和技术的研究与规范,制定工作指南和提供咨询服务,其下属单位国家电信局负责制定新信息通信领域的规则[11]。

1994年研究和信息科技部的信息委员会发布了报告《信息社会2000》(Info-Society 2000)。以此为标志,新信息和通信技术与丹麦政治日程正式结合[3],丹麦开始在国家层面正式启动电子政府建设。报告强调,信息技术要支持信息的自由交流和政府的公开透明,提高公共部门效率,提升公共服务水平;信息化政策的目的是建立公共计算机网络及系统[12]。

1994~2001年的电子政府建设阶段以信息化为主题,以公共部门信息化基础设施的建设、初步标准化建设、政府上网等为主要建设内容，并进行了大量试点和经验推广工作。该时期丹麦政府对信息化工作的思考和所做的工作富有意义，探索了新信息和通信技术在各个领域的应用，确定了未来电子政府服务民众和企业的方向。

1995 年丹麦研究和信息科技部发布《从梦想到行动，信息化社会 2000，1995》（From Vision to Action, Info-Society 2000, 1995）。这是丹麦第一个 IT 行动计划，内容包括公共部门电子服务网络与基础设施建设，数据使用及个人数据保护，以及对 IT 在卫生服务、教育、文化、大众媒体、残疾人群、交通、企业等领域的应用展望[13]。

1996 年丹麦发布了第二个 IT 政策行动计划《所有人的信息社会——对议会的丹麦模式、IT 和电信政策报告，1996》（Info-Society for All——The Danish Model, IT and Telecommunications Policy Report to the Parliament, 1996）。行动计划明确信息社会惠及大众的目标，对网络基础设施和基础 IT 方案建设、IT 在教育领域的应用、信息社会中民众权利和企业面临的发展契机等内容进行了构想和设计[14]。

此后发布的《为改变而行动：97/98 年 IT 行动计划》（Action for Change: IT Policy Plan 97/98），关注信息社会中的市民权利，倡导开放公共部门和灵活公共管理，构想电子商务行政管理服务，强调信息社会中的安全问题，提出提高全民 IT 能力[15]。

1999 年，数字丹麦委员会发布《数字化丹麦：向网络社会的转型，1999》（The Digital Denmark: Transformation to the Network Society, 1999）。在互联网技术应用快速增加的背景下，从"信息化社会"到"网络社会"提法的变化，意味着丹麦电子政府建设从强调公共部门信息能力建设转变为强调新通信和信息技术能力建设，体现了互联网对政策思考的影响[11]。

与电子政府建设相伴随的是协调机制的架构。丹麦电子政府建设初期，在分散管理理念支配下各级政府部门自行组织和管理信息化工作，造成各自为政的局面。作为反思的结果，整体政府（joined-up government）理念应运而生。由于数字技术在政府工作中无处不在，学者开始探讨数字化时代的治理理念，提出新信息和通信技术是通向整体政府的一个途径。

协调机制是丹麦电子政府管理制度的重要组成部分，是整体政府理念在电子政府制度安排中的体现。在集中管理和分散管理的拉锯中，协调机制的创建可谓是平衡二者的尝试。研究和信息科技部成立的信息社会 2000 委员会构成丹麦电子政府建设和管理协调机制的雏形，委员会成员包括来自不同部委、地区、基层政府、IT 产业、工会的代表和学者代表[9]。研究和信息科技部作为电子政府综合协调主导机构是协调机制的主要发起者和政策执行者。除信息社会 2000 委员会以外，丹麦还建立了其他的协调委员会，作为相关领域利益相关者协商的平台，如 1995 年成立的新 IT 安全理事会是政府 ICT 安全政策的协商平台[11]。

## 二、科学技术和创新部与财政部共同主导时期（2001~2011 年）

20 世纪 90 年代丹麦经济有所改善，失业率显著降低，保持了稳定的税收水平、低通胀率,实现了政府收支平衡。与此同时,丹麦电子政府也得到了有效发展,体现在服务民众和企业的战略方向的确立、基础设施和基础架构的初步建设及协调管理机制的初步架构上。

2001 年"9·11"事件对当年的丹麦大选产生了很大影响,秉持更强烈反移民立场的自由党和人民党联盟赢得议会选举[16]。中央政府随即进行了机构改组,改组完成后,丹麦电子政府综合协调工作由科学技术和创新部及财政部共同主导。

原研究和信息科技部被科学技术和创新部取代,而原研究和信息科技部下属的国家电信局也于 2002 年被新的国家信息技术和电信局取代。科学技术和创新部在电子政府领域的职责主要涉及研究、科技和创新技术及其政策实施工作,国家信息技术和电信局负责在新信息和通信技术战略政策的关键领域制定相关标准并执行[11],而财政部主要负责跨政府部门的电子政府计划和项目的工作协调[17]。

在分散管理理念推动下,丹麦再次进行了地方政府改革。2007 年地方政府改革完成后,县(counties)的建制被取消,取而代之的是 5 个没有征税权的大区(regions),市的数量调整合并为 98 个[18]。

改革的目的是进一步分散权力,建立社会服务功能强大、具备高度自主管理权限的基层政府。基层政府的社会服务职能范围扩大,数字化进程加快;而大区则着重医疗卫生、交通和地区发展事业。改革后,基层市政府逐渐成为提供公共服务的主力,成为公共部门数字化的关键一环。与此同时,跨部门、跨政府层级服务的工作对接需求存在并逐渐增加。为此丹麦进一步深化整体政府理念,完善电子政府建设和管理的协调机制。

财政部的协调工作主要通过参与跨政府部门协调委员会和其下属的电子政府协调管理委员会进行。2001 年电子政府联席会议(Joint Board of E-government)成立,由其下属的数字化工作组(The Digital Task Force)负责具体的执行工作,而数字化工作组就设在财政部内[11]。同时,财政部还建立了政府信息技术局(Government IT),为中央政府部委提供技术支持服务。

2001 年起,丹麦继续推进电子政府建设工作。包括:开展针对所有公共部门网站的质量评估项目;denmark.dk 网站上线[11];发起 XML 项目并成立 XML 委员会,以标准化解决跨部门的互操作性问题;开始提供 e-Boks(数字邮件)服务[20]。

2002 年,丹麦政府、丹麦大区联盟和丹麦地方政府联盟共同发布题为《走向电子政府:丹麦公共部门的设想和战略》的电子政府联合战略,设想系统地使用数字化技术,形成新的思维方式,带来组织和工作流程的转型并提高服务的质量和效率[11]。根据电子政府战略安排,丹麦政府在 2002~2004 年展开了一系列工作,如数字化签名的开发,发布《丹麦软件战略》等。

2004 年丹麦政府、丹麦大区联盟和丹麦地方政府联盟发布新的电子政府战略,主要内容是内部数字化和有效支付。措施包括办公文档数字化、建立档案处理系统,推进数字化有效支付,设立商业门户 virk.dk 和卫生健康门户 sundhed.dk[21]。自此,丹麦政府按照战略规划有序地开展电子政府建设工作。

电子政府联席会议于 2005 年被跨政府合作指导委员会(Steering Committee for Cross

Government Cooperation，STS）取代[19]。STS 成员包括财政部（主席单位）、经济和商业事务部、税务部、科学技术和创新部、内政和卫生部、丹麦大区联盟（Danish Regions）、丹麦地方政府联盟（Local Government Denmark）。

STS 是丹麦电子政府最重要的工作协调机构，也是全国电子政府战略的协商平台。其任务包括实施标准、简化规则、提供联合技术方案、激励、总体架构、基础架构与安全[19]。STS 成立后，数字化工作组成为 STS 的执行机构。此后数字化工作组的工作人员逐渐全部被替换为财政部内部人员。除了 STS 以外，丹麦还设置了不同领域的协调委员会处理数字化工作协调事宜。

2007 年，丹麦财政部发布 2007~2010 年电子政府战略（The Danish E-government strategy 2007-2010），主题是《朝着更好的数字化服务、更高效率和更强大的合作》（Towards Better Digital Service，Increased Efficiency and Stronger Collaboration）。在战略期内，丹麦经济出现了负增速的局面，因此效率成为丹麦公共部门的紧箍咒。战略还对电子政府的管辖权进行了界定，要求不同的公共部门进行更紧密的合作[17]。丹麦开发并发布了数字身份认证（NemID①），2010 年起公众需使用 NemID 登录公共部门网站。此外，包括推行使用更多开放源软件、强制使用各类开放标准[22]等多项措施得以施行。

## 三、财政部主导时期（2011~2015 年）

2009 年丹麦经历了战后最严重的经济下行危机，国民经济如何恢复和发展成为左右丹麦 2011 年选举的核心议题。在选举中，承诺对福利和基础设施做更多投资的社会民主党领导的中左翼政党联盟获胜。社会民主党领导的政府上台后进行了政府机构改革，以科学、创新和高等教育部取代科学技术和创新部，解散其下属的国家信息技术和电信局，把原属于国家信息技术和电信局的职能分散到财政部等部委。

相应地，财政部的职能扩张为政府管理、公共领导力和政府数字化。在国家信息技术和电信局（部分职能）与政府管理局合并的基础上，财政部整合资源成立数字化局（Agency for Digitalisation）来取代数字化工作组，负责公共部门数字化工作协调的具体实施事宜。

虽然主导机构有所变化，但协调机制的组成基本保持上一战略期的模式，即中央政府和地方政府通过协调机制协同跨政府部门电子政府计划和项目的工作。STS 是丹麦电子政府的主要决策协商平台，而其他委员会则在对应领域内对各利益相关方进行协调。

2011 年，丹麦发布了 2011~2015 年电子政府战略：《通往未来福利的数字化路径：电子政府战略 2011—2015》（The Digital Path to Future Welfare: eGovernment Strategy 2011-2015）。其战略目标是推动公共部门加速采用数字化方案，实现福利数字化。措施包括停止使用印制表格或信件；数字化福利方面，对教育教学数字化、医疗机构数字化、就业数字化、环境管理数字化进行投入；在公共部门合作数字化方案领域，要求继续推动 IT 基础设施建设，共享核心数据，保证安全性，实现数字服务强制化[21]。

在这一战略期内，丹麦进行了机构改革，对管理机构进行重组和职能分配；完善配套

---

① Nem 丹麦语中是简单的意思。

法律，议会通过强制性数字化服务立法；制定相关国家战略政策，如《丹麦数字化福利战略 2013—2020》和《丹麦开放政府行动计划》。在技术迅速发展的背景下，丹麦还对云计算、物联网技术等新出现的技术进行了探索和应用。同时，丹麦开始建设基础数据项目，建立 IT 项目计划、管理和执行的模型，开始开发下一代 NemID。在这一战略期内，丹麦成为世界第一个全面实现公共部门服务信件数字化的国家[20]。

## 第二节　丹麦电子政府的实践经验

### 一、丹麦电子政府的管理制度与协调机制

2015 年 6 月丹麦议会选举后，自由党领导的政党联盟获胜并对中央政府部分机构进行调整。财政部依然维持了作为丹麦电子政府综合协调工作主导机构的角色，数字化局的职能分工也没有发生大的变化。2016 年 5 月《更强更安全的数字化丹麦——2016—2020 数字化战略》（A Stronger and More Secure Digital Denmark——Digital Strategy 2016-2020）发布，丹麦电子政府协调机制发生了调整，STS 被新的工作指导小组取代，指导小组成员数量较 STS 有了大幅度增加，并出现了私人部门的代表。本部分主要介绍丹麦电子政府的管理制度与协调机制方面的实践经验。

（一）电子政府管理制度

丹麦电子政府的基础为多主体自主管理制度，根据行政层级的不同，将从以下三个层面分别介绍：市政府、大区政府和中央政府。

1. 市政府

丹麦的市政府（丹麦语 kommune）是提供公共服务的主力，属丹麦的基层政府。《共同的市政数字化战略：本地化和数字化——一个连贯一致的丹麦（2016-2020）》[Common Municipal Digitisation Strategy: Local and Digital——A Coherent Denmark (2016-2020)]强调，公共部门的决策和服务不能疏远民众，要使民众在自己家附近就能获得连贯和高效的数字化服务。

市政委员会是市的主要决策机构，每四年选举一次。市有收税权，享有极大的财政自由权限。市长办公室下设置有 IT 或数字化办公室，负责本市数字化战略的制定与协调，梳理工作流程，建设面向市民与工作人员的内外系统与方案，建设基础数据项目，负责 IT 软硬件的采购与更新，参与全国与地方政府联盟的数字化项目。市还为数字化工作提供预算支持、人员管理支持和审计支持。

2. 大区政府

2007 年丹麦地方政府改革后，成立了五个大区，分别是首都大区、中日德兰大区、北日德兰大区、西兰大区和南丹麦大区。大区与改革前的县不同。县承担综合管理职能，有征税权。而改革后的大区承担的职能大部分被转移至中央政府和市政府，且失去了征税权，其财政资金大部分来源于中央政府和市政府。大区不再承担全面化的政府工作职能，保留下来的工作职能主要是医疗卫生事务、部分公共交通和社会及地区发展等适合在大区处理的其他

职能。

大区政务委员会对大区的经济发展进行规划和决策[23]。大区内部一般设有信息技术或数字化中心，负责制定本地区的 IT 战略，参与全国或大区联盟的数字化项目，负责信息技术管理服务和基础设施服务，为用户特别是医护人员、卫生管理人员和市民提供高效的数字化服务和远程医疗方案。除了信息技术中心以外，大区还为数字化工作提供财政、人力资源、采购等管理支持。

3. 中央政府

中央政府的首相办公室设有信息技术部门，负责办公室的信息技术支持和数字化工作。各部委在电子政府管理上同样享有极大的自主性。在数字化管理方面，部委管理机构内设置信息技术部门，负责处理部委信息技术系统的开发、运行和维护、项目管理与审计、共享数据库，以及管理部委网站、社交媒体和内网等事宜。部委的直属机构一般都会设置信息技术部门负责本机构职责范围内的信息技术工作。在数字化工作任务重的部委，也会专门成立相关的直属机构。中央部委数字化系统的开发、运行和维护一般由本部门进行或委托给政府 IT 局，部分服务由外部供应商提供。

（二）电子政府协调机制

1. 横向协调机制

丹麦的市和大区各自结成联盟，对内协调本级政府工作，对外代表本级政府利益。而丹麦地方政府联盟和丹麦大区联盟就是横向协调机制的核心。

所有的市都是丹麦地方政府联盟成员。丹麦地方政府联盟对内作为成员沟通电子政府建设和发展事宜的协商平台，对外代表联盟成员进行数字化工作交流和合作。丹麦地方政府联盟在数字化合作方面的主要任务是推动丹麦地方政府制定联合电子政府发展战略，建立市联合数字化战略实施监督机制，实施市联合信息技术框架结构以及处理信息管理事宜，在福利数字化方面，主要是建立福利科技中心、推动数字能力建设、建设规则论坛等[24]。

丹麦的五个大区结成的丹麦大区联盟是一个自治组织。丹麦大区联盟主要负责统筹丹麦的卫生健康工作、交通和其他有关大区发展的工作任务；代表大区同中央和市、欧盟和其他组织进行对话与合作。它为大区搭建电子政府合作平台，推动五个大区联合制定数字化发展战略；推动医疗卫生方面的 IT 合作，包括构建共同 IT 标准、共同的药物系统、远程医疗方案、共享健康档案、健康数据等。丹麦大区联盟内设置大区医疗卫生信息技术工作组（Danish Regions' Health IT），具体负责大区医疗卫生战略的执行，管理大区医疗卫生的信息技术项目和信息安全工作[25]。

2. 纵向协调机制

大到国家战略制定，小到丹麦公民网（borger.dk）上 My Page 页面的公共服务集成，电子政府建设需要大量的协调工作，而电子政府工作指导小组（Portfolio Steering Group）则是目前丹麦电子政府管理纵向协调机制的核心。

丹麦的联合电子政府发展战略制定和跨部门电子政府措施、项目的协调需要中央政府、丹麦地方政府联盟与丹麦大区联盟的共同参与，电子政府工作指导小组的任务则是统一各方愿景，进行综合工作协调。其成员包括财政部（主席单位）、商业和发展部、税务部、教育和研究部、能源电力和气候部、卫生和老年部、经济和内政部、儿童教育和性别平等部、就业部、司法部、环境和食品部、丹麦地方政府联盟、丹麦大区联盟、社会养老金组织[26]。电子政府工作指导小组向中央政府、丹麦地方政府联盟、丹麦大区联盟报告工作，以开会协商为主要工作方式，主要协商内容为第二年的财政预算方案。

财政部是电子政府工作指导小组的主席单位，有关电子政府的重要议案和法案草案多由财政部制定并提交议会进入立法程序。而与财政部对口的财政委员会是决定电子政府相关预算、法案能否通过立法程序的重要机构，也是协调各方利益的平台[27]。

电子政府工作指导小组秘书单位丹麦数字化局设置在财政部下，数字化局是推进丹麦公共部门数字化进程、实施电子政府战略、实现跨部门合作的核心力量。

3. 专业化协调机制

除了电子政府工作指导小组外，还有一系列的专门委员会在各自专业领域协调公共部门的数字化工作，这些专门委员会承担了大量的协调工作。

如政府 IT 项目委员会（The State Council for IT Projects）成立于 2011 年，其成员包括公共部门与私人部门的代表，主要负责评估重大 IT 项目和计划[28]。跨部委项目办公室（Inter-Ministerial Project Office）是它的秘书单位，负责开展跨政府大型 IT 项目咨询工作，建立 IT 项目模型和标准协议[29]。

OIO①委员会负责丹麦的标准化集中管理工作，OIO 委员会包含来自部委、大区和市的代表，主要负责基础架构、标准的制定和基础设施建设的协调，并且维护国家互操作性框架。

此外，不同的电子政府管理主体根据需要设立专门委员会协调工作。如教育部设置了两个 IT 战略指导委员会，其中的小学信息技术战略指导委员会成员包括教育部及其责任机构的负责人，也包括来自丹麦地方政府联盟、数字化局、经济和内政部的代表[30]。

## 二、丹麦电子政府的总体架构

电子政府是整体政府理念在数字化领域的延伸。总体架构在其中的角色是确保不同系统的灵活性和互操作性，并为将来的发展留下升级的空间。

（一）总体架构（OIO EA）建设思路

1. OIO EA 的概念

基于 EA②发展的 OIO EA（公共信息在线总体架构）超越了 IT 系统架构的狭义内涵，是对国家电子政府架构的总体构想。因此，我们称之为丹麦电子政府的总体架构。丹麦 OIO 委员会把 OIO EA 定义为：跨组织事务架构，关注公共部门管理、服务、供应和其他行为；是共同的框架，包含总体概念、原则、方法、指导、工具和管理框架；是选择标准、设计参考模型、共同基础设施要素等方面的具体架构；虽然与 EA 类似，但 OIO EA 比传

---

① OIO 是丹麦语 Offentlig Information Online 的缩写，意为公共信息在线（Public Information Online）。
② EA：enterprise architecture，一般译为总体架构或体系架构。

统的 IT 或系统架构概念广，是对电子政府设计核心和共同要素的描述；比起美国的 FEA[①]仅规范联邦层面，丹麦的 OIO EA 覆盖的范围更广，应用范围涵盖中央、大区和市[31]。

2. 总体架构原则与方法

2003 年的《丹麦政府总体架构白皮书》(White Paper on Danish Government Enterprise Architecture)中，提出了五项总体架构基本原则：互操作性、安全性、开放性、灵活性、可扩展性[31,32]。而此后 OIO 委员会又对总体架构原则进行了扩展，提出十项总体原则：①IT 投入源于业务需求；②以市民和企业为核心；③优化工作流程；④重复利用数据和服务；⑤以开放强化竞争与创新；⑥组件的松散联结，用户界面、应用和基础架构应当分离；⑦灵活性方案；⑧充分利用采购的机会；⑨自始至终维护信息安全；⑩使用共同公共方法框架[33]。

总体架构核心包括 OIO EA 方法和 OIO EA 书架。OIO EA 方法包括七个方面：趋势、战略、业务、技术、差距分析、改变、治理，各方面包含若干个子活动。OIO EA 书架是一个分类系统，用于以一定的标准对架构文档进行分类[34]。其基本结构中横向从左到右分别是战略、业务、信息、应用和科技，而纵向从上到下分别为概念层次、逻辑层次和物理层次，以此为结构放置总体架构文档[35]。

（二）总体架构实现

实现总体架构，要在电子政府的建设和管理中实践运用 OIO EA 方法和工具，在协调合作的基础上进行整体规划，制定国家电子政府发展战略；进行统一的基础架构与标准建设，实现电子政府的跨政府、跨部门、跨系统无缝衔接；统一管理模型，强化对重大电子政府项目的监管等。

1. 联合电子政府战略

在丹麦电子政府现有管理模式下，全国性的联合电子政府战略明确战略期发展方向和目标，制定战略实施方案，是统筹丹麦电子政府发展的纲领性文件。如前文提到的《更强更安全的数字化丹麦——2016—2020 数字化战略》，将市民和企业的信任和信心作为电子政府的核心建设目标；强调用户友好型的公共部门数字化建设；特别强调公共部门数字化要为经济增长创造良好条件。

2. IT 基础架构

1）开放标准

开放标准是标准化的第一要务，是实现公共部门系统互操作性的关键。2008 年后，所有的新公共部门 IT 方案都需要使用开放标准。自实行以来，丹麦建立了公共部门 IT 方案和架构的开放标准体系，并按需更新。其内容包括公共管理部门数据交换标准、电子文件夹和文档处理标准、公共部门电子采购标准、公共网站/主页和可达性标准、政府部门 IT 安全标准、文档交换标准[36]。

2）基于开放源的共享 IT 方案

开放源即软件的源代码对用户开放，用户能进行修改、复制等操作。2002 年，丹麦技术委员会发布的《电子政府中的开放源软件》(Open-Source Software in E-Government)

---

① FEA: Federal Enterprise Architecture，联邦企业架构。

对开放源的潜力进行了探讨[37]。2003年公布的《丹麦软件战略》(The Danish Software Strategy)要求保证公共IT方案的竞争、质量和互通性[38],这成为丹麦开放源的工作基础[39]。2009年国家IT和电信局发布了《开放源软件与公共部门》(Open-Source Software in Public Administration)报告,报告指出开放源战略实施后,开放源代码许可证和商业模型已经成熟。

作为联合电子政府项目建设和管理的基础,共享IT方案是节约资源,保证互操作性、连贯性,确保电子政府的效率和效益的重要手段。这些共享IT方案都属开放源软件,具有开放源的优点。

丹麦市民的数字身份认证,用于认证登录公共数字化服务系统,也可以用于登录部分私人部门的数字化服务系统。电子商务认证(NemHandel)于2011年开始强制使用,用户能通过数字终端直接发送标准化电子发票,使用NemHandel的服务商还能进入欧盟的公共采购系统[40]。NemKonto是电子转账账户,用于公共部门对私支付(如发放养老金和补贴)。

共享IT方案还包括统一登录界面(NemLog-in)、服务信息提醒(NemSMS①)、病假产假补贴报告(NemRefusion)、雇员薪资报告(eInKomst)等。丹麦以法律形式确保共享IT方案的推行,如《丹麦公共支付法案》于2003年12月27日起生效,规定所有拥有注册号的18周岁以上的市民都需要提供电子转账账户账号[41]。

3)集成门户

集成的综合公共服务门户是丹麦实现综合公共部门服务的重要窗口。于2007年1月1日上线的市民门户borger.dk是市民获取不同公共部门数字化自助服务的综合网站,是丹麦政府、丹麦地方政府联盟和丹麦大区联盟的合作成果,由财政部下属的数字化局负责网站开发和维护。在borger.dk上,用户友好、效率和效益的理念得以体现,也是丹麦电子政府协调管理模式取得成果的体现。市民可以通过一站式登录的方法,使用网站集成的各种IT方案,获取全方位数字化服务。网站提供的数字化自助服务几乎涵盖了市民生活的方方面面。

商业门户virk.dk集成了面向企业的公共服务。virk.dk于2003年上线,同样是跨机构合作的成果。商业和发展部、财政部、经济和内政部、就业部、环境和食品部、丹麦地方政府联盟等相关部委和组织代表组成委员会负责virk.dk的整体发展方向与协调合作;商业和发展部下属的丹麦商业局为委员会主席单位,具体负责网站的运行。

在virk.dk上,用户能创建、变更和关闭公司及其分支机构;执行商业有关行为,如发送电子发票、报税、审计、申请疾病补助等;此外网站还提供与商业行为有关的法律、政策等信息以及其他公开公共数据[42]。

4)基础数据

基础数据(basic data)指信息管理部门在日常案件中的核心信息,包括个人、公司、地址、地产、地理信息。基础数据在可能的情况下向外界免费开放;基础数据有效分发,适应用户需求[43]。项目由数据与效率局负责,中央政府多个部委、丹麦地方政府联盟与丹

---

① SMS:short message service。

麦大区联盟等多个主体共同参与其中。基础数据项目下设若干子项目，由项目协调小组协调合作。发布数据的单位负责数据的管理，也需要承担法律责任和其他责任[44]。

丹麦基础数据项目涉及不同领域的立法工作。在土地信息方面，2006年3月9日通过的《丹麦土地注册法案》对土地信息的使用和处理做出规定[45]。地理信息方面，环保部的《丹麦自由使用数据法令》于2012年12月23日公布，在法令中列出了能自由使用的地理数据名录[46]；还有2013年10月19日发布的《丹麦地理信息局法案》[47]和《丹麦空间信息基础设施》。房产信息方面，2014年5月28日通过的《丹麦地产经纪法案》对信息交流做出规定。

除了基础数据，在不同业务主管单位还建设有不同的数据库系统。如儿童教育和性别平等部的数据仓库[48]。数据仓库不仅有大量教育数据，还具备综合数据展示、动态分析的能力，为决策提供依据，为管理提供基础。

5）开放数据

丹麦政府把开放数据纳入到了政府公开国家行动计划中，要求利用开放数据实现创新、透明和效率强化的目标[49]。开放数据能有效地节约资源，实现效率的提升，是推动管理创新和提升公共部门透明度的重要途径；开放数据还能进一步挖掘社会经济的发展潜力。执行公开战略，目的在于解决用户不清楚特定数据的存在、管理部门不清楚数据利用潜力的问题。

丹麦还参加了政府开放合作（Open Government Partnership）项目，在推动市民和企业获取公共信息，增加民众参与和合作，推动数据创造价值方面同其他国家开展合作。政府还通过各种渠道主动公布数据，如设立网站 www.aabenhedsordning.dk 专门用于定期公布内阁成员（即首相与各部部长）的支出与活动情况[50]。

3. 合作管理模型与事务管理

由于跨部门、跨机构、跨行政层级甚至跨国的合作计划、项目日益增多，使用统一的合作管理模型成为计划和项目管理的常态。

1）合作管理模型

丹麦建立了统一的跨政府IT项目模型（cross-governmental IT project model），用于所有政府IT项目的计划、管理和实施。模型把IT项目分为理念、分析、获取、执行、实现五个阶段，要求明确不同阶段的组织管理和领导责任，并形成记录文件，以此作为战略工作指导小组的决策依据和项目管理依据[51]。

政府商业案例模型（governmental business case model）是跨政府IT项目模型的组成部分，通过分析和计算总体经济表现来评估项目是否符合投资预期，并明确潜在的问题[52]。

跨政府计划模型（cross-governmental programme model）用于预算超过六千万丹麦克朗的计划，为跨政府计划提供计划管理和计划领导模型，通过强制执行模型要求实现政府的计划领导和管理的专业化[53]。

2）采购管理

丹麦于1992年6月30日对政府合同和采购进行立法，此后进行了修改，最近一次是2015年12月15日发布的《丹麦合同法》。法案不仅对政府采购流程做出细化规定，更明确了数字化公共采购对竞争机制的重要作用。同时，丹麦收紧了采购权限，采用集中采购的方式。法案特别明确了丹麦与欧盟在电子采购中的关系和具体工作衔接[54]。

最高性价比是丹麦公共部门采购的总体原则。此外，良好的竞争环境、防止供应商结盟也尤显重要。一般而言，电子政府项目的采购由责任单位负责，使用欧盟的电子采购平台 TED①。丹麦政府在 TED 上可以发布竞标公告、管理采购流程。供应商对招标程序或结果不服的，可以向国家招标上诉委员会申诉。

3）审计与评估

电子政府项目的资金一般由责任单位自行进行管理和审计，丹麦国家审计署是独立机构，负责对各公共部门账户进行审计。

根据评估主体不同，电子政府评估分为两种形式：内部评估和外部评估。内部评估是公共部门在组织内部设置或规定特定机构进行自我评估。如国防部内部审计司负责对国防部总体 IT 运行的检查和对 IT 系统使用、采购的管理，向国家 IT 委员会报告工作并发布年度报告[55]。由于电子政府计划、项目的特殊性，一项计划、项目往往涉及不同层级的多个部门。在这种情况下，一般由参与方组成的协调委员会委托特定机构进行评估。

当然，内部评估存在自我隐瞒行为的可能，这就需要外部评估进行补充。国家审计署的专题评估包括信息技术专题，信息技术专题大致每年形成四篇专题研究报告。除了国家审计署，从事外部评估的机构还包含国际组织、某些咨询性私人部门。

丹麦 IT 项目委员会（Danish Council for IT Projects）运用跨政府 IT 项目模型对跨部委的电子政府项目和计划进行集中监管和评估，具体由委员会的秘书单位——数字化局下的跨部委项目办公室实施。跨部委项目办公室负责模型的建立、维护和评估工作以及发布每半年一次的进展报告[29]。

所有超过一千万丹麦克朗的政府 IT 项目和超过六千万丹麦克朗的计划都需要通过国家 IT 项目委员会的风险评估，高风险的项目需提交外部评估。参与风险评估的项目每半年需提交一次进程报告，在报告的基础上，IT 项目委员会利用"亮交通灯"的方式指示评估结论[28]。

4. 安全管理

安全至关重要。安全包括 IT 系统、数据及其物理安全，人、组织与流程的管理安全。2014 年 1 月起，丹麦所有政府机构都必须遵守信息安全的国际标准 ISO/IEC 27001，由数字化局负责开发工具、模板、组织会议来支持标准的实施和维护[56]。在安全管理方面，丹麦在国防部丹麦国防情报服务里设置了网络安全中心，其核心任务是强化对 IT 系统及其基础设施的安全运营；丹麦数字化局也为政府机构信息安全管理方面的工作提供咨询服务；丹麦的警察局设立了国家网络犯罪中心，预防和调查网上 IT 犯罪。

丹麦重视个人数据保护。个人数据，指的是任何能确定自然人身份的相关信息。根据《丹麦个人数据处理法》，法案的执行单位为丹麦数据保护局。市民可以通过法定程序向丹麦数据保护局进行投诉，数据保护局根据投诉对事件进行调查和问询，并确定事件级别，提出整改意见[57]。除了接受市民投诉外，丹麦数据保护局还负责主动组织就某件事的调查；

---

① TED：Tenders Electronic Daily，招标电子日报。

进行有关公共部门和私有企业的年度巡查，若发现确有违法行为的，可以发布禁制令或将案件提交给公安机关[58]。

5. 电子政府延伸平台

社交媒体平台是丹麦电子政府的重要延伸。主要的平台有：Facebook、Twitter、YouTube、Blogs、LinkedIn、Google+等，丹麦也开发了一系列移动终端应用，拓展服务市民的渠道。应用开发的主体不同，内容不一。如"112-app"由国家警察局、哥本哈根消防局等单位联合开发，用于市民综合紧急服务。这一应用不仅能报警，还能实现 GPS 坐标的发送，并且能支持不同的系统环境[59]。

## 第三节 丹麦电子政府发展的未来取向

丹麦电子政府经历了二十余载的发展历程，取得了扎实的建设成效，为未来丹麦电子政府发展打下了良好基础。然而，丹麦电子政府也面临着压力和挑战。国内经济社会发展状况、国际政治和经济环境、创新技术的出现都是影响丹麦电子政府发展生态环境的重要因素。电子政府的发展是制度、理念和技术互动的结果，在现有制度框架内，如何完善电子政府建设理念、有效激发新技术的潜力、实现制度优化，决定着丹麦电子政府未来的发展取向。

### 一、拓展电子政府建设理念体系

目前丹麦的电子政府已经形成成熟的电子政府建设理念体系，并在电子政府建设和管理实践中得到了运用。该理念体系主要围绕三个问题延伸。

为什么要建设电子政府？电子政府能为丹麦带来价值，而能创造价值的是好的，所以电子政府是个好东西。

建设什么样的电子政府？服务民众和企业是丹麦电子政府的根本取向，这一点从丹麦电子政府建设之初就已确立。丹麦的电子政府建设必须符合国家基本价值体系，能推动社会基本价值向度的实现。丹麦的电子政府必须是用户友好型的，为用户提供可达、简单、连贯的数字化服务。

如何建设电子政府？坚持开放思想，秉持实用主义原则，思考新技术在公共部门中应用的可行性，不断地通过试点方案去尝试，设计、开发和维护电子政府基础设施及运行之上的系统；坚持经济、效率和效益原则，用分散、合作和集中管理模式的结合推动整体政府理念的实现；进行制度创新，使技术与公共管理过程优化结合，使之产出价值；强调丹麦电子政府建设需要在强化安全建设的基础上，提升用户满意度，继续维持人民的信任和信心。在公共部门利用人工智能，强调责任和伦理的坚持方向。

### 二、延续和优化管理制度

丹麦电子政府已经确立了协调机制基础上的多主体自主管理制度。这是分散和集中的管理模式在丹麦长期拉锯和妥协的结果，其基础是丹麦历史更为久远的政治制度。可以预见，在每一个新的战略期内，各中央政府部委、大区和市将继续自主开展电子政府建设工作。同时，横向和纵向协调机制会继续发挥功能，全国电子政府工作协调机制也会持续存在。

技术作为媒介对制度变迁所起的作用和作用路径主要受制度架构与行为者理念的影响。新技术直接影响公共部门知识积累，还带来新的规范性制度建设要求，使制度向有利于技术输出价值的方向变迁。未来技术的发展可能会推动现有制度架构的变迁和重组，不断优化制度以适应技术的要求是未来丹麦电子政府实现良性发展的关键。

### 三、迎接新技术带来的挑战

计算机技术与通信技术的每次创新，都会给丹麦公共管理带来新的发展契机。技术是电子政府发展的根基，因此保持电子政府的可拓展性和建设战略前瞻性尤为重要。

对于丹麦而言，未来数字化社会的优化也依赖福利技术的发展。福利技术已经成为福利服务的重要辅助技术，如升举设备、辅助如厕、数字化的康复训练技术等。未来福利技术同新数字化技术的结合将提升个人自我照护能力，减轻福利服务人员负担，全方面提高公共服务水平和效率。

## 案 例 小 结

在丹麦电子政府的发展历程中，技术、理念和制度的互动得到了体现。经过几十年的建设和发展，丹麦已经形成了成熟的电子政府管理体制。以此为基础，丹麦得以在推进电子政府建设方面行稳致远。

## 关 键 名 词

公共部门 新信息和通信技术 理念 制度 协调机制 电子政府战略

## 思 考 题

1. 整体政府理念在丹麦电子政府中是如何体现的？
2. 丹麦电子政府管理制度和中国电子政府管理制度有什么异同？

## 参 考 文 献

[1] European Commission. Denmark in the digital economy and society index[EB/OL]. https://ec.europa.eu/digital-single-market/en/scoreboard/denmark[2018-05-30].

[2] Christensen J G, Pallesen T. Institutions, distributional concerns and public sector reform[J]. European Journal of Political Research, 2001, 39(2): 179-202.

[3] Jæger B, Löfgren K. The history of the future: changes in Danish e-government strategies 1994-2010[J]. Information Polity, 2010, 15(4): 253-269.

[4] Frøkær E, Korsbæk H. Information policies in Denmark[C]//Frissen P H A, Bekkers B J J M, Brussaard B K, et al. European Public Administration and Informatization: A Comparative research. Amsterdam: IOS Press, 1992: 25-47.

[5] Kananen J. The Nordic Welfare State in Three Eras: From Emancipation to Discipline[M]. Farnham: Ashgate, 2014.

[6] Rhodes R A W. Traditions and public sector reform: comparing Britain and Denmark[J]. Scandinavian Political Studies, 1999, 22(4): 341-370.

[7] Jørgensen A H. Computing on the desktop: from batch to online in two large Danish service bureaus[C]//Impaglizzo J, Lundin P, Wangler B. History of Nordic Computing 3. New York City: Springer, 2010: 168-175.

[8] Meinel C, Sack H. Digital Communications: Communication, Multimedia, Security[M]. Berlin: Springer, 2014.

[9] Torfing J. Path-dependent Danish welfare reforms: the contribution of the new institutionalisms to understanding evolutionary change[J]. Scandinavian Political Studies, 2001, 24(4): 277-309.

[10] OECD. OECD economic surveys:Denmark 1997[EB/OL]. http://www.oecd-ilibrary.org/economics/oecd-economic-surveys-denmark-1997_eco_surveys-dnk-1997-en[2016-06-30].

[11] OECD. OECD e-government studies: Denmark[EB/OL]. http://www.keepeek.com/Digital-Asset-Management/oecd/governance/oecd-e-government-studies-denmark-2006_9789264012356-en#page1[2016-06-06].

[12] 李斌, Schlager J.理念、政策和技术的有效互动——丹麦电子政务建设对中国电子政务发展的启示[J].电子政务, 2009(6): 121-125.

[13] Folketingstidende. Redegørelse af 16/ 3 95: »Fra vision til handling - Info-samfundet år 2000«[R/OL]. https://www.folketingstidende.dk/samling/19941/redegoerelse/R8/19941_R8.pdf[2022-12-01].

[14] The Minister of Research and Information Technology. The info-society for all[R]. Copenhagen: The Minister of Research and Information Technology, 1996.

[15] The Minister of Research and Information Technology. Action for change[R]. Copenhagen: The Minister of Research and Information Technology, 1997.

[16] The Danish Parliament. Election held in 2001[EB/OL]. http://www.ipu.org/parline-e/reports/arc/2087_01.htm[2016-06-22].

[17] OECD. Denmark: efficient e-government for smarter service delivery[EB/OL]. http://dx.doi.org/10.1787/9789264087118-en[2016-06-16].

[18] The Ministry of the Interior and Health. The local government reform–in brief[R/OL]. https://english.sim.dk/media/11123/the-local-government-reform-in-brief.pdf[2022-12-01].

[19] Ministry of Finance. Strategi for digitalisering af den offentlige sektor 2007-2010[R/OL]. https://fm.dk/media/13630/Strategifordigitaliseringafdenoffentligesektor2007_2010.pdf[2022-12-01].

[20] European Commission.eGovernment in Denmark[R/OL]. https://joinup.ec.europa.eu/sites/default/files/egov_in_denmark_-_january_2015_-_v_17_0_final.pdf[2016-06-16].

[21] Ministry of Finance. Den fællesoffentlige digitaliseringsstrategi 2011-2015[R/OL]. https://digst.dk/media/12704/digitale_vej_til_fremtidens_velfaerd.pdf[2022-12-01].

[22] Danish Agency for Digital Government. Vejledning om brug af open source i den offentlige sektor[EB/OL]. https://arkitektur.digst.dk/node/1173[2022-12-01].

[23] The Ministry for Economic Affairs and the Interior. Municipalities and regions–tasks and financing [R/OL].https://english.sim.dk/media/16477/municipalities-and-regions-tasks-and-financing-june-2014.pdf[2022-12-01].

[24] Hundebøl J, Pors A S, Sørensen L H. Digitalisering i Offentlig Forvaltning[M]. Copenhagen: Samfundslitteratur, 2020.

[25] The Danish Regions. Regionernes sundheds it (RSI)[EB/OL]. https://www.regioner.dk/sundhed/digitalt-sundhed-for-dig/rsi[2022-12-01].

[26] The Danish Agency for Digitisation. Et stærkere og mere trygt digitalt samfund: den fællesoffentlige digitaliseringsstrategi 2016-2020[R/OL]. https://digst.dk/media/12811/strategi-2016-2020-enkelt-tilgaengelig.pdf[2022-12-01].
[27] Folketinget. The committees[EB/OL]. https://www.thedanishparliament.dk/en/committees/committees[2022-12-01].
[28] The Danish Agency for Digital Government. The National ICT Council[EB/OL]. https://en.digst.dk/digital-governance/government-ict-portfolio-management/the-national-ict-council/[2022-12-01].
[29] The Danish Agency for Digital Government. Sekretariatet[EB/OL]. https://digst.dk/styring/statens-it-raad/sekretariatet/[2022-12-01].
[30] Rambøll. Indsatsen for it i folkeskolen: evaluering[R]. Copenhagen: Rambøll, 2018.
[31] The Danish Agency for Digital Government. Fællesoffentlig digital arkitektur[EB/OL]. https://arkitektur.digst.dk/[2022-12-01].
[32] The Danish Agency for Digital Government. White paper on a common public-sector digital architecture[EB/OL].https://en.digst.dk/digital-governance/digital-architecture/white-paper-on-a-common-public-sector-digital-architecture/[2022-12-01].
[33] The Danish Ministry for Science, Technology and Development. It-arkitekturprincipper [R]. Copenhagen: The Danish Ministry for Science, Technology and Development, 2009.
[34] The Danish Agency for Digital Government. OIO specifikation af model for dokument[EB/OL]. https://arkitektur.digst.dk/specifikationer/dokument/oio-specifikation-af-model-dokument[2022-12-02].
[35] The Danish Ministry for Science, Technology and Development. 15 skarpe til digitalisering af Danmark[R]. Copenhagen: The Danish Ministry for Science, Technology and Development, 2009.
[36] Danish Business Authority. En teknisk introduktion til NemHandel[EB/OL]. https://nemhandel.dk/vejledning-en-teknisk-introduktion-til-nemhandel[2022-12-02].
[37] Danish Board of Technology. Open source software–i den digitale forvaltning[R/OL]. https://tekno.dk/app/uploads/2019/01/p02_open-source-rapport.pdf[2022-12-01].
[38] The Danish Ministry of Science, Technology and Innovation. Open software strategy[R]. Copenhagen: The Danish Ministry of Science, Technology and Innovation, 2003.
[39] Heikendorf C. Denmark has begun working on a guide on the use of open source within the public sector[EB/OL]. https://joinup.ec.europa.eu/collection/open-source-observatory-osor/news/national-working-group-open-source-denmark[2022-12-01].
[40] Danish Business Authority. Om nemhandel[EB/OL].http://nemhandel.dk/om-nemhandel[2022-12-01].
[41] The Ministry of Finance. Lov om offentlige betalinger m.v.[DB/OL]. https://www.retsinformation.dk/forms/R0710.aspx?id=5510[2016-07-19].
[42] Virk[EB/OL]. https://virk.dk/[2016-06-19].
[43] The Danish Government/Local Government Denmark. Good basic data for everyone-a driver for growth and efficiency[R/OL]. https://data.europa.eu/sites/default/files/report/2012_denmark_good_basic_data_for_everyone.pdf[2022-12-01].
[44] The Danish Agency for Data Supply and Infrastructure. Dataoversigt[EB/OL]. https://datafordeler.dk/dataoversigt/[2022-12-01].
[45] The Ministry of Justice. Bekendtgørelse af lov om tinglysning[DB/OL]. https://www.retsinformation.dk/Forms/R0710.aspx?id=2031[2016-07-19].
[46] The Ministry of Environment. Bekendtgørelse om fri anvendelse af data[DB/OL]. https://www.retsinformation.dk/Forms/R0710.aspx?id=144716[2016-07-19].
[47] The Ministry of Environment. Bekendtgørelse af lov om geodatastyrelsen[DB/OL]. https://www.retsinformation.dk/Forms/R0710.aspx?id=146562[2016-07-19].

[48] The Danish Ministry of Higher Education and Science. Datavarehuset[EB/OL]. https://ufm.dk/uddannelse/statistik-og-analyser/datavarehus[2022-12-01].

[49] The Danish Agency for Digital Government. Open data and re-use of public sector information[EB/OL]. https://en.digst.dk/digital-governance/data/open-data-and-re-use-of-public-sector-information/[2022-12-01].

[50] Prime Minister's Office.Åbenhedsordning om offentiggørelse afministres udgifter og aktiviteter[EB/OL]. http://www.aabenhedsordning.dk/[2016-06-19].

[51] The Danish Agency for Digital Government. Statens it-projektmodel[EB/OL]. https://digst.dk/styring/projektstyring/statens-it-projektmodel/[2022-12-01].

[52] The Danish Agency for Digital Government. Vejledning til brug af business case i staten[EB/OL].https://digst.dk/media/21039/vejledning-til-brug-af-business-case-i-staten-414.pdf[2022-12-01].

[53] The Danish Agency for Digital Government. Statens programmodel[EB/OL]. https://digst.dk/styring/projektstyring/statens-programmodel/[2022-12-01].

[54] The Ministry of Business and Growth. Udbudsloven[EB/OL]. https://www.retsinformation.dk/forms/R0710.aspx?id=175507[2016-07-19].

[55] Danish Ministry of Defense. Forsvarsministeriets interne revision[EB/OL]. https://www.fmn.dk/da/ministeriet/forsvarsministeriet/fir/[2022-12-01].

[56] The Danish Agency for Digital Government. Guidance and support[EB/OL]. https://en.digst.dk/digital-governance/information-security-in-danish-authorities/guidance-and-support/[2022-12-01].

[57] The Danish Data Protection Agency. File a complaint[EB/OL]. https://www.datatilsynet.dk/english/file-a-complaint[2022-12-01].

[58] The Danish Data Protection Agency. About us[EB/OL]. https://www.datatilsynet.dk/english/about-us[2022-12-01].

[59] DMI. Hjælp dig selv og andre med ny national 112-app[EB/OL]. https://www.dmi.dk/nyheder/2013/hjaelp-dig-selv-og-andre-med-ny-national-112-app/[2022-12-01].

# 第十二章 "武汉交警"政务微信服务案例

■ 本章知识结构图

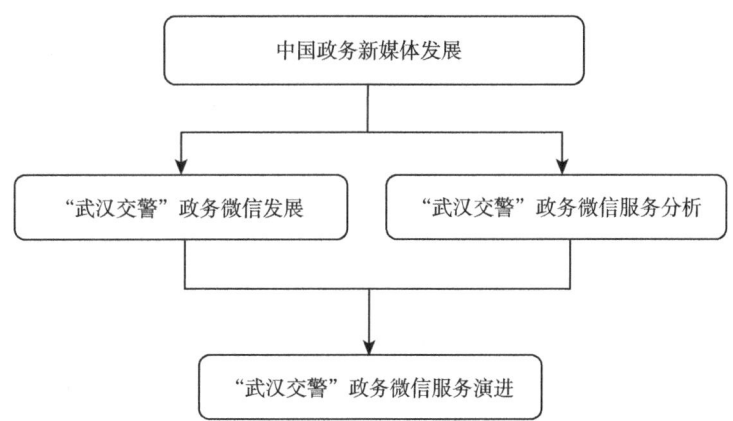

近年来,在国家层面若干政策的推动下,我国各地积极探索政务服务创新模式,深入推进"互联网+政务服务"建设,在线政务服务取得重要进展。浙江省提出"最多跑一次",江苏省推出"不见面审批",广东省开展"数字政府"建设,上海市推出"一网通办",湖北省武汉市实施"马上办、网上办、一次办",这些创新举措获得国务院的肯定,成为其他地区纷纷效仿的典范。与此同时,政务新媒体快速发展。经过新浪平台认证的政务机构微博账号从 2015 年底的 114 706 个增长到 2020 年底的 140 837 个,政务头条号从 2015 年底的 4021 个增长到 2020 年底的 82 958 个。目前政务新媒体已经成为政府部门提供公共服务、公开政务信息以及回应公众诉求的重要工具。

## 第一节 中国政务新媒体发展

随着新媒体(也称为社交媒体)技术逐步渗透到社会生活和生产领域,政府部门开始关注这一新兴信息通信工具,并利用它为公众提供创新型公共服务,政务微博、政务微信公众号、政务头条号、政务 App 等政务新媒体呈现蓬勃发展态势。基于 Web2.0 技术的新媒体技术具有用户创造内容、即时传播、互动性强等特点,政务新媒体逐步超越传统的政府网站,成为更贴近公众需求的政务服务方式。

一、政务新媒体概念

政务新媒体是指国内各级行政部门依托移动互联网在微博、微信、短视频、头条号等第三方平台上提供的政务服务,以及自行开发建设或委托开发建设移动客户端(App)等提供的政务服务。政务新媒体的服务方式主要包括：①通过开发的手机应用程序（App）提供政务服务；②依托微博、微信、抖音等第三方平台提供政务服务，如政务微博、政务微信、政务短视频、政务头条号等；③通过微信平台的城市服务入口链接政务服务，或通过微信小程序提供政务服务。

各种新媒体技术及其应用不断出现，使得政务服务方式和服务内容不断创新，有力推动了政务新媒体快速发展。一方面，移动政务服务方式不断创新。如政府部门在微博开通政务认证微博号，在微信开通政务微信公众号和政务微信小程序，在今日头条的政务公共信息发布平台开通政务头条号，在抖音开通政务抖音号，在支付宝和微信也开通政务服务入口，加快线上政务服务布局，政府部门不断创新政民互动或政务服务供给的方式。另一方面，政务新媒体的服务内容不断深化。政务新媒体平台提供从政务服务到医疗保险、交通出行、城市公共事业缴纳等各种政务服务和便民服务，同时工商、公安、司法等部门在微博、微信、头条号等平台的运营发展迅速，信息发布内容不断丰富，为公众提供更加及时、个性化的信息服务。

### 二、政务新媒体发展概况

新媒体技术的快速发展及其应用领域的拓展深化促进了我国政务新媒体发展，国务院在 2016 年启动的"互联网+政务服务"建设加速了政务新媒体在政务服务领域中的应用。

**（一）政务新媒体用户数量不断增加**

与政府网站数量呈现逐年下降趋势形成鲜明对比，我国政务新媒体用户数量近年来不断上升，表 12-1 梳理了我国政务新媒体发展情况。政务新媒体类型也不断增多，早期以政务微博、政务微信为主，然后出现了微信城市服务和政务头条号，近几年来又出现了政务小程序和政务抖音号等新兴政务新媒体服务形式。

表 12-1 我国政务新媒体发展

| 年份 | 政府网站数量/个 | 政务微博数量/个 | 微信城市服务用户数/亿人 | 政务头条号数量/个 | 政务抖音号数量/个 |
|---|---|---|---|---|---|
| 2015 | 66 453 | 114 706 | — | 4 021 | — |
| 2016 | 46 305 | 125 098 | 2.18 | 34 083 | — |
| 2017 | 24 820 | 134 827 | 4.17 | 70 894 | — |
| 2018 | 17 962 | 138 253 | 5.7 | 78 180 | — |
| 2019 | 14 474 | 138 854 | — | 82 937 | 17 380 |
| 2020 | 14 444 | 140 837 | — | 82 958 | 26 098 |

资料来源：根据中国互联网络信息中心发布的历年《中国互联网络发展状况统计报告》整理

**（二）政务新媒体使用率不断提高**

截至 2016 年 12 月，网民使用最多的在线政务服务方式是通过支付宝或微信城市服务平台获得政务服务，使用率为 17.2%；其次为政府微信公众号，使用率为 15.7%；政务微博和政府手机端应用的使用率分别为 6.0% 和 4.3%[1]。在不到一年的时间里，用户对政务新媒体的使用率快速增长。截至 2017 年 12 月，通过支付宝或微信城市服务平台获得政务服务的使用率为44.0%，政府微信公众号的使用率增长到23.1%，政务微博和政府手机端应用的使用率则分别增长至11.4%和9.0%[2]。

（三）政务新媒体服务内容不断丰富

微信城市服务用户数量从2016年12月的2.18亿人增长到2018年12月的5.7亿人，两年内增长了约1.61倍。截至2017年12月，在微信城市服务上可以查询和办理的政务服务达到9930项，涉及公安、人力资源和社会保障、公积金、交通、税务、司法、教育、民政等30多个类别，其中覆盖面最广的服务类别为气象、公共交通、教育及加油服务，覆盖全国362个城市[2]。

## 第二节 "武汉交警"政务微信发展

随着移动互联网技术的快速发展和智能手机的不断普及，越来越多的公众通过手机来获取信息和处理事务。政府部门与时俱进，开始利用微博、微信、政务App提供政务服务。相比其他新媒体而言，微信平台具有更明显的优势。第一，微信公众平台是所有新媒体中用户数最多的第三方平台。微信公众平台自2012年8月上线以来，目前已经拥有12.6亿人用户数量，由于政务新媒体具有很强的用户黏性，政府部门利用微信这个第三方平台可以为更多公众提供政务服务。第二，利用微信获取政务服务要比政务App、微博等新媒体更加便捷。App是一个独立程序，每个账号都需要下载独立的App软件，需要占用手机大量的内存，而且每个App需要由程序开发者自行维护运行。而同一个微信账号可以同时关注多个微信公众号，微信平台由腾讯公司提供技术保障和运行维护，服务更加可靠，安全更有保障，用户体验感更好。与微博相比，微信的信息传播方式更加多元化，具备语音、视频对讲以及定位等功能，可以更加方便、高效地提供公共服务[3]。第三，微信功能更加齐全。微信不仅提供城市服务和政务服务的接口，而且提供不需要下载即可使用的小程序功能，方便公众接触更多更好的政务服务和便民服务。正因为如此，近年来政务微信发展迅速，成为"互联网+政务服务"的重要服务方式。

### 一、"武汉交警"政务微信发展历程

本着让公众"办事更方便，出行更轻松"的服务理念，武汉市公安局交通管理局自2013年正式上线"武汉交警"政务微信公众号（简称"武汉交警"）以来，尝试运用政务新媒体为公众提供便捷优质的政务服务。"武汉交警"版本不断升级，功能不断完善，创下了许多全国第一的纪录。

2013年8月8日，武汉市公安局交通管理局正式上线"武汉交警"，在全国首创交通违法信息的主动推送服务。公众只要订阅该微信公众号即可获得平台主动推送个人交通违法信息的服务，该公众号上线当天就获得6万个订阅用户。2013年9月13日，"武汉交警"针对武汉市过江限行措施，推出紧贴公众需求的桥梁限行查询，当日访问用户突破万人。

2014年5月，"武汉交警"推出"在线缴纳交通违章罚款"功能，成为全国首个利用微信支付缴纳交通违法罚款的政务微信平台。当公众发生交通违法行为时，交管部门利用

公众号的主动推送功能向用户发出信息提醒，提供详细的违法记录信息；用户核实信息，通过"业务处理"菜单进入"决定书缴款"页面，然后通过微信缴纳罚款。

2016年4月，"武汉交警"在全国首次推出"快撤快赔"全流程服务。涉事司机上传事故现场照片后快速撤离现场，交警在后台审核事故情况并开具电子版的交通事故认定书，保险公司随后根据交通事故认定结果向受损司机进行赔偿，理赔时间仅为传统流程的1/20。

2018年7月，为进一步规范停车秩序整治工作，交管部门在严格执法的同时，人性化地推出线上"拖车查询"小程序，相关推文发布后即获得了"10万+"的阅读量。

2018年11月，"武汉交警"推出"车牌固封螺丝申领"线上申领服务。用户只需要在公众号上在线申领车牌固封螺丝，交管部门根据用户需求将车牌固封螺丝邮寄到指定地点，从而免去用户的奔波之苦。

2019年1月，为进一步方便广大交通参与者，提供更加优质高效的服务，交管部门贴心地推出"变更机动车联系方式"功能。用户可以直接在政务微信公众号上及时修改绑定手机号码，避免违法通知无法及时送达的问题。

2019年5月，"武汉交警"将"在线缴罚"、"首违警告"和"学习减分"三个功能融为一体，进一步简化线上缴纳交通罚款的操作步骤，提升交管服务智慧化水平。

2020年，"武汉交警"又推出"交通违法处理预约"和"车驾管业务预约"服务，提高公众办事效率。在疫情防控的特殊时期，为避免人群聚集，交管部门推出交通违法窗口处理预约办理方式，开放19个交通违法处理窗口办理业务，每日可预约6600人次。公众预约后，可按指定时间、前往指定窗口办理交通违法业务。

2021年，面向城市交通管理精细化治理，"武汉交警"已推出11项"交通违法行为随手拍"功能，为公众参与城市交通治理提供了便利条件。

目前，通过"武汉交警"线上访问和办理交管业务的公众每天达到40余万人次，信息推送到达用户最高200万人次，单条信息最高阅读量60余万，树立了"武汉交警"在全国政务微信中的标杆形象。

## 二、"武汉交警"政务微信发展成效

"武汉交警"政务微信是政务新媒体应用的一个缩影。与其他电子政务应用一样，政务新媒体随着时间推移和技术发展也在不断演化。在过去几年，"武汉交警"公众号版本不断升级，服务功能日益完善，逐步实现了各种线下服务的线上处理，简化了办事流程，与公众的互动逐步深化，提高了公共服务的质量和效率。

"武汉交警"以服务为导向，顺应群众需求，赢得了很多社会关注度，用户数量快速增加。截至2021年12月底，该政务微信公众号的关注用户数已经达到403万人，V用户有358.7万人，绑定驾驶证358.7万人，绑定机动车行驶证278.6万人，日均办理违法处理及缴款业务超过5000笔，日均违法查询达到30万次以上，日均事故快速处理170次，对实线加塞、占用应急消防通道停车、双排停车、逆向行驶、不按导向车道行驶、故意遮挡污损号牌、大货车闯红灯和闯桥隧、违法载人和违法超员、摩托车违禁通行等交通违规违法现象的治理月均达到13 300笔。目前，"武汉交警"已成为武汉市各项服务渠道查询违法图片的主要途径，也是武汉市公安局交通管理局本地化治理的网上入口。

"武汉交警"在国内拥有高知名度。2015年2月,"武汉交警"被国家互联网信息办公室评选为"全国政务微信优秀公众账号",是湖北省唯一获奖的政务新媒体。2017年4月,在由浙江省经济和信息化委员会和腾讯公司联合主办的2017中国"互联网+"数字经济峰会上,该政务微信作为全国"互联网+警务合作"优秀案例进行展示。2016~2018年,该政务微信连续三年获评"全国公安政务新媒体创新服务奖"。2018~2021年,该政务微信连续四年入选"全国公安政务新媒体十大服务力账号"。同时,该政务微信也是湖北省政务微信用户阅读量最多、互动频率最高的微信公众账号之一。在湖北省政务微信排行榜中,"武汉交警"政务微信长期保持周榜单前三名,并时常夺得周榜单第一名。2018~2021年,在由湖北省互联网信息办公室、湖北日报、荆楚网主办的政务微信评比活动中,该政务微信连续四年获得"湖北十佳政务微信(市州)"奖项。

### 三、"武汉交警"政务微信主要功能

"武汉交警"利用微信庞大的用户群体及推广优势,提供便民服务,实现警民互动,有力推动了"互联网+政务服务"在交通管理领域的应用。自上线以来,"武汉交警"总共推出近百个服务功能模块,不仅涵盖信息推送、信息查询、媒介宣传等信息服务,包括车管和驾管等各类交通管理事务的在线处理,而且还提供了公众参与交管事务的渠道。具体而言,"武汉交警"服务功能包括以下类型。

(一)交管信息主动推送服务

根据信息服务内容的差异,"武汉交警"可以向公众主动推送交管动态信息和驾驶信息。一方面,普通公众只要订阅"武汉交警"政务微信公众号,就可以获得交管动态、交通通告、宣传与互动三类信息;另一方面,公众将驾驶证或行驶证与微信账号绑定,就可以获得关于其行驶情况的个性化信息,如交通违法信息、车辆年审到期提醒信息、驾照审验提前提醒信息等九类信息。

(二)交管信息查询服务

为了满足更多用户的个性化需求,交管部门开始针对有交管信息需求的公众提供查询服务,根据不同用户提供不同的信息服务。针对普通用户,"武汉交警"可以提供办事指南、交管讯息、实时交通动态信息等;而对于绑定驾驶证或行驶证的用户,"武汉交警"可以提供驾驶信息、交通违法信息等信息查询服务。

(三)交管事务在线办理

交管部门的公共道路管理事务,包括交通秩序整治、事故预防、交通违法处理、车辆及驾驶人管理、宣传教育等多项工作。为了方便群众办事,交管部门从"大厅办"向"网上办"再转向"指尖办",将许多原本线下办理的事项迁移到微信平台办理,例如交通事故认定、交通违法罚款缴纳等。

(四)公众参与交通管理

为了提高交通管理中的公众参与度,"武汉交警"先后开通了"交通违法行为上报"和"交通设施故障上报",前者鼓励公众参与共治城市交通文明,后者激励公众共创优质

交通秩序，通过更广泛的参与提高交通管理效率。

（五）宣传服务

除了上述传统的订阅号或服务号，微信平台于 2020 年开通视频号，为公众提供效果更佳的影像信息服务。武汉市交管部门与时俱进，将微信视频号集成在"武汉交警"微信公众号中，用于宣传政策法规、工作动态，普及交通安全知识，开展交通安全提醒或警示，为公众提供更好的服务体验。

"武汉交警"设置三大板块，其中"消息"板块主要提供主动推动信息服务，"服务"板块提供信息查询、交通事务在线处理、公众参与交通管理等服务，而"视频"板块主要提供宣传服务。"武汉交警"在提供各类交通服务时，根据用户级别提供不同的服务功能和服务事项。一般而言，只要订阅"武汉交警"公众号的公众即可成为其关注用户，而要成为平台更高级别用户需要验证身份和银行卡信息、微信支付实名认证甚至线下面签，机动车用户、非机动车用户、普通公众都可以注册，实现交通参与者全覆盖。"武汉交警"为不同用户提供的重点服务功能如表 12-2 所示。其中，高级别用户除了拥有低级别用户的服务功能外，还拥有一些低级别用户无法获取的服务功能。

表 12-2　"武汉交警"提供的重点服务功能

| 用户等级 | 服务功能数量 | 服务功能描述 |
| --- | --- | --- |
| 高级用户<br>(线下扫描第二代居民身份证完成实名认证的用户) | 5 项 | 非本人本车违章处理（扣分）、补领机动车行驶证、换领机动车行驶证、驾驶证损毁换证、驾驶证期满换证 |
| 中级用户<br>(通过人脸识别和活体检测线上实名认证的用户) | 15 项 | 非本人本车违章处理、本人车辆违章处理、本人驾驶证违章处理、随手拍举报交通违法、处罚决定书缴款、机动车变更联系方式、换领机动车号牌、补领机动车号牌、补领检验合格标志、委托核发检验合格标志、6 年内免检领合格标志、变更驾驶证联系方式、驾驶证注销恢复、车辆年检预约、业务进度查询 |
| 初级用户<br>(绑定驾驶证或行驶证信息的用户) | 9 项 | 本人驾驶证违章查询、快撤快赔、驾驶员体检预约、驾驶证审验日期、本人车辆违章查询、他人车辆违章查询、微信挪车、车辆年审查询、套牌车报案 |
| 关注用户<br>(未绑定任何信息的用户) | 19 项 | 交通通告、微博动态、办事指南、收费标准、交管动态、路况地图、桥隧限行查询、电动车真伪查询[①]、违法代码查询、处罚决定书查询、办事网点、大型活动出行指南、一周交通出行指南、事故高发地 TOP10、路况快照、渍水上报、交通设施故障上报、快撤快赔（模拟学习）、驾考真题模拟考试 |

## 第三节　"武汉交警"政务微信服务分析

电子政务理论通常关注为谁服务（服务对象）、提供什么服务（服务内容）、如

---

① 全称为"电动车车牌真伪查询"，微信公众号上显示为"电动车真伪查阅"，是一种简称。

何提供服务（服务方式）等核心内容。随着新媒体技术不断发展和趋于成熟，政府部门利用政务新媒体开展的"互联网+政务服务"也在不断发展，相对于传统电子化公共服务在为谁服务、提供什么服务、如何提供服务等方面提供了更好的条件。

## 一、"武汉交警"政务微信服务对象

"武汉交警"的服务对象总体上包括两类，一类是仅关注"武汉交警"公众号的匿名用户，另外一类是在"武汉交警"公众号上实名注册的V用户。"武汉交警"采用实名认证分级体系，对不同等级的实名用户提供不同的服务功能。根据不同的用户等级，可以将"武汉交警"的服务对象分为关注用户、初级用户、中级用户和高级用户四种类型。

第一类为关注用户。任何订阅"武汉交警"公众号的公众都可以成为其关注用户。这种用户是以匿名方式存在的普通用户，"武汉交警"定期向其推送使用频率高、覆盖面广的交管动态信息。

第二类为初级用户（即V用户）。目前"武汉交警"的V用户实名认证只面向拥有武汉市籍机动车和武汉市核发驾驶证的人群及武汉市交通参与者，如图12-1所示。公众在"武汉交警"注册上述证件信息，通过后台系统线上认证后即可成为V用户，而无车无驾照的武汉市居民也可使用身份证信息注册成为V用户。"武汉交警"除了向V用户定期推送交管动态信息，还会根据用户查询需求提供定制化信息服务。

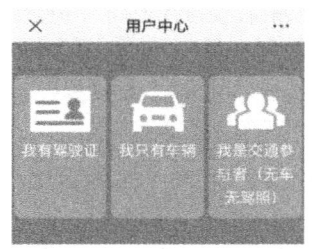

图12-1 "武汉交警"V用户注册界面

第三类为中级用户。公众先在"武汉交警"平台上传身份证照片，然后手持身份证进行在线拍照，由系统进行人脸识别，经过后台线上审核后成为中级用户。公众也可以手持驾驶证，由人工客服人员以在线视频方式进行语音验证，通过后台线上审核后也可以成为中级用户。"武汉交警"向中级用户提供较多服务功能。

第四类为高级用户。公众在中国工商银行自助机扫描二代身份证，经过线下审核后成为高级用户。该用户拥有最多的服务功能，除了获得中级及以下用户的服务功能以外，还拥有其他一些新功能。

## 二、"武汉交警"政务微信服务内容

政务新媒体不仅可以实现传统政府网站的信息服务、在线事务处理等功能,还可以提供公众参与的渠道和创新型公共服务(如微信支付交通违章罚款等),其服务范围更加广泛。政务微信公众号分为订阅号和服务号两种,其中订阅号侧重于资讯信息发布,适用于宣传属性较强的政府部门;而服务号侧重于提供交互式服务,不仅可以在线处理事务,而且提供获取用户信息(识别用户)、模板消息(给用户发通知)、获取地理位置服务(LBS[①])、微信支付(在线交易)等功能,更适合履行公共服务职能的政府部门。"武汉交警"属于政务微信公众号,提供近百项服务功能,主要涉及交管信息服务、交管事务在线处理、公众参与交通管理三个方面,如表12-3所示。

表12-3 "武汉交警"政务微信号的服务内容

| 服务功能 | 服务类型 | 主要服务内容 |
| --- | --- | --- |
| 交管信息服务 | 信息主动推送服务 | 交管动态、交管通告、驾驶证到期审验提醒、驾驶证换证提醒、机动车报废提醒、机动车检验有效期到期提醒、驾驶员违章信息、驾驶证扣分提醒、驾驶员违法交款成功提醒、电子眼记录违法信息等 |
| | 信息查询服务 | 桥隧限行查询、车辆违法查询、车辆年审查询、驾驶人审验查询、事故处理进度查询、违法代码查询、电子保单查询、车牌遗失查询、拖车查询、行驶证电子信息、办事指南、收费标准、办事网点、业务进度、交通通告、出行指南、交通路况地图、节假日全省高速路况、大型活动出行指南、一周交通出行指南、电动车真伪查询等 |
| 交管事务在线处理 | 违法处理业务 | 违法处理、机动车决定书缴款、非机动车决定书缴款、违法处理预约等 |
| | 驾驶证业务 | 学习减分、驾考真题模拟考试、车驾管业务预约等 |
| | 机动车业务 | 事故报案、应急求援、通行证申办、车牌固封螺丝申领、微信挪车等 |
| | 其他业务 | 渣土车管理、套牌车报案、电动车真伪查询等 |
| 公众参与交通管理 | — | 交通违法行为上报、交通设施故障上报、溃水上报、道路结冰拥堵上报等 |

### (一)交管信息服务

交管信息服务是政务微信公众号的一项基本功能。与订阅号的信息发布单一功能相比,服务号的信息服务功能更齐全,它不仅可以向公众定期推送交管信息,而且还可以为V用户提供信息查询服务。一方面,"武汉交警"提供信息主动推送服务。它可以向关注用户提供交通资讯信息的主动推送服务,如交管动态、交管通告等,也可以向V用户主动推送个性化信息,例如,在第一时间向V用户推送驾驶员交通违章信息、驾驶证审验提醒、机动车检验有效期到期提醒等车管和驾管信息。另一方面,"武汉交警"可以满足用户的定制化信息查询服务。例如,"武汉交警"提供过江限行查询服务以后,公众只要输入车牌尾号或点击菜单"限行查询"即可获知当日车辆是否能够过江通行。

---

① LBS:location based services。

1. 信息主动推送服务

2013年8月8日，初次上线的"武汉交警"主要提供信息主动推送服务。公众只要订阅"武汉交警"公众号，就可以在其微信上收到服务号推送的交管信息。根据信息服务内容的不同，它又可以细分为交管信息推送服务和车驾管信息推送服务，前者是公共信息服务，而后者是个性化信息服务。

一类是交管信息推送服务。交管信息推送服务不需要绑定公众驾驶证或者行驶证信息，由"武汉交警"向关注用户推送公共信息服务。交管信息推送的对象是交通公共参与者，只要订阅"武汉交警"的公众都会及时接收到这些公共信息。交管信息又可以细分为交管动态、交管通告、宣传与互动三类信息。

另外一类是车驾管信息推送服务。驾驶信息推送的对象是初级用户，公众将其微信账号与驾驶证或者行驶证绑定，"武汉交警"就可以向其主动推送其行驶情况的个性化信息，包括驾驶证到期审验提醒、驾驶证换证提醒、机动车报废提醒、机动车检验有效期到期提醒、驾驶证扣分提醒、驾驶员违章信息推送、驾驶员违法交款成功提醒、电子眼记录违法信息等。通过主动推送车驾管信息，可以避免用户在同一地点多次违章、驾驶证或者行驶证到期忘记年检或换证带来行车不便的困难。

在以信息主动推送为主要内容的政务微信服务中，"武汉交警"针对关注用户的信息推送不仅在内容上囊括全面又极尽精细，而且在排序时下功夫，有轻重缓急又次序清晰；同时针对交通管理中的驾驶员或车主等特定重点人群，其量身打造了九类推送信息，将事后及时处理和事前预警通知融于一体，有力保障了公众的出行便利。

2. 定制化信息查询服务

2013年9月5日，"武汉交警"在交通路况菜单内推出了过江限行查询功能。过江限行查询原来只是实时交通查询中的一种服务形式，经过不断完善以后，其查询业务更加广泛，目前"武汉交警"已经建成覆盖范围广泛的信息查询服务系统。

"武汉交警"的信息查询服务分为驾驶信息查询、交管信息查询、实时交通查询、办事指南等类型，这些信息查询服务的特征如表12-4所示。具体而言，该平台提供的信息查询业务包括桥隧限行查询、车辆违法查询、车辆年审查询、驾驶人审验查询、事故处理进度查询、违法代码查询、电子保单查询、车牌遗失查询、拖车查询、行驶证电子信息、办事指南、收费标准、办事网点、业务进度、交通通告、出行指南、交通路况地图、节假日全省高速路况、大型活动出行指南、一周交通出行指南、电动车真伪查询等若干服务事项。上述信息查询服务都是由公众发起，公众通过自助查询，获得政务微信预先设置好的自动回复信息，或者是通过链接跳转到政府的其他数据库或者电子平台来获得信息。然而，在科学技术日新月异的发展过程中，公众需求也在不断变化，政务微信中预先设置的信息无法完全满足用户的查询需求。在这种情况下，公众通过对话框给政府部门留言，政务微信弹出提醒页面，告知用户留言已经收到，会有专人在工作时间及时处理、尽快回复。一方面，这种自动回复与人工回复相结合的信息查询服务，既增加公众对政府部门的认同感和信任程度，使他们更愿意与政府部门接触，又加深其对政府部门工作的了解和理解，促进双方有效沟通；另一方面，政府部门可以越来越准确地把握公众对信息服务的需求和期待，贴合公众的需求，提高公共服务质量，形成政民相互信任、充分沟通的氛围。

表 12-4 "武汉交警"政务微信的信息查询服务比较

| 信息查询服务类型 | 服务性质 | 信息有效时长 | 服务条件 | 服务简述 |
| --- | --- | --- | --- | --- |
| 驾驶信息查询 | 出行信息查询 | 长期 | 需绑定驾驶证 | 提供车辆或驾驶行为相关信息 |
| 交管信息查询 | | 一周至一个月 | 不需要绑定驾驶证 | 提供交通管理信息 |
| 实时交通查询 | | 即时性 | | 提供实时交通信息 |
| 办事指南 | 业务信息查询 | 长期 | | 提供办事所需材料和程序的说明 |

（二）交管事务在线处理

微信公众号的功能不仅仅是提供信息服务，它与订阅号的主要优势是提供交互式服务。"武汉交警"通过多年发展和完善，可以提供齐全的在线事务处理功能。

2014年2月17日，"武汉交警"推出了一项全新的公共服务功能——"快速理赔"。"快速理赔"是一项针对轻微车损交通事故的快捷处理公共服务，适用范围是在武汉市主城区发生的不涉及人员伤亡、仅造成车辆损失且车辆可以自行移动的道路交通事故。车损事故发生后，事故当事人可以通过政务微信菜单进入"快速理赔"的页面，上传事故发生的地理位置和三张事故现场的照片（车前、车后、接触部位的照片）后即可立刻撤除现场，畅通交通道路，并在双方相互确认联系方式和证件后，根据政务微信上的提示去附近的快速理赔服务点处理该交通事故。公众自行拍下事故现场照片留作证据并快速地从事故现场撤除，意味着节省了等待交警的时间和事故双方不必要的口舌争端，极大地简化了交通事故处理流程。"武汉交警"的这项创新公共服务很好地解决了因交通事故带来的拥堵，保障其他公众的利益，得到广大公众的好评。

除了发挥交管部门科技优势以外，"武汉交警"还积极与其他政府部门或企业合作，为公众提供一体化全流程服务，增强公众的服务体验感。它所提供的"微信支付缴纳罚款"功能就是其中一个很好的例子。2014年5月26日，武汉市公安局交通管理局和腾讯·大楚网公司合作，联合开发推出"微信支付缴纳罚款"服务模块，为公众提供微信支付交通违法罚款的功能。"微信支付缴纳罚款"是交通违法行为发生以后，在政府部门与公众之间进行双向互动的公共服务。当公众将自己的驾驶证和其他个人信息绑定微信账号后，一旦他们有驾驶违章行为发生，交管部门就会通过"武汉交警"政务微信的主动推送功能向用户发出信息提醒，提供详细的违章记录信息，如发生违章时间、违章地点、违章行为、采集机关、4张不同角度拍摄的违法图片、罚款金额以及违法记分等信息，用户可以通过"武汉交警"的"车辆违法查询"选项来获取信息。对违法信息予以核实以后，用户通过"业务处理"菜单进入"决定书缴款"页面，并通过微信支付完成交通违法行为罚款的缴纳。

目前"武汉交警"能够提供较完善的交管事务在线处理功能，大部分车管业务、驾管业务等常规交管业务实现了线上处理。根据涉及车辆、驾驶员以及驾驶行为等不同对象，"武汉交警"已经实现在线处理的交管事务分为四类，即违法处理业务、驾驶证业务、机动车业务及其他业务。第一类是违法处理业务，包括违法处理、机动车决定书缴款、非机动车决定书缴款、违法处理预约等。第二类是驾驶证业务，包括学习减分、驾考真题模拟考试、车驾管业务预约等。第三类是机动车业务，包括事故报案、应急求援、通行证申办、车牌固封螺丝申领、微信挪车等。第四类是其他业务，包括渣土车管理、套牌车报案、电动车真伪查询等，如图12-2所示。

图12-2 "武汉交警"的交管事务处理界面

（三）交通管理中的公众参与服务

城市交通管理涉及面非常广，交管部门除了车管业务和驾管业务等常规业务以外，还需要处理交通违法行为和维护交通秩序，而交管部门的有限人力很难满足日益增长的城市交通发展需要，因此公众参与交通管理是提升交通管理效率的一种有效途径。武汉市公安局交通管理局利用"武汉交警"促进公众参与交通管理，取得了积极成效。

2016年6月，针对武汉市夏季因强降雨导致城市路面渍水问题，"武汉交警"推出"渍水上报"新功能。公众在武汉市内任何地段发现路面渍水现象，通过"武汉交警"微信公众平台上报，交警接到上报后将迅速出警，为市民排堵，并协助相关部门排涝。

2017年1月，"武汉交警"首次开通"交通违法随手拍"小程序。"随手拍"是一个交通违法行为举报平台，公众通过该平台参与城市交通文明共治。公众只需进入"武汉交警"公众号的"交通违法行为上报"菜单或直接进入"武汉交警"微信小程序，根据提示填写相关信息，上传违法图片即可，如图12-3所示。经后台审核通过，系统直接通过支付宝将举报奖励打入举报人的支付宝账户。公众举报内容涉及占用应急消防通道停车、双排停车、占用高速公路应急车道、实线加塞、逆向行驶、摩托车三环线内违禁通行、不按导向车道行驶等交通违法行为。2021年9月，"武汉交警"再次上线"交通违法随手拍"升级版，新增"违法载人、违法超员"举报功能。

图 12-3 "武汉交警"的"交通违法随手拍"界面

"武汉交警"设置有交通违法行为上报、交通设施故障上报、渍水上报、道路结冰拥堵上报等服务功能,为公众参与交通管理提供了极大的便利条件。

### 三、"武汉交警"政务微信服务方式

"武汉交警"在提供各项服务时,会根据服务对象、服务内容的差异采取不同的服务供给方式。例如,"武汉交警"针对大部分公众所关注的交管信息采取主动推送服务,而针对特定公众所关注的信息则采取定制化查询服务方式。又如,"武汉交警"提供信息服务的流程较为简单,而在线处理交管服务因需要进行互动而采用相对复杂的流程。总体来看,根据服务内容复杂程度的不同,"武汉交警"服务方式可以分为简单服务供给方式与复杂服务供给方式;从服务内容信息流动方向来看,"武汉交警"服务方式又分为信息单向流动式服务供给方式与信息双向流动式服务供给方式;从服务供给主体来看,"武汉交警"服务方式又有独立式服务供给方式与协同式服务供给方式之分。

(一)简单服务供给与复杂服务供给

服务内容复杂程度对政务新媒体服务方式的影响较大。政务新媒体服务内容的复杂程度有很大差异,而公共服务内容复杂程度还会受到服务数量、服务创新程度等因素的影响。

一方面,政务新媒体既可以提供单一服务,也可以提供集成服务。相对而言,政府部门的单一服务较为简单,而集成服务往往涉及多项业务范围、多业务流程,或者涉及多部门之间的协调合作,因此集成服务要比单一服务复杂得多。例如,"武汉交警"早期上线时以信息主动推送服务为主,其原因在于该信息服务内容较为单一、流程较为简单。后来公众不只满足于信息服务需求,而更加追求办理车驾管事务的便利化,"武汉交警"开始探索交管事务的在线处理,后者属于信息双向互动、流程较为复杂的服务事项,"武汉

交警"需要重新整合服务事项，为公众提供所需服务。

另一方面，政务新媒体既可以提供标准化服务，也可以提供创新型服务。相对于政府网站而言，政务新媒体具有交互性强、信息传播速度快、开放程度高等特点，使政务新媒体能够对政府公共服务进行优化或者创新，提供一些创新型服务，提升公共服务的效率及质量。政府部门采用社交媒体开展创新型服务，由于新服务没有规律可循，或者可能面临一定的风险，增加了创新型服务供给的复杂性。"武汉交警"早期提供政府可以线下处理的服务事项，或者将政府网络的在线处理实现移动端处理，这些服务事项都属于标准化服务，有明确的服务对象、服务内容以及稳定的服务流程，容易得到公众的支持。然而当"武汉交警"提供"快速理赔"或者"交通违法随手拍"时，由于公众对上述功能了解较少，初始信任度也不高，其推出初期仍然存在应用不广的困难，随着用户数量增加和熟悉度增强，这些服务在后期应用效果才变得显著。

（二）信息单向流动式服务供给与信息双向流动式服务供给

电子政务在发展过程中，信息流动从早期的单向流动逐步发展为双向流动，实现信息的沟通互动，为公众提供更加精准、个性化的服务。Web2.0 技术的一个显著特征就是实时互动，政务新媒体可以实现信息发布和信息接收的实时和无缝连接，使得政府部门与公众的沟通非常快捷。正是由于拥有这种特性，政务新媒体比政府网站拥有更快捷的信息传递方式。例如，政府部门利用政务微博、政务微信进行信息单向发布和宣介，并通过微博或微信收集公众反馈的信息，实现政府部门和公众之间的双向交流互动。

"武汉交警"早期定位于提供信息主动推送服务。该服务功能主要面向广大交通参与者，及时提供交通信息。例如，针对关注用户提供交管动态、交管通告等常态化信息，或向实名认证的Ｖ用户主动推送驾驶证到期审验提醒、驾驶证换证提醒、机动车报废提醒、机动车检验有效期到期提醒、驾驶员违章信息、驾驶证扣分提醒等个性化信息。虽然信息主动推送服务提供了公众所需的交通信息，但是这种由服务供给主体发起的单向式信息服务方式仍然不能满足交通参与者的差异化需要，特别是不同交通参与者有不同的信息需求，如何满足不同公众的差异化需求成为"武汉交警"提高服务满意度的新动力。因此"武汉交警"开始考虑不同交通参与者对个性化信息的需求，优化服务流程，启动信息查询服务功能。信息查询服务首先由有信息需求的公众发起，他们进入"武汉交警"微信平台，选择相应的查询菜单并输入查询要求，系统从后台数据库检索信息并返回给公众，就可以获得所需要的交通信息。这种信息查询服务实质上是信息双向流动的服务方式，当公众发起查询请求时，信息流先由公众指向政务微信公众号；当微信平台向公众返回查询结果时，信息流由微信平台指向公众。事实上，"武汉交警"提供最多的服务事项是信息查询服务，目前至少提供了 20 多项信息查询服务。

（三）独立式服务供给与协同式服务供给

政府部门本着以公众为中心的服务宗旨，为公众提供所需服务，通常单一服务由一个政府部门独立完成，但是有些集成服务往往涉及多个政府部门之间的协作，或者需要重新划分政府职能、重组业务流程，因此它要比单个政府部门提供服务更加复杂。一般情况下，政府部门可以独立地向公众提供一些单一服务（如信息服务或在线事务处理），待条件成熟时再逐步整合不同层级、不同性质政府部门的服务，向公众提供综合和全面的集成服务。当政府部门采纳政务新媒体时，往往只有一些内部示范者在少数的政府部门提供孤立的、少量的政务服务，而在后期，当采纳政务新媒体成为一种制度化安排时，可以协调各部门协同合作，引导更多政府部门参与提供集成服务。

"武汉交警"的绝大多数服务内容可以由交管部门独立完成。无论是交管信息服务还是交管事务在线处理，它们都属于交管部门的职能范畴，交管部门可以独立处理完成。例如，"武汉交警"提供的信息主动推送服务、信息查询服务、车管业务、驾管业务等服务事项，都是由交管部门独立完成。

随着"武汉交警"对公众的影响逐渐扩大，公众对该微信平台的期待也在增加，希望通过该平台完成更多的公共服务事项，有些事项可能超越交管部门的服务边界。例如，当公众发生违章驾驶行为时，"武汉交警"记录其违章信息并推送给违章者，后者需要到政务大厅或者银行网点缴纳违章罚款，因此公众违章罚款处理需要交管部门与其他政府部门或银行合作才能完成。"武汉交警"与第三方合作，于2014年推出"微信支付缴纳罚款"服务，公众在"武汉交警"微信平台上核实违章信息后，可以通过该平台的链接通过微信支付方式缴纳违章罚款，并收到微信平台推送的"罚款缴纳成功提醒"信息。又如，公众通过"武汉交警"推出的"渍水上报"功能报告路面渍水问题以后，交管部门第一时间赶到事故路段协调指挥交通，而接到推送信息的市政部门或税务部门也会很快赶到现场处理渍水问题。利用"武汉交警"平台的渍水处理也需要交管部门也与其他政府部门协同完成。

## 第四节 "武汉交警"政务微信服务演进

20世纪90年代以来，随着微机和互联网的深入应用，政府部门利用信息通信技术提高办公和行政决策效率、优化公共服务方式、提升公共服务质量。许多政府部门纷纷构建政府网站，提供信息公开、在线事务处理、公众参与等多种服务功能，为公众提供广泛的电子化公共服务。学者们基于不同的信息技术发展阶段和电子化服务内容，提出了若干个电子政务发展阶段模型（也称电子化公共服务发展阶段模型），包括二阶段模型、三阶段模型、四阶段模型、五阶段模型、六阶段模型[4]。这些模型虽然显示出对电子政务发展的不同认识，但总体上围绕政务服务内容、服务方式、服务关系演进等内容开展研究和分析，主要体现以下特征：第一，信息服务、在线事务处理、公众参与是电子化公共服务的三项核心内容。第二，电子政务发展是公共服务内容的拓展过程，从信息服务到事务处理，再到公众参与政策议程，政务服务内容的复杂程度不断增加。第三，电子政务发展也是政务服务方式的演进过程，初期由单个政府部门独立提供公共服务，后期则是整合不同业务性质、不同层级的政府机构，通过门户网站、一站式服务平台等向公众提供无缝连接的集成服务。第四，公共服务主体角色关系不断演进，政务服务从以政府为中心向以公众为中心演进，政府部门从被动服务演变为主动服务，从服务供给的主导者发展为服务环境的维护者，而公众参与程度在电子化公共服务过程中也不断增强。

## 一、政务微信服务演进模型

绝大多数电子政务发展模型提出，政府网站往往从提供信息服务开始，然后再逐步提升到在线事务处理服务。它们隐含地认为，信息服务大多属于较为简单的公共服务，而事务处理服务大多属于相对复杂的一类（这不是绝对的，信息服务有时也包含内容较多、程序较多的事项，而事务处理服务也包含一些程序简单、易于办理的事项）。随着技术不断成熟和公众接受度不断提高，政务微信作为一种新兴电子政务应用工具也在不断演进。

综合考虑"武汉交警"政务微信服务的两个维度，即公共服务内容和服务方式，前者分为复杂程度较低的公共服务（如交管信息服务）和复杂程度较高的公共服务（如交管事务在线处理或公共参与交通管理）；后者分为复杂程度较低的服务方式（如单向式）和复杂程度较高的服务方式（双向式）。据此将政务微信服务分为四种类型，如表12-5所示：①以较简单的服务方式提供相对简单的公共服务；②以较复杂的服务方式提供相对简单的公共服务；③以较简单的服务方式提供相对复杂的公共服务；④以较复杂的服务方式提供相对复杂的公共服务。政务新媒体公共服务模式在时间上呈现出特定的序贯性，通常遵循从①到④的依次演进路径。

表 12-5 政务微信服务演进模型

| 服务供给方式 | | | 服务内容 | |
|---|---|---|---|---|
| | | | 简单服务事项 | 复杂服务事项 |
| | | | b11. 信息服务事项<br>b12. 单一服务事项<br>b13. 既有服务事项 | b21. 在线处理和公众参与事项<br>b22. 集成服务事项<br>b23. 创新服务事项 |
| 服务供给方式 | 简单服务供给 | a11. 信息单向式流动 | Ⅰ.政务新媒体以较简单的服务方式提供相对简单的公共服务 | Ⅲ.政务新媒体以较简单的服务方式提供相对复杂的公共服务 |
| | | a12. 独立式服务供给 | | |
| | 复杂服务供给 | a21. 信息双向式流动 | Ⅱ.政务新媒体以较复杂的服务方式提供相对简单的公共服务 | Ⅳ.政务新媒体以较复杂的服务方式提供相对复杂的公共服务 |
| | | a22. 协同式服务供给 | | |

### （一）以较简单的服务方式提供相对简单的公共服务

Web2.0技术为政务新媒体提供了更多便利（如互动性强），使社交媒体相对于政务网站更容易连接公众。但是由于早期Web2.0技术尚未达到完全标准化，政府部门使用政务微信会带来一定的风险。加之政府部门对政务微信的熟悉度不够，且没有形成统一的管理规范，无法调动足够的资源来配合工作，因此政府部门对使用政务微信的态度较为谨慎，往往利用相对成熟的政务微信技术，提供单向的、复杂程度较低的信息服务。例如，我国政务微信早期进行信息发布时，只需要政府部门将相应的信息发布在平台上或者推送到移动客户端即可完成，公众可在任意时间查看。

### （二）以较复杂的服务方式提供相对简单的公共服务

随着Web2.0技术不断发展，政府部门继续应用升级政务微信技术来提供公共服务的效率。微博、微信等政务新媒体相比政务网站的最大优势在于即时传播和交互性，因此政府部门上线政务微信来听取民意,了解公众对公共政策的态度或者征询其对公共议程的意见,并与公众进行频繁地互动。

为什么这一阶段政府部门倾向于以较复杂的方式提供相对简单的服务,而不是以简单的方式提供相对复杂的服务呢?作为一个决策主体,政府部门具有风险厌恶的偏好,它在提供公共服务时通常会以公众满意度作为评价的主要依据。一方面,如果政府部门凭借现有技术向公众提供较为复杂的公共服务内容(如相对复杂的事务处理、集成服务或者创新服务),可能因技术进步不显著,无法提升公众的满意度,或者面临公众不愿意接受新服务的风险。另一方面,政府部门根据技术进步趋势,选择以较复杂的方式提供相对简单的服务(如相对简单的信息服务、单一服务或者既有服务),不仅降低了服务供给的风险,同时又由于新技术进步使其服务效率或质量提升而得到更佳的公众评价。

(三)以较简单的服务方式提供相对复杂的公共服务

政务微信的发展将推动政府职能和结构的调整。由于微信技术相当成熟,越来越多的政府部门采用政务微信工具提供广泛的公共服务,并开始提供较复杂的公众服务(如集成服务或者创新服务)。一方面,政务微信技术的发展为政府提供较复杂的服务内容提供了技术基础,有效降低了政府部门电子化服务的风险;另一方面,技术发展也促进了政府部门的业务重组和流程再造,引发政府部门结构的适应性变化,使得政府部门具备相应的组织基础从而能够提供较复杂的服务。因此,政府部门通过创新服务内容提高政府绩效或者公众满意度。

(四)以较复杂的服务方式提供相对复杂的公共服务

由于政务微信日益发展和日趋成熟,越来越多的政府部门采用政务微信来提供公共服务,政府部门制定出政务新媒体标准来规范政务微信的使用,政务微信成为一种正式工作机制和制度安排。于是,政务微信的地位不断巩固,政府开始整合不同层级、不同性质的部门机构,利用政务微信为公众提供最广泛的集成服务,提升公共服务效率和服务质量,改善政府部门与公众的关系,达到政府部门与公众良性互动的最佳效果。

## 二、"武汉交警"政务微信服务演进过程

"武汉交警"上线已经超过八年,在这期间政务微信技术有了很大发展,城市交通也在不断更新,同时城市公众对城市交通管理的期待和要求也在逐步提高。"武汉交警"政务微信为了满足公众对城市交通管理日益增长的需求,不断集成和应用新技术,拓展服务范围,提升服务能力,形成政务微信服务发展的演化路径。

(一)信息主动推送服务

"武汉交警"在上线初期,它的主要功能是提供交通违法信息主动推送,发布交通路况地图和交通公告等信息服务。这些服务基本上是以单向服务方式提供较简单的信息服务。推送信息的发出者是政府部门,政府部门将已有信息进行归类和整合,然后主动向公

众推送。这一过程不需要很多创造性的工作，服务内容较简单，程序也不烦琐，且不涉及多个部门合作，因此是相对简单的电子化公共服务。

"武汉交警"早期服务功能可以理解为政府网站服务的移动化，即微信平台主动推送的信息是武汉市公安局交通管理局的服务信息中利用微信平台发布最有优势的那部分内容。"武汉交警"政务微信初创时，由于对公众的偏好和需求的了解还不清楚，为稳妥起见，武汉市交管部门对其拥有的信息资源，结合微信特点因地制宜改造一番，在微信平台上提供相应的信息服务。一方面，"武汉交警"把原来在政府网站和微博上发布的信息通过微信的信息呈现形式（视频、音频、图片等多媒体结合，图文结合的标题栏信息推送）加以改造，并以少而精的原则进行筛选，按照合适的发布频率推送给订阅的公众；另一方面，交管部门基于已有的数据库，对绑定驾驶证的驾驶员用户，以推送信息的形式提醒他们按时去车检、换证、缴纳罚款等。这两类信息服务并无太大的技术难度，复杂程度较低，只需要将原有的信息服务微信化，更容易获得公众的认可。

（二）信息查询服务

"武汉交警"的信息主动推送服务是面向所有订阅公众号的交通参与者，而该微信平台所提供的信息查询服务定位于有信息需求的部分公众，这种信息服务是个性化、即时性的，只为满足特定用户的需求。为了满足大量个性化的查询需求，交管部门首先要对公众的多样化需求有全面的了解，然后力求将这些需求精细化，并分门别类地进行整理，通过自动回复和链接引导用户的查询行为，完成对用户查询的响应。

"武汉交警"是以双向互动方式提供相对简单的信息服务。在信息查询服务中，公众根据自己的需求，按照微信平台提供的查询索引和提示找到所需的信息，政府部门作为信息提供者或者数据库拥有者为公众提供信息服务。虽然信息查询服务仍然属于较简单的公共服务事项，但是查询服务提供的信息服务复杂度有一定程度的提高。而且，"武汉交警"的信息查询服务除了人工智能语音的自动回复服务方式以外，还设置了人工回复服务方式，其互动程度明显提高。

当信息服务极大发展和不断完善以后，基于公众与政府部门之间不断增强的信任关系，公众开始产生在线事务处理服务的需求，这在某种程度上意味着服务内容的复杂程度增加，也为政务微信的下一步发展提供了新方向。

（三）快撤快赔等事务的在线处理服务

2014年2月，武汉市交管部门在"武汉交警"微信平台推出了"快速理赔"服务平台。涉事司机上传3张事故现场照片，然后快速撤离现场，到快速理赔中心进行处理。虽然该服务可以降低交通事故拥堵、加快理赔处理进度，但是部分市民担心涉事司机跑了不认账，又担心由于事故现场撤除了，民警不能准确定责，因此其应用推广受到一定限制。为此，武汉市交管部门于2015年8月建立了交通事故快速处理平台，对"武汉交警"微信进行了升级，同时在"武汉交警"App、支付宝、易行江城等客户端开通车损事故快速处理模式，加快"快速理赔"的应用推广。2016年4月，交管部门联合中国人寿保险公司、中国平安保险公司等企业,推出了"快撤快赔"全流程服务。发生轻微交通事故时,公众进入"武汉交警"平台中的"快速理赔"模块,按照提示步骤上传事故现场照片。几分钟以后就可以收到 "事故相片已审核通过,请立即撤离现场,将车辆移至路边"的提示信息。随后交管部门给涉事司机打电话询问和核实事故相关情况,并通过平台生成电子版的交通事故认定书。随后,公众向保险公司报案,几个小时以后就可以收到保险公司支付的赔偿费用。整个交通事故处理流程时间仅为传统处理流程的1/20,大大节约了时间和成本。

"快速理赔"服务是一项交管事务处理服务,提升了公共服务的复杂程度。根据电子政务发展阶段模型,事务处理服务一般比信息服务更复杂。不过,"快速理赔"服务固然要比信息服务的复杂程度略高,但是它在事务处理服务中仍然属于复杂程度较低的一类服务,其流程比较简单,从事故发生到处理结束只有短短的几个步骤,公众只需要与政府部门进行简单沟通即可解决问题,既不牵扯到其他政府部门,也没有过多的后续沟通程序。

"快速理赔"服务仅仅是一个起点,其后开发的新的服务功能将会朝着增进服务中政府部门与公众互动,或者政府部门与其他机构协作的方向探索,并在互动和协作增强的过程中,结合公众需求和部门自身职责,通过政务微信平台不断提供复杂程度更高的公共服务。为了进一步提升政务新媒体的应用效率,交管部门开始在提升公共服务内容复杂程度上倾注更多精力,而"快撤快赔"就是"武汉交警"的复杂服务。在这些较为复杂的事务处理类服务中,"快速理赔"和"快撤快赔"是两个阶段的交管事务处理案例,不过"快速理赔"只涉及特定公共部门与公众之间的单一合作关系,而"快撤快赔"有保险公司等第三方的参与。"快撤快赔"服务的实现,需要政府各部门之间,或者政府部门与其他服务供给主体之间的充分沟通和密切合作,它不同于政府部门一家的独立式服务供给。提供互动性更强的公共服务恰恰是政务新媒体平台的重要优势。

"武汉交警"所提供的"快撤快赔"是一种协同式、复杂程度相对较高的公共服务,呈现出政务新媒体服务演进的基本特征。"武汉交警"今后还可能更多地着眼于如何提高武汉交管部门与其他政府部门或者公共服务供给主体之间的协同程度,将更复杂的事务办理服务通过微信平台实现。

除了"快撤快赔"等事务处理服务以外,"武汉交警"还在交管事务集成方面进行了有益尝试。2019年5月,"武汉交警"将"在线缴罚""首违警告""学习减分"三项服务功能融为一体,实现全流程服务。原本单独使用的"首违警告"或"学习减分"功能,需要反复核对使用说明,操作烦琐,改版后仅需约2分钟,就能完成"学习+减分+处理"全流程。

(四)交通违法随手拍等公众参与服务

"武汉交警"以公众为中心开展管理和服务活动,为其提供便捷、及时、丰富的信息服务和事务在线处理服务,不仅提高了服务质量和服务效率,而且赢得了更高的公众满意度,提高了公众对政府部门的信任度和关注公共事务的热情,为公众参与交通管理奠定了良好的基础。由于交管部门的有限人力难以满足快速发展的城市交通发展需要,武汉市公安局交通管理局逐步拓展"武汉交警"服务功能,打造警民互动、共创共治的城市交通服务体系。

2016年6月,"武汉交警"推出"渍水上报"新功能,公众通过"武汉交警"微信公众平台上报武汉市内路面渍水问题,交警及时为市民排堵排涝。2017年1月,"武汉交警"开通"交通违法随手拍"小程序,公众可用手机对双排停车、占用应急消防通道停车、实线加塞、逆向行驶、摩托车三环线内违禁通行、不按导向车道行驶等多种违章行为进行拍照,上传平台核实后,再由交管部门对相关人员予以处罚。此外,还提供交通设施故障上报、道路结冰拥堵上报等服务功能。

与信息服务、交管事务在线处理服务等功能相比,"武汉交警"提供的"交通违法随手拍"等公众参与服务功能涉及政府部门与公众之间的互动,有时候还涉及政府部门与其他部门或服务供给主体的协同(如渍水上报后的排涝处理),因此其服务事项呈现多元化、集成化趋势,而且需要多主体之间进行互动和交流信息,服务流程也更加复杂。

纵观"武汉交警"政务微信服务演进过程,它先后推出了基于微信平台的各种服务内容,呈现出不同的服务供给方式,与政务微信服务演进模型有一定契合度,如表12-6所示,揭示出政府部门采纳社交媒体过程模型的合理性。

表12-6 "武汉交警"政务微信演进过程

| | | 服务内容 | |
|---|---|---|---|
| | | 简单服务事项<br>(信息服务、既有服务) | 复杂服务事项<br>(事务处理与公众参与、创新服务) |
| 服务<br>供给<br>方式 | 简单式服务供给<br>(单向式、独立式) | Ⅰ.交通动态信息推送服务 | Ⅲ.快速理赔、微信挪车等服务 |
| | 复杂式服务供给<br>(双向式、协同式) | Ⅱ.车驾管信息查询服务 | Ⅳ.快撤快赔、学习减分、"交通违法随手拍"等服务 |

## 案 例 小 结

"互联网+政务服务"是政府顺应当前时代要求的必然选择,是深化"放管服"改革的关键之举,对建设廉洁高效、以人民为中心的服务型政府具有重要意义。"武汉交警"是国内用户阅读量最多、互动频率最高的微信公众号之一,是全国政务微信中的标杆之一。"武汉交警"政务微信公众号开通以来,其服务功能不断发展和完善,为公众提供了更加优质的服务。在其发展过程中,"武汉交警"无论在服务内容方面,还是在服务方式方面不断演进和优化,其演进路径进一步论证了电子政务发展阶段模型在政务新媒体领域的有效性。

## 关 键 名 词

"互联网+政务服务" 政务新媒体 "武汉交警"政务微信公众号 政务微信服务演进 交管信息服务 交管事务在线处理服务 公众参与服务

## 思 考 题

1. "互联网+政务服务"与以往的电子化公共服务有何联系及区别?
2. "武汉交警"政务微信发展揭示了电子政务发展阶段的哪些基本规律?

3. 从电子政务发展阶段理论来分析，如何进一步优化和完善"武汉交警"政务微信服务？

## 参 考 文 献

[1] 第 39 次《中国互联网络发展状况统计报告》[R]. 中国互联网信息中心. 2017.
[2] 第 41 次《中国互联网络发展状况统计报告》[R]. 中国互联网信息中心. 2018.
[3] 王少辉, 高业庭. 基于微信平台的电子化公共服务模式创新研究——以"武汉交警"政务微信为例子[J]. 电子政务, 2014(8): 53-60.
[4] 张锐昕, 李健. 政府电子公共服务的内涵和外延[J]. 行政论坛, 2015(4): 39-43.

# 后　　记

本书由西南交通大学张锐昕教授担任主编，并由 12 所高校、1 所党校和 1 家实务部门中从事电子政务、公共政策、社会治理、计算机网络、安全工程和人工智能领域教学和科研工作的专家学者合作编写完成。

主编张锐昕负责本书的策划、组织、统稿和审稿工作。北京大学政府管理学院黄璜、西南交通大学人工智能与社会意识重点实验室张锐昕、东北大学文法学院于跃、清华大学公共管理学院孟庆国、北京大学软件与微电子学院杨雅辉、中国信息安全测评中心吉林分中心郭昊、吉林大学人工智能学院孙慧妍、复旦大学国际关系与公共事务学院郑磊、华东理工大学社会与公共管理学院朱琳、华南理工大学公共管理学院刘红波、南京大学公共管理学院李鹏、东北大学文法学院陈德权、吉林大学计算机科学与技术学院于秀峰、中共吉林省委党校公共管理教研部张乔、浙江工商大学公共管理学院施雷格（Jesper Schlaeger）、四川大学公共管理学院周晶晶、华中科技大学公共管理学院张毅等专家学者（名次按写作章节顺序排列）承担了本书各章节的撰写任务。撰写人的具体分工如下。

前言：张锐昕；第一章：黄璜；第二章第一至二节：张锐昕；第二章第三节：于跃、张锐昕；第三章：孟庆国；第四章第一至八节：杨雅辉、郭昊；第四章第九节：孙慧妍；第五章：郑磊；第六章：朱琳；第七章：刘红波；第八章：李鹏；第九章：陈德权；第十章第一至三节：于跃；第十章第四节：于秀峰、张乔；第十一章：[丹麦] 施雷格、周晶晶；第十二章：张毅；后记：张锐昕。

在本书编写和付梓过程中，得到了各方面的大力支持和鼎力相助，他们是：

科学出版社方小丽女士在本书编审过程中提供了细心周到的服务，并提出了许多极具建设性的指导意见，为本书的顺利出版做出了重要贡献。

所有作者在过去五年的写作及修改过程中奉献了时间、精力和观点，把他们对数字政府学科知识的深刻理解和整体把握反映在著述内容之中，努力赋予教材学术灵魂，且大多数作者已在教材出版前预先录制完成教学录像，并在中国大学 MOOC 上以《网络环境下的政府形态》为课程名上线展示，在教材出版之前基本完成了教材写作、教学试验、实训设计以及教学内容的补充、修改和完善工作。

西南交通大学马克思主义学院博士生于锦文，山东大学政治学与公共管理学院博士生钟芸，吉林大学电子政务专业 2019 级硕士研究生李宇彤和 2020 级硕士研究生魏伊，大连理工大学公共管理专业 2021 级硕士研究生林畅、王宁和 2022 级硕士研究生张萌，北京大学公共管理（公共政策）专业 2021 级硕士研究生张唯一，以及吉林建筑大学经济与管理学院李健老师、清华大学航空发动机研究院刘熹老师参与了本书的校对工作。李宇彤还对各章知识结构图进行了统一修改。

主编对上述人士在工作中所表现出的求真务实的治学态度和严谨踏实的工作作风怀

有深深敬意,并对他们所付出的心血致以诚挚谢意。希望我们今后能继续携手合作,为我国的数字政府理论构建和电子政务实践发展做出更大贡献。

主　编

2025 年 10 月